A-Z BIRMINGHAM

CONTENTS

REFERENCE

Motorway	**M6**
Proposed	
A Road	**A38**
Under Construction	
Proposed	
B Road	**B4284**
Dual Carriageway	
One Way Street	→
Traffic flow on A Roads is indicated by a heavy line on the driver's left	
Large Scale Pages Only	⇨
Restricted Access	
Pedestrianized Road	
Track / Footpath	
Railway	Level Crossing · Station · Tunnel
Private Railway	Station
Midland Metro	Station
The boarding of Metro trains at stations may be limited to a single direction, indicated by the arrow.	
Built Up Area	MOTT ST.
Local Authority Boundary	—·—·—
Postcode Boundary	— — —

Map Continuation **42**	Large Scale City Centre **4**
Car Park	**P**
Church or Chapel	†
Fire Station	■
Hospital	**H**
House Numbers	12 ... 8
'A' and 'B' Roads only	
Information Centre	**i**
National Grid Reference	412
Police Station	▲
Post Office	★
Toilet	▽
with facilities for the Disabled	🚾
Educational Establishment	◩
Hospital or Health Centre	◩
Industrial Building	◩
Leisure or Recreational Facility	◩
Place of Interest	◩
Public Building	◩
Shopping Centre & Market	◩
Other Selected Buildings	◩

SCALE

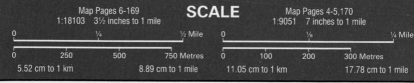

Map Pages 6-169	Map Pages 4-5,170
1:18103 3½ inches to 1 mile	1:9051 7 inches to 1 mile
0 ¼ ½ Mile	0 ⅛ ¼ Mile
0 250 500 750 Metres	0 100 200 300 Metres
5.52 cm to 1 km	11.05 cm to 1 km
8.89 cm to 1 mile	17.78 cm to 1 mile

Copyright of Geographers' A-Z Map Company Ltd.

Head Office:
Fairfield Road, Borough Green, Sevenoaks, Kent, TN15 8PP
Telephone 01732 781000

Showrooms:
44 Gray's Inn Road, London, WC1X 8HX
Telephone 020 7440 9500

Edition 3 2000
Copyright © Geographers' A-Z Map Co. Ltd. 2000

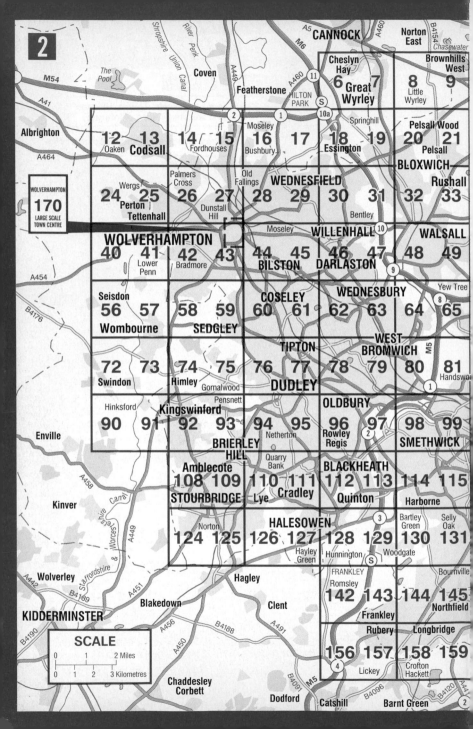

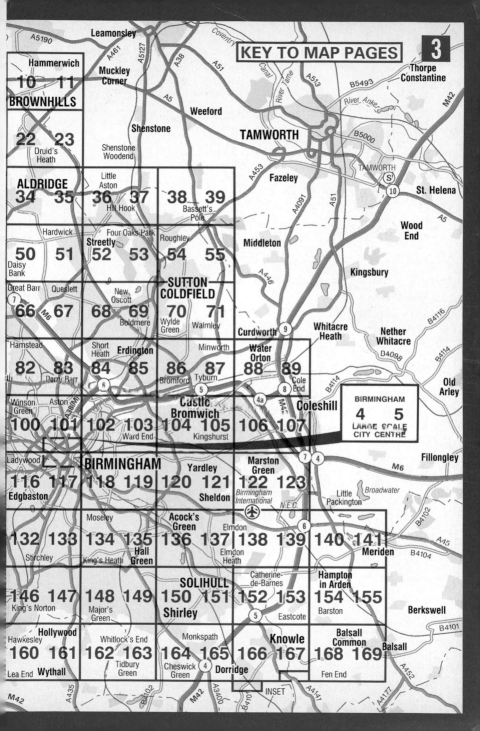

KEY TO MAP PAGES

3

Leamonsley

Hammerwich

10 11

BROWNHILLS

22 23
Druid's Heath

Muckley Corner

Shenstone

Shenstone Woodend

ALDRIDGE
34 35

Little Aston
36 37
Hill Hook

Hardwick
50 51
Daisy Bank

Four Oaks Park
Streetly
52 53

Great Barr
66 67

Queslett

New Oscott
68 69
Boldmere

Weeford

TAMWORTH

Fazeley

38 39
Bassett's Pole

Roughley
54 55

Middleton

SUTTON COLDFIELD
70 71
Wylde Green   Walmley

Curdworth

TAMWORTH
(S)
10
St. Helena

Wood End

Kingsbury

Whitacre Heath

Nether Whitacre

Old Arley

Thorpe Constantine

Hamstead
82 83
Perry Barr

Short Heath
Erdington
84 85

Minworth
86 87
Bromford   Tyburn

Water Orton
88 89
Cole End

Winson Green
Aston
100 101 102 103
Ward End

Castle Bromwich
104 105
Kingshurst

106 107
Coleshill

BIRMINGHAM
4 5
LARGE SCALE CITY CENTRE

Fillongley

Ladywood
116 117
Edgbaston

BIRMINGHAM
118 119

Yardley
120 121
Sheldon

Marston Green
122 123
Birmingham International
N.E.C.

Little Packington

Broadwater

Meriden

Moseley
132 133
Stirchley

134 135
King's Heath   Hall Green

Acock's Green
136 137

Elmdon
138 139
Elmdon Heath

140 141

146 147
King's Norton

148 149
Major's Green

SOLIHULL
150 151
Shirley

Catherine-de-Barnes
152 153
Eastcote

Hampton in Arden
154 155
Barston

Berkswell

Hollywood
Hawkesley
160 161
Lea End   Wythall

Whitlock's End
162 163
Tidbury Green

Monkspath
164 165
Cheswick Green   **Dorridge**

Knowle
166 167

Balsall Common
168 169
Fen End

Balsall

INSET

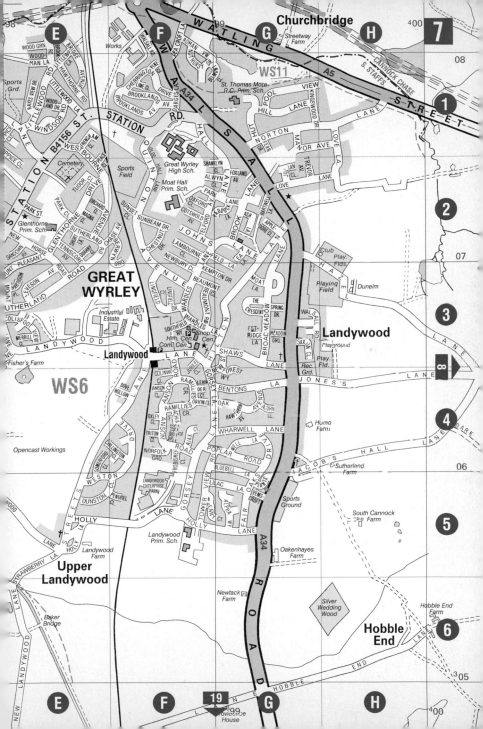

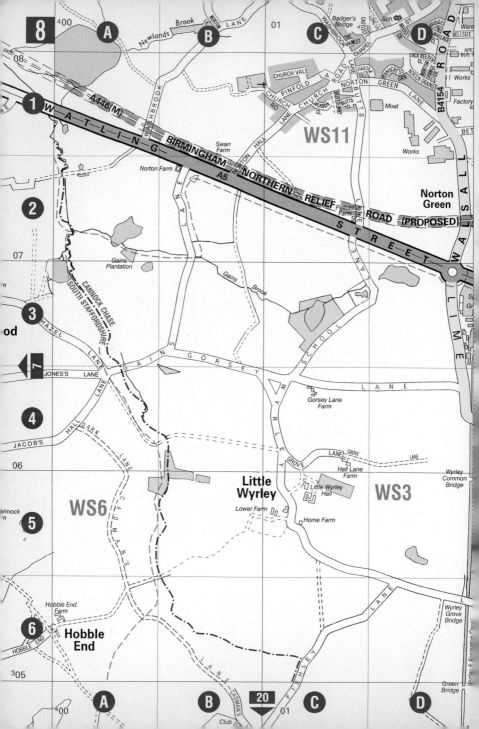

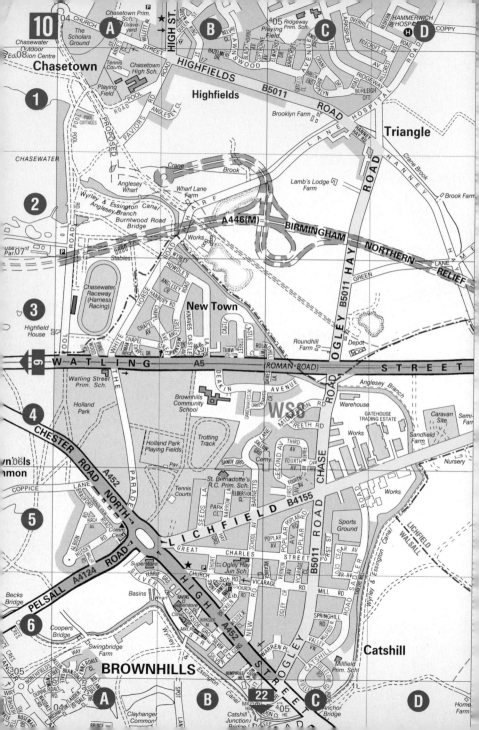

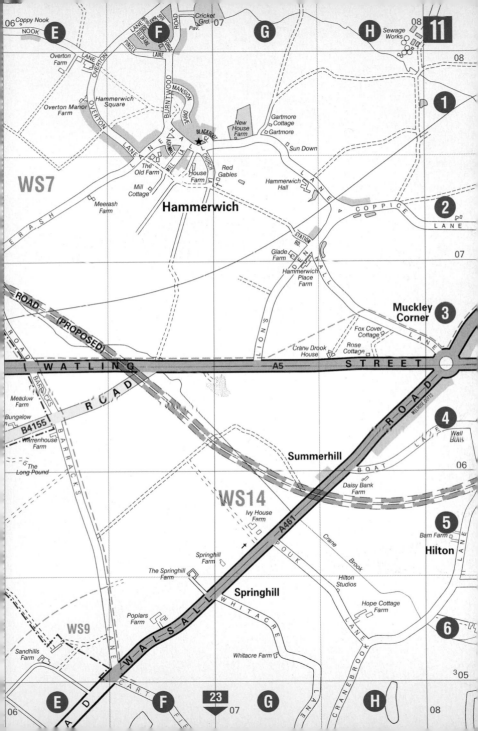

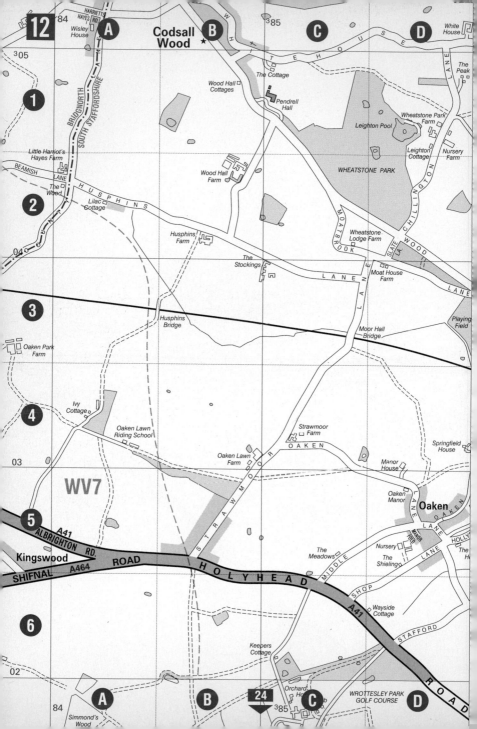

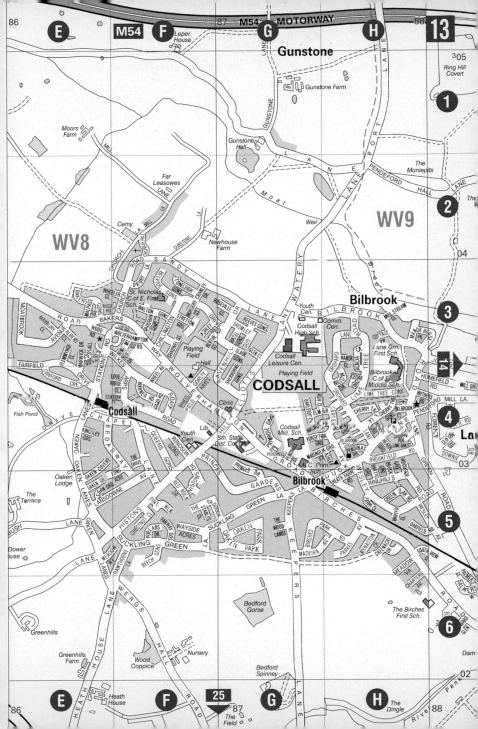

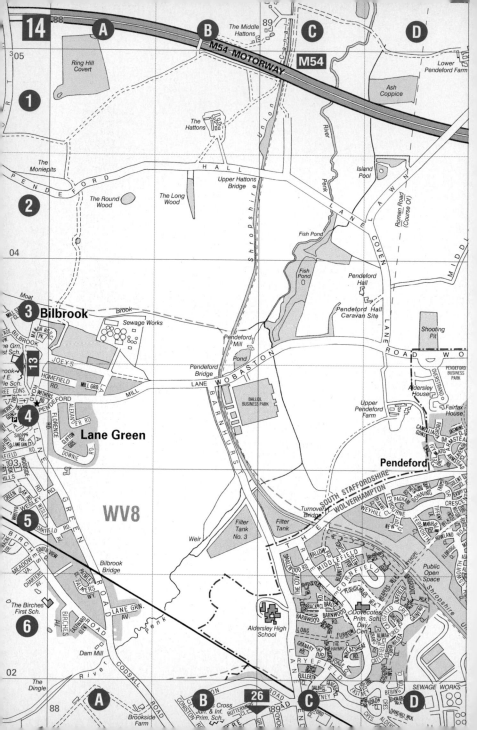

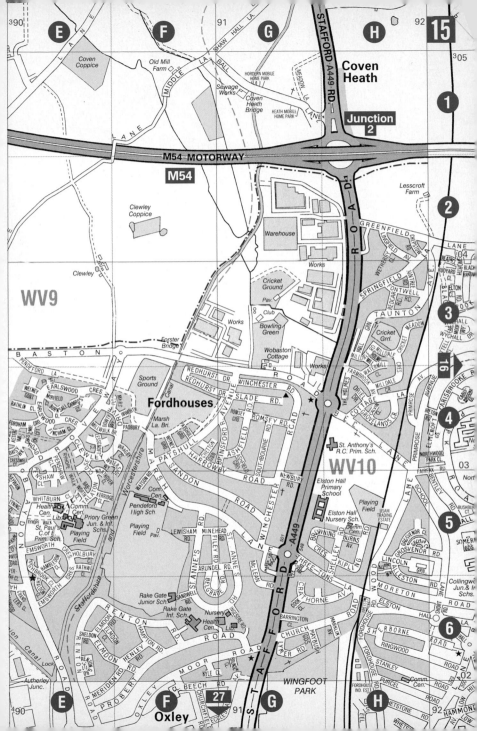

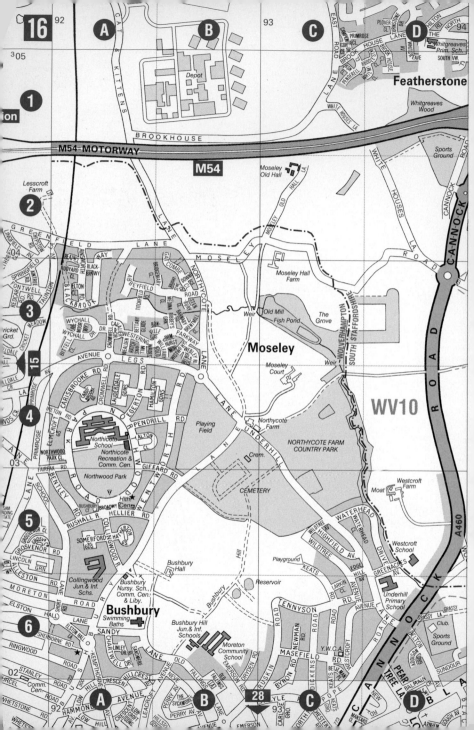

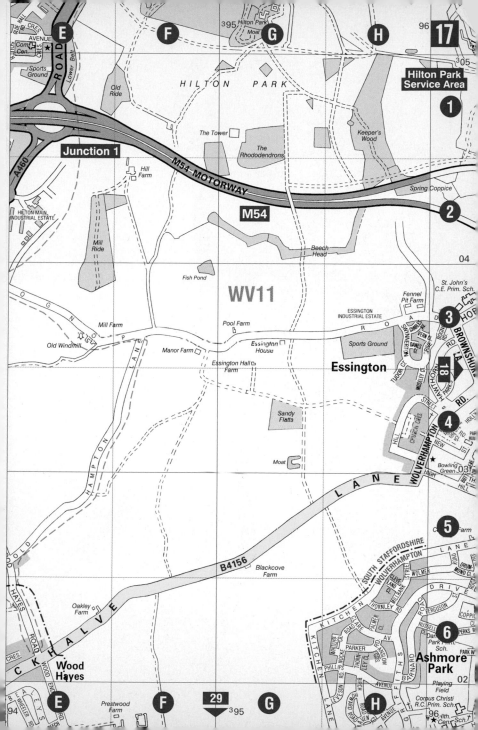

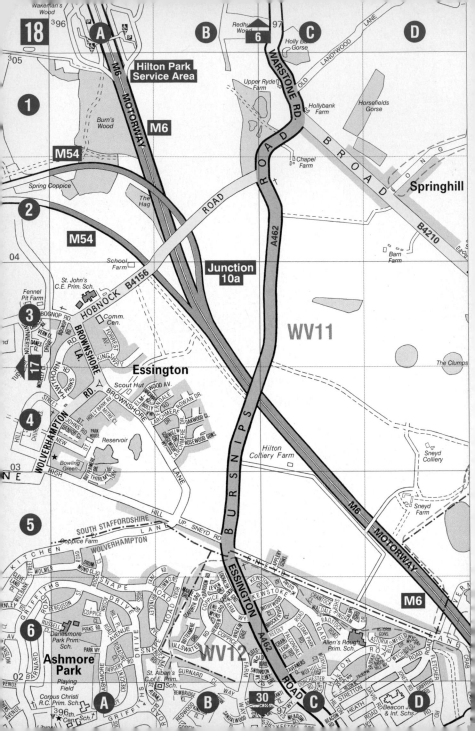

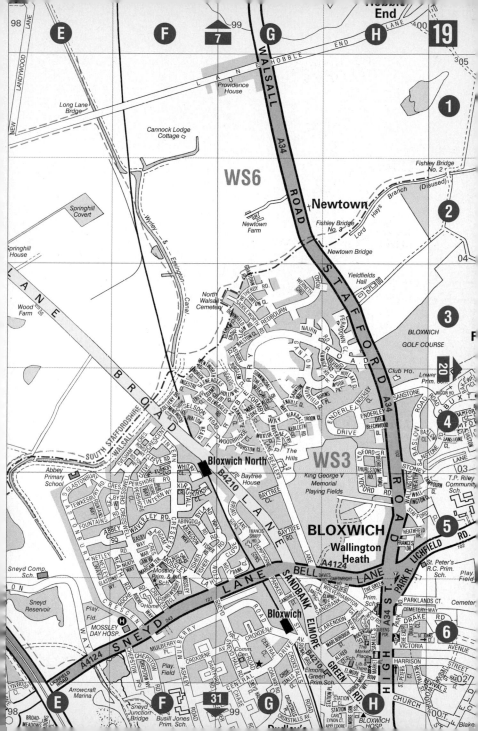

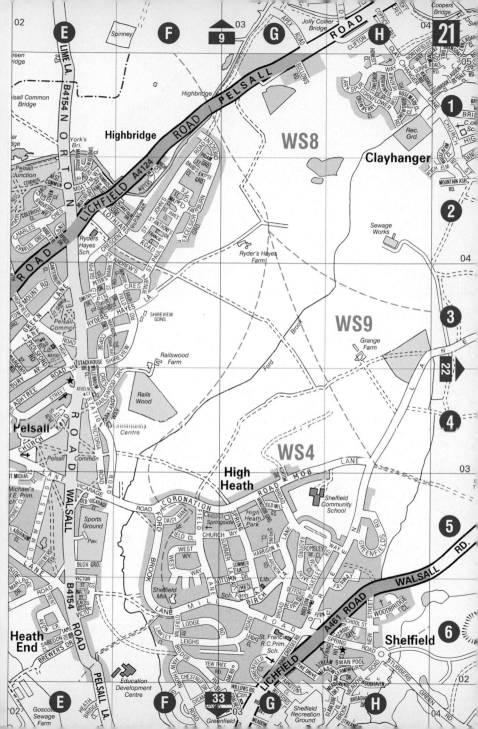

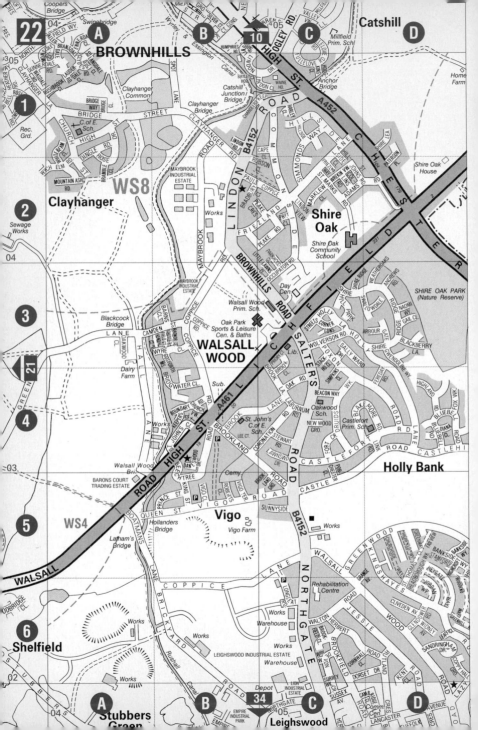

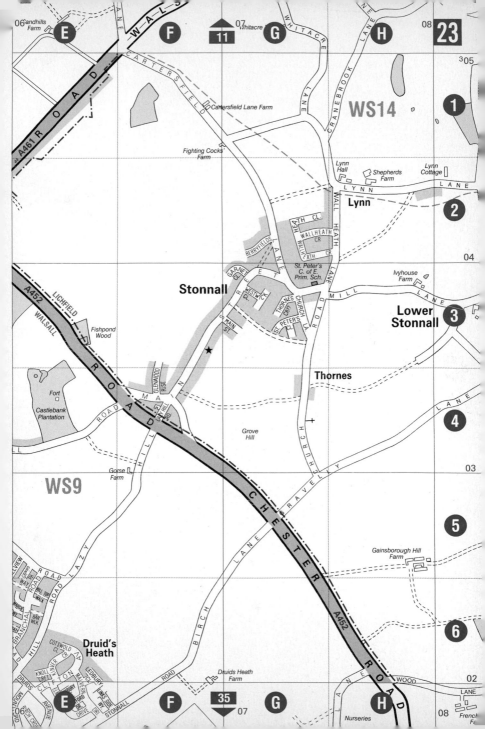

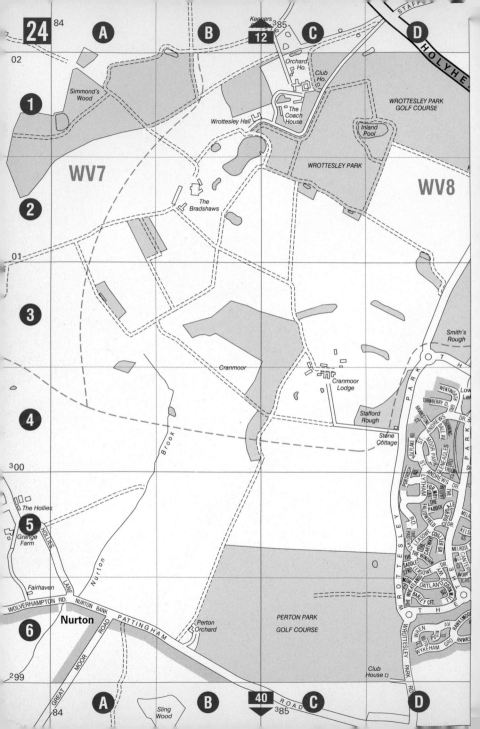

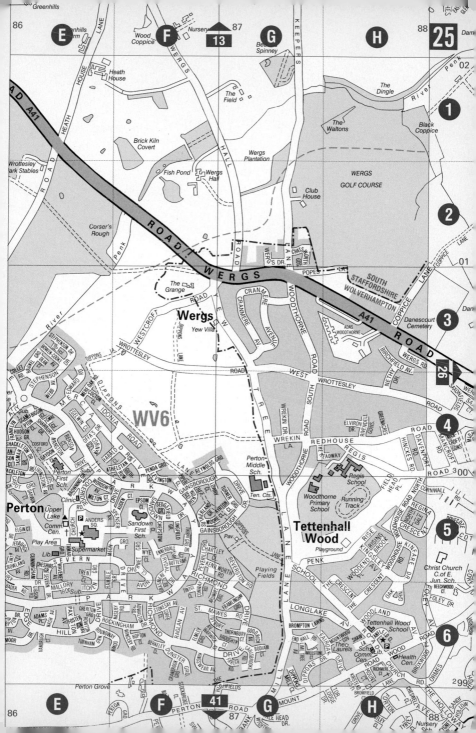

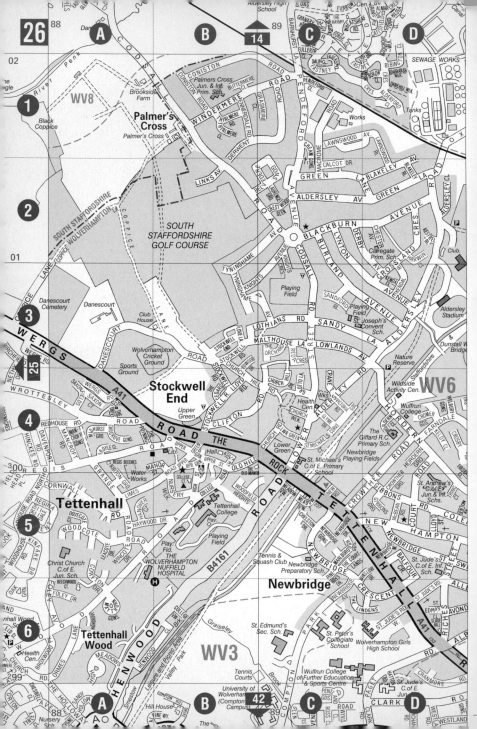

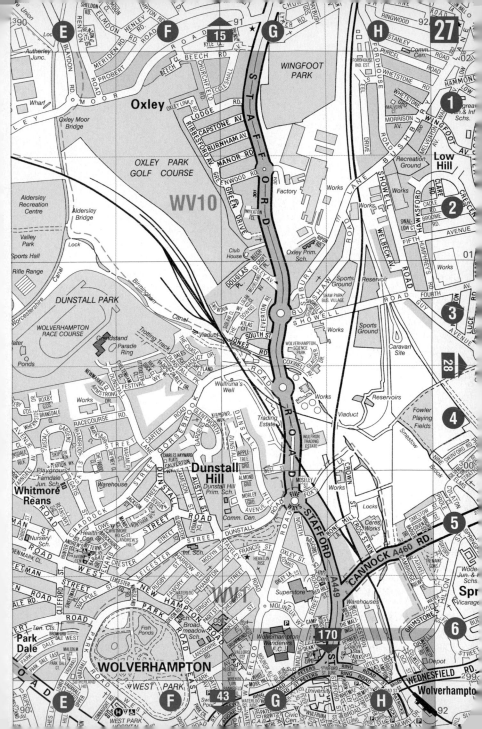

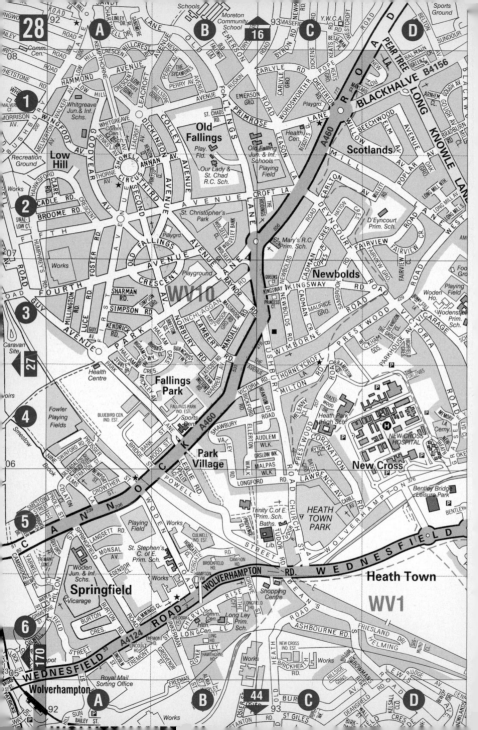

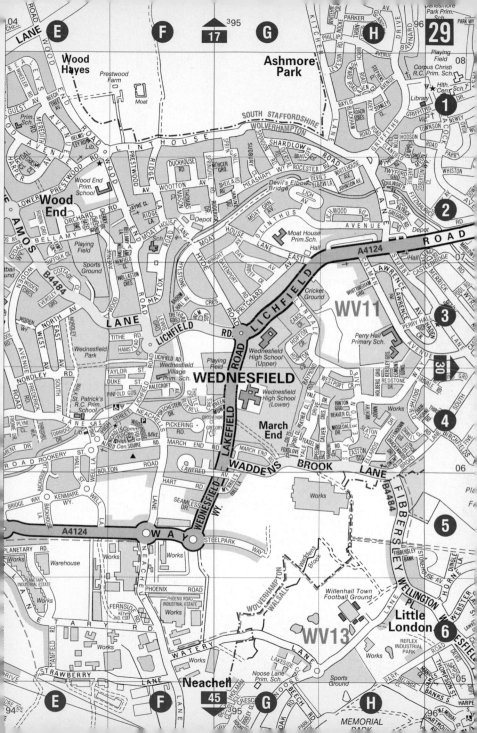

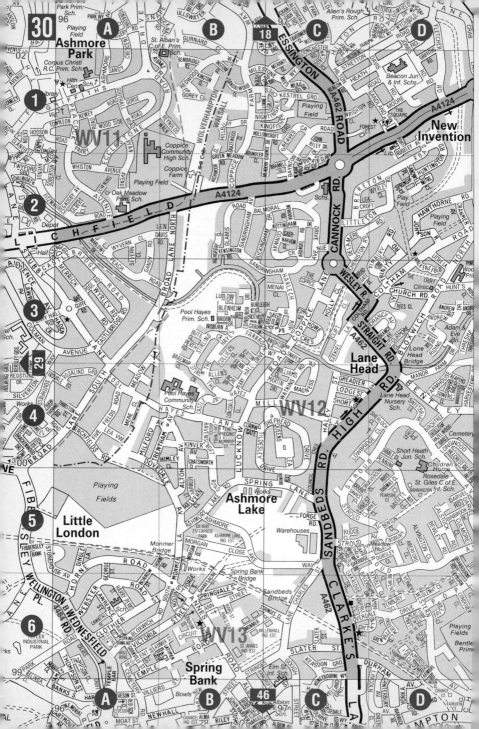

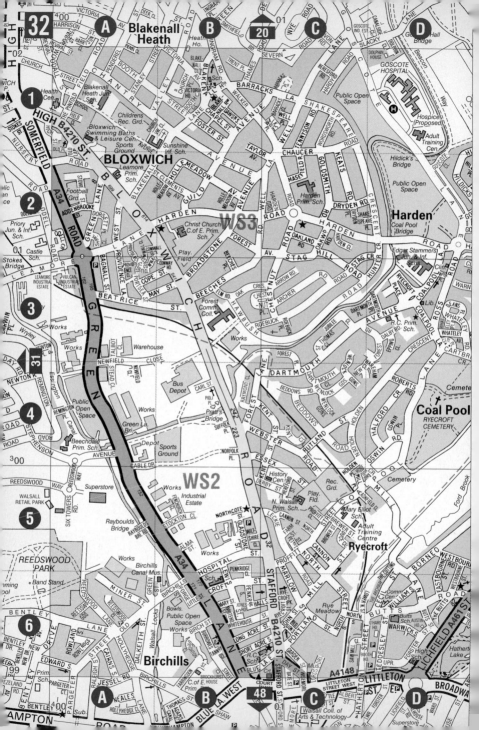

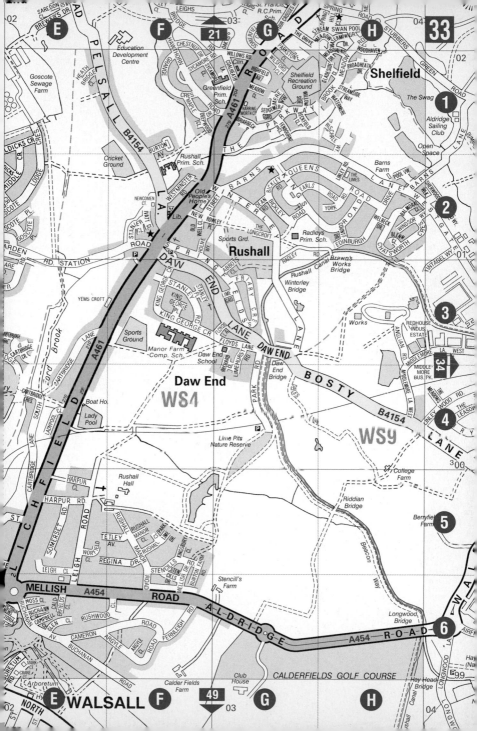

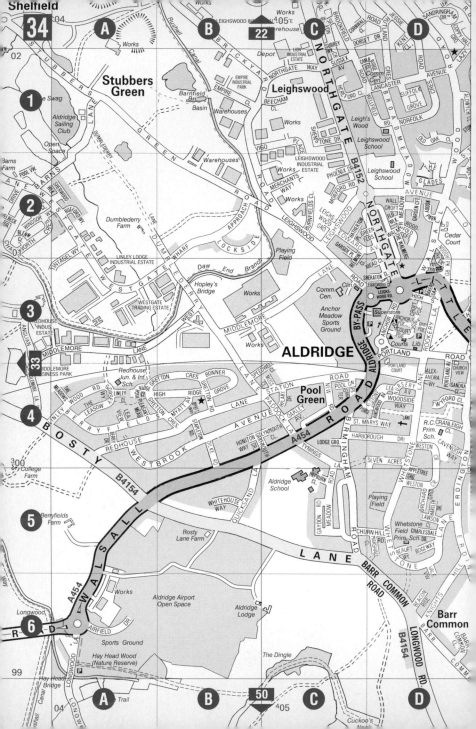

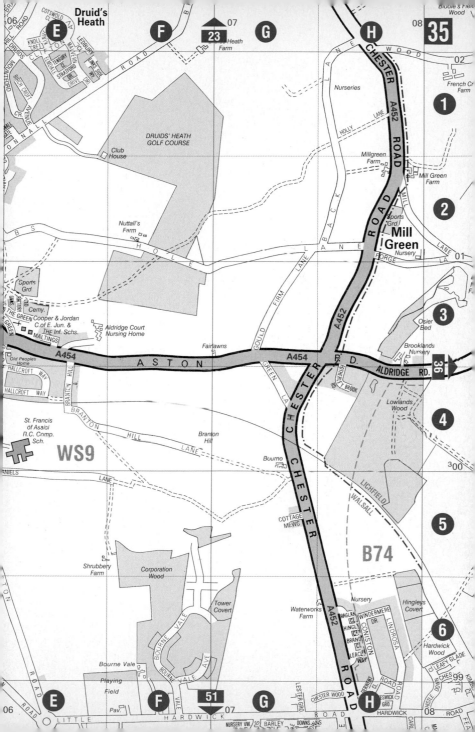

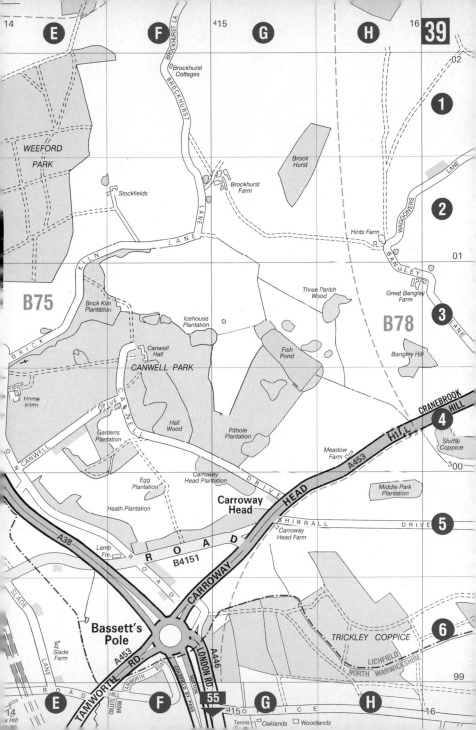

40 84

²99

1

A

B

▲ ³85
24

C

D

PATTINGHAM

PERTON PARK

GOLF COURSE

Club House

WYKEHAM GRO

Sling Wood

Middle Wood

Perton Court

South Perton Farm

WROTTESLEY PARK ROAD

LANE

2

Freehold Wood

98

3

BENNETT'S LA

WV6

WALKERS

JENNY

LANE

Sewage Works

Perton Mill Farm

ROAD

BRI

4

Ford

A454

Trescott

SHOP LA

East Trescott Farm

Pool Hall

Staffordshi

97

BRIDGNORTH

West Trescott Farm

Poolhall Cottages

5

Trescott Grange

The Pool

Brook

Furnace Grange

6

Twin Oaks Farm

ROAD

Smestow

WV5

96

84

A

B

▼ ³85
56

C

EBSTREE

D

Wo

Ebstree

Jn

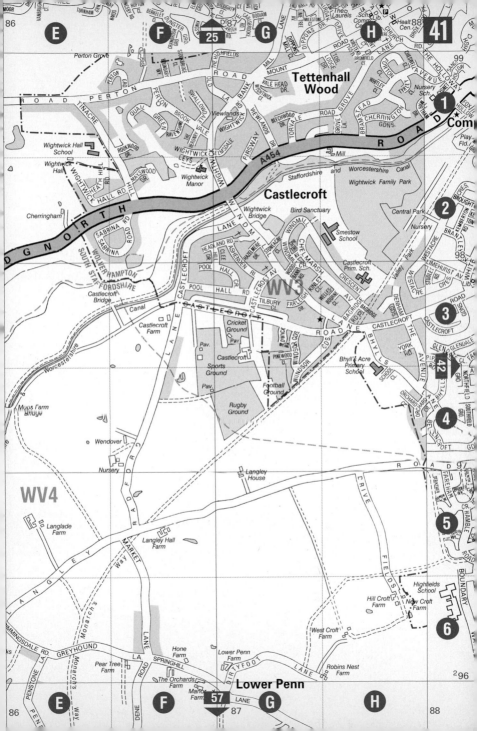

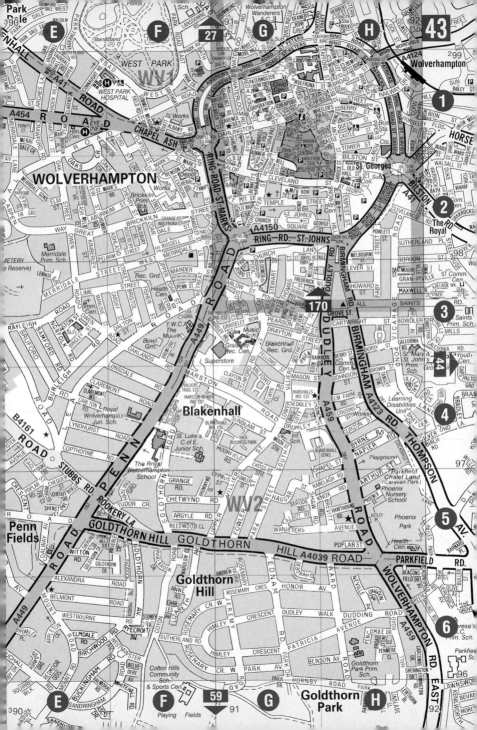

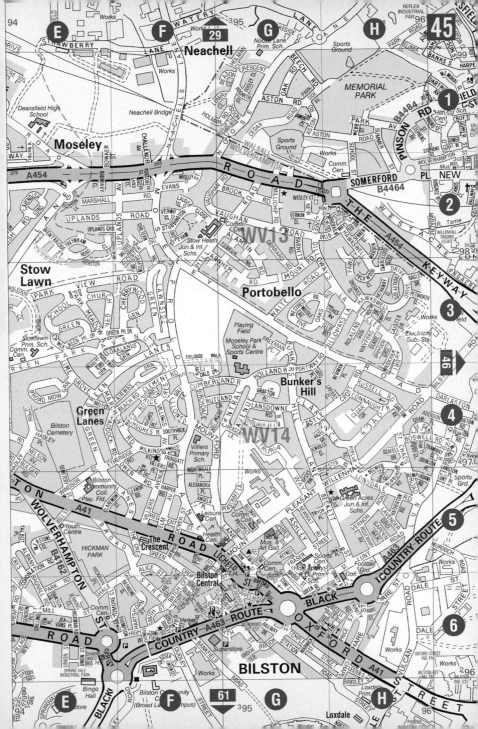

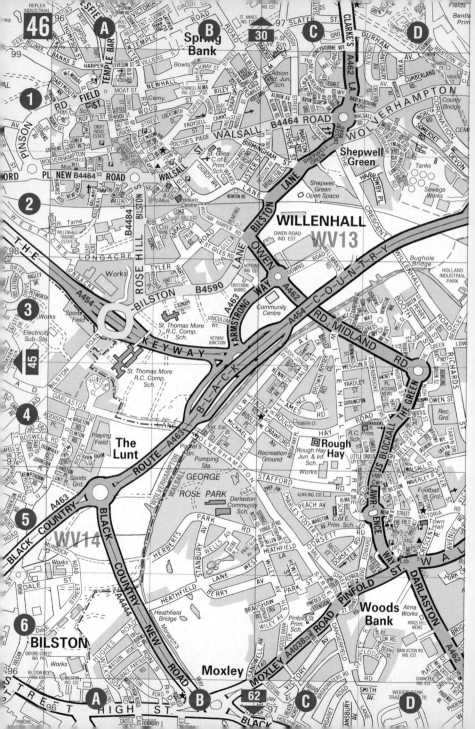

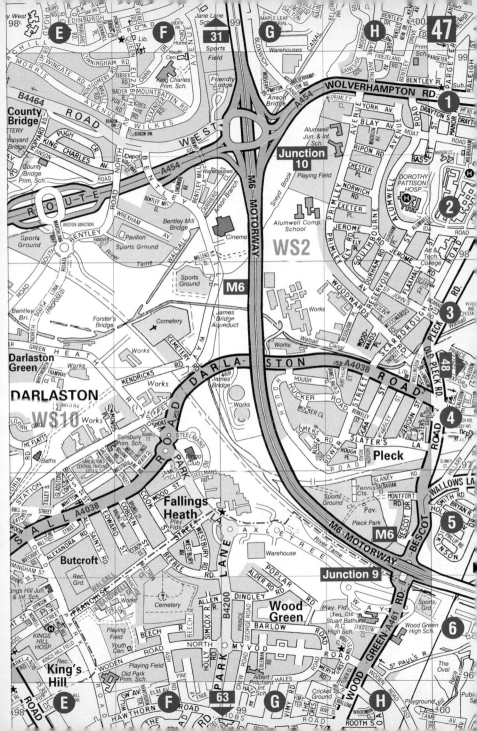

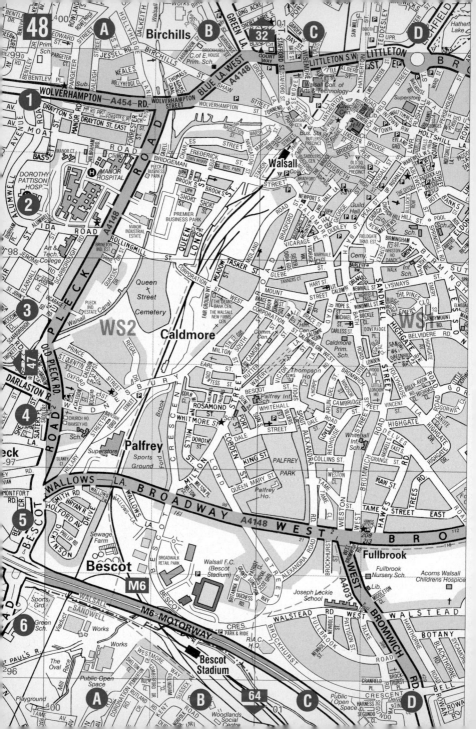

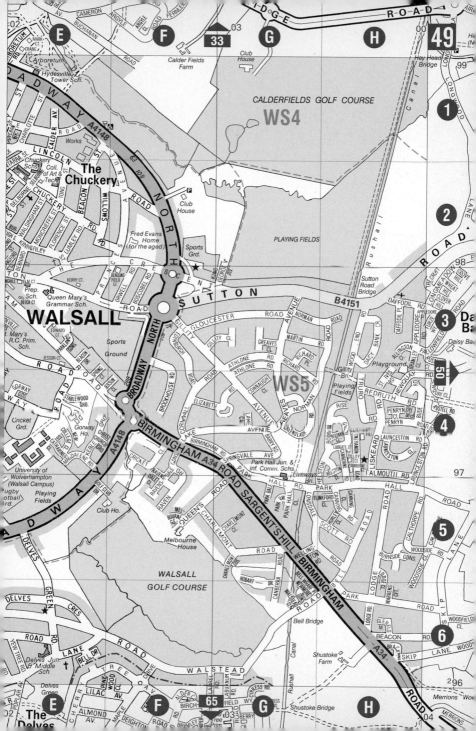

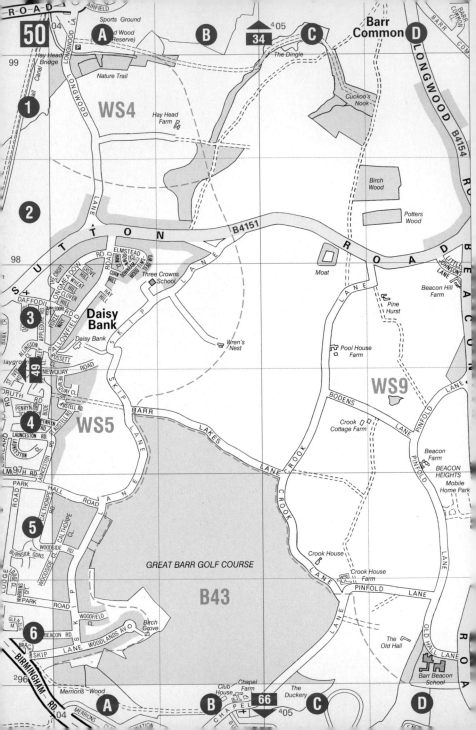

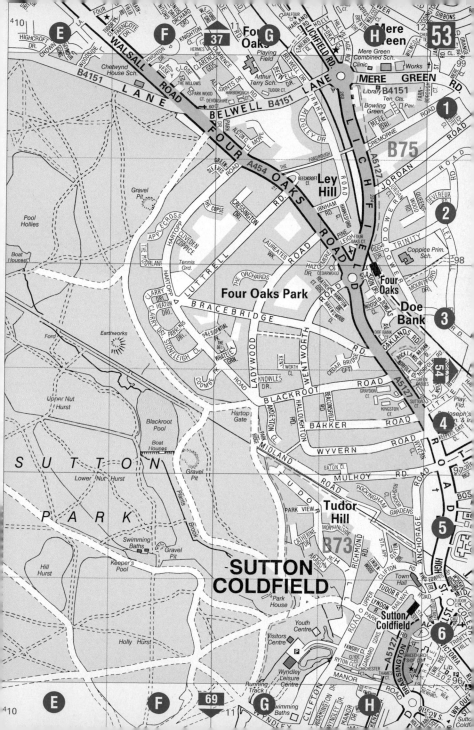

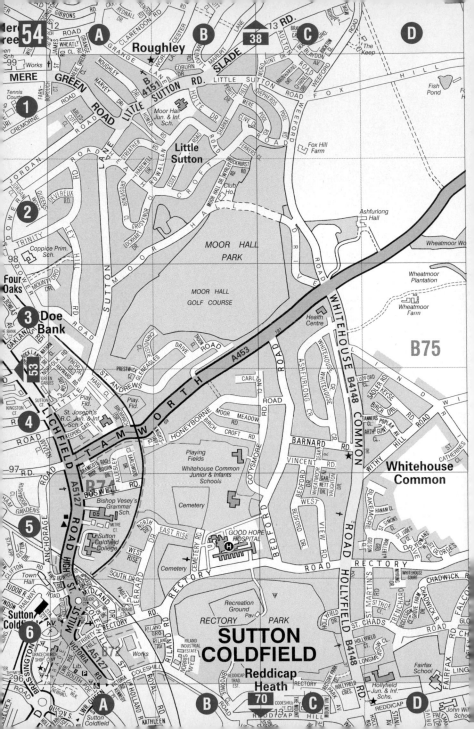

E　　F　39　415　G　　H　TRICKLEY COPPICE　16

99

Bassett's Pole

TAMWORTH RD

HILL
COLLETS BROOK
LANE

A453 ROAD

A446(M1)

ox Hill
ouse

COPPICE　　LANE

Tennis Courts　Oaklands　Woodlands
Sports Ground

Parkwood House Farm　Woodside Farm

1

Crematorium

Collets

B78

BIRMINGHAM

Brook

NORTHERN

2

Woodlands Farm

NEW PARK WOOD

98

Fish Pond

New Park Farm

A446

Littleworth End

RELIEF

Highfields

Cottage Farm

3

High Heath

Bercot

HILL

THY

Withy Hill Farm

ROAD (PROPOSED)

A38 COLDFIELD

Langley Mill Farm

Franfield

4

97

Osier Bed

Langley Pool

Lindridge Pool

Fish Pond

ROAD

BIRMINGHAM
NORTH WARWICKSHIRE

5

ROAD

Langley Sch.

WYATT

LODGE

CARHAMPTON

BIGWOOD DR

COLMORE DR

BRACKEN

HORSFALL R

Road

DUNCUMB RD

WILSON DR

LEIGH RD

CUMBER

WILS

LEIGH

RD

LAND WK

GOODEVE

WALK

Works

A38 BY PASS

The Kennels

Galanthus

6

New Hall Jun. & Inf. Sch.

LANGLEY HALL RD

REGAN CT.
FALSTAFF CT.
SPRINGFIELD CT.
KNIGHT CT.

RIVER

WOODINGTON ROAD

Woodington Inf-Sch.

ARDEN DR

CRES

WYATT ROAD

Comm. Cen. Clin

NEWDIGATE

CHURCHILL PDE

STONE AV.

Rec. Grd.

FALCONS

LANGLEY HALL

Falcon Lodge

HOLLY　LANE

B76　296

CHURCHILL DR

JESSON RD

RD

HEATH

CATTELL DR

FOWLER

HOLBECHE R.

NUTHURST RD

SPRINGFIELD

RD

E　　F　71　415　G　　H

14　　　　　　　　　　　　　　　16

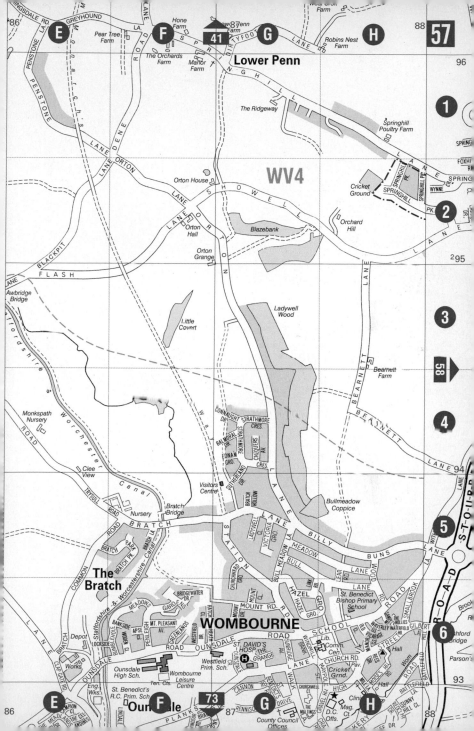

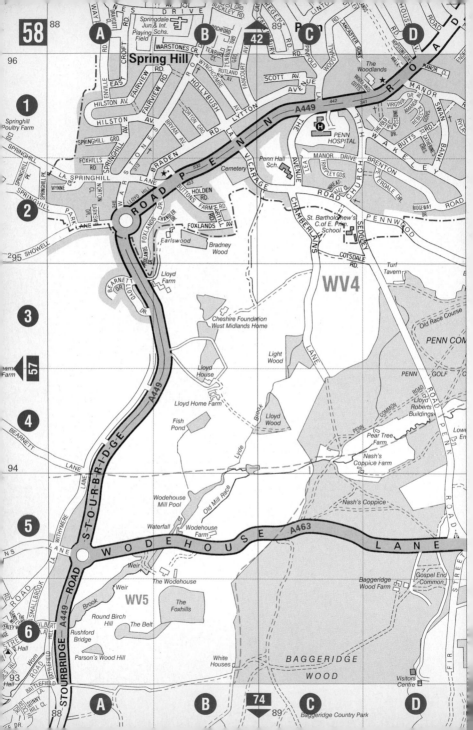

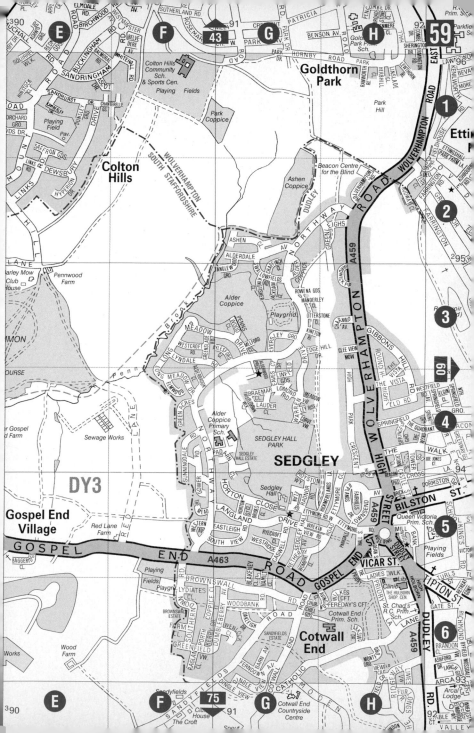

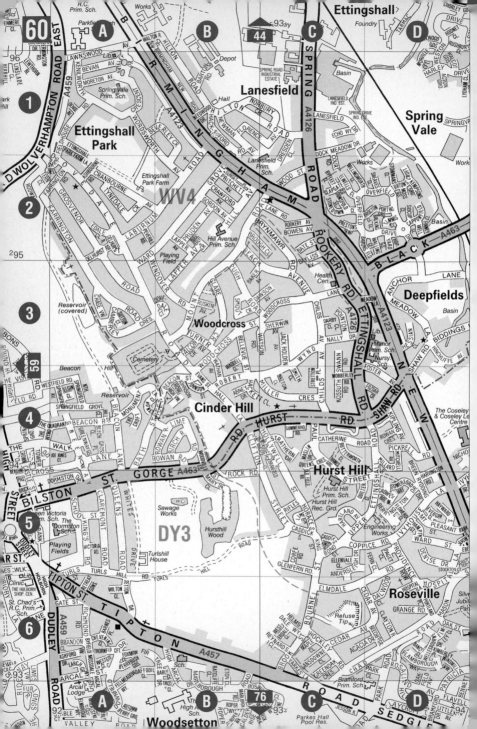

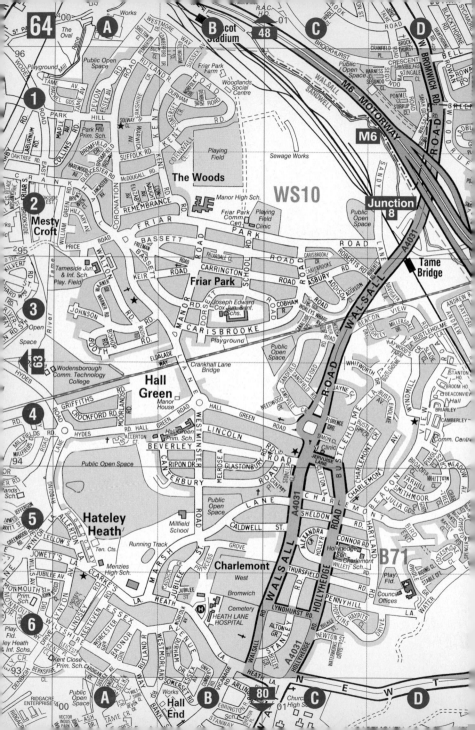

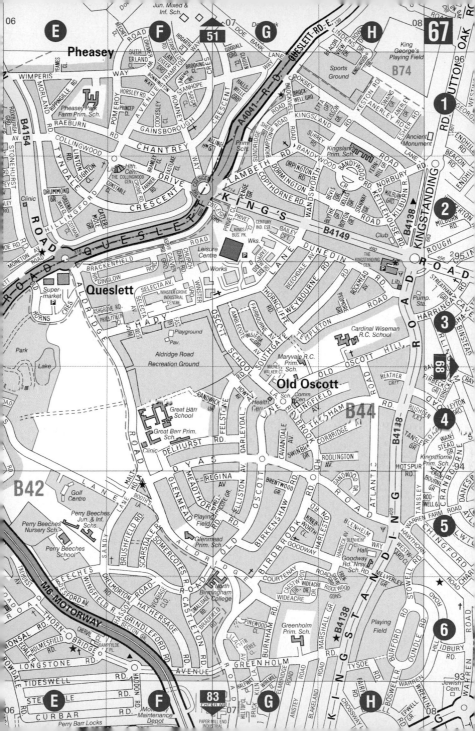

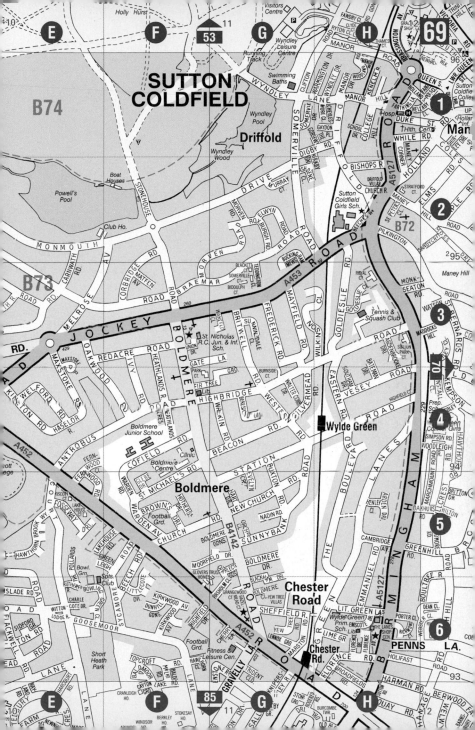

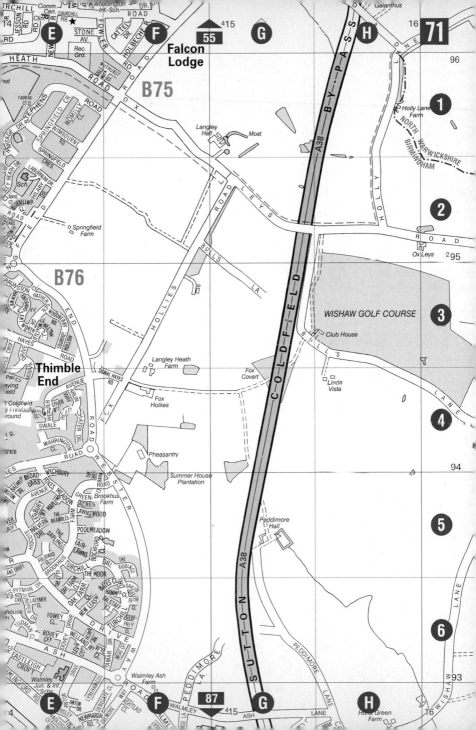

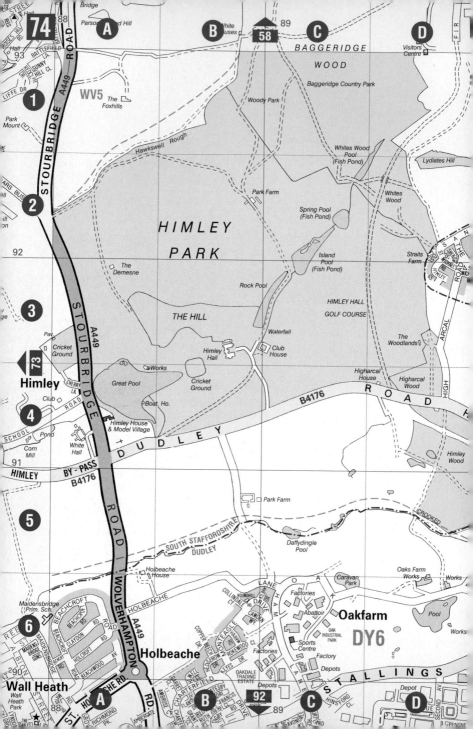

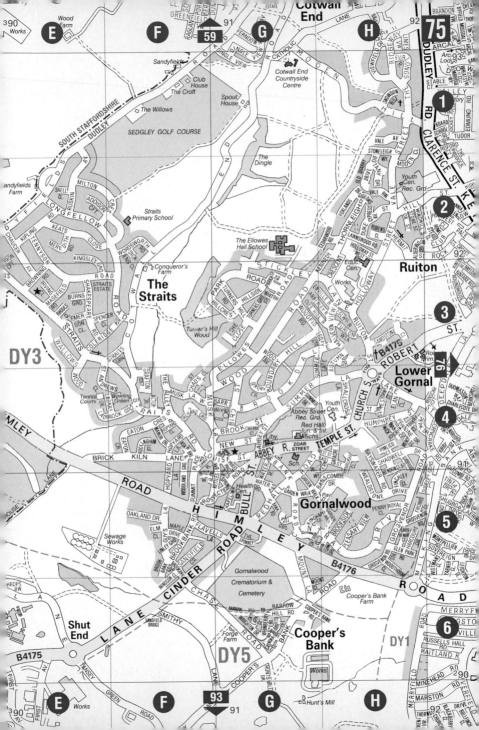

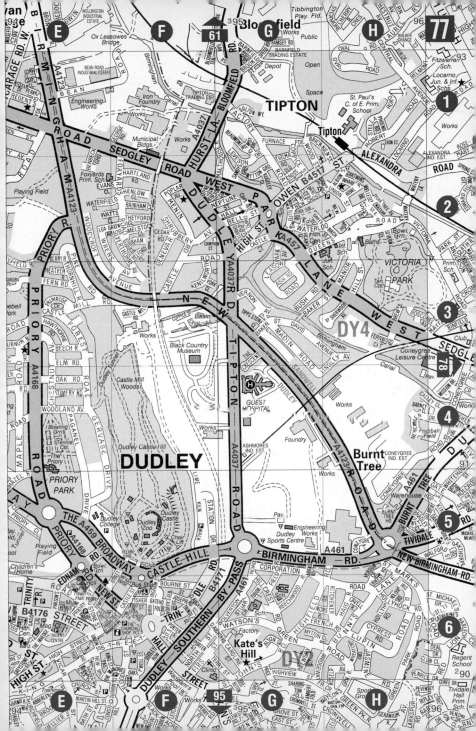

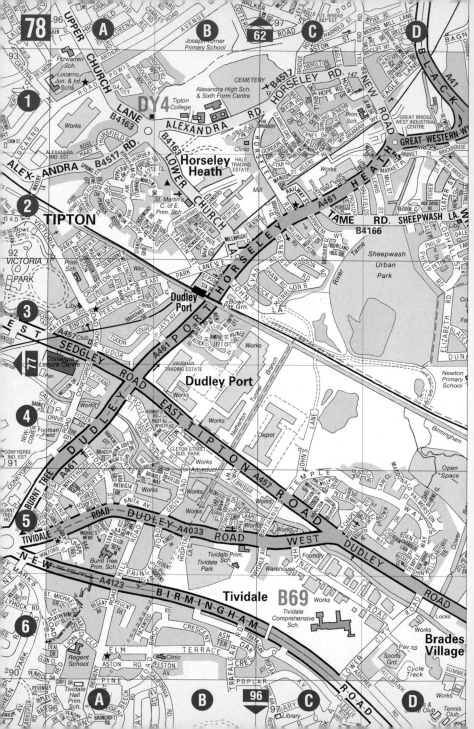

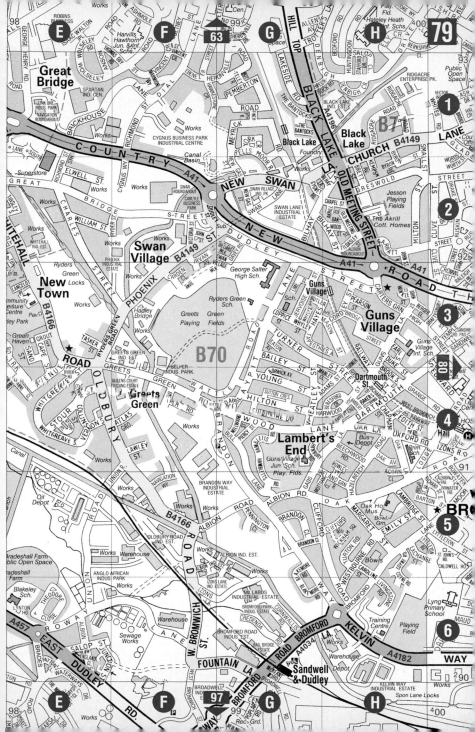

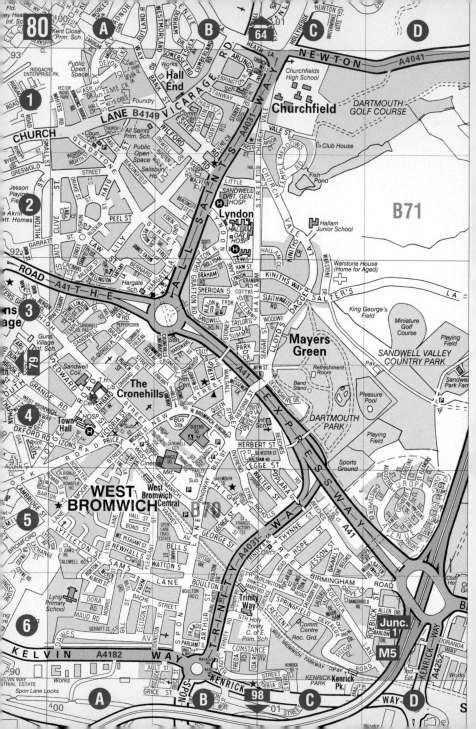

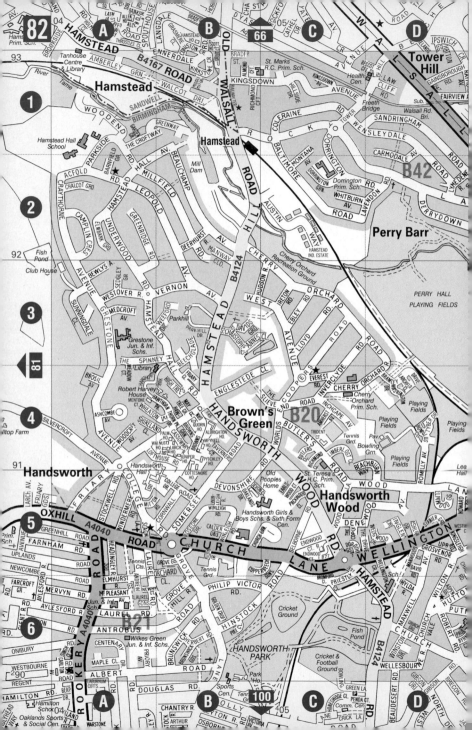

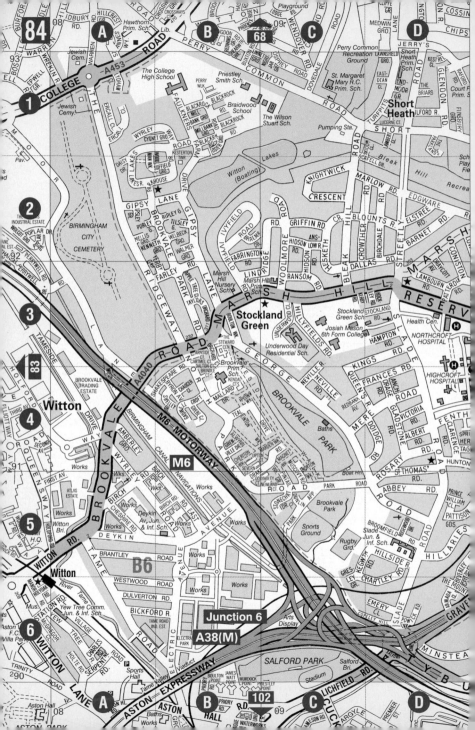

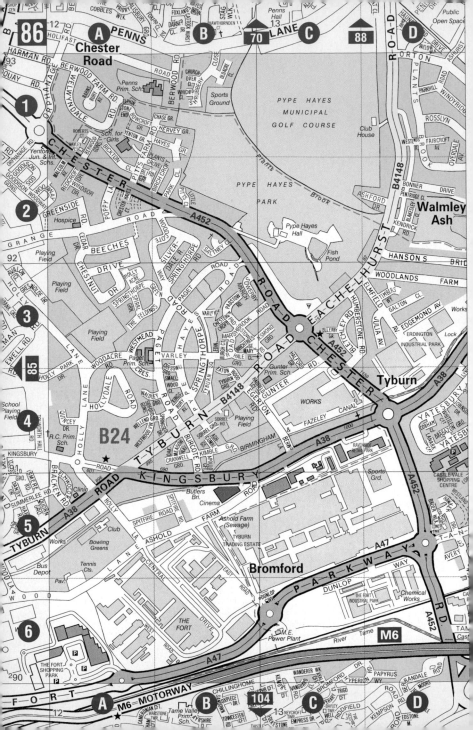

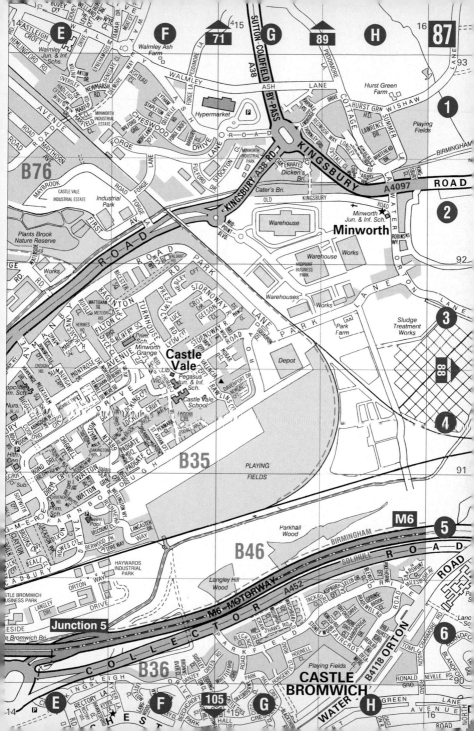

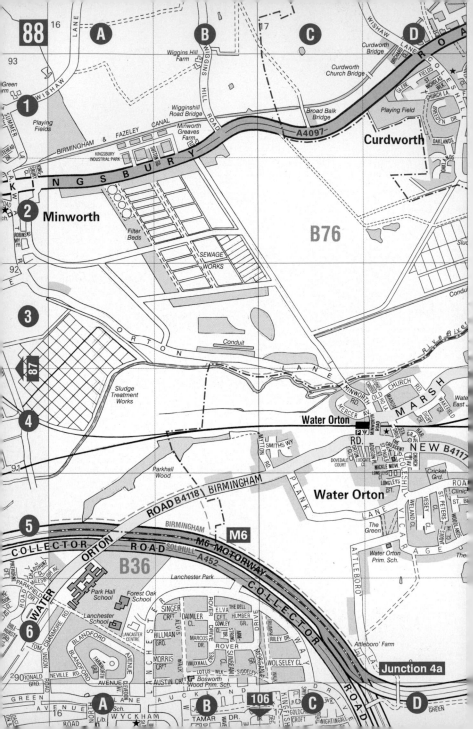

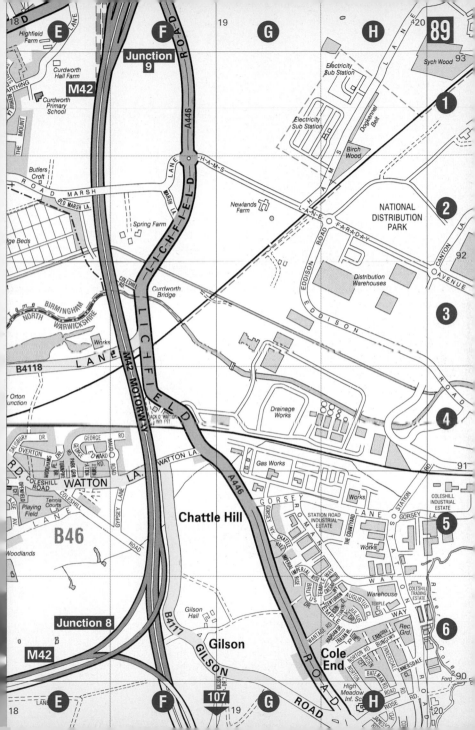

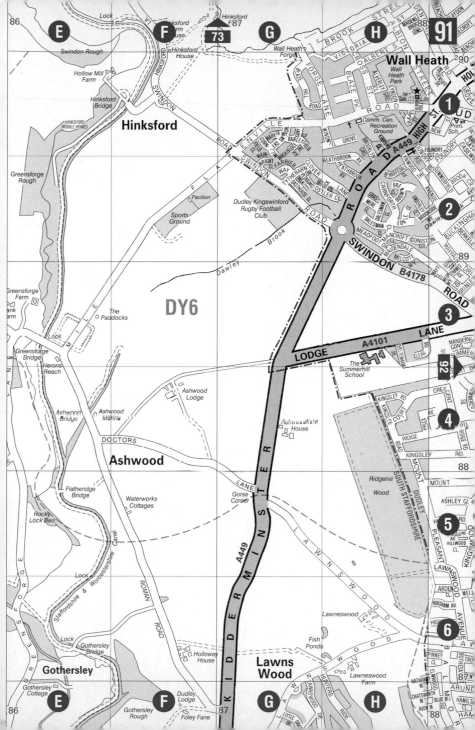

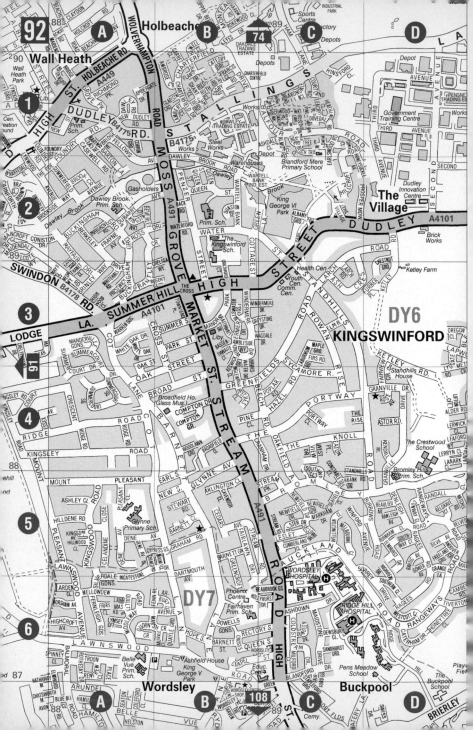

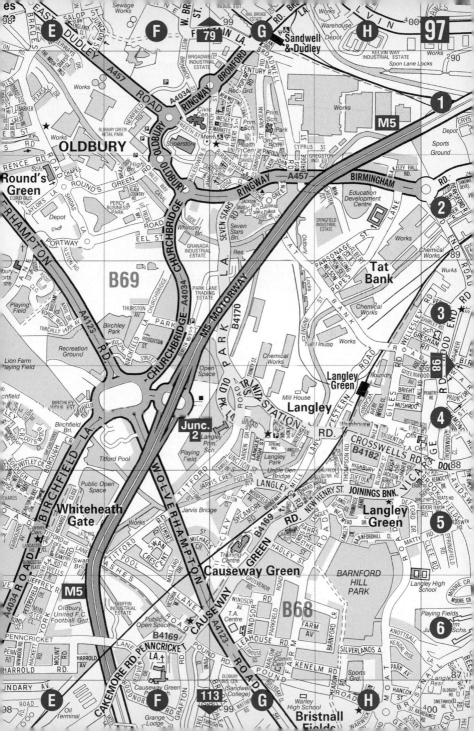

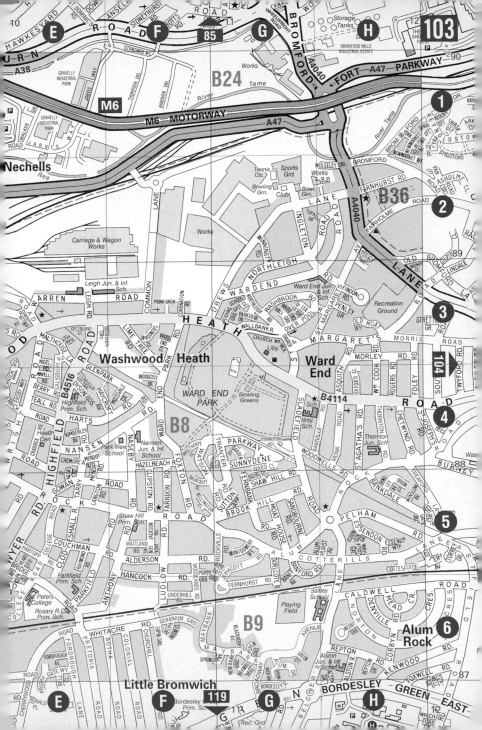

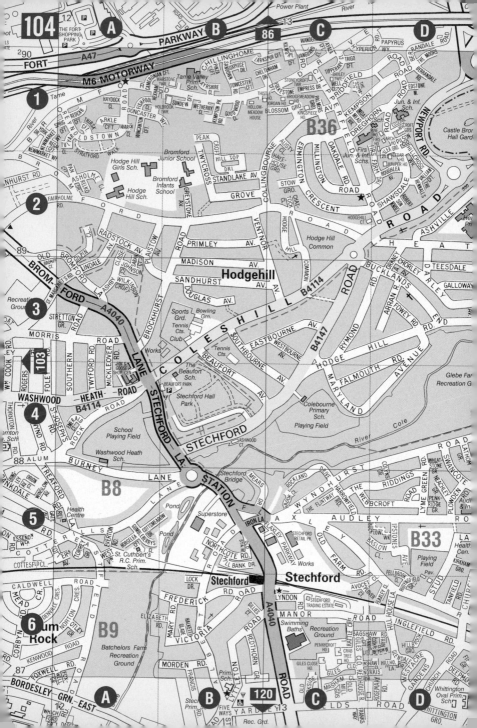

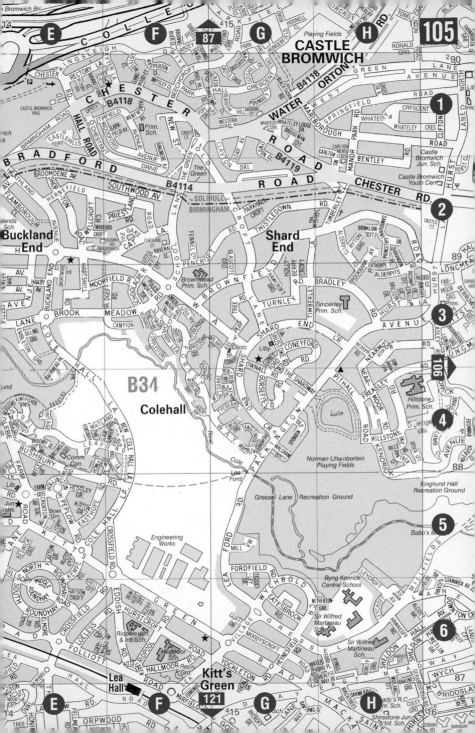

CASTLE BROMWICH

Playing Fields

SOLIHULL BIRMINGHAM

B34

Colehall

Buckland End

Shard End

Timberley Prim. Sch.

Brownmead Prim. Sch.

Norman Chamberlain Playing Fields

Gressel Lane Recreation Ground

Kinghurst Hall Recreation Ground

Engineering Works

Byng Kenrick Central School

Sir Wilfred Martineau Sch.

Sir Wilfred Martineau Sch.

Lea Hall

Kitt's Green

Castle Bromwich Jun. Sch.

Castle Bromwich Youth Cen.

Shirestone Jun. & Inf. Sch.

Ridpole Jun. & Inf. Sch.

Hallmoor Sch.

Hallmoor Rec.

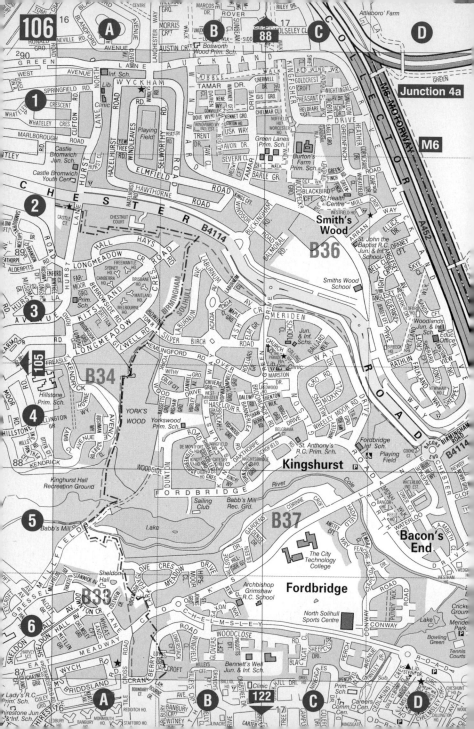

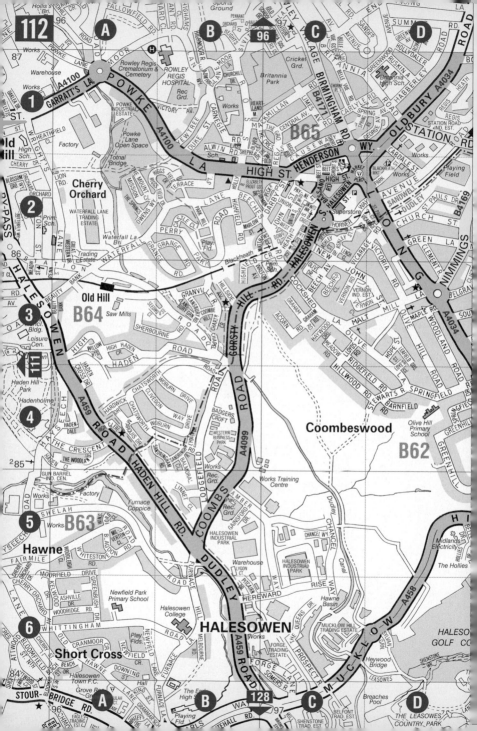

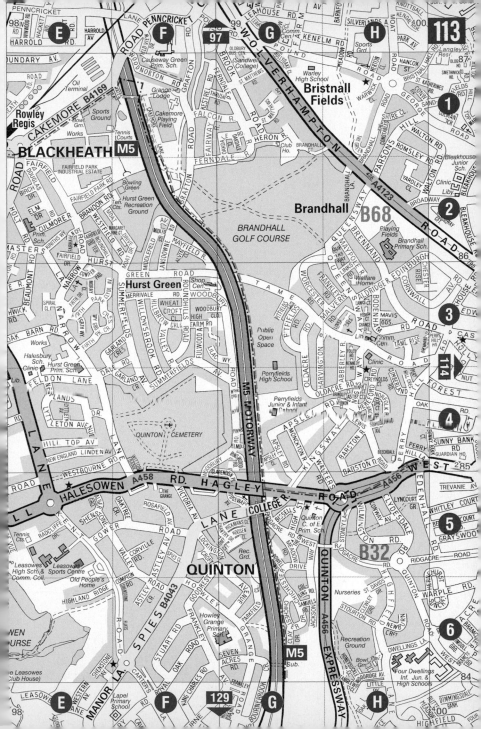

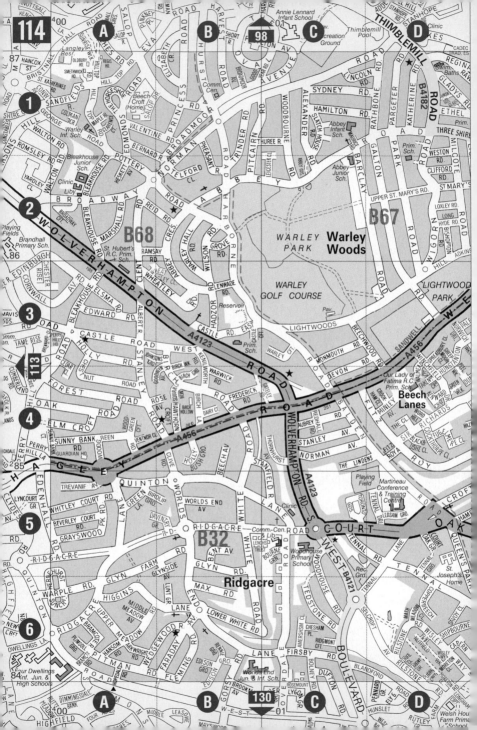

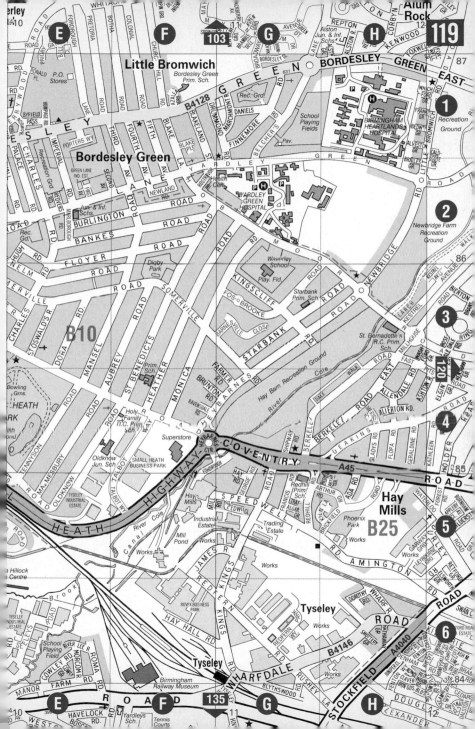

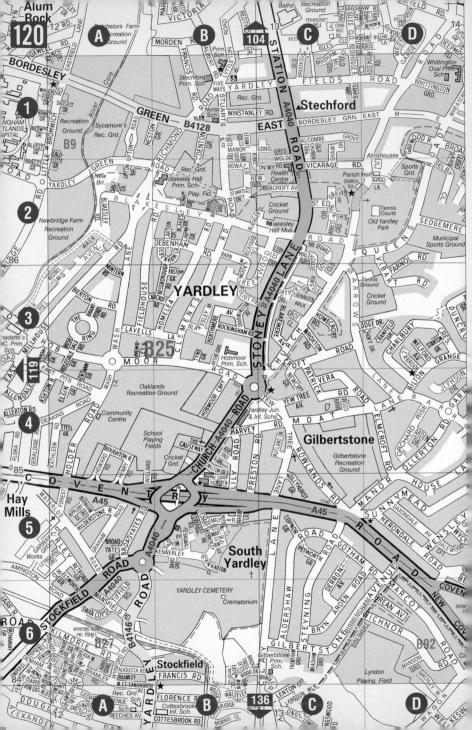

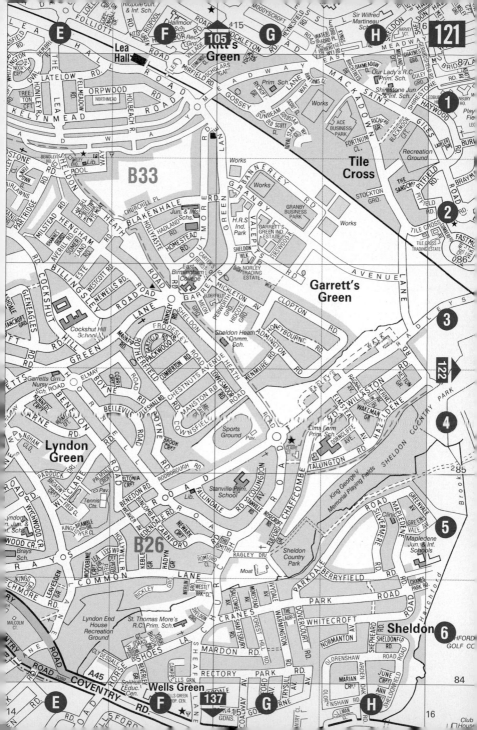

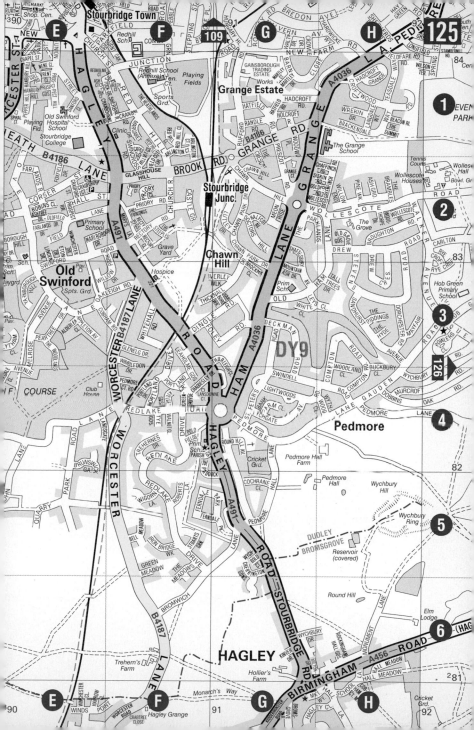

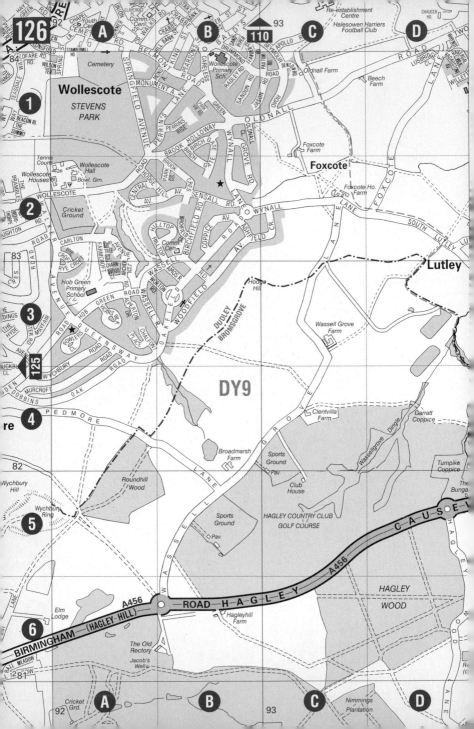

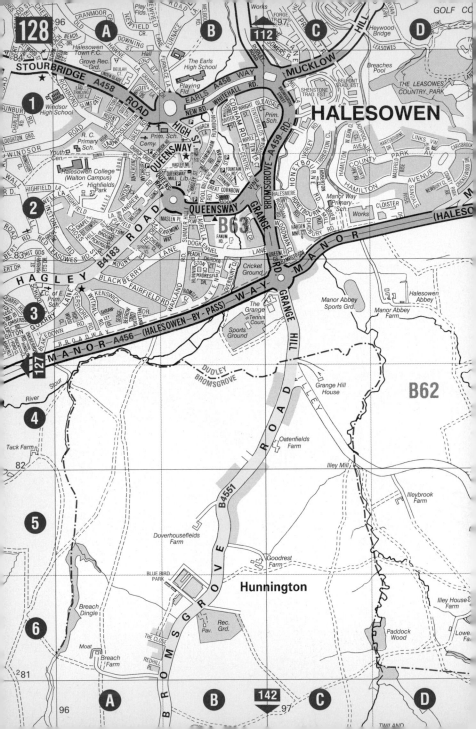

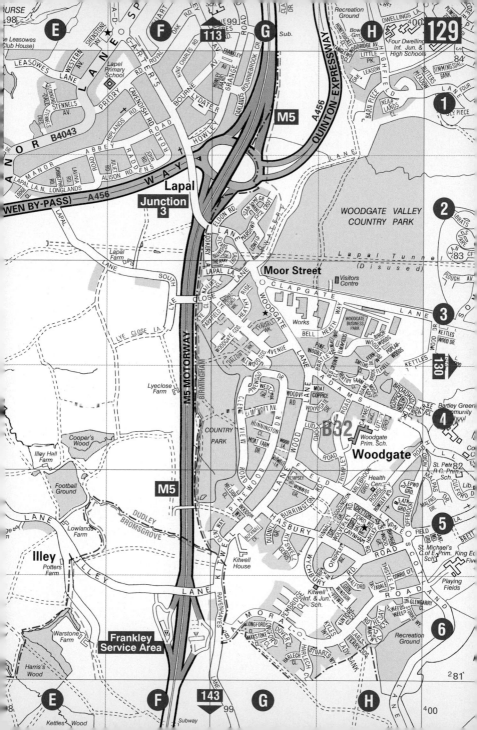

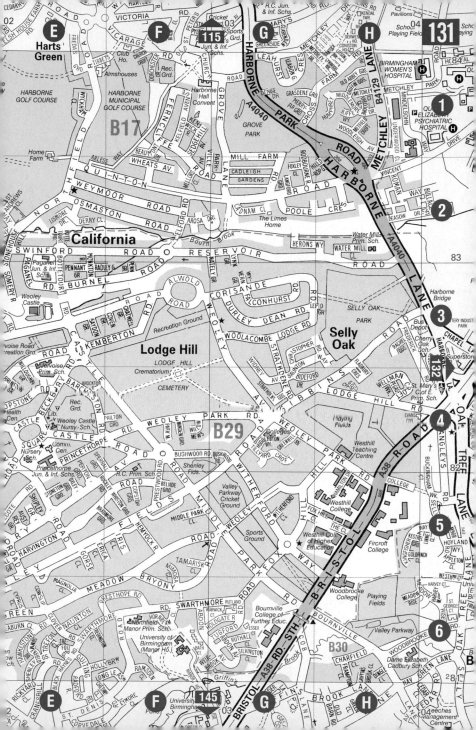

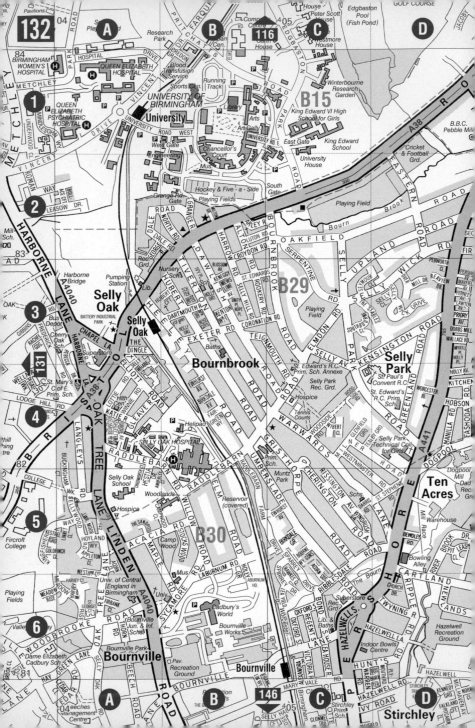

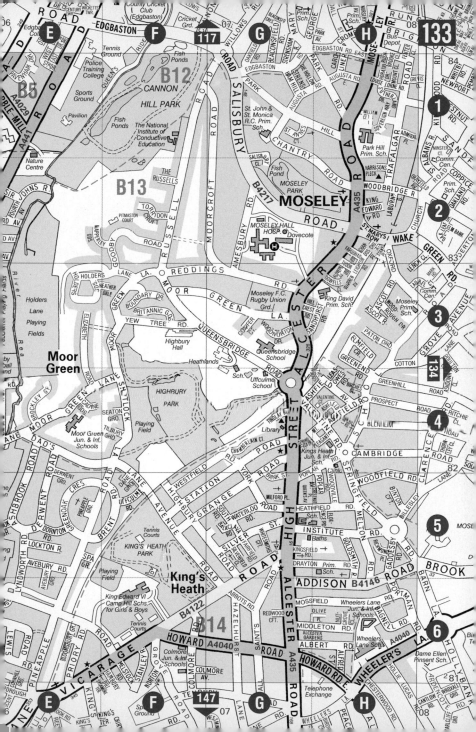

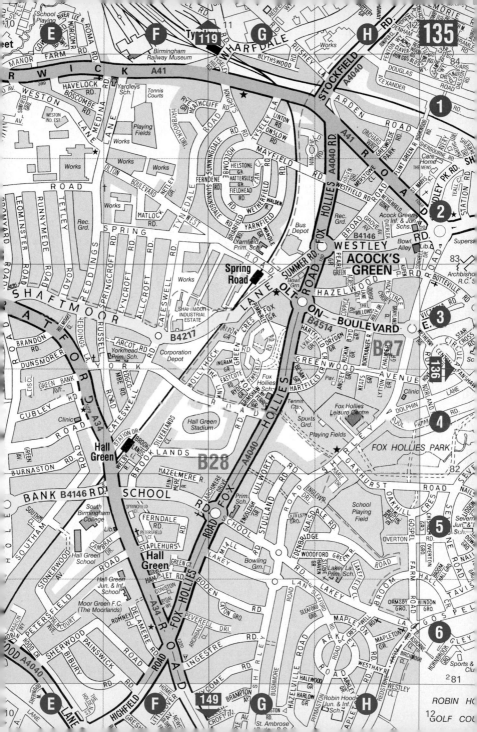

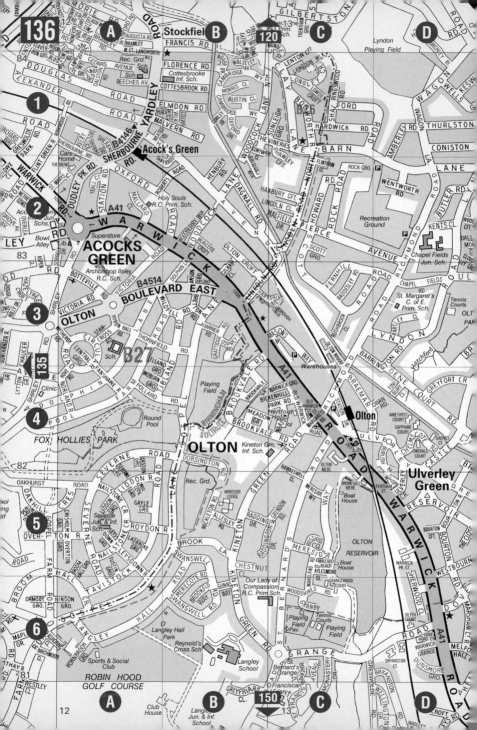

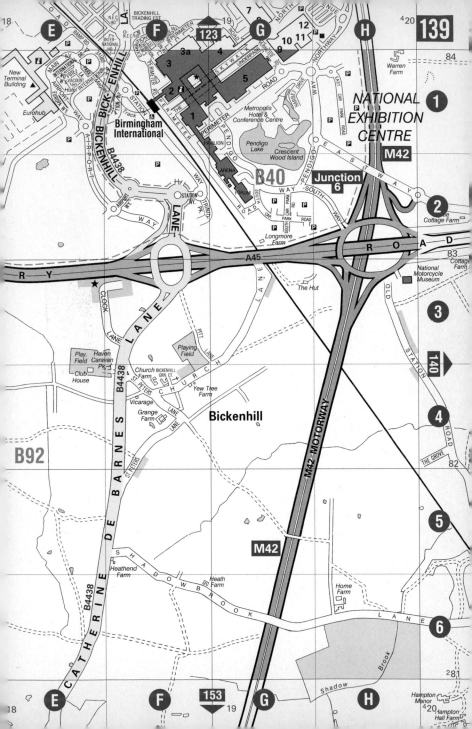

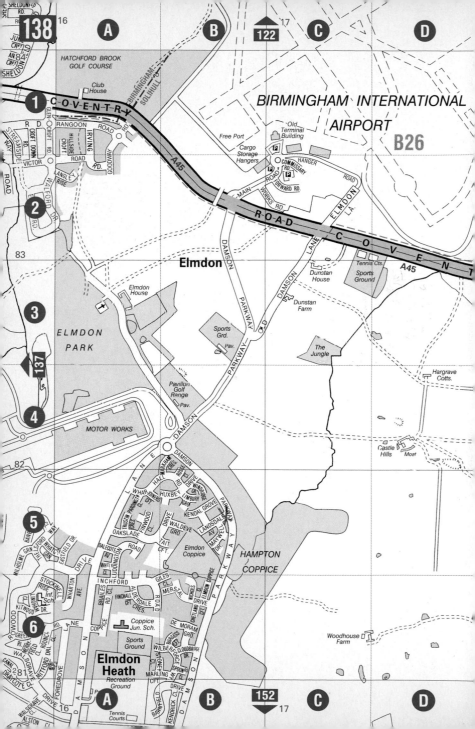

A   B   ▲ 122 17   C   D

BIRMINGHAM INTERNATIONAL AIRPORT

B26

HATCHFORD BROOK GOLF COURSE

Club House

① COVENTRY

GLEN CROFT RD.
CROFT DOWN RD.
RANGOON ROAD
HILLSIDE CROFT
IRVING ROAD
GOODWAY RD.

Free Port

Old Terminal Building

Cargo Storage Hangers

HANGER

COMMISSARY RD.
ORWARD RD.

MAIN ROAD

WORKS RD.

ELMDON LA.

② WALFORD DR.
VICTOR RD.
LANGLEY RISE

83

Elmdon

R O A D   C O V E N T

A45

Elmdon House

DAMSON PARKWAY

DAMSON LANE

Dunstan House

Tennis Cts.
Sports Ground

③ ELMDON PARK

Sports Grd.

Pav.

Dunstan Farm

The Jungle

Hargrave Cotts.

137

④ Pavilion Golf Range
Pav.

MOTOR WORKS

DAMSON LANE

82

Castle Hills   Moat

⑤ MILHOUSE GRN.
BANBURY WAY
CLIFFORD WALK
WHATCROFT
HILL BRN.
EASTFIELD DR.

MARKHAM CROFT
HALL
HUXBEY
WINDROW DR.
LIMBURY GRO.
WHARF CFT.
JOINERS CFT.
TRUSSTIN PADDING CFT.
CREST
FINWOOD
WALDEVE GRO.
TAIT CFT.
KENDAL GROVE
LANDSDALE AV.
MAXWELL
PARKWAY

DALECOTE AV.
WHITLOW GRO.
CLUDDINGTON

OAKSLADE ROAD

Elmdon Coppice

HAMPTON COPPICE

STOCKWELL RISE
WHARTON AVE.
INCHFORD AVE.
CLAPHAM
LINDRIDGE DR.

Inf. Sch.

BRAILES RD. CFT.
ALDERDALE CRES.
FINCHALL CFT.
GILES CL.
MERSTAL DRIVE
NICHOLLS
CHETLAND
ELMDON COPPICE
DRIVE

KITWOOD DR.
GOODWOOD DR.
R.J. HENRY DR.
PRINCE RD.

⑥

DE MORAM GRO.
BUGGESS
WILBERFORCE
CLOUDBRIDGE DR.
SPOONERS

Woodhouse Farm

COPPICE
Coppice Jun. Sch.
Sports Ground

Elmdon Heath

WALSGRAVE
CANAL 281
DRAYCOTE CL.
MITFORD DR.
FOREDROVE
DAMSON LANE
WALGRAVE
ALSTON CL.

Recreation Ground

P

Tennis Courts

BARKFIELD CL.
MARLING CFT.
KENDRICK CL.
DAMSON DRIVE

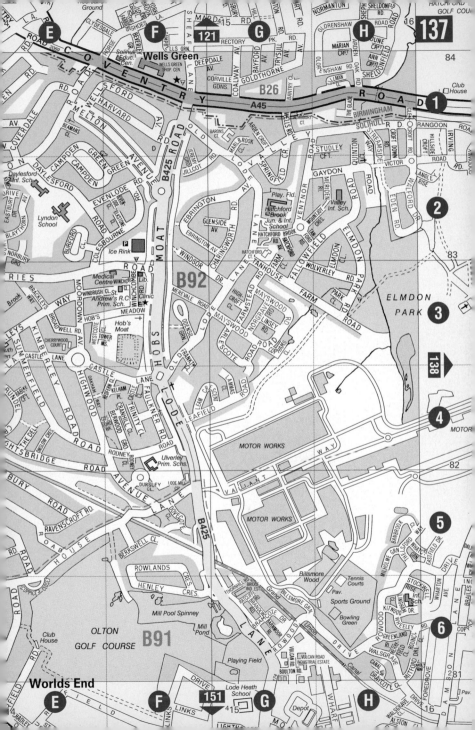

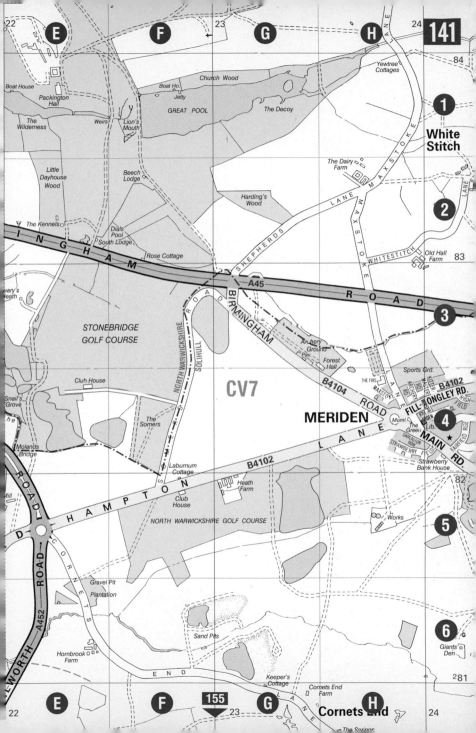

White
Stitch

MERIDEN

CV7

STONEBRIDGE
GOLF COURSE

NORTH WARWICKSHIRE GOLF COURSE

Boat House
Packington
Hall
The
Wilderness
Weirs
Lion's
Mouth
GREAT POOL
Church Wood
Boat Ho.
Jetty
The Decoy
Yewtree
Cottages
Little
Dayhouse
Wood
Beech
Lodge
Harding's
Wood
The Dairy
Farm
The Kennels
Dials
Pool
South Lodge
Rose Cottage
eary's
Heath
INGHAM
SHEPHERDS
LANE
MAXSTOKE
LANE
WHITESTITCH
Old Hall
Farm
A45
ROAD
BIRMINGHAM
SOLIHULL
NORTH WARWICKSHIRE
Club House
Snail's
Grove
he
Molands
Bridge
The
Somers
Laburnum
Cottage
Archery
Ground
Pav.
Forest
Hall
THE FIRS
MAXSTOKE CL
ARCHERY RD
MASTER
SMITH RD
Sports Grd.
B4102
HIGH
FIELD
FILLONGLEY RD.
Mem!.
The
Green
MERIDEN
Lib.
DARLASTON ROW
STRAWBERRY
MAIN
RD.
FAIRFIELD RISE
B4104
ROAD
LANE
B4102
HAMPTON
LANE
ROAD
A452
NEWORTH
CORNETS
END
Club
House
Heath
Farm
Mill
Gravel Pit
Plantation
Hornbrook
Farm
Sand Pits
Keeper's
Cottage
Cornets End
Farm
Strawberry
Bank House
Works
Giants
Den
The Springs

Cornets End

155

84

83

82

281

1

2

3

4

5

6

E   F   G   H   22   23   24

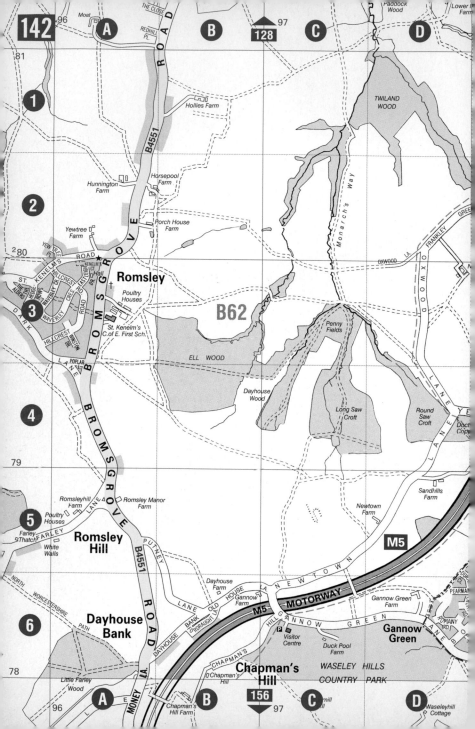

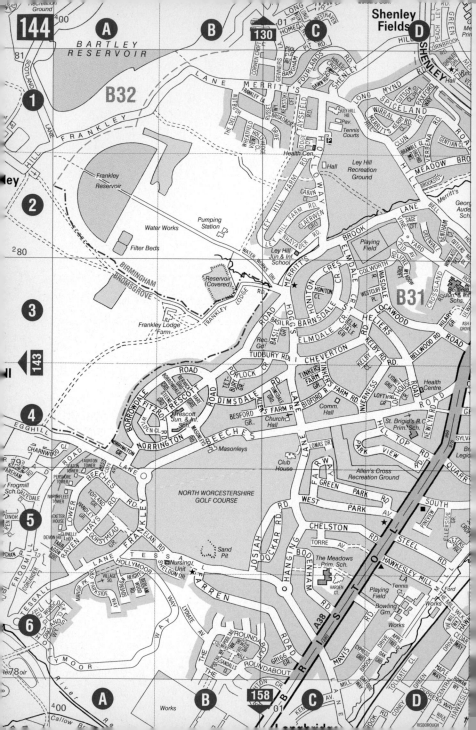

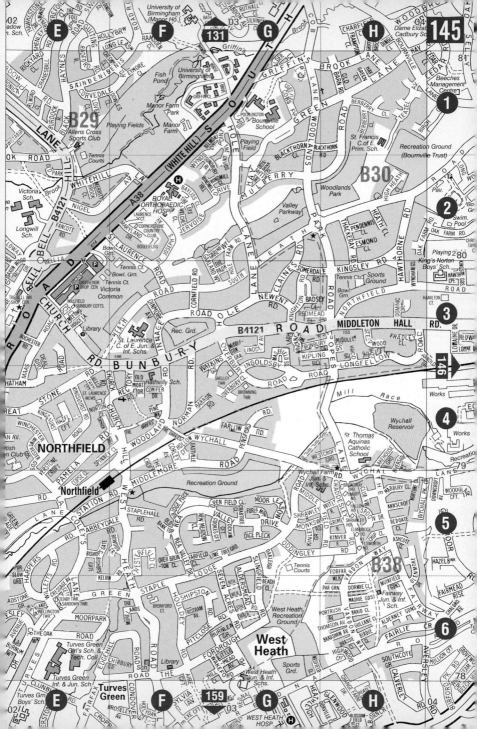

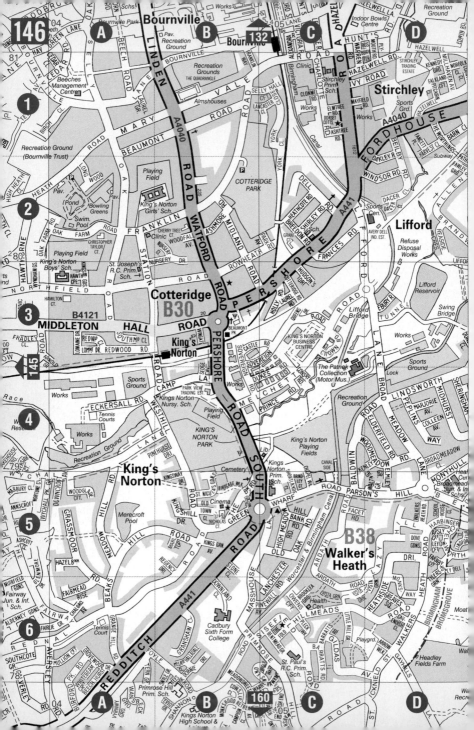

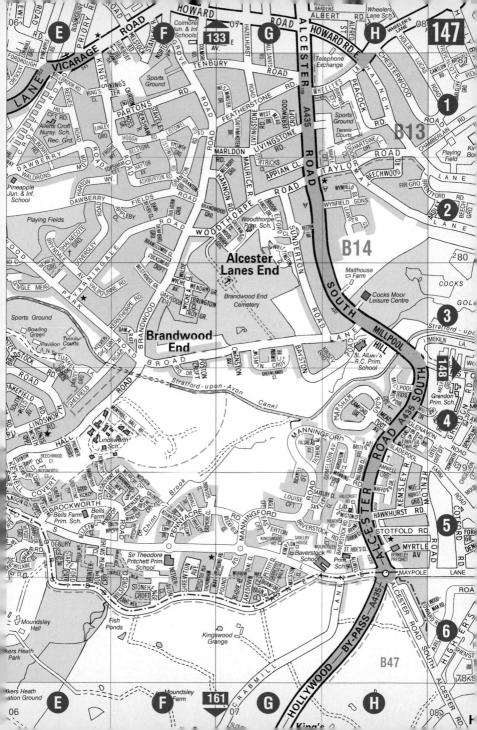

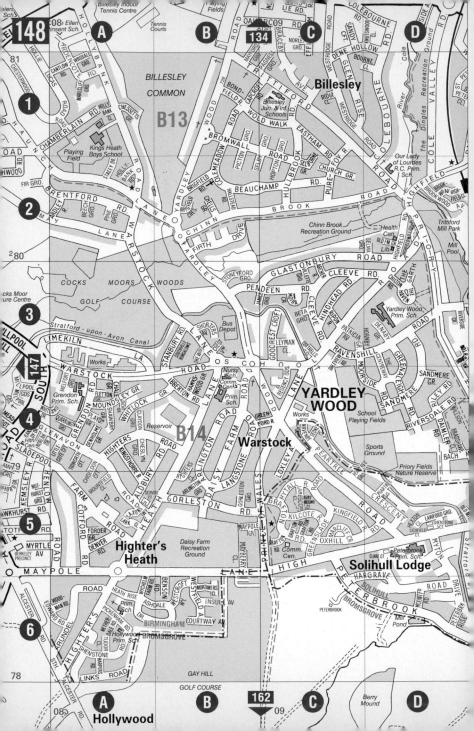

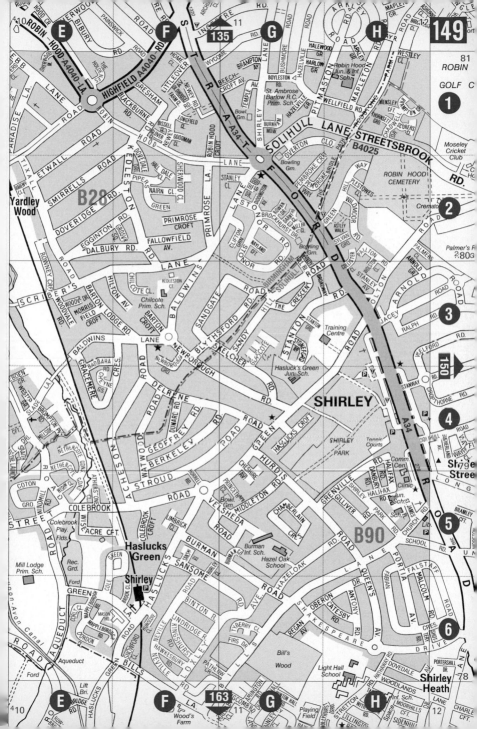

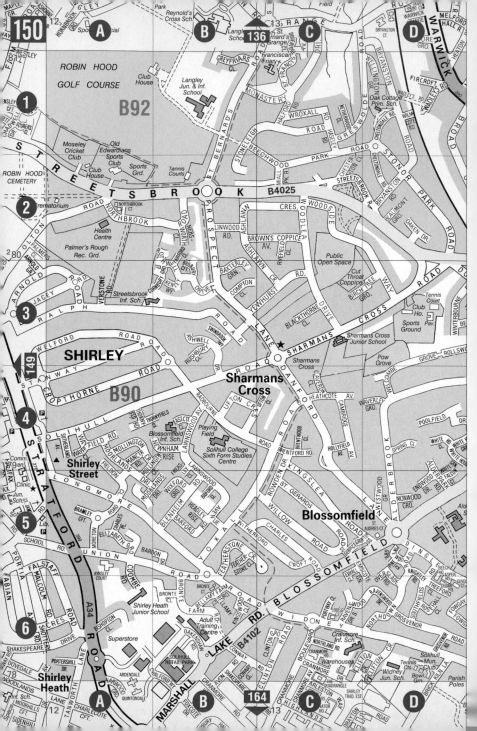

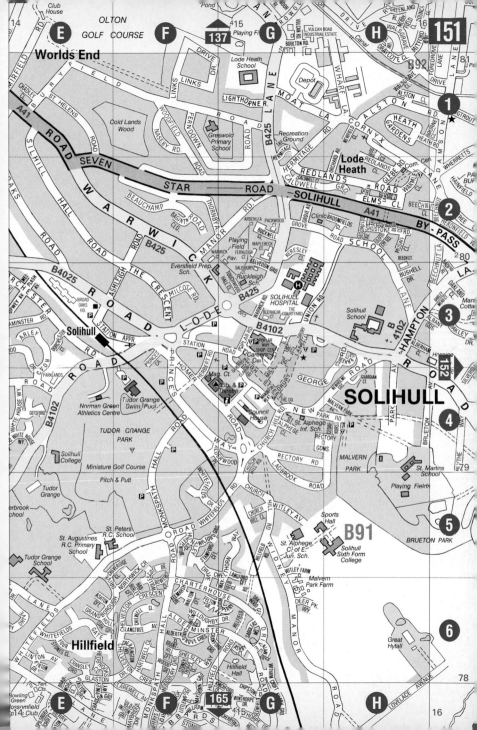

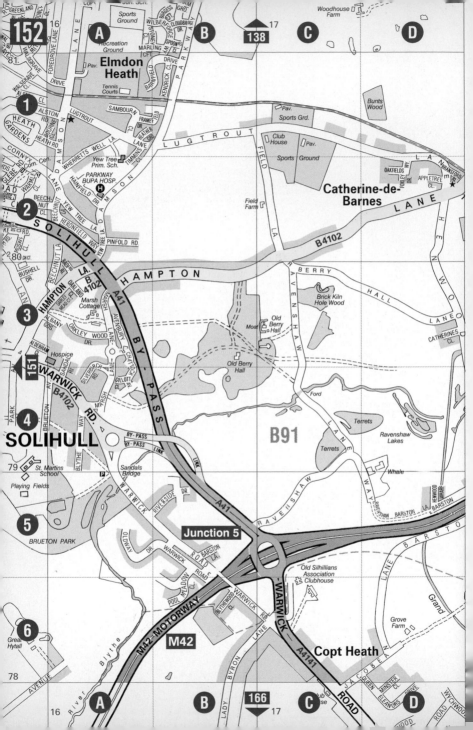

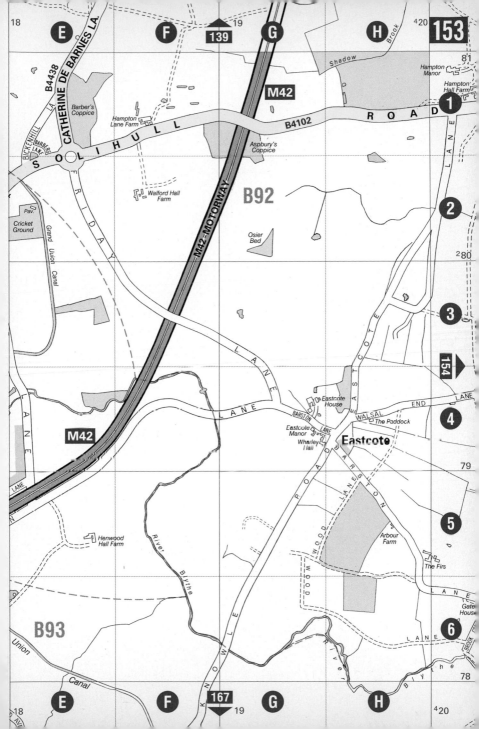

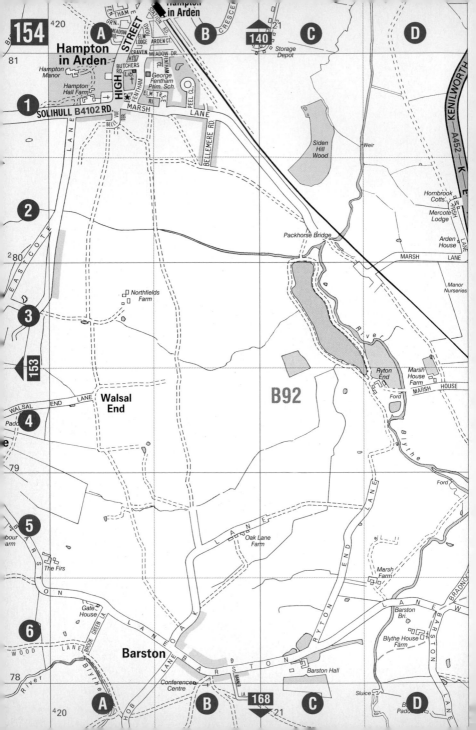

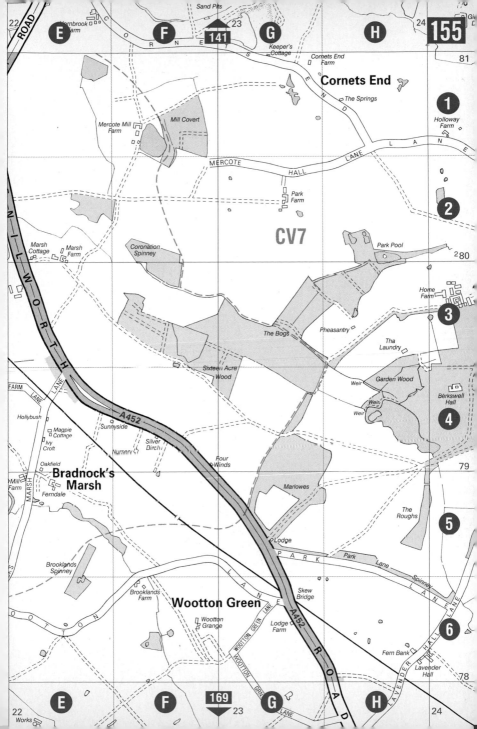

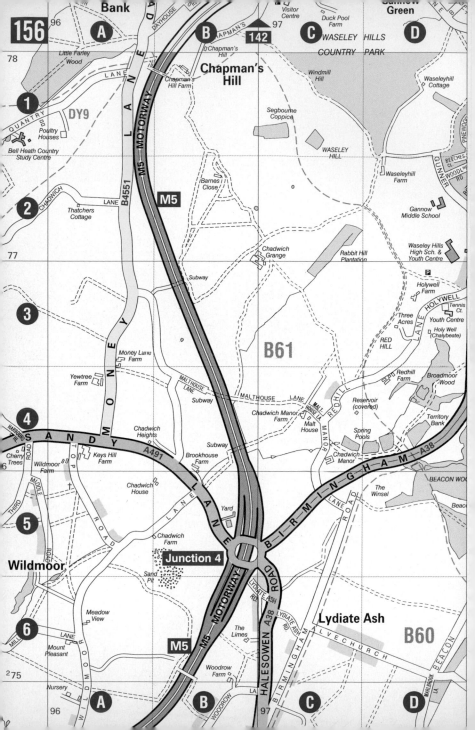

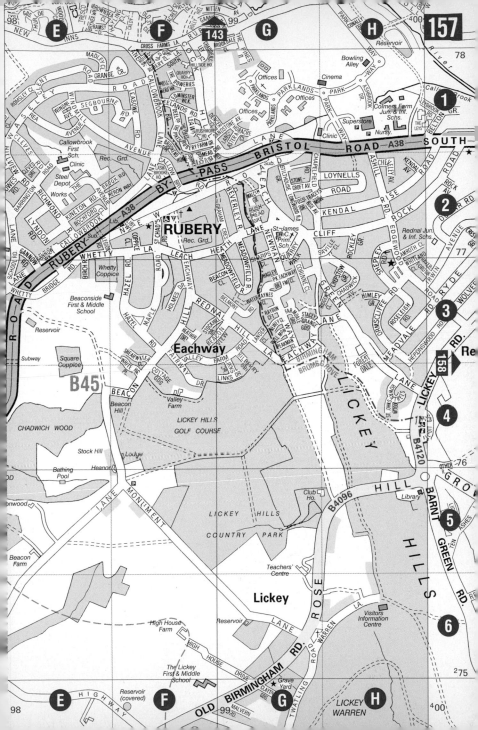

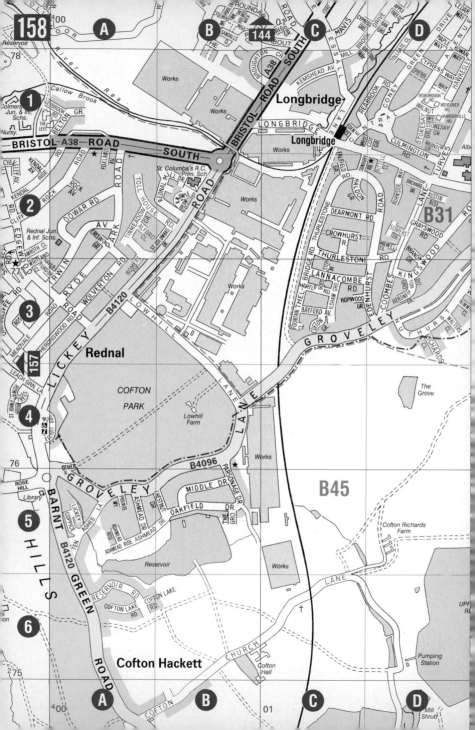

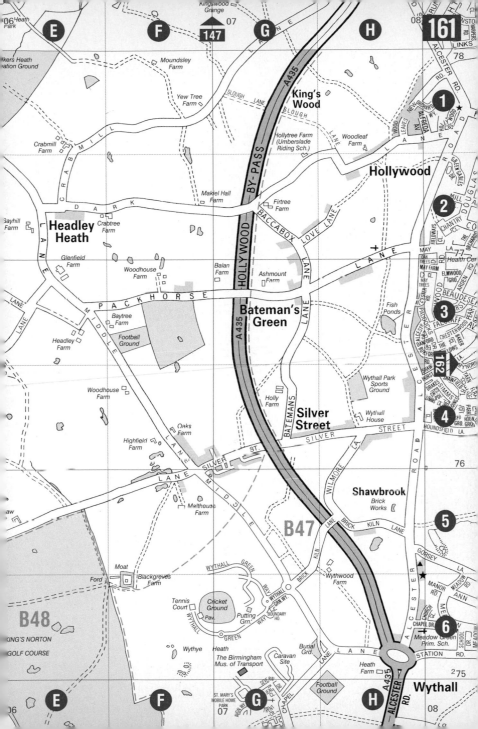

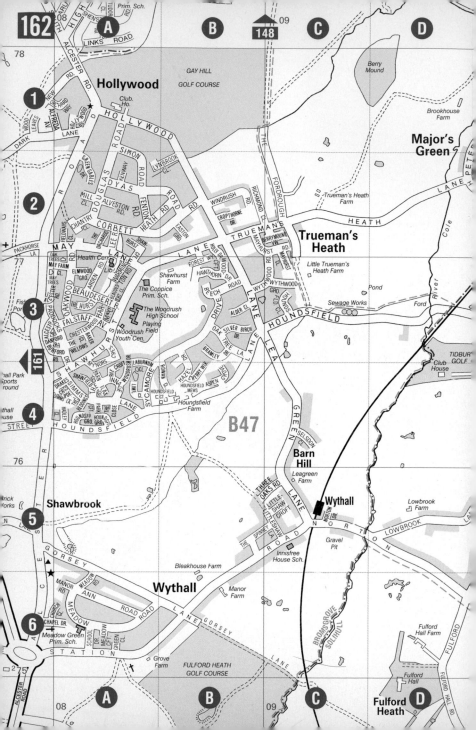

A   B   **148**   C   D

1 Hollywood   GAY HILL GOLF COURSE   Berry Mound

Brookhouse Farm

Major's Green

2 Trueman's Heath Farm   **Trueman's Heath**

Little Trueman's Heath Farm

3 HOUNDSFIELD   Pond   Ford

Sewage Works

161 The Woodrush High School   Playing Field   Woodrush Youth Cen.

TIDBUR CLUB House

GOLF

4 Houndsfield Farm   **B47**   Club House

5 **Shawbrook**   **Barn Hill**   Leagreen Farm

Wythall   Lowbrook Farm

6 **Wythall**   Bleakhouse Farm   Manor Farm   Innisfree House Sch.   Gravel Pit   LOWBROOK

Meadow Green Prim. Sch.   Grove Farm   FULFORD HEATH GOLF COURSE

Fulford Hall Farm

Fulford Hall

Fulford Heath

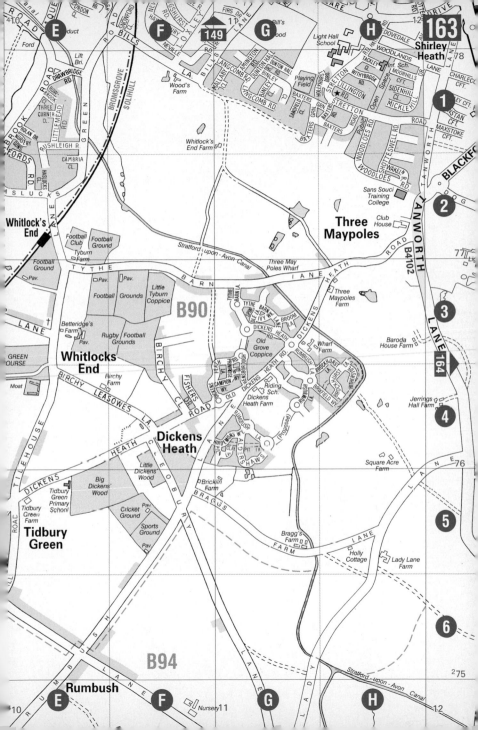

163

Shirley Heath

Three Maypoles

Whitlock's End

Whitlocks End

Dickens Heath

Tidbury Green

Rumbush

B90

B94

B4102

TANWORTH LANE 164

TANWORTH

BLACKFO

149

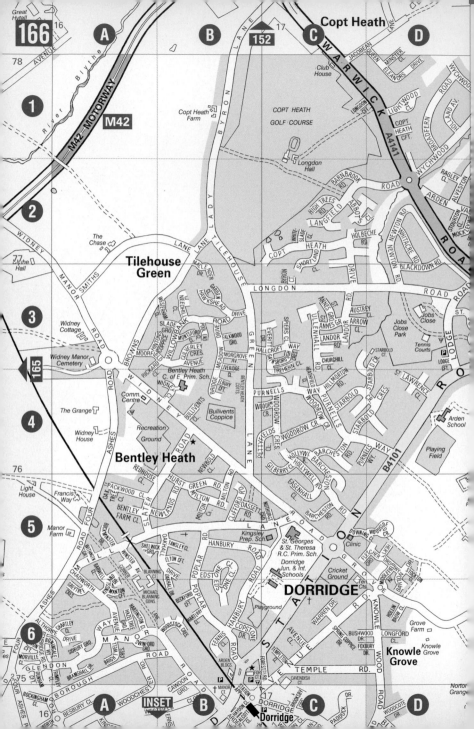

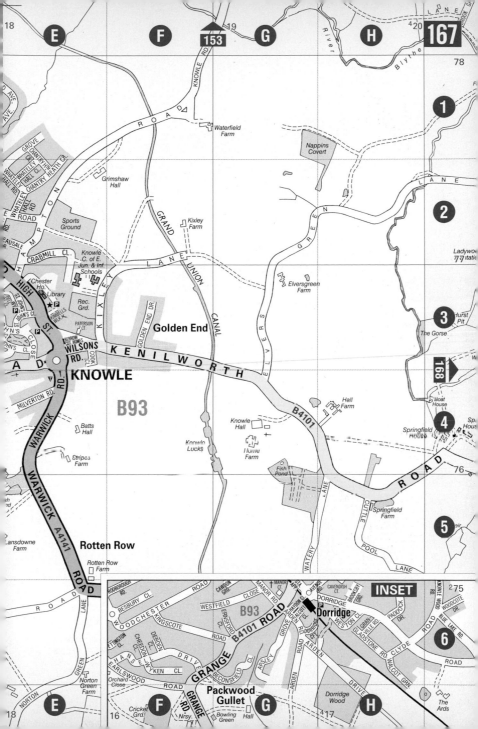

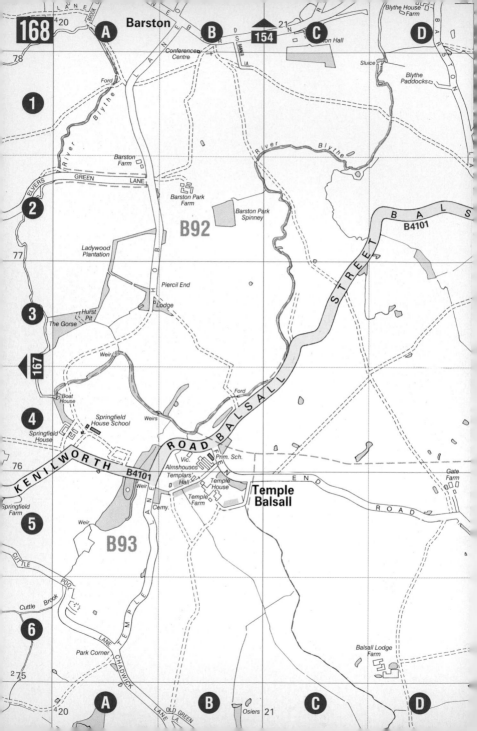

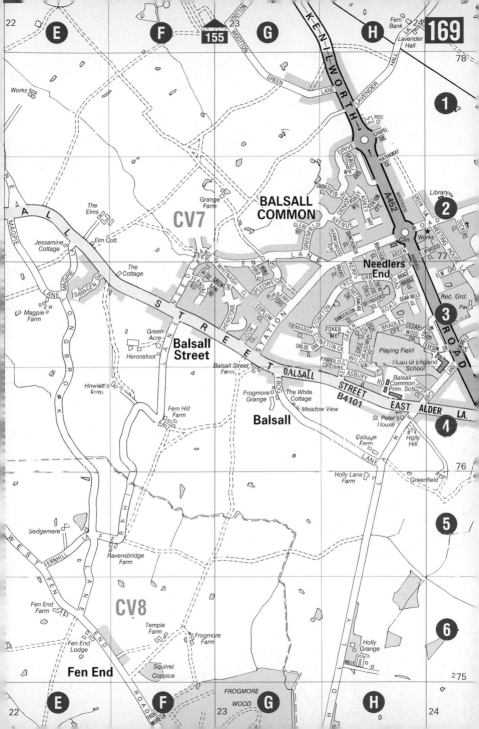

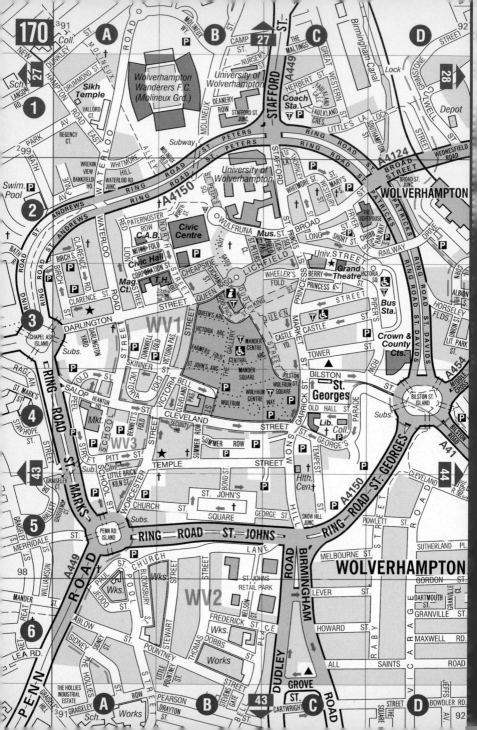

INDEX

Including Streets, Places & Areas, Industrial Estates, Selected Subsidiary Addresses and Selected Places of Interest.

HOW TO USE THIS INDEX

1. Each street name is followed by its Posttown or Postal Locality and then by its map reference;
   e.g. Abberley Rd. O'bry —4H **113** is in the Oldbury Posttown and is to be found in square 4H on page **113**.
   The page number being shown in bold type.
   A strict alphabetical order is followed in which Av., Rd., St., etc. (though abbreviated) are read in full and as part of the street name; e.g. Abbeydale Rd. appears after Abbey Cres. but before Abbey Dri.

2. Streets and a selection of Subsidiary names not shown on the Maps, appear in the index in *Italics* with the thoroughfare to which it is connected shown in brackets; e.g. *Adelphi Ct. Brie H —1H 109 (off Promenade, The)*

3. Places and areas are shown in the index in **bold type**, the map reference referring to the actual map square in which the town or area is located and not to the place name; e.g **Acock's Green. —2H 135**

4. An example of a selected place of interest is **Aston Manor Transport Mus.** —6H **83**

5. Map references shown in brackets; e.g. Albert St. *Birm* —1G **117** (4F **5**) refer to entries that also appear on the large scale pages 4, 5 and 170.

GENERAL ABBREVIATIONS

All : Alley	Ct : Court	Lit : Little	Rd : Road
App : Approach	Cres : Crescent	Lwr : Lower	Shop : Shopping
Arc : Arcade	Cft : Croft	Mc : Mac	S : South
Av : Avenue	Dri : Drive	Mnr : Manor	Sq : Square
Bk : Back	E : East	Mans : Mansions	Sta : Station
Boulevd : Boulevard	Embkmt : Embankment	Mkt : Market	St : Street
Bri : Bridge	Est : Estate	Mdw : Meadow	Ter : Terrace
B'way : Broadway	Fld : Field	M : Mews	Trad : Trading
Bldgs : Buildings	Gdns : Gardens	Mt : Mount	Up : Upper
Bus : Business	Gth : Garth	Mus : Museum	Va : Vale
Cvn : Caravan	Ga : Gate	N : North	Vw : View
Cen : Centre	Gt : Great	Pal : Palace	Vs : Villas
Chu : Church	Grn : Green	Pde : Parade	Vis : Visitors
Chyd : Churchyard	Gro : Grove	Pk : Park	Wlk : Walk
Circ : Circle	Ho : House	Pas : Passage	W : West
Cir : Circus	Ind : Industrial	Pl : Place	Yd : Yard
Clo : Close	Info : Information	Quad : Quadrant	
Comn : Common	Junct : Junction	Res : Residential	
Cotts : Cottages	La : Lane	Ri : Rise	

POSTTOWN AND POSTAL LOCALITY ABBREVIATIONS

A Grn : Acocks Green	Bord G : Bordesley Green	Cod : Codsall	F'bri : Fordbridge
Alb : Albrighton	D'brk : Bournbrook	Cod W : Codsall Wood	F'hses : Fordhouses
A'rdge : Aldridge	B'vlle : Bournville	Col : Coleshill	Four O : Four Oaks
Alum R : Alum Rock	Brad : Bradley	Comp : Compton	Fran : Frankley
A'chu : Alvechurch	B'mre : Bradmore	Cong E : Congreaves Trad. Est.	Fren W : French Walls
Amb : Amblecote	Brad M : Bradnocks Marsh	Cose : Coseley	G Hill : Golds Hill
Aston : Aston	Brie H : Brierley Hill	Coven : Coven	Gold P : Goldthorn Park
Bal C : Balsall Common	B'frd : Brinsford	Cov H : Coven Heath	Gorn W : Gornal Wood
Bal H : Balsall Heath	Brock : Brockmoor	Crad H : Cradley Heath	Gt Barr : Great Barr
B Grn : Barnt Green	Bwnhls : Brownhills	Curd : Curdworth	Gt Bri : Great Bridge
Bars : Barston	Buc E : Buckland End	Darl : Darlaston	Gt Wyr : Great Wyrley
Bart G : Bartley Green	Burn : Burntwood	Der : Deritend	Greet : Greet
Bass P : Bassetts Pole	Bush : Bushbury	Dorr : Dorridge	Hag : Hagley
Belb : Belbroughton	Camp H : Camp Hill	Dray B : Drayton Bassett	Hale : Halesowen
Bntly : Bentley	Cann : Cannock	Dud : Dudley	Hall G : Hall Green
Ben H : Bentley Heath	Can : Canwell	Dud P : Dudley Port	Hamm : Hammerwich
Berk : Berkswell	Cas B : Castle Bromwich	Earls : Earlswood	Hamp I : Hampstead Ind. Est.
Bick : Bickenhill	Cas : Castlecroft	Edg : Edgbaston	H Ard : Hampton-in-Arden
Bils : Bilston	Cas V : Castle Vale	Elmd : Elmdon	Hand : Handsworth
B'fld : Birchfield	Cath B : Catherine-de-Barnes	Env : Enville	Harb : Harborne
Birm : Birmingham	Cats : Catshill	Erd : Erdington	Hasb : Hasbury
Birm P : Birmingham Bus. Pk.	Chad : Chadwick	Ess : Essington	Hay G : Hayley Green
Birm A : Birmingham International Airport	Chase : Chasetown	E'shll : Ettingshall	Hth T : Heath Town
	Chel W : Chelmsley Wood	E'shll P : Ettingshall Park	Hill T : Hill Top
B'hll : Blakenhall	C Hay : Cheslyn Hay	Fall P : Fallings Park	Hltn : Hilton
Bloom : Bloomfield	C'bri : Churchbridge	F'stne : Featherstone	Himl : Himley
Blox : Bloxwich	Clay : Clayhanger	Finc : Finchfield	Hints : Hints
Bord : Bordesley	Clent : Clent	Foot : Footherley	Hock : Hockley

Posttown and Postal Locality Abbreviations

H'ley H : Hockley Heath
Holf : Holford
H'wd : Hollywood
Hunn : Hunnington
Hurst B : Hurst Bus. Pk.
H Grn : Hurst Green
Ism : Ismere
I'ley : Iverley (nr. Kidderminster)
Iver : Iverley (nr. Stourbridge)
Ken : Kenilworth
K Hth : Kings Heath
K'hrst : Kingshurst
K Nor : Kings Norton
K'sdng : Kingstanding
K'wfrd : Kingswinford
Kinv : Kinver
Kitts G : Kitts Green
Know : Knowle
Lady : Ladywood
Lane : Lanesfield
Lapw : Lapworth
Lea M : Lea Marston
Lich : Lichfield
L End : Lickey End
Lit A : Little Aston
Lwr G : Lower Gornal
Lwr P : Lower Penn
Loz : Lozells
L Ash : Lydiate Ash
Lye : Lye
Lyng : Lyng
Lynn : Lynn
Maney : Maney
Marl : Marlbrook
Mars : Marston
Mars G : Marston Green
May : Maypole

Mer : Meriden
Mer H : Merry Hill
Midd I : Middlemore Ind. Est. (nr. Birmingham)
Mid I : Middlemore Ind. Est. (nr. Smethwick)
Midd : Middleton
Min : Minworth
Mose : Moseley
Mose V : Moseley Village
Mox : Moxley
Nech : Nechells
Neth : Netherton
N'bri : Newbridge
New O : New Oscott
New S : New Shires Ind. Est.
N'fld : Northfield
Nort C : Norton Canes
Oaken : Oaken
Ock H : Ocker Hill
O'bry : Oldbury
Oxl : Oxley
P'flds : Parkfields
Park V : Park Village
Patt : Pattingham
Pels : Pelsall
Pend : Pendeford
Penn : Penn
Penn F : Penn Fields
Pens : Pensnett
Pens T : Pensnett Trad. Est.
P Barr : Perry Barr
Pert : Perton
Prem B : Premier Bus. Pk.
P End : Princes End
Quar B : Quarry Bank
Quin : Quinton

Redn : Rednal
Rom : Romsley
Row R : Rowley Regis
Row V : Rowley Village
Rus : Rushall
Salt : Saltley
San : Sandwell
Sed : Sedgley
Seis : Seisdon
S Oak : Selly Oak
S Park : Selly Park
S End : Shard End
Share : Shareshill
Sheld : Sheldon
Shelf : Shelfield
Shen W : Shenstone Wood End
Shir : Shirley
Small H : Small Heath
Smeth : Smethwick
Sol : Solihull
S'brk : Sparkbrook
S'hll : Sparkhill
Spring : Springhill
Stech : Stechford
Stir : Stirchley
Stock G : Stockland Green
Ston : Stonnall
Stourb : Stourbridge
Stow H : Stow Heath
S'tly : Streetly
S Cold : Sutton Coldfield
Swan V : Swan Village
Swind : Swindon
Tett : Tettenhall
Tett W : Tettenhall Wood
Tid G : Tidbury Green
Tip : Tipton

Tiv : Tividale
Tres : Trescott
Try : Trysull
Tys : Tyseley
Up Gor : Upper Gornal
Vaux : Vauxhall
W Hth : Wall Heath
Wals : Walsall
Wals W : Walsall Wood
W End : Ward End
Wash H : Washwood Heath
Wat O : Water Orton
W'bry : Wednesbury
Wed : Wednesfield
W Cas : Weoley Castle
Westc : Westcroft
Wtgtn : Whittington
Wild : Wildmoor
W'hall : Willenhall
Win G : Winson Green
Wis : Wishaw
Witt : Witton
Woll : Wollaston
W'cte : Wollescote
Wolv : Wolverhampton
Wom : Wombourne
Woodc : Woodcross
W'gte : Woodgate
Woods : Woodsetton
Word : Wordsley
W Grn : Wylde Green
Wyt : Wythall
Yard : Yardley
Yard W : Yardley Wood
Yew T : Yew Tree Est.

INDEX

Aaron Manby Ct. *P End* —5H **61**
Abberley Clo. *Hale* —3H **127**
Abberley Ind. Est. *Smeth* —4H **99**
Abberley Rd. *Dud* —3G **75**
Abberley Rd. *O'bry* —4H **113**
Abberley St. *Dud* —1E **95**
Abberley St. *Smeth* —4H **99**
Abberton Clo. *Hale* —2C **128**
Abberton Gro. *Shir* —2F **165**
Abbess Gro. *Birm* —2C **120**
Abbey Clo. *Sol* —2H **151**
Abbey Ct. *O'bry* —5H **97**
Abbey Cres. *Hale* —1F **127**
Abbey Cres. *O'bry* —3B **114**
Abbeydale Rd. *Birm* —5E **145**
Abbey Dri. *Wals* —2E **21**
Abbeyfield Rd. *Birm* —6D **68**
Abbeyfield Rd. *Wolv* —3A **16**
Abbey Gdns. *Smeth* —2C **114**
Abbey Mans. *Erd* —1H **85**
Abbey Rd. *Dud* —3F **95**
Abbey Rd. *Erd* —5D **84**
Abbey Rd. *Gorn W* —4G **75**
Abbey Rd. *Hale* —1E **127**
Abbey Rd. *Harb* —6H **115**
Abbey Rd. *Smeth* —2B **114**
Abbey Sq. *Wals* —5E **19**
Abbey St. *Birm* —4C **100**
Abbey St. *Dud* —4G **75**
Abbey St. N. *Birm* —4C **100**
Abbots Clo. *Know* —2C **166**
Abbots Clo. *Wals* —3G **33**
Abbotsford Av. *Birm* —3B **66**
Abbotsford Dri. *Dud* —2A **94**

Abbotsford Rd. *Birm* —5C **118**
Abbots Rd. *Birm* —6G **133**
Abbots Way. *Birm* —3D **100**
Abbots Way. *Wolv* —2C **42**
Abbott Rd. *Hale* —5E **127**
Abbotts M. *Brie H* —2H **109**
Abbotts Pl. *Wals* —6B **20**
Abbotts Rd. *Birm* —6F **85**
Abbotts St. *Wals* —5B **20**
Abdon Av. *Birm* —6F **131**
Aberdeen St. *Birm* —5A **100**
Aberford Clo. *W'hall* —5D **30**
Abigails Clo. *Birm* —4F **121**
Abingdon Clo. *Wolv* —1D **44**
Abingdon Rd. *Birm* —6B **68**
Abingdon Rd. *Dud* —6F **95**
Abingdon Rd. *Wals* —5F **19**
Abingdon Rd. *Wolv* —1D **44**
Abingdon Way. *Birm* —4E **87**
Abingdon Way. *Wals* —5F **19**
Ablewell St. *Wals* —2D **48**
Ablow St. *Wolv*
—3G **43** (6A **170**)
Abney Dri. *Bils* —4B **60**
Abney Gro. *Birm* —3B **68**
Aboyne Clo. *Birm* —5F **117**
Acacia Av. *Birm* —3B **106**
Acacia Av. *Wals* —1E **65**
Acacia Clo. *Birm* —3B **106**
Acacia Clo. *Dud* —4C **76**
Acacia Clo. *Tiv* —5B **78**
Acacia Cres. *Cod* —3H **13**
Acacia Dri. *Bils* —6C **60**
Acacia Rd. *Birm* —5A **132**
Acacia Ter. *Birm* —6A **118**
Accord M. *W'bry* —4D **46**

Ace Bus. Pk. *Birm* —1H **121**
Acfold Rd. *Birm* —2A **82**
Acheson Rd. *Shir & Hall G* —5F **149**
Achilles Clo. *Wals* —4F **7** (in two parts)
Ackleton Gdns. *Wolv* —4D **42**
Ackleton Gro. *Birm* —5D **130**
Acock's Green. —2H 135
Acorn Clo. *Birm* —6H **119**
Acorn Clo. *B'ville* —5A **132**
Acorn Clo. *Gt Wyr* —4G **7**
Acorn Clo. *W Brom* —4H **79**
Acorn Gdns. *Birm* —5C **132**
Acorn Gro. *Birm* —6D **100**
Acorn Gro. *Cod* —5E **13**
Acorn Gro. *Stourb* —2C **108**
Acorn Rd. *Hale* —3C **112**
Acorn Rd. *Wolv* —6A **18**
Acorn St. *W'hall* —1C **46**
Acre Ri. *W'hall* —4B **30**
Acres Rd. *Brie H* —3H **109**
Acton Dri. *Dud* —4F **75**
Acton Gro. *Bils* —1D **60**
Acton Gro. *Birm* —2A **68**
Adams Brook Dri. *Birm* —4H **129**
Adams Clo. *Smeth* —2B **98**
Adams Clo. *Tip* —4H **61**
Adams Hill. *Birm* —4H **129**
Adams Rd. *Wals* —2C **22**
Adams Rd. *Wolv* —4A **42**
Adams St. *Birm* —4H **101**
Adams St. *Wals* —1B **48**
Adams St. *W Brom* —4G **79**
Ada Rd. *Bord* —1B **118**

Ada Rd. *Smeth* —6F **99**
Ada Rd. *Yard* —5H **119**
Adas Woodthorne. *Wolv* —3H **25**
Ada Wrighton Clo. *W'hall* —2C **30**
Addenbrooke Ct. *Crad H* —3H **111**
Addenbrooke Dri. *S Cold* —3H **69**
Addenbrooke Pl. *W'bry* —4D **46**
Addenbrooke Rd. *Smeth* —6D **98**
Addenbrooke St. *Wals* —2A **32**
Addenbrooke St. *W'bry* —3D **46**
Addenbrook Way. *Tip* —5D **62**
Adderley Gdns. *Birm* —4D **102** (in two parts)
Adderley Pk. Clo. *Birm* —5E **103**
Adderley Rd. *Salt & Birm* —6C **102**
Adderley Rd. S. *Birm* —6C **102**
Adderley St. *Birm* —2A **118**
Addison Clo. *W'bry* —3C **64**
Addison Cft. *Dud* —2E **75**
Addison Gro. *Wolv* —6D **16**
Addison Pl. *Bils* —4A **46**
Addison Pl. *Wat O* —4D **88**
Addison Rd. *Brie H* —1F **109**
Addison Rd. *K Hth* —6H **133**
Addison Rd. *Nech* —1C **102**
Addison Rd. *W'bry* —3C **64**
Addison Rd. *Wolv* —3D **42**

Alma St. *Birm* —3G **101**
Alma St. *Darl* —5C **46**
Alma St. *Hale* —6E **111**
Alma St. *Smeth* —3G **99**
Alma St. *Wals* —5B **32**
Alma St. *W'bry* —2H **63**
Alma St. *W'hall* —1B **46**
Alma St. *Wolv* —6B **28**
Alma Way. *Birm* —2F **101**
Almond Av. *Bntly* —5E **31**
Almond Av. *Yew T* —1E **65**
Almond Clo. *Birm* —1E **145**
Almond Clo. *Wals* —5D **20**
Almond Cft. *Birm* —1B **82**
Almond Gro. *Wolv* —5G **27**
Almond Rd. *K'wfrd* —1C **92**
Almsbury Ct. *Birm* —1G **137**
Alnwick Ho. *Birm* —1F **85**
Alnwick Rd. *Wals* —3H **19**
Alperton Dri. *Stourb* —3A **126**
Alpha Clo. *Birm* —5G **117**
Alpha Way. *Wals* —5G **7**
Alpine Dri. *Dud* —5D **94**
Alpine Way. *Wolv* —1A **42**
Alport Cft. *Birm* —1B **118**
Alston Clo. *Sol* —1H **151**
Alston Clo. *S Cold* —1G **53**
Alston Gro. *Birm* —6H **103**
Alston Ho. *O'bry* —3D **96**
Alston Rd. *Birm* —6H **103**
Alston Rd. *O'bry* —2E **97**
Alston Rd. *Sol* —1H **151**
Alston St. *Birm* —1C **116**
Althorpe Dri. *Dorr* —6H **165**
Alton Av. *W'hall* —5B **30**
Alton Clo. *Wolv* —4A **16**
Alton Gro. *Dud* —6G **77**
Alton Gro. *W Brom* —6C **64**
Alton Rd. *Birm* —2B **132**
Alum Dri. *Birm* —6G **103**
Alumhurst Av. *Birm* —5H **103**
Alum Rock. —6H 103
Alum Rock Rd. *Salt & Birm*
—4D **102**
Alumwell Clo. *Wals* —2H **47**
Alumwell Rd. *Wals* —2H **47**
Alvaston Clo. *Wals* —4A **20**
Alvechurch Highway. *L Ash*
—6C **156**
Alvechurch Rd. *Birm* —1F **159**
Alvechurch Rd. *Hale* —3H **127**
Alvecote Clo. *Sol* —2H **151**
Alverley Clo. *K'wfrd* —1H **91**
Alverstoke Clo. *Wolv* —5E **15**
Alveston Gro. *Birm* —1H **119**
Alveston Gro. *Know* —2D **166**
Alveston Rd. *H'wd* —2A **162**
Alvin Clo. *Hale* —2F **113**
Alvington Clo. *W'hall* —5D **30**
Alvis Wlk. *Birm* —6B **88**
Alwen St. *Stourb* —1D **108**
Alwin Rd. *Row R* —1B **112**
Alwold Rd. *Birm* —3D **130**
Alwyn Clo. *Wals* —2F **7**
Alwynn Wlk. *Birm* —4B **84**
Amal Way. *Witt* —5H **83**
(in two parts)
Amanda Av. *Penn* —1D **58**
Amanda Dri. *Birm* —2E **121**
Ambell Clo. *Row R* —4H **95**
Amber Dri. *O'bry* —4G **97**
Ambergate Clo. *Wals* —4A **20**
Ambergate Dri. *K'wfrd* —1A **92**
Amberley Ct. *Birm* —4A **132**
Amberley Grn. *Birm* —1A **82**
Amberley Gro. *Birm* —4A **84**
Amberley Rd. *Sol* —1D **136**

Amberley Way. *S Cold* —2G **51**
Amber Way. *Hale* —5B **112**
Amber Wood Clo. *Wals*
—6D **30**
Amblecote. —4D 108
Amblecote Av. *Birm* —3G **67**
Amblecote Rd. *Brie H*
—4G **109**
Ambleside. *Birm* —4A **130**
Ambleside Clo. *Brad* —2G **61**
Ambleside Dri. *Brie H*
—3G **109**
Ambleside Way. *K'wfrd*
—3B **92**
Ambrose Clo. *W'hall* —1G **45**
Ambrose Cres. *K'wfrd* —1B **92**
Ambury Way. *Birm* —5H **65**
Amelas Clo. *Brie H* —2E **109**
Amersham Clo. *Birm* —6C **114**
Amesbury Rd. *Birm* —2G **133**
Ames Rd. *W'bry* —4C **46**
Amethyst Ct. *Sol* —4D **136**
Amherst Av. *Birm* —4C **82**
Amington Clo. *S Cold* —5B **38**
Amington Rd. *Birm & Yard*
—5H **119**
Amington Rd. *Shir* —1G **163**
Amiss Gdns. *Birm* —3C **118**
Amity Clo. *Smeth* —4F **99**
Amos Av. *Wolv* —2D **28**
Amos La. *Wolv* —2E **29**
Amos Rd. *Stourb* —3B **126**
Amphlett Cft. *Tip* —3B **78**
Amphletts Clo. *Dud* —6G **95**
Ampton Rd. *Birm* —4D **116**
Amroth Clo. *Redn* —2H **157**
Amwell Gro. *Birm* —4H **147**
Anchorage Rd. *Birm* —4D **84**
Anchorage Rd. *S Cold* — 5H **53**
Anchor Clo. *Birm* —2A **116**
Anchor Hill. *Brie H* —2G **109**
Anchor La. *Bils* —3D **60**
(in two parts)
Anchor Pde. *Wals* —3D **34**
Anchor Rd. *A'rdge* —3D **34**
Anchor Rd. *Bils* —3E **61**
Andersleigh Dri. *Bils* —5C **60**
Anderson Cres. *Birm* —2A **66**
Anderson Gdns. *Tip* —3A **78**
Anderson Rd. *Birm* —1E **85**
Anderson Rd. *Smeth* —2E **115**
Anderson Rd. *Tip* —2A **78**
Anders Sq. *Pert* —5E **25**
Anderton Clo. *S Cold* —4G **53**
Anderton Pk. Rd. *Birm*
—2A **134**
Anderton Rd. *Birm* — 5C **118**
Anderton St. *Birm*
—1H **117** (4H **5**)
Andrew Clo. *W'hall* —3D **30**
Andrew Dri. *W'hall* —3D **30**
Andrew Gdns. *Birm* —6A **82**
Andrew Rd. *Hale* —2A **128**
Andrew Rd. *Tip* —4A **62**
Andrew Rd. *W Brom* —3D **64**
Andrews Clo. *Brie H* —3A **110**
Andrews Rd. *Wals W* —3D **22**
Anerley Gro. *Birm* —1H **67**
Anerley Rd. *Birm* —1H **67**
Angela Av. *Row R* —5D **96**
Angela Pl. *Bils* —5F **45**
Angelica Clo. *Wals* —2E **65**
Angelina St. *Birm* —4H **117**
Angel Pas. *Stourb* —6E **109**
Angel St. *Dud* —1D **94**

Angel St. *W'hall* —1A **46**
Anglesey Av. *Birm* —2D **106**
Anglesey Clo. *Burn* —1A **10**
Anglesey Cres. *Wals* —3B **10**
Anglesey Rd. *Wals* —3B **10**
Anglesey St. *Birm* —2E **101**
Anglian Rd. *Wals* —3H **33**
Anglo African Ind. Pk. *Wolv*
—5E **79**
Angus Clo. *W Brom* —1A **80**
Anita Av. *Tip* —5A **78**
Anita Cft. *Birm* —5D **84**
Ankadine Rd. *Stourb* —5F **109**
Ankerdine Ct. *Hale* —2A **128**
Ankermoor Clo. *Birm* —3F **105**
Annan Av. *Wolv* —2A **28**
Ann Cft. *Birm* —1H **137**
Anne Clo. *W Brom* —4E **79**
Anne Ct. *S Cold* —2E **71**
Anne Gro. *Tip* —4B **62**
Anne Rd. *Brie H* —2C **110**
Anne Rd. *Smeth* —2G **99**
Anne Rd. *Wolv* —6F **43**
Ann Rd. *Wyt* —6A **162**
Annscroft. *Birm* —5H **145**
Ann St. *W'hall* —6B **30**
Ansbro Clo. *Birm* —4B **100**
Anscuff Rd. *Brie H* —2F **109**
Ansell Rd. *Erd* —6F **85**
Ansell Rd. *S'brk* —5C **118**
Ansley Way. *Sol* —6H **137**
Anslow Gdns. *Wolv* —6H **17**
Anslow Rd. *Birm* —2C **84**
Anson Clo. *Wals* —4F **7**
Anson Clo. *Wolv* —4E **25**
Anson Ct. *W Brom* —6F **63**
Anson Gro. *Birm* —3B **136**
Anson Rd. *Gt Wyr* —4F **7**
Anson Rd. *Wals* —1E **47**
Anson Rd. *W Brom* —1E **79**
Anstey Cft. *F'bri* —5C **106**
Anstey Rd. *Birm* —4H **135**
Anstey Rd. *Birm* —1G **83**
Anston Junct. *Wals* —2E **47**
Anston Way. *Wed* —2F **29**
Anstree Clo. *C Hay* —4D **6**
Anstruther Rd. *Birm* —4H **115**
Anthony Rd. *Birm* —6E **103**
Anton Dri. *Min* —1E **87**
Antony Rd. *Shir* —6H **149**
Antringham Gdns. *Birm*
—3H **115**
Antrobus Rd. *Birm* —6A **82**
Antrobus Rd. *S Cold* —4E **69**
Anvil Cres. *Cose* —3E **61**
Anvil Dri. *O'bry* —3E **97**
Anvil Wlk. *W Brom* —3F **79**
A1 Trad. Est. *Smeth* —4D **6**
Apex Bus. Pk. *Nort C* —1D **8**
Apex Ind. Est. *Tip* —5D **62**
Apex Rd. *Wals* —6G **9**
Apley Rd. *Stourb* —4C **108**
Apollo Cft. *Erd* —4B **86**
Apollo Rd. *O'bry* —3A **98**
Apollo Rd. *Stourb* —6C **110**
Apollo Way. *Birm* —6F **83**
Apollo Way. *Smeth* —4G **99**
Apperley Way. *Hale* —4D **110**
Appian Clo. *Birm* —2G **147**
Appian Way. *Shir* —5B **164**
Appleby Clo. *Birm* —2F **147**
Appleby Gdns. *Ess* —5C **18**
Appleby Gro. *Shir* —3F **165**
Applecross. *S Cold* —2F **53**
Appledore Clo. *Gt Wyr* —2G **7**
Appledore Ct. *Blox* —1H **31**
Appledore Rd. *Wals* —3H **49**

Appledore Ter. *Wals* —3H **49**
Appledorne Gdns. *Birm*
—3F **105**
Applesham Clo. *Birm* —5D **118**
Appleton Av. *Birm* —5H **65**
Appleton Av. *Stourb* —3E **125**
Appleton Clo. *Birm* —5A **132**
Appleton Cres. *Wolv* —6E **43**
Apple Tree Clo. *Birm* —3B **84**
(B23)
Apple Tree Clo. *Birm* —6D **144**
(B31)
Appletree Clo. *Cath B* —2D **152**
Appletree Gro. *A'rdge* —5D **34**
Appletree Gro. *Wolv* —4G **27**
Applewood Gro. *Crad H*
—3H **111**
April Cft. *Birm* —3B **134**
Apse Clo. *Wom* —6F **57**
Apsley Clo. *O'bry* —4G **113**
Apsley Cft. *Birm* —5D **146**
Apsley Gro. *Birm* —5G **85**
Apsley Gro. *Dorr* —6G **167**
Apsley Ho. *Crad H* —1H **111**
Apsley Rd. *O'bry* —4G **113**
Aqueduct Rd. *Shir* —6E **149**
Aragon Dri. *S Cold* —5G **53**
Arbor Ct. *W Brom* —1C **80**
Arboretum Rd. *Wals* —1D **48**
Arbor Way. *Birm* —2E **123**
Arbour Ga. *Wals W* —3D **22**
Arbury Dri. *Stourb* —6B **92**
Arbury Hall Rd. *Shir* —1B **164**
Arbury Wlk. *Min* —2H **87**
Arcade. *N'fld* —3E **145**
Arcade. *Wals* —2C **48**
Arcade, The. *Up Gor* —2A **76**
Arcadia. W Brom —4A **80**
(off Paradise St.)
Arcadian Shop. Cen. *Birm*
—2G **117** (6E **5**)
Arcal St. *Dud* —6A **60**
Archer Clo. *O'bry* —4H **97**
Archer Clo. *W'bry* —2E **63**
Archer Ct. *Stourb* —3A **126**
Archer Rd. *Birm* —3C **148**
Archer Rd. *Wals* —3C **32**
Archers Clo. *Birm* —5C **68**
(in two parts)
Archery Rd. *Mer* —4H **141**
Arches, The. *Birm* —3B **118**
Arch Hill St. *Dud* —4E **95**
Archibald Rd. *Birm* —1E **101**
Archway, The. *Wals* —6D **32**
Arcot Rd. *Birm* —3F **135**
Ardath Rd. *Birm* —4H **145**
Ardav Rd. *W Brom* —5F **63**
Ardedale. *Shir* —6A **150**
Arden Bldgs. *Dorr* —6B **166**
Arden Clo. *Bal C* —2H **169**
Arden Clo. *Mer* —4H **141**
Arden Clo. *Woll* —4C **108**
Arden Clo. *Word* —6A **92**
Ardencote Rd. *Birm* —1A **148**
Arden Ct. *Erd* —4H **85**
Arden Ct. *H Ard* —6B **140**
Arden Cft. *Col* —6H **89**
Arden Cft. *Sol* —1G **137**
Arden Dri. *Birm* —4D **120**
Arden Dri. *Dorr* —6G **167**
Arden Dri. *S Cold* —5H **69**
(B73)
Arden Dri. *S Cold* —6F **55**
(B75, in two parts)
Arden Gro. *Birm* —1E **101**
Arden Gro. *Lady* —2C **116**
Arden Gro. *O'bry* —4G **97**

Bartley Dri. *Birm* —5C **130**
Bartley Green. —5B 130
Bartley Woods. *Birm* —3H **129**
Barton Cft. *Birm* —3F **149**
Barton Dri. *Know* —6D **166**
Barton La. *K'wfrd* —1A **92**
Barton Lodge Rd. *Birm*
—3E **149**
Barton Rd. *Wolv* —1B **60**
Bartons Bank. *Birm* —2G **101**
Barton St. *W Brom* —5H **79**
Bar Wlk. *Wals* —6E **23**
Barwell Clo. *Dorr* —5A **166**
Barwell Ct. *Birm* —1B **118**
Barwell Rd. *Birm* —1B **118**
Barwick St. *Birm*
—6F **101** (3D **4**)
Basalt Clo. *Wals* —5G **31**
Basil Gro. *Birm* —3C **144**
Basil Rd. *Birm* —3C **144**
Baslow Clo. *Birm* —5D **104**
Baslow Clo. *Wals* —4H **19**
Baslow Rd. *Wals* —4H **19**
Bason's La. *O'bry* —4A **98**
Bassano Rd. *Row R* —2C **112**
Bassenthwaite Ct. *K'wfrd*
—3B **92**
Bassett Clo. *S Cold* —1C **70**
Bassett Clo. *W'hall* —5D **30**
Bassett Clo. *Wolv* —5A **42**
Bassett Cft. *Birm* —3B **118**
Bassett Rd. *Hale* —5C **110**
Bassett Rd. *W'bry* —3A **64**
(in two parts)
Bassetts Gro. *Birm* —4B **106**
Bassett's Pole. —1F 55
Bassott St. *Wals* —2H **47**
Bassnage Rd. *Hale* —3G **127**
Batch Cft. *Bils* —6F **45**
Batchcroft. *W'bry* —3D **46**
Batchelor Clo. *Stourb* —3D **108**
Bateman Dri. *S Cold* —3H **69**
Bateman Rd. *Col* —6H **89**
Bateman's Green. —3G 161
Batemans La. *H'wd & Wyt*
—4G **161**
Bates Clo. *S Cold* —6F **71**
Bates Gro. *Wolv* —4C **28**
Bate St. *Wals* —6C **32**
Bate St. *Wolv* —2C **60**
Bath Av. *Wolv*
—1F **43** (1A **170**)
Bath Ct. *Birm* —2E **117**
(B15)
Bath Ct. *Birm* —6F **131**
(B29)
Batheaston Clo. *Birm* —2H **159**
Bath Mdw. *Hale* —6G **111**
Bath Pas. *Birm*
—2G **117** (6E **5**)
Bath Rd. *Brie H* —1C **110**
Bath Rd. *Stourb* —6D **108**
Bath Rd. *Tip* —2A **78**
Bath Rd. *Wals* —3C **48**
Bath Rd. *Wolv*
—1F **43** (2A **170**)
Bath Row. *Birm* —2E **117**
Bath Row. *O'bry* —1D **96**
Bath St. *Bils* —6G **45**
Bath St. *Birm* —5G **101** (1E **5**)
Bath St. *Dud* —1E **95**
Bath St. *Sed* —4A **60**
Bath St. *Wals* —2C **48**
Bath St. *W'hall* —2B **46**
Bath St. *Wolv* —2A **44**
Bath Wlk. *Birm* —6G **117**
Batmans Hill Rd. *Bils* —3G **61**

Batson Ri. *Brie H* —3E **109**
Battenhall Rd. *Birm* —6E **115**
Battery Ind. Pk. *S Oak*
—3A **132**
Battlefield Hill. *Wom* —6A **58**
Battlefield La. *Wom* —1H **73**
Bavaro Gdns. *Brie H* —1C **110**
Baverstock Rd. *Birm* —5G **147**
Baxterley Grn. *Sol* —3B **150**
Baxterley Grn. *S Cold* —4D **70**
Baxter Rd. *Brie H* —1G **109**
Baxters Grn. *Shir* —1G **163**
(in two parts)
Baxters Rd. *Shir* —1H **163**
Bayer St. *Bils* —5E **61**
Bayford Av. *N'fld* —3C **158**
Bayford Av. *Sheld* —1G **137**
Bayley Cres. *W'bry* —3C **46**
Bayley Ho. *Bwnhls* —1B **22**
Bayleys La. *Tip* —5C **62**
Bayley Tower. *Birm* —1C **104**
Baylie St. *Stourb* —1D **124**
Baylis Av. *Wolv* —1H **29**
Bayliss Av. *Wolv* —2C **60**
Bayliss Clo. *Bils* —4E **45**
Bayliss Clo. *Birm* —2F **145**
Baynton Rd. *W'hall* —2C **30**
Bayston Av. *Wolv* —3C **42**
Bayston Rd. *Birm* —3G **147**
Bayswater Rd. *Birm* —6F **83**
Bayswater Rd. *Dud* —4H **75**
Bay Tree Clo. *Birm* —1H **159**
Baytree Clo. *Wals* —5G **19**
Baytree Rd. *Wals* —5G **19**
Baywell Clo. *Shir* —2E **165**
Beach Av. *Bal H* —6B **118**
Beach Av. *Bils* —2B **60**
Beach Brook Clo. *Birm*
—6B **118**
Beachburn Way. *Birm* —4C **82**
Beach Clo. *Birm* —6G **145**
Beachcroft Rd. *K'wfrd* —6A **74**
Beach Dri. *Hale* —6A **112**
Beach Rd. *Birm* —6B **118**
Beach St. *Hale* —6A **112**
Beachwood Av. *K'wfrd* —6A **74**
Beacon Clo. *Gt Barr* —4B **66**
Beacon Clo. *Redn* —3G **157**
Beacon Clo. *Smeth* —2E **99**
Beacon Ct. *Birm* —4B **66**
Beacon Ct. *S Cold* —3H **51**
Beacon Dri. *Wals* —3E **49**
Beacon Hill. *Aston* —1G **101**
Beacon Hill. *Redn* —4F **157**
Beacon Hill. *Wals* —2E **51**
Beacon La. *Dud* —4A **60**
Beacon La. *Redn* —6D **156**
Beacon M. *Birm* —4B **66**
Beacon Pas. *Dud* —5H **59**
Beacon Ri. *Dud* —4A **60**
Beacon Ri. *Stourb* —1H **125**
Beacon Ri. *Wals* —6D **34**
Beacon Rd. *K'sdng* —1A **68**
Beacon Rd. *S Cold* —4G **69**
Beacon Rd. *Wals* —6H **49**
Beacon Rd. *Wals & Birm*
—3D **50**
Beacon Rd. *W'hall* —1C **30**
Beaconsfield Av. *Wolv* —5H **43**
Beaconsfield Ct. *Wals* —3F **49**
Beaconsfield Cres. *Birm*
—6G **117**
Beaconsfield Dri. *Wolv*
—5H **43**
Beaconsfield Rd. *Birm*
—1G **133**

Beaconsfield Rd. *S Cold*
—4H **53**
Beaconsfield St. *W Brom*
—2A **80**
Beacon St. *Bils* —4B **60**
Beacon St. *Wals* —2E **49**
Beacon Vw. *Redn* —3F **157**
Beacon Vw. *Wals* —1F **47**
(in two parts)
Beacon Vw. Dri. *S Cold*
—6H **51**
Beaconview Ho. *W Brom*
—4D **64**
Beacon Vw. Rd. *W Brom*
—3C **64**
Beacon Way. *Wals* —4C **22**
Beacon Way. *W Brom* —2E **81**
Beakes Rd. *Smeth* —6D **98**
Beaks Farm Gdns. *Birm*
—1H **115**
Beaks Hill Rd. *Birm* —6A **146**
Beak St. *Birm* —1F **117** (5D **4**)
Beale Clo. *Birm* —5E **87**
Beales St. *Birm* —1B **102**
Beale St. *Stourb* —6D **108**
Bealeys Av. *Wolv* —1E **29**
Bealeys Fold. *Wolv* —4F **29**
(off Nicholls Fold)
Bealeys La. *Wals* —4G **19**
(in two parts)
Beamans Clo. *Sol* —1E **137**
Beaminster Rd. *Sol* —3E **151**
Beamish Clo. *Cod W* —2A **12**
Beamont Clo. *Tip* —1G **77**
Bean Cft. *Birm* —2A **130**
Bean Rd. *Dud* —1F **95**
Bean Rd. *Tip* —1E **77**
Bean Rd. Ind. Est. *Tip* —1E **77**
Beardmore Rd. *S Cold* —5A **70**
Bearley Cft. *Shir* —1A **164**
Bearmore Rd. *Crad H* —2G **111**
Bearnett Dri. *Wolv* —3A **58**
Bearnett La. *Wolv* —4H **57**
Bearwood. —1E 115
Bearwood Ho. *Smeth* —5E **99**
Bearwood Rd. *Smeth* —2E **115**
Bearwood Shop. Cen. *Smeth*
—2E **115**
Beasley Gro. *Birm* —4D **66**
Beaton Clo. *W'hall* —1G **45**
Beaton Rd. *S Cold* —6G **37**
Beatrice St. *Wals* —3A **32**
Beatrice Wlk. *Tiv* —5A **78**
Beatty Ho. *Tip* —5A **62**
Beaubrook Gdns. *Word*
—6C **92**
Beauchamp Av. *Birm* —2B **82**
Beauchamp Clo. *Birm*
—1D **122**
Beauchamp Clo. *S Cold*
—6F **71**
Beauchamp Rd. *Birm* —2B **148**
Beauchamp Rd. *Sol* —2F **151**
Beaudesert Clo. *H'wd*
—3A **162**
Beaudesert Rd. *Birm* —1D **100**
Beaudesert Rd. *H'wd* —3A **162**
Beaufort Av. *Birm* —3B **104**
Beaufort Pk. *Birm* —4B **104**
Beaufort Rd. *Edg* —2B **116**
Beaufort Rd. *Erd* —6E **85**
Beaufort Way. *Wals* —5D **34**
Beaulieu Av. *K'wfrd* —5D **92**
Beaumaris Clo. *Dud* —4B **76**
Beaumont Clo. *Wals* —3F **7**
Beaumont Dri. *Birm* —1F **131**
Beaumont Dri. *Brie H* —4F **109**

Beaumont Gdns. *Birm*
—3B **100**
Beaumont Gro. *Sol* —2D **150**
Beaumont Pk. *K Nor* —3B **146**
Beaumont Rd. *Birm* —1A **146**
Beaumont Rd. *Hale* —3E **113**
Beaumont Rd. *Wals* —3F **7**
Beaumont Rd. *W'bry* —1F **63**
Beausale Dri. *Know* —2E **167**
Beauty Bank. *Crad H* —3A **112**
Beauty Bank Cres. *Stourb*
—5C **108**
Beaver Clo. *Wolv* —4H **29**
Beaver Rd. *Tip* —6D **62**
Bebington Clo. *Wolv* —1D **26**
Beccles Dri. *W'hall* —3H **45**
Beckbury Av. *Wolv* —6A **42**
Beckbury Rd. *Birm* —4E **131**
Beck Clo. *Smeth* —5E **99**
Beckenham Av. *Birm* —4A **68**
Becket Clo. *S Cold* —3F **37**
Beckett St. *Bils* —5G **45**
Beckfield Clo. *Birm* —5G **147**
Beckfield Clo. *Wals* —1G **33**
Beckford Cft. *Dorr* —6B **166**
Beckman Rd. *Stourb* —3G **125**
Beckminster Rd. *Wolv* —4D **42**
Beconsfield Clo. *Dorr* —6G **167**
Becton Gro. *Birm* —6F **67**
Bedcote Pl. *Stourb* —6F **109**
Beddoe Clo. *Tip* —2D **78**
Beddow Av. *Bils* —6E **61**
Beddows Rd. *Wals* —4C **32**
Bedford Dri. *S Cold* —5C **54**
Bedford Ho. *Birm* —3D **106**
Bedford Ho. Wolv —5G **27**
(off Lomas St.)
Bedford Rd. *Camp H* —2A **118**
Bedford Rd. *S Cold* —5C **54**
Bedford Rd. *W Brom* —6H **63**
Bedford St. *Tip* —2B **78**
Bedford St. *Wolv* —4D **44**
Bedlam Wood Rd. *Birm*
—6A **144**
Bedworth Cft. *Tip* —3B **78**
Bedworth Gro. *Birm* —1H **119**
Beebee Rd. *W'bry* —5F **47**
Beecham Clo. *Wals* —1C **34**
Beech Av. *Birm* —6A **118**
Beech Av. *Chel W* —2D **122**
Beech Av. *Hale* —3C **112**
Beech Av. *Quin* —4B **114**
Beech Clo. *Dud* —4A **60**
Beech Clo. *Wolv* —1F **27**
Beech Ct. *Birm* —4H **65**
Beech Ct. *Sol* —3H **151**
Beech Ct. *Stourb* —1F **125**
Beech Ct. *Wals* —3E **49**
Beech Cres. *Tip* —5C **62**
Beech Cres. *W'bry* —6F **47**
Beechcroft Av. *Birm* —1G **149**
Beechcroft Ct. *S Cold* —2G **53**
Beechcroft Cres. *S Cold*
—2F **51**
Beechcroft Est. *Hale* —5E **111**
Beechcroft Pl. *Wolv* —2G **27**
Beechcroft Rd. *Birm* —1F **105**
Beechcroft Rd. *Crad H*
—2G **111**
Beechdale. *O'bry* —4H **113**
Beechdale Av. *Birm* —3G **67**
Beech Dene Gro. *Birm* —2E **85**
Beecher Pl. *Hale* —6F **111**
Beecher Rd. *Hale* —6F **111**
Beecher Rd. E. *Hale* —6F **111**
Beecher St. *Hale* —6E **111**
Beeches Av. *Birm* —1A **136**

Beeches Clo. *K'wfrd* —4B **92**
Beeches Clo. *Redn* —2D **156**
Beeches Dri. *Birm* —2A **86**
Beeches Farm Dri. *Birm*
—2E **159**
Beeches Pl. *Wals* —2B **32**
Beeches Rd. *Birm* —6D **66**
Beeches Rd. *O'bry* —6A **98**
Beeches Rd. *Row R* —2B **112**
Beeches Rd. *Wals* —3B **32**
Beeches Rd. *W Brom* —4C **80**
(in two parts)
Beeches, The. *Birm* —3E **117**
Beeches, The. *S Cold* —5D **36**
Beeches, The. *W Brom* —5C **80**
Beeches Vw. Av. *Hale* —1E **127**
Beeches Way. *Birm* —2E **159**
Beechey Clo. *Birm* —6F **51**
Beech Farm Cft. *Birm* —4E **145**
Beechfield Av. *Birm* —5B **118**
Beechfield Clo. *Hale* —3C **112**
Beechfield Gro. *Bils* —6D **60**
Beechfield Rd. *Birm* —5B **118**
Beechfield Rd. *Smeth* —5D **98**
Beech Gdns. *Cod* —5F **13**
Beech Ga. *S Cold* —4B **36**
Beechglade. *Birm* —3B **82**
Beech Grn. *Dud* —2C **76**
Beech Gro. *Birm* —2A **148**
Beech Hill Rd. *S Cold* —6A **70**
Beech Ho. *Sol* —5D **150**
Beechhouse La. *Seis* —5A **56**
Beech Hurst. *Birm* —1A **160**
Beech Hurst Gdns. *Seis*
—3A **56**
Beech Lanes. —4D 114
Beech M. *Crad H* —1G **111**
Beechmore Rd. *Birm* —6D **120**
Beechnut Clo. *Sol* —2H **151**
Beechnut La. *Sol* —3A **152**
(in two parts)
Beech Rd. *D'ville* —6A **132**
Beech Rd. *Dud* —3E **77**
Beech Rd. *Erd* —6F **69**
Beech Rd. *H'wd* —3B **162**
Beech Rd. *K'wfrd* —4C **92**
Beech Rd. *Stourb* —2C **124**
Beech Rd. *Tiv* —1A **96**
Beech Rd. *W'bry* —6F **47**
Beech Rd. *W'hall* —1G **45**
Beech Rd. *Wolv* —1F **27**
Beech St. *Bils* —5E **61**
Beech Tree Av. *Wolv* —1E **29**
Beech Tree Clo. *K'wfrd* —1C **92**
Beechtree Rd. *Wals* —4B **22**
Beech Wlk. *Birm* —1B **160**
Beech Way. *Smeth* —4F **99**
Beechwood Av. *Wolv* —1D **28**
Beechwood Clo. *Shir* —5C **164**
Beechwood Clo. *Wals* —4H **19**
Beechwood Ct. *Birm* —4E **147**
Beechwood Ct. *Wolv* —6A **26**
Beechwood Cft. *Lit A* —4D **36**
Beechwood Dri. *Wolv* —1G **41**
Beechwood Pk. Rd. *Sol*
—2C **150**
Beechwood Rd. *Dud* —6G **77**
Beechwood Rd. *Gt Barr*
—4B **66**
Beechwood Rd. *K Hth*
—2H **147**
Beechwood Rd. *Smeth*
—3C **114**
Beechwood Rd. *W Brom*
—4H **79**

Beehive La. *Curd* —1E **89**
Beehive Wlk. *Tip* —2G **77**
Bee La. *Wolv* —4H **15**
Beeston Clo. *Birm* —2A **102**
Beeston Clo. *Brie H* —3H **109**
Beeton Rd. *Birm* —3A **100**
Beet St. *Row R* —2C **112**
Beggars Bush La. *Wom*
—2H **73**
Beighton Clo. *S Cold* —3F **37**
Beilby Rd. *Birm* —1D **146**
Belbroughton Rd. *Hale*
—3H **127**
Belbroughton Rd. *Stourb*
—2C **124**
Belcher's La. *Birm* —1G **119**
Beldray Rd. *Bils* —5G **45**
Belfont Trad. Est. *Hale*
—1C **128**
Belfry Clo. *Wals* —4G **19**
Belfry Dri. *Woll* —5C **108**
Belfry, The. *Pert* —5D **24**
Belgrade Rd. *Wolv* —6F **15**
Belgrave Ct. *K'wfrd* —5D **92**
Belgrave Middleway. *Birm*
—4G **117**
Belgrave Rd. *Hale* —3D **112**
Belgrave Ter. *Birm* —2C **100**
Belgrave Wlk. *Wals* —6H **31**
Belgravia Clo. *Birm* —4G **117**
Belgravia Clo. Walkway. *Birm*
—4G **117**
Belgravia Ct. *Birm* —4C **106**
Belgrove Clo. *Birm* —5A **116**
Belinda Clo. *W'hall* —6H **29**
Bellamy Clo. *Shir* —6B **150**
Bellamy Farm Rd. *Shir*
—6B **150**
Bell Av. *W'hall* —1A **46**
Bell Barn Clo. *Birm* —3E **117**
Bell Barn Rd. *Birm* —3E **117**
Bell Barn Shop. Cen. *Birm*
—3E **117**
Bell Clo. *Birm* —6E **103**
(B9)
Bell Clo. *Birm* —3D **106**
(B36)
Bell Clo. *W'bry* —4D **46**
Bellcroft. *Birm* —1D **116**
Dell Dri. *Wals* —6E **49**
Rellfield Av. *Birm* —5A **100**
Bellfield Rd. *Birm* —5A **100**
Belle Isle. *Brie H* —6G **93**
Bellemere Rd. *H Ard* —2B **154**
Beliencroft Gdns. *Wolv*
—4A **42**
Bell End. *Row R* —6C **96**
Bellevale. *Hale* —6G **111**
Bellevue. *Birm* —4F **117**
Bellevue. *Edg* —5H **99**
Belle Vue. *Stourb* —1A **108**
Belle Vue Dri. *Hale* —5D **112**
Belle Vue Gdns. *Row R*
—6C **96**
Bellevue Rd. *Bils* —3A **62**
Bellevue Rd. *Birm* —4F **121**
Belle Vue Rd. *Brie H* —2C **110**
Belle Vue Rd. *Row R* —1C **112**
Bellevue St. *Bils* —3B **60**
Belle Vue Ter. *H Ard* —1A **154**
Belle Wlk. *Birm* —3B **134**
Bell Fold. *O'bry* —3A **98**
Bell Grn. La. *Birm* —4D **160**
Bell Heather Rd. *Clay* —1H **21**
Bell Heath Way. *Birm* —3G **129**
Bell Hill. *Birm* —2E **145**

Bell Holloway. *Birm* —2D **144**
Bellington Cft. *Shir* —3E **165**
Bell Inn Shop. Cen., The. *N'fld*
—3E **145**
Bellis St. *Birm* —2B **116**
Bell La. *Blox* —5G **19**
Bell La. *Kitts G* —2A **122**
Bell La. *N'fld* —3E **145**
Bell La. *Wals* —1D **64**
Bellman Clo. *W'bry* —4D **46**
Bell Mdw. *Stourb* —5F **125**
Bell Mdw. Way. *Birm* —5G **147**
Bell Pl. *Wolv* —3G **43**
(in two parts)
Bell Rd. *Dud* —4E **95**
Bell Rd. *Try* —4C **56**
Bell Rd. *Wals* —5H **49**
Bells Farm Clo. *Birm* —5E **147**
Bellsize Clo. *Cann* —1D **8**
Bell's La. *Birm* —5D **146**
Bells La. *Stourb* —2B **108**
Bells Moor Rd. *W Brom*
—1G **79**
Bell St. *Bils* —5E **45**
Bell St. *Cose* —3E **61**
Bell St. *Pens* —2H **93**
(in two parts)
Bell St. *Stourb* —6D **108**
Bell St. *Tip* —2G **77**
Bell St. *W'bry* —4D **46**
Bell St. *W Brom* —5B **80**
Bell St. *Wolv* —2G **43** (4B **170**)
Bell St. S. *Brie H* —1H **109**
Bell Wlk. *Birm* —2B **122**
Bell Wharf Pl. *Wals* —5G **49**
Bellwood Rd. *Birm* —3D **144**
Belmont Clo. *Cann* —1F **7**
Belmont Clo. *Tip* —1H **77**
Belmont Clo. *Wals* —3C **34**
Belmont Covert. *Birm* —1F **145**
Belmont Gdns. *Bils* —1A **62**
Belmont Pas. *Birm* —1A **118**
Belmont Rd. *Birm* —1G **99**
Belmont Rd. *Brie H* —3H **93**
Belmont Rd. *Redn* —3G **157**
Belmont Rd. *Smeth* —1E **115**
Belmont Rd. *Stourb* —1A **126**
Belmont Rd. *Wolv* —6E **43**
Belmont Rd. E. *Birm* —1G **99**
Belmont Row. *Birm*
—6A **102** (2H **5**)
Belmont St. *Bils* —1A **62**
Belper Ind. Pk. *W Brom*
Belper Rd. *Wals* —4A **20**
Belper Rd. *W Brom* —4F **79**
Belper Row. *Dud* —5G **95**
Belper, The. *Dud* —6D **76**
Belstone Clo. *Birm* —1F **147**
Belton Av. *Wolv* —6D **16**
Belton Gro. *Redn* —1A **158**
Belvedere Av. *Wolv* —6F **43**
Belvedere Clo. *Burn* —1B **10**
Belvedere Clo. *K'wfrd* —5D **92**
Belvedere Gdns. *Wolv* —2C **26**
Belvedere Rd. *Birm* —5G **85**
Belvide Gdns. *Cod* —3F **13**
Belvide Gro. *Birm* —5F **131**
Belvidere Gdns. *Birm* —1C **134**
Belvidere Rd. *Wals* —3D **48**
Belvoir Clo. *Dud* —5A **76**
Belwell Dri. *S Cold* —1G **53**
Belwell La. *S Cold* —1G **53**
Bembridge Clo. *W'hall* —1B **30**
Bembridge Rd. *Birm* —6E **105**
Benacre Dri. *Birm*
—1H **117** (4H **5**)

Benbeck Gro. *Tip* —2E **77**
Bendall Rd. *Birm* —3B **68**
Benedon Rd. *Birm* —4E **121**
Benmore Av. *Birm* —4F **117**
Bennett Av. *Dud* —1D **76**
Bennett Rd. *S Cold* —6D **36**
Bennett's Fold. *Wolv*
—2G **43** (4A **170**)
Bennett's Hill. *Birm*
—1F **117** (4D **4**)
Bennett's Hill. *Dud* —1G **95**
Bennett's La. *Patt* —3A **40**
Bennett's Rd. *Birm* —3D **102**
Bennett St. *Birm* —1F **101**
Ben Nevis Way. *Stourb*
—5E **109**
Bennitt Clo. *W Brom* —6A **80**
Benson Av. *Wolv* —6G **43**
Benson Clo. *Wolv* —4E **25**
Benson Rd. *Hock* —3B **100**
Benson Rd. *K Hth* —6B **148**
Bent Av. *Birm* —5B **114**
Bentham Ct. *Birm* —2D **144**
Bentley. —6F 31
Bentley Bri. Way. *Wed* —5D **28**
Bentley Ct. *S Cold* —5D **70**
Bentley Dri. *Cod* —3F **13**
Bentley Dri. *Wals* —1H **47**
Bentley Farm Clo. *Ben H*
—5A **166**
Bentley Gro. *Birm* —5D **130**
Bentley Heath. —4A 166
Bentley Heath Cotts. *Know*
—4B **166**
Bentley La. *Wals* —5G **31**
Bentley La. *W'hall* —4D **30**
Bentley La. Ind. Est. *Wals*
—5H **31**
Bentley La. Ind. Pk. *Wals*
—6G **31**
Bentley Mill Clo. *Wals* —2F **47**
Bentley Mill La. *Wals* —2F **47**
Bentley Mill Way. *Wals* —2F **47**
Bentley New Dri. *Wals* —6H **31**
Bentley Pl. *Wals* —1H **47**
Bentley Rd. *Birm* —2H **105**
Bentley Rd. *Wolv* —5A **16**
Bentley Rd. N. *Wals* —2E **47**
Bentley Rd. S. *W'bry* —3D **46**
Bentmead Gro. *Birm* —6C **146**
Benton Av. *Birm* —5C **118**
Benton Clo. *W'hall* —5D **30**
Benton Cres. *Wals* —5A **20**
Benton Rd. *Birm* —5C **118**
Bentons La. *Wals* —4G **7**
Bentons Mill Cft. *Birm*
—1C **102**
Bent St. *Brie H* —5H **93**
Ben Willetts Wlk. *Row R*
—2C **112**
Benyon Cen., The. *Wals*
—2G **31**
Beoley Clo. *S Cold* —4A **70**
Beoley Gro. *Redn* —2F **157**
Berberry Clo. *Birm* —1H **145**
Berberry Ct. *Tip* —5A **62**
Beresford Cres. *W Brom*
—4H **79**
Beresford Dri. *S Cold* —4G **69**
Beresford Rd. *O'bry* —2A **98**
Beresford Rd. *Wals* —1C **32**
Bericote Cft. *Birm* —2B **136**
Berkeley Clo. *Wolv* —6F **25**
Berkeley Dri. *K'wfrd* —2A **92**
Berkeley Precinct. *Birm*
—5H **147**
Berkeley Rd. *Birm* —4G **119**

Berkeley Rd. *Shir* —4F **149**
Berkeley Rd. E. *Birm* —4H **119**
Berkeley St. *Wals* —4H **47**
Berkley Clo. *Wals* —6F **31**
Berkley Ct. *Birm*
    —2E **117** (5A **4**)
Berkley Cres. *Birm* —4C **134**
Berkley Ho. *Birm* —1F **85**
Berkley St. *Birm*
    —1E **117** (5A **4**)
Berkshire Clo. *W Brom*
    —6H **63**
Berkshire Cres. *W'bry* —1A **64**
Berkshire, The. *Wals* —4G **19**
Berkswell Clo. *Dud* —4A **76**
Berkswell Clo. *Sol* —5F **137**
Berkswell Clo. *S Cold* —5E **37**
Berkswell Rd. *Birm* —3H **85**
Bermuda Clo. *Dud* —1D **76**
Bernard Pl. *Birm* —4B **100**
Bernard Rd. *Birm* —1F **115**
Bernard Rd. *O'bry* —1A **114**
Bernard Rd. *Tip* —6B **62**
Bernard St. *Wals* —3E **49**
Berners St. *Birm* —2F **101**
Bernhard Dri. *Birm* —1A **100**
Bernwall Clo. *Stourb* —1D **124**
Berrandale Rd. *Birm* —1D **104**
Berrington Dri. *Bils* —5D **60**
Berrington Wlk. *Birm* —4G **117**
Berrow Cottage Homes. *Know*
    —3E **167**
Berrow Dri. *Birm* —4A **116**
Berrowside Rd. *Birm* —3A **106**
Berry Av. *W'bry* —6B **46**
Berrybush Gdns. *Sed* —6A **60**
Berry Clo. *Birm* —3F **101**
Berry Cres. *Wals* —1G **65**
Berry Dri. *Wals* —4A **34**
Berryfield Rd. *Birm* —5H **121**
Berryfields. *A'rdge* —4A **34**
Berryfields. *Ston* —2G **23**
Berryfields Rd. *S Cold* —2D **70**
Berry Hall La. *Cath B* —3C **152**
Berrymound Vw. *H'wd*
    —2C **162**
Berry Rd. *Birm* —4E **103**
Berry Rd. *Dud* —2E **77**
Berry St. *Birm* —3B **100**
Berry St. *Wolv*
    —1H **43** (3C **170**)
Bertha Rd. *Birm* —6D **118**
Bertram Clo. *Tip* —4C **62**
Bertram Rd. *Birm* —2D **118**
Bertram Rd. *Smeth* —3C **98**
Berwick Gro. *Gt Barr* —1D **66**
Berwick Rd. *N'fld* —4B **144**
Berwicks La. *Birm* —2D **122**
(in two parts)
Berwood Farm Rd. *S Cold*
    —1A **86**
Berwood Gdns. *Birm* —1A **86**
Berwood Gro. *Sol* —4F **137**
Berwood La. *Birm* —4C **86**
Berwood Pk. *Cas V* —5E **87**
Berwood Rd. *S Cold* —1B **86**
Berwyn Gro. *Wals* —2F **7**
Besant Gro. *Birm* —4G **135**
Besbury Clo. *Dorr* —6A **166**
Bescot. —6H **47**
Bescot Cres. *Wals* —5B **48**
Bescot Cft. *Birm* —1D **82**
Bescot Dri. *Wals* —5H **47**
Bescot Ind. Est. *W'bry* —1D **62**
Bescot Rd. *Wals* —5H **47**
Bescot St. *Wals* —4B **48**

Besford Gro. *Birm* —4B **144**
Besford Gro. *Shir* —3F **165**
Bessborough Rd. *Birm*
    —3B **120**
Best Rd. *Bils* —4F **45**
Best St. *Crad H* —1H **111**
Beswick Gro. *Birm* —5E **105**
Beta Gro. *Birm* —3C **148**
Betjeman Pl. *Wolv* —6C **16**
Betley Gro. *Birm* —4E **105**
Betony Clo. *Wals* —2E **65**
Betsham Clo. *Birm* —4B **68**
Bettany Glade. *Wolv* —3A **16**
Betteridge Dri. *S Cold* —1C **70**
Betton Rd. *Birm* —2G **147**
Bett Rd. *Birm* —4B **82**
Betty's La. *Cann* —1D **8**
Beulah Ct. *Hale* —1A **128**
Bevan Av. *Wolv* —1A **60**
Bevan Clo. *Bils* —5H **45**
Bevan Clo. *Wals* —6G **21**
Bevan Ind. Est. *Brie H*
    —1E **109**
Bevan Rd. *Brie H* —1E **109**
Bevan Rd. *Tip* —3B **78**
Bevan Way. *Smeth* —1D **98**
Beverley Clo. *S Cold* —6A **70**
Beverley Ct. Rd. *Birm*
    —5A **114**
Beverley Cres. *Wolv* —1B **60**
Beverley Cft. *Birm* —6D **84**
Beverley Dri. *K'wfrd* —2A **92**
Beverley Gro. *Birm* —6F **121**
Beverley Rd. *Redn* —2G **157**
Beverley Rd. *W Brom* —4B **64**
Beverston Rd. *Tip* —3B **62**
Beverston Rd. *Wolv* —5G **25**
Revington Rd. *Birm* —6H **83**
Bevin Rd. *Wals* —6E **31**
Bevis Gro. *Birm* —2H **67**
Bewdley Av. *Birm* —5A **118**
Bewdley Dri. *Wolv* —1D **44**
Bewdley Ho. *Birm* —2E **121**
Bewdley Rd. *Birm* —5D **132**
Bewlay Clo. *Brie H* —4F **109**
Bewley Rd. *W'hall* —5D **30**
Bewlys Av. *Birm* —3A **82**
Bexhill Gro. *Birm* —2E **117**
Bexley Gro. *W Brom* —6C **64**
Bexley Rd. *Birm* —5B **68**
Bhylls Cres. *Wolv* —4A **42**
Bhylls La. *Wolv* —3H **41**
Bibbey's Grn. *Wolv* —3B **16**
Bibsworth Av. *Birm* —5D **134**
Bibury Rd. *Birm* —6E **135**
Bicester Sq. *Birm* —3F **87**
Bickenhill. —4F **139**
Bickenhill Grn. Ct. *Bick*
    —4F **139**
Bickenhill La. *Birm* —5F **123**
(in two parts)
Bickenhill La. *Cath B* —1E **153**
Bickenhill Pk. Rd. *Sol* —4B **136**
Bickenhill Rd. *Birm* —4C **122**
Bickenhill Trad. Est. *Birm*
    —6F **123**
Bickford Rd. *Birm* —6A **84**
Bickford Rd. *Wolv* —4B **28**
Bickington Rd. *Birm* —4B **130**
Bickley Av. *Birm* —5C **118**
Bickley Av. *S Cold* —4E **37**
Bickley Gro. *Birm* —6F **121**
Bickley Rd. *Bils* —4A **46**
Bickley Rd. *Wals* —2G **33**
Bicknell Cft. *Birm* —5G **147**
Bickton Clo. *Birm* —1A **86**
Biddings La. *Bils* —3D **60**

Biddlestone Gro. *Wals* —2G **65**
Biddlestone Pl. *W'bry* —4B **46**
Biddulph Ct. *S Cold* —3G **69**
Bideford Dri. *Birm* —4G **131**
Bideford Rd. *Smeth* —4F **99**
Bidford Clo. *Shir* —5B **150**
Bidford Rd. *Birm* —4C **144**
Bierton Rd. *Birm & Yard*
    —3A **120**
Biggin Clo. *Birm* —4E **87**
Biggin Clo. *Wolv* —4E **25**
Big Peg, The. *Birm & Hock*
    —5E **101** (1A **4**)
Bigwood Dri. *Birm* —4B **130**
Bigwood Dri. *S Cold* —5E **55**
Bilberry Cres. *S Cold* —2D **70**
Bilberry Dri. *Redn* —3G **157**
Bilberry Rd. *Birm* —1E **147**
Bilboe Rd. *Bils* —2H **61**
Bilbrook. —3H **13**
Bilbrook Ct. *Cod* —4H **13**
Bilbrook Gro. *Birm* —3D **130**
Bilbrook Gro. *Cod* —4H **13**
Bilbrook Ho. *Cod* —4H **13**
Bilbrook Rd. *Cod* —3H **13**
Bilhay La. *W Brom* —2G **79**
Bilhay St. *W Brom* —2G **79**
Billau Rd. *Bils* —3F **61**
Billesley. —1C **148**
Billesley La. *Mose* —5H **133**
Billingham Clo. *Sol* —1F **165**
Billingsley Rd. *Birm* —3E **121**
Bills La. *Shir* —6F **149**
Billsmore Grn. *Sol* —6G **137**
Bills St. *W'bry* —4E **47**
Billy Buns La. *Wom* —5G **57**
Billy Wright Clo. *Wolv* —5C **42**
Bilport La. *W'bry* —5F **63**
Bilston. —6H **45**
Bilston Ind. Est. *Bils* —6A **46**
Bilston Key Ind. Est. *Bils*
    —6H **45**
Bilston La. *W'hall* —3A **46**
Bilston Mus. & Art Gallery.
    —5G **45**
Bilston Rd. *Tip* —3B **62**
Bilston Rd. *W'bry* —2D **62**
Bilston Rd. *W'hall* —4A **46**
Bilston Rd. *Wolv*
    —2H **43** (4D **170**)
Bilston St. *Dud* —5H **59**
Bilston St. *W'bry* —5D **46**
(in two parts)
Bilston St. *W'hall* —2A **46**
Bilston St. *Wolv*
    —2H **43** (4C **170**)
Bilston St. Island. *Wolv*
    —2H **43** (4D **170**)
Bilton Grange Rd. *Birm*
    —4D **120**
Bilton Ind. Est. *Birm* —1A **160**
Binbrook Rd. *W'hall* —5D **30**
Bincomb Av. *Birm* —5F **121**
Binfield St. *Tip* —3A **78**
Bingley Av. *Birm* —5H **103**
Bingley St. *Wolv* —3E **43**
Binley Clo. *Birm* —5B **120**
Binley Clo. *Shir* —1G **163**
Binstead Rd. *Birm* —3A **68**
Binswood Rd. *Hale* —4G **113**
Binton Cft. *Birm* —5H **133**
Binton Rd. *Shir* —6F **149**
Birbeck Ho. *Birm* —3D **106**
Birbeck Pl. *Brie H* —3F **93**
Birchall St. *Birm* —2H **117**
Birch Av. *Brie H* —1C **110**
Birch Av. *Bwnhls* —5A **10**

Birch Clo. *Birm* —1H **145**
Birch Clo. *S Cold* —3D **70**
Birch Coppice. *Brie H* —2C **110**
(in two parts)
Birch Coppice. *Wom* —1E **73**
Birchcoppice Gdns. *W'hall*
    —5E **31**
Birch Ct. *Smeth* —1B **98**
Birch Ct. Wals —5E **33**
(off Lichfield Rd.)
Birch Cres. *Tiv* —6A **78**
Birch Cft. *Chel W* —2E **123**
Birch Cft. *Erd* —2B **86**
Birchcroft. *Fren W* —4G **99**
Birch Cft. *Wals* —1E **35**
Birch Cft. Rd. *S Cold* —4B **54**
Birchdale. *Bils* —4F **45**
Birchdale Av. *Birm* —3E **85**
Birchdale Rd. *Birm* —2D **84**
Birch Dri. *Hale* —2E **113**
Birch Dri. *Lit A* —4D **36**
Birch Dri. *Stourb* —5C **108**
Birch Dri. *S Cold* —4D **54**
Birches Av. *Cod* —6A **14**
Birches Barn Av. *Wolv* —4D **42**
Birches Barn Rd. *Wolv* —3D **42**
Birches Clo. *Birm* —4H **133**
Birches Green. —5G **85**
Birches Grn. Rd. *Birm* —5H **85**
Birches Pk. Rd. *Cod* —5G **13**
Birches Ri. *W'hall* —2A **46**
Birches Rd. *Cod* —5G **13**
Birchfield. —5E **83**
Birchfield Av. *Wolv* —3H **25**
Birchfield Clo. *Hale* —3G **127**
Birchfield Cres. *Stourb*
    —2B **126**
Birchfield Gdns. *Birm* —1G **101**
Birchfield Gdns. *Wals* —1G **65**
Birchfield La. *O'bry* —5E **97**
(in three parts)
Birchfield Rd. *Birm* —6F **83**
Birchfield Rd. *Stourb* —2B **126**
Birchfields Rd. *W'hall* —4A **30**
Birchfield Way. *Wals* —1F **65**
Birch Ga. *Stourb* —1B **126**
Birchglade. *Wolv* —2B **42**
Birch Gro. *O'bry* —4B **114**
Birch Hill Av. *Wom* —2F **73**
Birch Hollow. *Birm* —5B **116**
Birch Hollow. *O'bry* —4B **114**
Birchills. —6A **32**
Birchills Canal Mus. —6B **32**
Birchills St. *Wals* —6A **32**
Birch La. *A'rdge* —6F **23**
Birch La. *O'bry* —4B **114**
Birch La. *Pels* —6G **21**
Birchley Ho. *O'bry* —3D **96**
Birchley Ind. Est. *O'bry*
    —4E **97**
Birchley Pk. Av. *O'bry* —3E **97**
Birchley Ri. *Sol* —6D **120**
Birchmoor Clo. *Birm* —6H **135**
Birchover Rd. *Wals* —5G **31**
Birch Rd. *Dud* —4B **60**
Birch Rd. *O'bry* —3B **114**
Birch Rd. *Redn* —3E **157**
Birch Rd. *Witt* —5A **84**
Birch Rd. *Wolv* —6H **17**
Birch Rd. E. *Birm* —5B **84**
Birch St. *O'bry* —3A **98**
Birch St. *Tip* —2H **77**
Birch St. *Wals* —6B **32**
Birch St. *Wolv*
    —1G **43** (2A **170**)

Birch Ter. *Dud* —5E **95**
Birchtree Gdns. *Brie H*
—2C **110**
Birch Tree Gro. *Sol* —3C **150**
Birchtree Hollow. *W'hall*
—4D **30**
Birchtrees. *Birm* —3B **86**
Birchtrees Cft. *Birm* —6B **120**
Birchtrees Dri. *Birm* —1H **121**
Birch Wlk. *O'bry* —3B **114**
Birchwood Clo. *Ess* —4A **18**
Birchwood Cres. *Birm*
—1B **134**
Birchwood Rd. *Birm* —1A **134**
Birchwood Rd. *Wolv* —6E **43**
Birchwoods. *Birm* —3H **129**
Birchwood Wlk. *K'wfrd* —1C **92**
Birchy Clo. *Shir* —3F **163**
Birchy Leasowes La. *Shir*
—4E **163**
Birdbrook Rd. *Birm* —4G **67**
Birdcage Wlk. *Birm* —5B **146**
Birdcage Wlk. *Dud* —6F **77**
Bird End. *W Brom* —5D **64**
Birdie Clo. *Birm* —6H **145**
Birdlip Gro. *Birm* —5A **114**
Birds Mdw. *Brie H* —2F **93**
Bird St. *Dud* —4G **75**
Birdwell Cft. *Birm* —1H **147**
Birkdale Av. *Birm* —4B **132**
Birkdale Clo. *Stourb* —4D **124**
Birkdale Clo. *Wolv* —1C **44**
Birkdale Dri. *Tiv* —2A **96**
Birkdale Gro. *Birm* —5C **132**
Birkdale Rd. *Wals* —4G **19**
Birkenshaw Rd. *Birm* —5G **67**
Birley Gro. *Hale* —5E **127**
Birmingham. —1F **117** (5D **4**)
Birmingham Airport Info. Desk.
—1E **139**
Birmingham Botanical Gardens.
—4B **116**
Birmingham Bus. Pk. *Birm P*
—3G **123**
Birmingham Cathedral.
—6F **101** (3D **4**)
Birmingham City Info. Cen.
—1E **117** (4B **4**)
Birmingham Convention &
Vis. Bureau. —1G **117** (4E **5**)
(City)
Birmingham Convention &
Vis. Bureau. —1F **117** (4D **4**)
(Colmore Row)
Birmingham Convention &
Vis. Bureau. —1E **117** (4A **4**)
(ICC)
Birmingham Convention &
(NEC) Vis. Bureau. —1F **139**
Birmingham Mus. & Art Gallery.
—1F **117** (4C **4**)
Birmingham Mus. of
Transport, The. —6G **161**
Birmingham Nature Cen.
—1E **133**
Birmingham New Rd.
Dud & Tip —2E **77**
Birmingham New Rd. *Wolv*
—6A **44**
Birmingham One Bus. Pk. *Birm*
—6D **100**
Birmingham Railway Mus.
—6F **119**
Birmingham Rd. *A'rdge*
—4C **34**
Birmingham Rd. *Cas B*
—1E **105**

Birmingham Rd. *Dud* —5G **77**
Birmingham Rd. *Hag* —6G **125**
Birmingham Rd. *Hale* —2B **128**
Birmingham Rd. *K'hrst & Col*
—4D **106**
Birmingham Rd. *L Ash & Redn*
—5C **156**
Birmingham Rd. *Mer* —2D **140**
Birmingham Rd. *N'fld* —3F **159**
Birmingham Rd. *O'bry* —2H **97**
Birmingham Rd. *Row R*
—1C **112**
Birmingham Rd. *Shen W*
—2G **37**
Birmingham Rd. *S Cold*
—6H **69**
Birmingham Rd. *Wals* —2D **48**
Birmingham Rd. *Wals & Birm*
—4F **49**
Birmingham Rd. *Wat O*
—5B **88**
Birmingham Rd. *W Brom*
—6C **80**
Birmingham Rd. *Wolv*
—2H **43** (5C **170**)
Birmingham Roman Catholic
Cathedral. —5F **101** (1D **4**)
Birmingham St. *Dud* —6F **77**
Birmingham St. *Hale* —2B **128**
Birmingham St. *O'bry* —2G **97**
Birmingham St. *Stourb*
—6E **109**
Birmingham St. *Wals* —2D **48**
Birmingham St. *W'bry* —5D **46**
Birmingham St. *W'hall* —1B **46**
Birnham Clo. *Tip* —2F **77**
Birstall Way. *Birm* —1G **159**
Bisell Way. *Brie H* —4H **93**
Bishbury Clo. *Birm* —3A **116**
Bishop Asbury Cottage.
5D **65**
Bishop Asbury Cres. *Birm*
—5G **65**
Bishop Clo. *Dud* —1G **95**
Bishop Clo. *Redn* —6E **143**
Bishop Rd. *W'bry* —3A **64**
Bishop Ryder Ho. *Birm* —2G **5**
Bishops Clo. *Smeth* —5G **99**
Bishops Ct. *Birm P* —3F **123**
Bishops Ga. *Birm* —5E **145**
Bishopsgate St. *Birm*
—2D **116** (6A **4**)
Bishops Mdw. *S Cold* —6C **38**
Bishops Rd. *S Cold* —2H **69**
Bishop St. *Birm* —3G **117**
Bishops Way. *S Cold* —4F **37**
Bishopton Clo. *Shir* —6A **150**
Bishopton Rd. *Smeth* —2D **114**
Bishton Gro. *Neth* —5F **95**
Bisley Gro. *Birm* —5G **85**
Bissell Clo. *Birm* —1F **149**
Bissell Dri. *W'bry* —2H **63**
Bissell St. *Bils* —6H **45**
Bissell St. *Birm* —3G **117**
Bissell St. *Quin* —5G **113**
Biton Clo. *Birm* —6F **115**
Bittell Clo. *Birm* —2D **158**
Bittell Clo. *Wolv* —3A **16**
Bittell Farm Rd. *B Grn & A'chu*
—6F **159**
Bitterne Dri. *Wolv* —5E **27**
Bittern Wlk. *Brie H* —5G **109**
Blackacre Rd. *Dud* —1F **95**
Blackberry Av. *Birm* —6G **103**
Blackberry Clo. *Dud* —1A **94**
Blackberry La. *Hale* —3A **128**
Blackberry La. *Row R* —4H **95**

Blackberry La. *S Cold* —4E **37**
Blackberry La. *Wals W* —3D **22**
Blackbird Cft. *Birm* —2C **106**
Blackbrook Clo. *Dud* —6C **94**
Blackbrook Rd. *Dud* —4C **94**
(in two parts)
Blackbrook Way. *Wolv* —3A **16**
Blackburn Av. *Wolv* —2C **26**
Blackburne Rd. *Birm* —1F **149**
Blackbushe Clo. *Birm* —4D **114**
Blackcat Clo. *Birm* —6C **106**
Black Country Ho. *O'bry*
—2F **97**
Black Country Mus. —3F **77**
Black Country New Rd.
Bstne & W'bry —5A **46**
Black Country New Rd.
Tip & W Brom —1E **79**
Black Country Route. *Bils*
—2D **60**
Black Country Route. *W'hall*
—4B **46**
Blackdown Clo. *Redn* —6G **143**
Blackdown Rd. *Know* —3D **166**
Blackett Ct. *S Cold* —3G **69**
Blackfirs La. *Birm* —4E **123**
Blackford Clo. *Hale* —3F **127**
Blackford Rd. *Birm* —1C **134**
Blackford Rd. *Shir* —2A **164**
Blackford St. *Birm* —4A **100**
Blackhalve La. *Wolv* —1D **28**
Blackham Dri. *S Cold* —6G **69**
Blackham Rd. *Wolv* —1H **29**
Black Haynes Rd. *Birm*
—1E **145**
Blackheath Mkt. *Row R*
—2D **112**
Blackhorse La. *Brie H*
—2A **110**
Blacklake —1C **79**
Black Lake. *Birm* —1G **79**
Black Lake Ind. Est. *W Brom*
—1H **79**
Blacklea Clo. *Birm* —2B **120**
Blackmoor Cft. *Birm* —1H **121**
Blackpit La. *Lwr P* —2E **57**
Blackrock Rd. *Birm* —2G **5**
Blackroot Clo. *Hamm* —1F **11**
Blackroot Rd. *S Cold* —4G **53**
Blackthorn Gro. *Birm* —1G **145**
Blackthorne Av. *Burn* —1B **10**
Blackthorne Clo. *Dud* —3B **76**
Blackthorne Clo. *Sol* —3C **150**
Blackthorne Rd. *Dud* —3B **76**
Blackthorne Rd. *Smeth*
(in two parts) —5B **98**
Blackthorne Rd. *Wals* —6D **48**
Blackthorn Rd. *Cas B* —1G **105**
Blackthorn Rd. *K Nor* —1G **145**
Blackthorn Rd. *Stourb*
—2D **108**
Blackwater Clo. *Brie H* —3E **93**
Blackwell Rd. *S Cold* —4B **70**
Blackwood Av. *Wolv* —1D **28**
Blackwood Dri. *S Cold* —3G **51**
Blackwood Rd. *S Cold* —2G **51**
Blades Ho. *W Brom* —5E **65**
Blades Rd. *W Brom* —3D **78**
Blaenwern Dri. *Hale* —4D **110**
Blagdon Rd. *Hale* —5A **112**
Blair Gro. *Birm* —2F **123**
Blakedon Rd. *W'bry* —2E **63**
Blakedown Rd. *Hale* —4G **127**
Blakedown Way. *O'bry* —5E **97**
Blake Hall Clo. *Brie H* —4G **109**
Blake Ho. *Wals* —3A **48**
(off St Johns Rd.)

Blakeland Rd. *Birm* —1G **83**
Blakeland St. *Birm* —1F **119**
Blake La. *Birm* —1F **119**
Blakeley. —2G **73**
Blakeley Av. *Wolv* —2D **26**
Blakeley Hall Rd. *O'bry*
—2H **97**
Blakeley Heath Dri. *Wom*
—2G **73**
Blakeley Ri. *Wolv* —2D **26**
Blakeley Wlk. *Dud* —5E **95**
Blakeley Wood Rd. *Tip* —5C **62**
Blakemere Av. *Birm* —3C **120**
Blakemere Ho. *Birm* —1C **116**
(off Graston Clo.)
Blakemore Clo. *Birm* —2D **130**
Blakemore Dri. *S Cold* —5D **54**
Blakemore Rd. *Wals* —4C **22**
Blakemore Rd. *W Brom*
—5G **79**
Blakenall Clo. *Wals* —1B **32**
Blakenall Heath. —6A **20**
Blakenall Heath. *Wals* —1B **32**
Blakenall La. *Wals* —2A **32**
Blakenall Row. *Wals* —1B **32**
Blakeney Av. *Birm* —4E **115**
Blakeney Av. *Stourb* —5B **108**
Blakeney Clo. *Dud* —6G **59**
Blakenhale Rd. *Birm* —2F **121**
Blakenhall. —4F **43**
Blakenhall Gdns. *Wolv* —4G **43**
Blakenhall Ind. Est. *Wolv*
—4F **43**
Blake Pl. *Birm* —1F **119**
Blakesley Clo. *S Cold* —2D **86**
Blakesley Gro. *Birm* —2B **120**
Blakesley M. *Birm* —3B **120**
Blakesley Rd. *Birm* —2A **120**
Blake St. *S Cold* —3E **37**
Blakewood Clo. *Birm* —4G **105**
Blandford Av. *Birm* —6A **88**
Blandford Dri. *Stourb* —6C **92**
Blandford Rd. *Birm* —6C **114**
Blanefield. *Wolv* —5C **14**
Blanning Ct. *Dorr* —5A **166**
Blay Av. *Wals* —1H **47**
Blaydon Av. *S Cold* —6C **30**
Blaydon Rd. *Wolv* —5E **15**
Blaythorn Av. *Sol* —2E **137**
Blaze Hill Rd. *K'wfrd* —1G **91**
Blaze Pk. *K'wfrd* —1H **91**
Bleak Hill Rd. *Birm* —3C **84**
Bleakhouse Rd. *O'bry* —2A **114**
Bleak St. *Smeth* —3D **98**
Blenheim Clo. *Wals* —2H **33**
Blenheim Ct. *Birm* —5H **67**
Blenheim Ct. *Sol* —3G **151**
Blenheim Dri. *Birm* —5H **65**
Blenheim Rd. *Birm* —4H **133**
Blenheim Rd. *Cann* —1F **8**
Blenheim Rd. *K'wfrd* —3D **92**
Blenheim Rd. *Shir* —5B **150**
Blenheim Rd. *W'hall* —3B **30**
Blenheim Way. *Birm* —5H **67**
Blenheim Way. *Cas V* —6F **87**
Blenheim Way. *Dud* —5A **76**
Bletchley Rd. *Birm* —3C **86**
Blewitt Clo. *Birm* —5H **87**
Blewitt St. *Brie H* —3G **93**
Blews St. *Birm* —4G **101**
Blithe Clo. *Stourb* —3E **109**
Blithfield Dri. *Brie H* —4F **109**
Blithfield Gro. *Birm* —2A **86**
Blithfield Rd. *Wals* —3F **9**
Blockall. *W'bry* —4D **46**
Blockall Clo. *W'bry* —5C **46**

Bowes Rd. *Redn* —2E **157**
Bowker St. *W'hall* —2E **45**
Bowlas Av. *S Cold* —3H **53**
Bowling Green. —6F **95**
Bowling Grn. Clo. *Birm*
　　　　　　　　—6E **69**
Bowling Grn. Clo. *W'bry*
　　　　　　　　—4D **46**
Bowling Grn. La. *Birm*
　　　　　　　　—1C **100**
Bowling Grn. Rd. *Dud* —6F **95**
Bowling Grn. Rd. *Small H*
　　　　　　　　—2C **118**
Bowling Grn. Rd. *Stourb*
　　　　　　　　—6C **108**
Bowman Rd. *Birm* —4D **66**
Bowmans Ri. *Wolv* —6C **28**
Bowood Cres. *Birm* —5F **145**
Bowood Dri. *Wolv* —3B **26**
Bowshot Clo. *Birm* —6H **87**
Bowstoke Rd. *Birm* —5G **65**
Bow St. *Bils* —5G **45**
Bow St. *Birm* —2F **117** (6D **4**)
Bow St. *W'hall* —2B **46**
Bowyer Rd. *Birm* —5E **103**
Bowyer St. *Birm* —2A **118**
Boxhill Clo. *Birm* —3H **101**
Box Rd. *Birm* —3E **123**
Box St. *Wals* —2D **48**
Box Trees Rd. *H'ley H & Dorr*
　　　　　　　　—6H **165**
Boyd Gro. *Birm* —3H **135**
Boydon Clo. *Wolv* —5C **44**
Boyleston Rd. *Birm* —1G **149**
Boyne Rd. *Birm* —4E **121**
Boyton Gro. *Birm* —2H **67**
Brabazon Gro. *Birm* —4D **86**
Brabham Cres. *S Cold* —5H **51**
Bracadale Av. *Birm* —3G **85**
Bracebridge Clo. *Bal C*
　　　　　　　　—3H **169**
Bracebridge Rd. *Birm* —6F **85**
Bracebridge Rd. *S Cold*
　　　　　　　　—3F **53**
Bracebridge St. *Birm* —3G **101**
Braceby Av. *Birm* —6C **134**
Brace St. *Wals* —3C **48**
　(in two parts)
Brackenbury Rd. *Birm* —5B **68**
Bracken Clo. *Wolv* —6C **14**
Bracken Cft. *Birm* —6F **107**
Brackendale Dri. *Wals* —2F **65**
Brackendale Way. *Stourb*
　　　　　　　　—1H **125**
Bracken Dri. *S Cold* —6E **55**
Brackenfield Rd. *Birm* —3E **67**
Brackenfield Rd. *Hale* —2G **127**
Brackenfield Vw. *Dud* —1H **93**
Bracken Pk. Gdns. *Word*
　　　　　　　　—1D **108**
Bracken Rd. *Birm* —5A **86**
Bracken Way. *Birm* —2A **160**
Bracken Way. *S Cold* —3H **51**
Brackenwood. *Wals* —6H **49**
Brackenwood Dri. *Wolv*
　　　　　　　　—4H **29**
Brackley Av. *Birm* —6E **83**
Brackleys Way. *Sol* —3D **136**
Bradburne Way. *Birm* —4A **102**
Bradburn Rd. *Wolv* —1D **28**
Bradbury Clo. *Wals* —2B **22**
Bradbury Rd. *Sol* —4D **136**
Braden Rd. *Wolv* —2B **58**
Brades Clo. *Hale* —4D **110**
Brades Ri. *O'bry* —1D **96**
Brades Rd. *O'bry* —6E **79**

Brades Village. —6E **79**
Bradewell Rd. *Birm* —6H **87**
Bradfield Rd. *Birm* —6F **67**
Bradford Clo. *Birm* —6B **66**
Bradford Cotts. *Tip* —4A **78**
Bradford Ct. *Birm* —3A **118**
Bradford La. *Wals* —2C **48**
Bradford Mall. *Wals* —2C **48**
Bradford Pl. *Birm* —5A **118**
Bradford Pl. *Wals* —2C **48**
Bradford Pl. *W Brom* —1C **98**
Bradford Pl. *Birm* —1E **105**
Bradford Rd. *Dud* —3B **94**
Bradford Rd. *Wals* —5A **10**
Bradford St. *Birm*
　(B5, B12)　—2H **117** (6F **5**)
Bradford St. *Birm* —1B **82**
　(B42)
Bradford St. *Wals* —2C **48**
Bradgate Clo. *W'hall* —3C **30**
Bradgate Dri. *S Cold* —4E **37**
Bradley. —2G **61**
Bradley Cft. *Bal C* —3H **169**
Bradley La. *Bils* —2H **61**
Bradleymore Rd. *Brie H*
　　　　　　　　—6H **93**
Bradley Rd. *Birm* —3H **105**
Bradley Rd. *Stourb* —5D **108**
Bradley Rd. *Wolv* —4A **44**
Bradleys Clo. *Crad H* —4G **111**
Bradley's La. *Bils* —5F **61**
Bradley St. *Bils* —1H **61**
Bradley St. *Brie H* —2F **93**
Bradley St. *Tip* —5H **77**
Bradmore. —3C **42**
Bradmore Clo. *Sol* —1E **165**
Bradmore Gro. *Birm* —5E **131**
Bradmore Rd. *Wolv* —3D **42**
Bradnock Clo. *Birm* —6C **134**
Bradnock's Marsh. —4D **154**
Bradnocks Marsh La. *H Ard*
　　　　　　　　—6D **154**
Bradshaw Av. *Birm* —6H **145**
Bradshaw Av. *W'bry* —6B **46**
Bradshaw Clo. *Tip* —4A **78**
Bradshaw Clo. *Birm* —4D **148**
Bradshaw St. *Wolv* —1A **44**
Bradstock Rd. *Birm* —3E **147**
Bradwell Cft. *S Cold* —6C **38**
Braemar Av. *Stourb* —2A **108**
Braemar Clo. *Dud* —4G **59**
Braemar Clo. *W'hall* —3B **30**
Braemar Dri. *Birm* —2B **84**
Braemar Rd. *Cann* —1E **9**
Braemar Rd. *Sol* —4C **136**
Braemar Rd. *S Cold* —3F **69**
Braeside Cft. *Birm* —1F **123**
Braeside Way. *Wals* —4D **20**
Bragg Rd. *Birm* —5F **83**
Braggs Farm La. *Shir* —5F **163**
Braid Clo. *Birm* —6H **145**
Brailes Clo. *Sol* —6A **138**
Brailes Dri. *S Cold* —2D **70**
Brailes Gro. *Birm* —2H **119**
Brailsford Clo. *Wolv* —1G **29**
Brailsford Dri. *Smeth* —4E **99**
Braithwaite Dri. *K'wfrd* —3B **92**
Braithwaite Rd. *Birm* —4B **118**
Bramah Way. *Tip* —1C **78**
Bramber Dri. *Wom* —1F **73**
Bramber Way. *Stourb*
　　　　　　　　—3D **124**
Bramble Clo. *Aston* —2G **101**
Bramble Clo. *Col* —2H **107**
Bramble Clo. *Crad H* —5H **95**
Bramble Clo. *N'fld* —1D **144**
Bramble Clo. *Wals* —2A **22**

Bramble Clo. *W'hall* —2C **30**
Bramble Dell. *Birm* —6G **103**
Bramble Dri. *Birm* —5E **121**
Bramble Grn. *Dud* —2B **76**
Brambleside. *Stourb* —2D **108**
Brambles, The. *Stourb*
　　　　　　　　—2H **125**
Brambles, The. *S Cold* —5E **71**
Bramblewood Dri. *Wolv*
　　　　　　　　—3C **42**
Bramblewoods. *Birm* —4G **105**
Brambling Wlk. *Birm* —4E **117**
Brambling Wlk. *Brie H*
　　　　　　　　—5G **109**
Bramcote Dri. *Sol* —6G **137**
Bramcote Ri. *S Cold* —4A **54**
Bramcote Rd. *Birm* —6A **114**
Bramdean Wlk. *Wolv* —5A **42**
Bramerton Dri. *Wolv* —3C **28**
Bramford Dri. *Dud* —1D **76**
Bramley Clo. *Birm* —2F **67**
Bramley Clo. *Wals* —3H **49**
Bramley Cft. *Shir* —5A **150**
Bramley Dri. *Hand* —4D **82**
Bramley Dri. *H'wd* —3B **162**
Bramley M. Ct. *Birm* —6A **120**
Bramley Rd. *Birm* —6A **120**
Bramley Rd. *Wals* —1F **65**
Brampton Av. *Birm* —1G **149**
Brampton Cres. *Shir* —1H **149**
Bramshall Dri. *Dorr* —6A **166**
Bramshaw Clo. *Birm* —5H **147**
Bramstead Av. *Wolv* —1H **41**
Branchal Rd. *Wals* —6E **23**
Branch Rd. *Birm* —1A **160**
Brandhall. —3H **113**
Brandhall Ct. *O'bry* —1G **113**
Brandhall La. *O'bry* —2H **113**
Brandhall Rd. *O'bry* —1H **113**
Brandon Clo. *Dud* —6A **60**
Brandon Clo. *Wals* —6H **35**
Brandon Clo. *W Brom* —5G **79**
Brandon Gro. *Birm* —2D **158**
Brandon Pk. *Wolv* —4C **42**
Brandon Pas. *Birm* —6A **100**
Brandon Pl. *Birm* —2H **105**
Brandon Rd. *Birm* —3F **135**
Brandon Rd. *Hale* —2E **113**
Brandon Rd. *Sol* —6G **137**
Brandon Thomas Ct. *Birm*
　　　　　　　　—1B **102**
Brandon Way. *Brie H* —3A **110**
Brandon Way. *W Brom*
　　　　　　　　—4G **79**
Brandon Way Ind. Est. *W Brom*
　　　　　　　　—5F **79**
Brandwood End. —3F **147**
Brandwood Gro. *Birm* —2F **147**
Brandwood Pk. Rd. *Birm*
　　　　　　　　—2D **146**
Brandwood Rd. *Birm* —3F **147**
Branfield Clo. *Bils* —4C **60**
Branksome Av. *Birm* —1B **100**
Branscombe Clo. *Birm*
　　　　　　　　—2F **147**
Bransdale Clo. *Wolv* —4E **27**
Bransdale Rd. *Clay* —6A **10**
Bransford Ri. *Cath B* —2D **152**
Branston Ct. *Birm* —4E **101**
Branston St. *Birm* —4E **101**
Branthill Cft. *Sol* —6F **151**
Brantley Av. *Wolv* —2A **42**
Brantley Rd. *Birm* —5A **84**
Branton Hill La. *Wals* —4E **35**
Brasshouse La. *Smeth* —3D **98**
Brassie Clo. *Birm* —6H **145**

Brassington Av. *S Cold*
　　　　　　　　—1H **69**
Bratch Clo. *Dud* —6E **95**
Bratch Comn. Rd. *Wom*
　　　　　　　　—6E **57**
Bratch Hollow. *Wom* —5G **57**
Bratch La. *Wom* —5F **57**
Bratch Pk. *Wom* —5F **57**
Bratch, The. —5E **57**
Bratt St. *W Brom* —3A **80**
Braunston Clo. *S Cold* —3E **71**
Brawnes Hurst. *Birm* —2E **121**
Brayford Av. *Brie H* —4F **109**
Braymoor Rd. *Birm* —2A **122**
Brays Rd. *Birm* —5E **121**
Bray St. *W'hall* —1B **46**
Bream Clo. *Birm* —1E **123**
Breamore Cres. *Dud* —4B **76**
Bream Av. *Birm* —6D **120**
Brearley Clo. *Birm* —4G **101**
Brearley St. *Hand* —1H **99**
Breaside Wlk. *Birm* —6E **107**
Brecknock Rd. *W Brom*
　　　　　　　　—1G **79**
Brecon Dri. *Stourb* —5F **109**
Brecon Rd. *Birm* —1D **100**
Brecon Tower. *Birm* —1C **116**
Brecon Way. *Salt* —4D **102**
Bredon Av. *Stourb* —6G **109**
Bredon Ct. *Hale* —2A **128**
Bredon Cft. *Birm* —4C **100**
Bredon Rd. *O'bry* —4D **96**
Bredon Rd. *Stourb* —5E **109**
Breech Clo. *S Cold* —4G **51**
Breeden Dri. *Curd* —1D **88**
Breedon Rd. *Birm* —2C **146**
Breedon Ter. *Birm* —4C **100**
Breedon Way. *Wals* —6G **21**
Breener Ind. Est. *Brie H*
　　　　　　　　—2F **109**
Breen Rydding Dri. *Bils*
　　　　　　　　—4D **60**
Brelades Clo. *Dud* —5A **76**
Brennand Clo. *O'bry* —3H **113**
Brennand Rd. *O'bry* —2H **113**
Brentford Rd. *Birm* —2A **148**
Brentford Rd. *Sol* —4C **150**
Brentmill Clo. *Wolv* —3B **16**
Brentnall Dri. *S Cold* —6H **37**
Brenton Rd. *Wolv* —2D **58**
Brent Rd. *Birm* —5F **133**
Brentwood Clo. *Sol* —4C **150**
Brentwood Gro. *Birm* —5G **67**
Brentwood Clo. *K'wfrd* —2H **91**
Brereton Clo. *Dud* —1G **95**
Brereton Rd. *W'hall* —2C **30**
Bretby Gro. *Birm* —1G **85**
Bretshall Clo. *Shir* —4D **164**
Brett Dri. *Birm* —5A **130**
Brettell La. *Stourb & Brie H*
　　　　　　　　—3D **108**
Brettell St. *Dud* —1D **94**
Bretton Gdns. *Wolv* —3B **28**
Bretton Rd. *Birm* —3B **136**
Brett St. *W Brom* —2H **79**
Brevitt Rd. *Wolv* —5H **43**
Brewer's Dri. *Wals* —6E **21**
Brewers Ter. *Wals* —5E **21**
Brewer St. *Wals* —5C **32**
Brewery St. *Aston* —4G **101**
Brewery St. *Hand* —1H **99**
Brewery St. *Smeth* —3D **98**
Brewery St. *Tip* —3H **77**
Brewins Way. *Hurst B* —5C **94**
Brewster St. *Dud* —4E **95**

Breydon Gro. *W'hall* —3H **45**
Brian Rd. *Smeth* —3C **98**
Briar Av. *S Cold* —2A **52**
Briarbeck. *Wals* —1G **33**
Briar Clo. *Birm* —3G **85**
Briar Coppice. *Shir* —5C **164**
Briar Ct. Brie H —1H **109**
(off Hill St.)
Briarfield Rd. *Birm* —2G **135**
Briarley. *W Brom* —4D **64**
Briar Rd. *Dud* —2B **76**
Briars Clo. *Brie H* —5G **93**
Briars, The. *Birm* —1D **84**
Briarwood Clo. *Shir* —5C **164**
Briarwood Clo. *Wolv* —4C **44**
Brickbridge La. *Wom* —2E **73**
Brickfield Rd. *Birm* —5H **119**
Brickheath Rd. *Wolv* —6C **28**
Brickhill Dri. *Birm* —1C **122**
Brickhouse La. *W Brom*
—1E **79**
Brickhouse La. S. *Gt Bri & Tip*
—1D **78**
Brickhouse Rd. *Row R* —5A **96**
Brickiln Ct. *Brie H* —1H **109**
Brickiln St. *Wals* —6B **10**
Brick Kiln La. *Dud* —4E **75**
Brick Kiln La. *Gt Barr* —1G **83**
Brick Kiln La. *Sol* —1D **164**
Brick Kiln La. *S Cold* —3E **39**
Brick Kiln La. *Wyt* —6G **161**
Brick Kiln St. *Brie H* —4A **94**
Brick Kiln St. *Quar B* —3C **110**
Brick Kiln St. *Tip* —1G **77**
Brickkiln St. *W'hall* —2H **45**
Brickiln Ct. *Brie H* —1H **109**
Brick St. *Dud* —5H **59**
Brickyard Rd. *Wals* —6B **22**
Briddsland Rd. *Birm* —1A **122**
Brides Row. *Bils* —5G **45**
Brides Wlk. *Birm* —2A **160**
Bridge Av. *Tip* —6C **62**
Bridge Av. *Wals* —1E **7**
Bridgeburn Rd. *Birm* —5C **130**
Bridge Clo. *Birm* —2B **134**
Bridge Clo. *Clay* —1A **22**
Bridge Ct. *Crad H* —3H **111**
Bridge Cft. *Birm* —5G **117**
Bridgefield Wlk. *Row R*
—4H **95**
Bridgefoot Wlk. *Pend* —6D **14**
Bridgeford Rd. *Birm* —3F **105**
Bridgehead Wlk. *S Cold*
—6D **70**
Bridge Ind. Est. *Sol* —6G **137**
Bridge Ind. Est., The. *Smeth*
—3F **99**
Bridgelands Way. *Birm* —6F **83**
Bridgeman Ct. *Birm* —1G **105**
Bridgeman St. *Wals* —2B **48**
Bridgemary Clo. *Wolv* —3B **16**
Bridge Mdw. Dri. *Know*
—4B **166**
Bridgemeadow Ho. *Birm*
—1C **104**
Bridgend Cft. *Brie H* —3F **93**
Bridge Piece. *Birm* —5F **145**
Bridge Rd. *Birm* —1D **134**
Bridge Rd. *Salt* —5E **103**
Bridge Rd. *Tip* —1C **78**
Bridge Rd. *Wals* —6F **21**
Bridges Cres. *Cann* —1D **8**
Bridges Rd. *Cann* —1D **8**
Bridge St. *Bils* —6G **45**
Bridge St. *Birm*
—1E **117** (5B **4**)
Bridge St. *Bwnhls* —1A **22**

Bridge St. *Cose* —5E **61**
Bridge St. *Hale* —4E **111**
Bridge St. *O'bry* —2G **97**
Bridge St. *Park V* —4A **28**
Bridge St. *Stourb* —2C **108**
Bridge St. *Wals* —1C **48**
Bridge St. *W'bry* —4F **63**
Bridge St. *W Brom* —3H **79**
Bridge St. *W'hall* —2H **45**
Bridge St. N. *Smeth* —3F **99**
Bridge St. S. *Smeth* —3F **99**
Bridge St. W. *Birm* —3E **101**
(in two parts)
Bridge, The. *Wals* —2C **48**
Bridge Wlk. *Birm* —2B **136**
Bridgewater Av. *O'bry* —5G **97**
Bridgewater Cres. *Dud* —6G **77**
Bridgewater Dri. *Bils* —3E **61**
Bridgewater Dri. *Wom* —6F **57**
Bridge Way. *Clay* —1A **22**
Bridgnorth Av. *Wom* —3F **73**
Bridgnorth Gro. *W'hall* —3B **30**
Bridgnorth Rd. *Patt & Wolv*
—5A **40**
Bridgnorth Rd. *Stourb & Woll*
—4A **108**
Bridgnorth Rd. *Swind & Wom*
—2A **72**
Bridgwater Clo. *Wals* —4B **22**
Bridle Gro. *W Brom* —5D **64**
Bridle La. *Wals & S Cold*
—5E **51**
Bridle Mead. *Birm* —1H **159**
Bridle Path, The. *Shir* —2G **149**
Bridle Rd. *Stourb* —5B **108**
Bridle Ter. *Hand* —1A **100**
Bridlewood. *S Cold* —3H **51**
Bridport Ho. *Birm* —6C **130**
Brierley Hill. —6H 93
Brierley Hill Rd. *Stourb &*
Brie H —1C **108**
Brierley La. *Bils* —3G **61**
Brierley Trad. Est. *Brie H*
—6G **93**
Brier Mill Rd. *Hale* —2C **128**
Briery Clo. *Crad H* —4H **111**
Briery Rd. *Hale* —2G **127**
Briffen Ho. *Birm* —1D **116**
Brigfield Cres. *Birm* —2B **148**
Brigfield Rd. *Birm* —2B **148**
Brighton Clo. *Wals* —6B **32**
Brighton Pl. *Wolv* —1E **43**
Brighton Rd. *Birm* —6H **117**
Bright Rd. *O'bry* —4H **97**
Brightstone Clo. *Wolv* —3B **16**
Brightstone Rd. *Redn*
—5H **143**
Bright St. *Stourb* —6B **108**
Bright St. *W'bry* —6D **46**
Bright St. *Wolv* —6F **27**
Bright Ter. *Hand* —2A **100**
Brightwell Cres. *Dorr* —6A **166**
Brindle Clo. *Sheld* —6C **120**
Brindle Ct. *Birm* —4B **84**
Brindlefields Way. *Tip* —5A **78**
Brindle Rd. *Wals* —1G **65**
Brindley Av. *Wolv* —6A **18**
Brindley Clo. *Stourb* —2C **108**
Brindley Clo. *Wals* —4F **31**
Brindley Clo. *Wom* —1D **72**
Brindley Ct. *Birm* —5C **146**
Brindley Ct. *O'bry* —4H **113**
Brindley Ct. *Tip* —2G **77**
Brindley Dri. *Birm*
—1E **117** (4A **4**)
Brindley Pl. *Birm*
—1D **116** (5A **4**)

Brindley Rd. *W Brom* —5G **63**
Brindley Way. *Smeth* —4G **99**
Brineton Gro. *Birm* —4E **131**
Brineton Ind. Est. *Wals*
—2A **48**
Brineton St. *Wals* —2A **48**
Bringewood Gro. *Birm*
—5H **129**
Brinklow Cft. *Birm* —2H **105**
Brinklow Rd. *Birm* —3D **130**
Brinley Way. *K'wfrd* —3A **92**
Brinsford Rd. *Wolv* —4G **15**
Brinsley Clo. *Sol* —5F **151**
Brinsley Rd. *Birm* —3F **121**
Brisbane Ho. *Birm* —3A **106**
Brisbane Rd. *Smeth* —4C **98**
Briseley Clo. *Brie H* —3H **109**
Bristam Clo. *O'bry* —3E **97**
Bristnall Fields. —1H 113
Bristnall Hall Cres. *O'bry*
—6A **98**
Bristnall Hall La. *O'bry* —6A **98**
Bristnall Hall Rd. *O'bry*
—1H **113**
Bristnall Ho. *Smeth* —5B **98**
Bristol Pas. *Birm* —3F **117**
Bristol Rd. *Dud* —1F **111**
Bristol Rd. *Erd* —4E **85**
Bristol Rd. *S Oak & Birm*
—6H **131**
Bristol Rd. S. *Redn & N'fld*
—1G **157**
Bristol St. *Birm*
—3F **117** (6D **4**)
Bristol St. *Wolv* —3F **43**
Briston Clo. *Brie H* —3G **109**
Britannia Gdns. *Row R*
—6C **96**
Britannia Grn. *Dud* —2A **76**
Britannia Pk. *W'bry* —3D **62**
Britannia Rd. *Bils* —2H **61**
Britannia Rd. *Row R* —1C **112**
Britannia Rd. *Wals* —6B **48**
Britannia St. *Tiv* —5C **78**
Britannic Gdns. *Mose* —3F **133**
Britford Clo. *Birm* —4H **147**
Brittan Clo. *Birm* —3A **106**
Britton Dri. *S Cold* —5A **70**
Britwell Rd. *S Cold* —3G **69**
Brixfield Way. *Shir* —4G **163**
Brixham Rd. *Birm* —5H **99**
Broadacres. *Birm* —1C **144**
Broad Cft. *Tip* —1C **78**
Broadfern Rd. *Know* —1D **166**
Broadfield Clo. *K'wfrd* —4B **92**
Broadfield Clo. *W Brom*
—4D **64**
Broadfield House Glass Mus.
—4B **92**
Broadfields Rd. *Birm* —6H **69**
Broadfield Wlk. *Birm* —2D **116**
Broadheath Dri. *Shelf* —1H **33**
Broadhidley Dri. *Birm*
—4H **129**
Broadlands Dri. *Brie H* —4A **94**
Broad La. *Birm* —3F **147**
Broad La. *Ess & Wals* —1C **18**
Broad La. *Pels* —6G **21**
Broad La. *Wolv* —3C **42**
Broad La. Gdns. *Wals* —5G **19**
Broad La. N. *W'hall* —3B **30**
Broad Lanes. *Bils* —2E **61**
Broad La. S. *Wolv* —4H **29**
Broadmeadow. *K'wfrd* —1C **92**
Broadmeadow. *Wals* —1D **34**
Broadmeadow Clo. *Birm*
—4D **146**

Broad Mdw. Grn. *Bils* —4E **45**
Broad Mdw. La. *Birm* —4D **146**
Broadmeadow La. *Wals* —3G **7**
Broadmeadows Clo. *W'hall*
—1E **31**
Broadmeadows Rd. *W'hall*
—1E **31**
Broadmoor Av. *O'bry & Smeth*
—1B **114**
Broadmoor Clo. *Bils* —1E **61**
Broadmoor Rd. *Bils* —1E **61**
Broadoaks. *S Cold* —5E **71**
Broad Oaks Ho. *Sol* —3E **151**
Broad Oaks Rd. *Sol* —1D **150**
Broad Rd. *Birm* —2H **135**
Broadstone Av. *Hale* —1D **126**
Broadstone Av. *Wals* —3B **32**
Broadstone Clo. *Wolv* —6H **43**
Broadstone Rd. *Birm* —1D **120**
Broad St. *Bils* —5E **45**
Broad St. *Birm*
—2D **116** (6A **4**)
Broad St. *Cose* —5E **61**
Broad St. *K'wfrd* —4B **92**
Broad St. *O'bry* —4G **97**
Broad St. *Pens* —3G **93**
Broad St. *Wolv*
—1H **43** (2C **170**)
Broad St. Junct. *Wolv*
—1H **43** (2D **170**)
Broadwalk Retail Pk. *Wals*
—5B **48**
Broadwaters Av. *W'bry*
—1C **62**
Broadwaters Rd. *W'bry*
—1C **62**
Broadway. *Bush* —5A **16**
Broadway. *Cod* —4E **13**
Broadway. *Finc* —2A **42**
Broadway. *O'bry* —2A **114**
Broad Way. *Pels* —5G **21**
Broadway. *Shir* —3G **149**
Broadway. *Wals* —5D **48**
Broadway Av. *Birm* —1G **119**
Broadway Av. *Hale* —3A **128**
Broadway Cft. *Birm* —5E **121**
Broadway Cft. *O'bry* —2A **114**
Broadway Ho. *Birm* —5H **145**
Broadway N. *Wals* —1D **48**
Broadway, The. *Birm* —5F **83**
Broadway, The. *Dud* —4C **76**
Broadway, The. *Stourb*
—3B **124**
Broadway, The. *W Brom*
—6G **63**
Broadway, The. *Wom* —2G **73**
Broadway W. *Wals* —5A **48**
Broadwell Ind. Est. *O'bry*
—1F **97**
Broadwell Rd. *O'bry* —1G **97**
Broadwell Rd. *Sol* —3E **137**
Broadyates Gro. *Birm*
—5A **120**
Broadyates Rd. *Birm* —5A **120**
Brobury Cft. *Sol* —3B **150**
Brockeridge Clo. *W'hall*
—6C **18**
Brockfield Ho. *Wolv* —5B **28**
Brockhall Gro. *Birm* —4B **106**
Brockhill La. *A'chu* —6D **160**
Brockhurst Cres. *Wals* —6C **48**
Brockhurst Dri. *Birm* —2G **149**
Brockhurst Dri. *Wolv* —5E **27**
Brockhurst Ho. *Wals* —6B **32**
Brockhurst La. *Can* —1F **39**
Brockhurst Pl. *Wals* —6D **48**
Brockhurst Rd. *Birm* —3A **104**

Brockhurst Rd. *S Cold* —2B **54**
Brockhurst St. *Wals* —5C **48**
Brockley Clo. *Brie H* —6H **93**
Brockley Gro. *Birm* —4E **133**
Brockley Pl. *Birm* —2C **102**
Brockmoor. —5F **93**
Brockmoor Clo. *Stourb*
　　　　　　　—3G **125**
Brock Rd. *Tip* —3C **78**
Brockton Rd. *Birm* —4E **131**
Brockwell Gro. *Birm* —1G **67**
Brockwell Rd. *Birm* —1G **67**
Brockworth Rd. *Birm* —5E **147**
Brocton Clo. *Bils* —2D **60**
Brogden Clo. *W Brom* —5D **64**
Bromfield Clo. *Birm* —2G **101**
Bromfield Ct. *Wolv* —1H **41**
Bromfield Cres. *W'bry* —1A **64**
Bromfield Rd. *W'bry* —2A **64**
Bromford. —5B **86**
Bromford Clo. *Birm* —6C **82**
Bromford Clo. *Erd* —2E **85**
Bromford Ct. *N'fld & Birm*
　　　　　　　—6F **145**
Bromford Cres. *Birm* —5G **85**
Bromford Dale. *Wolv* —6E **27**
Bromford Dri. *Birm* —1H **103**
Bromford Hill. *Birm* —4E **83**
Bromford La. *Erd* —5G **85**
Bromford La. *Wash H*
　　　　　　　—3H **103**
Bromford La. *W Brom* —6G **79**
Bromford Mere. *Sol* —5C **136**
Bromford Mills Ind. Est. *Erd*
　　　　　　　—6H **85**
Bromford Pk. Ind. Est. *W Brom*
Bromford Ri. *Wolv* —3F **43**
Bromford Rd. *Birm* —2H **103**
Bromford Rd. *Dud* —3C **94**
Bromford Rd. *O'bry & W Brom*
　　　　　　　—1G **92**
Bromford Rd. Ind. Est. *O'bry*
　　　　　　　—6G **79**
Bromford Wlk. *Birm* —4B **66**
Bromley. —4E **93**
Bromley. *Brie H* —4F **93**
Bromley Gdns. *Cod* —3G **13**
Bromley Ho. *Wals* —1F **65**
Bromley La. *K'wfrd* —5C **92**
Bromley Pl. *Wolv* —6E **43**
Bromley St. *Birm* —2A **118**
Bromley St. *Stourb* —5B **110**
Bromley St. *Wolv* —4G **43**
Brompton Dri. *Brie H* —4F **109**
Brompton Lawns. *Wolv*
　　　　　　　—6G **25**
Brompton Pool Rd. *Birm*
　　　　　　　—4E **149**
Brompton Rd. *Birm* —1G **67**
Bromsgrove Rd. *Hag & Clent*
　　　　　　　—6G **125**
Bromsgrove Rd. *Hale* —2C **128**
Bromsgrove Rd. *Rom & Hunn*
　　　　　　　—3A **142**
Bromsgrove St. *Birm*
　　　　　　　—2G **117** (6E **5**)
Bromsgrove St. *Hale* —1C **128**
Bromwall Rd. *Birm* —1B **148**
Bromwich Dri. *S Cold* —4A **54**
Bromwich La. *Stourb* —6F **125**
Bromwich Wlk. *Birm* —6G **103**
Bromwynd Clo. *Wolv* —5F **43**
Bromyard Av. *S Cold* —5E **71**
Bromyard Rd. *Birm* —2E **135**
Bronte Clo. *Shir* —6B **150**

Bronte Ct. *Shir* —6B **150**
Bronte Farm Rd. *Shir* —6B **150**
Bronte Rd. *Wolv* —6B **44**
Bronwen Rd. *Bils* —6E **61**
Brookbank Av. *Birm* —3H **105**
Brookbank Gdns. *Dud* —5F **75**
Brookbank Rd. *Dud* —5F **75**
Brook Clo. *Birm* —5C **104**
Brook Clo. *Shir* —6F **149**
Brook Clo. *Wals* —4C **22**
Brook Cres. *K'wfrd* —2A **92**
Brook Cres. *Stourb* —2B **126**
Brook Cft. *Mars G* —4D **122**
Brook Cft. *Sheld* —4F **121**
Brookdale. *Dud* —4G **75**
Brookdale Clo. *Redn* —6G **143**
Brookdale Dri. *Wolv* —5C **42**
Brook Dri. *Birm* —4B **130**
Brook End. *Burn* —1C **10**
Brookend Dri. *Redn* —1F **157**
Brookes Ho. *Wals* —2D **48**
　(off Paddock La.)
Brooke St. *Dud* —1E **95**
Brook Farm Wlk. *Birm*
　　　　　　　—6F **107**
Brookfield Clo. *Wals* —6C **22**
Brookfield Precinct. *Birm*
　　　　　　　—5D **100**
Brookfield Rd. *Birm* —4C **100**
Brookfield Rd. *Cod* —4H **13**
Brookfield Rd. *Wals* —6C **22**
Brookfields Rd. *O'bry* —5A **98**
Brookfield Way. *Sol* —6B **136**
Brookfield Way. *Tip* —1A **78**
Brook Grn. La. *Bars* —6A **154**
Brook Gro. *Cod* —4H **13**
Brookhill Clo. *W'hall* —6D **18**
Brook Hill Rd. *Birm* —5G **103**
Brookhill Way. *W'hall* —6D **18**
Brook Holloway. *Stourb*
　　　　　　　—1B **126**
Brook Ho. Clo. *F'stne* —1D **16**
Brook Ho. La. *F'stne* —1A **16**
Brookhouse Rd. *Wals* —4F **49**
Brookhurst La. *Shir* —4H **163**
Brookhus Farm Rd. *S Cold*
　　　　　　　—5E **71**
Brooking Clo. *Birm* —1F **67**
Brookland Gro. *Wals* —5C **22**
Brookland Rd. *Wals* —4B **22**
Brooklands. *Stourb* —2D **108**
Brooklands. *Wals* —2F **65**
Brooklands Av. *Wals* —1F **7**
Brooklands Clo. *Birm* —4F **135**
Brooklands Dri. *Birm* —2G **147**
Brooklands Pde. *Wolv* —2C **44**
Brooklands Rd. *Birm* —4F **135**
Brooklands, The. *Swind*
　　　　　　　—6E **73**
Brook La. *Birm* —5A **134**
Brook La. *Crad H* —1G **111**
Brook La. *Gt Wyr* —2G **7**
Brook La. *Sol* —5B **136**
Brook La. *Wals W* —4B **22**
Brooklea Gro. *Birm* —6C **146**
Brooklyn Av. *Birm* —2H **101**
Brooklyn Gro. *Bils* —5F **61**
Brooklyn Gro. *K'wfrd* —1H **91**
Brooklyn Rd. *Burn* —1C **10**
Brookmans Av. *Birm* —1B **130**
Brook Mdw. Rd. *Birm*
　　　　　　　—3E **105**
Brook Mdw. Rd. *Shelf* —1H **33**
Brook Piece Wlk. *Birm* —4F **87**
Brook Rd. *Edg* —4B **116**
Brook Rd. *O'bry* —1G **113**
Brook Rd. *Redn* —2E **157**

Brook Rd. *Stourb* —2F **125**
Brook Rd. *Wals* —1E **7**
Brook Rd. *W'hall* —2G **45**
Brook Rd. *Wom* —1F **73**
Brooksbank Dri. *Crad H*
　　　　　　　—5H **95**
Brooksby Gro. *Dorr* —6C **166**
Brooks Cft. *Birm* —5E **87**
Brookside. *Dud* —5H **75**
Brookside. *Gt Barr* —6A **66**
Brookside. *N'fld* —2D **144**
Brookside. *Shir* —5B **164**
Brookside. *W'bry* —2H **63**
Brookside Av. *Birm* —6B **134**
Brookside Clo. *Birm* —6C **68**
Brookside Clo. *Hale* —2F **127**
Brookside Clo. *Wom* —1E **73**
Brookside Ind. Est. *W'bry*
　　　　　　　—2H **63**
Brookside Way. *K'wfrd* —2H **91**
Brooks Rd. *S Cold* —5A **70**
Brook St. *Bils* —6G **45**
Brook St. *Birm*
　　　　　　　—6E **101** (2B **4**)
Brook St. *Gorn W* —4G **75**
Brook St. *Lye* —6B **110**
Brook St. *Prem B* —2B **48**
Brook St. *Quar B* —3C **110**
Brook St. *Smeth* —3F **99**
Brook St. *Stourb* —6C **108**
Brook St. *Tip* —1G **77**
Brook St. *W Hth* —6H **73**
Brook St. *W Brom* —4H **79**
Brook St. *Woods* —6C **60**
Brook St. *Word* —2D **108**
Brook Ter. *Bils* —6G **45**
Brookthorpe Dri. *W'hall*
　　　　　　　—5C **30**
Brookvale Gro. *Sol* —4B **136**
Brookvale Pk. Rd. *Birm*
　　　　　　　—2B **84**
Brookvale Rd. *Sol* —4B **136**
Brookvale Rd. *Witt & Erd*
　　　　　　　—5A **84**
Brookvale Trad. Est. *Birm*
　　　　　　　—4H **83**
Brookview. *Smeth* —6D **98**
Brook Vw. Clo. *Birm* —3E **101**
Brook Wlk. *Birm* —3B **130**
Brookwillow Rd. *Hale* —4F **127**
Brookwood Av. *Birm* —2D **148**
Broomcroft Rd. *Birm* —4B **106**
Broomdene Av. *Birm* —2E **105**
Broom Dri. *Birm* —3G **147**
Broome Av. *Birm* —6G **65**
Broome Clo. *Hale* —2A **128**
Broome Ct. *Birm* —1G **105**
Broomehill Clo. *Brie H*
　　　　　　　—4G **109**
Broome Rd. *Wolv* —2A **28**
Broomfield. *Smeth* —4D **98**
Broomfield Rd. *Birm* —5D **84**
Broomfields Av. *Sol* —2H **151**
Broomfields Clo. *Sol* —2H **151**
Broomfields Farm Rd. *Sol*
　　　　　　　—2H **151**
Broomhall Av. *Wolv* —3F **29**
Broom Hall Cres. *Birm*
　　　　　　　—6H **135**
Broom Hall Gro. *Birm*
　　　　　　　—5A **136**
Broomhill Clo. *Birm* —5H **65**
Broomhill La. *Birm* —5H **65**
Broomhill Rd. *Birm* —6B **68**
　(in two parts)
Broom Ho. *W Brom* —4D **64**
Broomhurst. *Birm* —3A **116**

Broomie Clo. *S Cold* —6B **54**
Broom La. *Shir* —3G **163**
Broomlea Clo. *S Cold* —3G **51**
Broom Rd. *Dud* —2C **76**
Broom Rd. *Wals* —2F **65**
Broom St. *Birm* —3A **118**
Broomy Clo. *Birm* —4E **105**
Broseley Av. *Birm* —1F **159**
Broseley Brook Clo. *Birm*
　　　　　　　—2C **118**
Brosil Av. *Birm* —4A **82**
Brougham St. *Birm* —2D **100**
　(in two parts)
Brough Clo. *Birm* —3B **102**
Brough Clo. *Wolv* —2B **60**
Broughton Ct. *Pert* —6G **25**
Broughton Cres. *Birm*
　　　　　　　—1B **158**
Broughton Rd. *Birm* —1C **100**
Broughton Rd. *Stourb*
　　　　　　　—2H **125**
Broughton Rd. *Wolv* —2A **42**
Brownfield Rd. *Birm* —3G **105**
Brownhills. —6B **10**
Brownhills Common. —4H **9**
Brownhills Rd. *Nort C* —1E **9**
Brownhills Rd. *Wals* —2B **22**
Brownhills West. —3G **9**
Browning Clo. *W'hall* —2E **31**
Browning Cres. *Wolv* —5G **15**
Browning Gro. *Pert* —5E **25**
Browning Rd. *Dud* —3E **75**
Browning St. *Birm* —1D **116**
Browning Tower. *Birm*
　　　　　　　—4G **145**
Brownley Rd. *Shir* —2B **164**
Brown Lion St. *Tip* —6G **61**
Brown Rd. *W'bry* —4E **46**
Brown's Coppice Av. *Sol*
　　　　　　　—2B **150**
Brown's Dri. *S Cold* —5F **69**
Brownsea Clo. *Redn* —6E **143**
Brownsea Dri. *Birm*
　　　　　　　—2F **117** (6C **4**)
Brown's Green. —4B **82**
Browns Grn. *Birm* —4B **82**
Brownshore La. *Ess* —3A **18**
Browns La. *Know* —3A **166**
Brownsover Clo. *Birm* —6F **87**
Brown St. *Tip* —2H **77**
Brown St. *Wolv* —4H **43**
Brownswall Est. *Dud* —6F **59**
Brownswall Rd. *Dud* —6F **59**
Broxwood Pk. *Wolv* —6H **25**
Brueton Av. *Sol* —4H **151**
Brueton Dri. *Birm* —4C **85**
Brueton Rd. *Bils* —4A **46**
Bruford Rd. *Wolv* —3E **43**
Brunel Clo. *Birm* —6A **118**
Brunel Ct. *Bils* —5G **61**
Brunel Ct. *W'bry* —5F **47**
Brunel Gro. *Pert* —3E **25**
Brunel Rd. *O'bry* —3D **96**
Brunel St. *Birm*
　　　　　　　—1F **117** (5C **4**)
Brunel Wlk. *W'bry* —5F **47**
Brunel Way. *E'shll* —4C **44**
Brunslow Clo. *W'hall* —2C **46**
Brunslow Clo. *Wolv* —6G **15**
Brunswick Ct. *W'bry* —2A **64**
Brunswick Gdns. *Birm*
　(B19)　　　—2E **101**
Brunswick Gdns. *Birm* —6B **82**
　(B21)
Brunswick Ga. *Stourb* —4E **125**
Brunswick Ho. *Birm* —2E **105**
　(B34)

Brunswick Ho. *Birm* —3B **122** (B37)
Brunswick Pk. Rd. *W'bry*
   —2G **63**
Brunswick Rd. *Hand* —6B **82**
Brunswick Rd. *S'brk* —6A **118**
Brunswick Sq. *Birm*
   —1D **116** (5A **4**)
Brunswick St. *Birm*
   —1D **116** (5A **4**)
Brunswick St. *Wals* —4A **48**
Brunswick Ter. *W'bry* —2F **63**
Brunton Rd. *Birm* —4F **119**
Brushfield Rd. *Birm* —5F **67**
Brutus Dri. *Col* —6G **89**
Bryan Av. *Wolv* —1B **58**
Bryan Rd. *Wals* —5A **48**
Bryanston Ct. *Sol* —6D **136**
Bryanston Rd. *Sol* —1D **150**
Bryant St. *Birm* —4A **100**
Bryce Rd. *Brie H* —4E **93**
(in two parts)
Bryher Wlk. *Redn* —6E **143**
Brylan Cft. *Birm* —1H **83**
Brymill Ind. Est. *Tip* —6G **61**
Bryn Arden Rd. *Birm* —6C **120**
Bryndale Av. *Birm* —2E **147**
Brynmawr Rd. *Bils* —2C **60**
Brynside Clo. *Birm* —5F **147**
Bryony Cft. *Erd* —6B **68**
Bryony Gdns. *Darl* —4D **46**
Bryony Rd. *Birm* —6F **131**
Buchanan Av. *Wals* —6E **33**
Buchanan Clo. *Wals* —6E **33**
Buchanan Rd. *Wals* —6E **33**
Buckbury Clo. *Stourb*
   —4H **125**
Buckbury Cft. *Shir* —3F **165**
Buckingham Clo. *W'bry*
   —1A **64**
Buckingham Ct. *Birm*
   —4A **132**
Buckingham Dri. *W'hall*
   —2B **30**
Buckingham Gro. *K'wfrd*
   —2A **92**
Buckingham M. *S Cold*
   —2G **69**
Buckingham Ri. *Dud* —5A **76**
Buckingham Rd. *Birm*
   —2B **106**
Buckingham Rd. *Row R*
   —5D **96**
Buckingham Rd. *Wolv* —1E **59**
Buckingham St. *Birm* —5F **101**
Buckland End. —2D 104
Buckland End. *Birm* —3E **105**
Bucklands End La. *Birm*
   —3D **104**
Buckle Clo. *Wals* —3D **48**
Buckley Rd. *Wolv* —6B **42**
Bucklow Wlk. *Birm* —5D **104**
Buckminster Dri. *Dorr*
   —5A **166**
Bucknall Cres. *Birm* —5G **129**
Bucknall Rd. *Wolv* —6B **18**
Bucknell Clo. *Sol* —2G **151**
Buckpool. —1C 108
Buckridge Clo. *Birm* —2H **159**
Buckton Clo. *S Cold* —6C **38**
Budbrooke Gro. *Birm* —3A **106**
Budden Rd. *Cose* —6F **61**
Bude Rd. *Wals* —4H **49**
Buffery Rd. *Dud* —2F **95**
Bufferys Clo. *Sol* —1F **165**
Buildwas Clo. *Wals* —5F **19**
Bulford Clo. *Birm* —5H **147**

Bulger Rd. *Bils* —4E **45**
Bullace Cft. *Birm* —2A **132**
Buller St. *Wolv* —6A **44**
Bullfields Clo. *Row R* —4H **95**
Bullfinch Clo. *Dud* —1A **94**
Bullivents Clo. *Ben H* —4B **166**
Bull La. *Bils* —2B **62**
Bull La. *W Brom* —4G **79**
Bull La. *Wom* —5G **57**
Bull Mdw. La. *Wom* —5G **57**
Bullock's Row. *Wals* —2D **48**
Bullock St. *Birm* —4A **102**
Bullock St. *W Brom* —1B **98**
Bullows Rd. *Bwnhls* —1G **21**
Bull Ring. *Birm*
   —1G **117** (5F **5**)
Bull Ring. *Dud* —5H **59**
Bull Ring. *Hale* —2B **128**
Bull Ring. *W'hall* —6A **30**
Bull Ring Cen. *Birm*
   —1G **117** (5E **5**)
Bull Ring Trad. Est. *Birm*
   —2H **117** (6H **5**)
Bull's La. *Wis* —2F **71**
Bull St. *Birm* —6G **101** (3E **5**)
Bull St. *Brie H* —1E **109**
(in two parts)
Bull St. *Dud* —1C **94**
Bull St. *Gorn W* —5G **75**
Bull St. *Harb* —5H **115**
Bull St. *W'bry* —6E **47**
Bull St. *W Brom* —4B **80**
Bull St. Trad. Est. *Brie H*
   —2F **109**
Bulwell Clo. *Birm* —2A **102**
Bulwer St. *Wolv* —6H **27**
Bumble Hole. —4G 95
Bumblehole Meadows. *Wom*
   —6F **57**
Bunbury Gdns. *Birm* —3G **145**
Bunbury Rd. *Birm* —3F **145**
Bundle Hill. *Hale* —1A **128**
Bungalow, The. *W Brom*
   —3F **79**
Bunker's Hill. —4G 45
Bunkers Hill La. *Bils* —3G **45**
Bunn's La. *Dud* —6H **77**
Burbage Clo. *Wolv* —3B **28**
Burberry Gro. *Bal C* —3G **169**
Burbidge Rd. *Birm* —6D **102**
Burbury St. *Birm* —2E **101**
Burbury St. S. *Birm* —3E **101**
Burcombe Tower. *Birm*
   —1H **85**
Burcot Av. *Wolv* —1C **44**
Burcote Rd. *Birm* —4B **86**
Burcot Wlk. *Wolv* —1C **44**
Burdock Clo. *Wals* —2E **65**
Burdock Rd. *Birm* —1E **145**
Burdons Clo. *Birm* —4E **105**
Bure Gro. *W'hall* —1D **46**
Burfield Rd. *Hale* —5E **111**
Burford Clo. *Sol* —2E **137**
Burford Clo. *Wals* —2E **65**
Burford Pk. Rd. *Birm* —1A **160**
Burford Rd. *H'wd* —3H **161**
Burford Rd. *K'sdng* —6H **67**
Burgess Cft. *Sol* —6B **138**
Burghley Dri. *W Brom* —3D **64**
Burghley Wlk. *Brie H* —3F **109**
Burgh Way. *Wals* —4G **31**
Burhill Way. *Birm* —4D **106**
Burke Av. *Birm* —4D **134**
Burkitt Dri. *Tip* —5C **62**
Burland Av. *Wolv* —2C **26**
Burleigh Clo. *Bal C* —2H **169**
Burleigh Clo. *W'hall* —3B **30**

Burleigh Cft. *Burn* —1C **10**
Burleigh Rd. *Wolv* —4E **43**
Burleigh St. *Wals* —2E **49**
Burleton Rd. *Birm* —1A **122**
Burley Clo. *Shir* —5F **149**
Burley Way. *Birm* —1G **159**
Burlington Arc. *Birm* —4D **4**
Burlington Av. *W Brom*
   —6C **80**
Burlington Pas. *Birm* —4D **4**
Burlington Rd. *Birm* —2E **119**
Burlington Rd. *W Brom*
   —6C **80**
Burlington St. *Birm* —3G **101**
Burlish Av. *Sol* —4D **136**
Burman Clo. *Shir* —5G **149**
Burman Dri. *Col* —4H **107**
Burman Rd. *Shir* —5F **149**
Burmarsh Wlk. *Wolv* —1D **26**
Burmese Way. *Row R* —3H **95**
Burnaston Cres. *Shir* —3G **165**
Burnaston Rd. *Birm* —4E **135**
Burnbank Gro. *Birm* —3H **85**
Burn Clo. *Smeth* —5E **99**
Burncross Way. *Wolv* —3B **28**
Burnell Gdns. *Wolv* —3C **42**
Burnel Rd. *Birm* —3E **131**
Burnett Ho. *O'bry* —4D **96**
Burnett Rd. *S Cold* —1B **52**
Burney La. *Birm* —4A **104**
Burnfields Clo. *Wals* —2C **34**
Burnham Av. *Birm* —3A **120**
Burnham Av. *Wolv* —1F **27**
Burnham Clo. *K'wfrd* —5D **92**
Burnham Ct. Brie H —1H 109
(off Hill St.)
Burnham Mdw. *Birm* —1G **149**
Burnham Rd. *Birm* —6G **67**
Burnhill Gro. *Birm* —5E **131**
Burnlea Gro. *Birm* —6G **145**
Burnsall Clo. *Birm* —1B **122**
Burnsall Clo. *Pend* —4E **15**
Burns Av. *Tip* —5A **62**
Burns Av. *Wolv* —5H **15**
Burns Clo. *Stourb* —3E **109**
Burns Gro. *Dud* —3E **75**
Burnside Ct. *S Cold* —4G **69**
Burnside Gdns. *Wals* —5H **49**
Burnside Way. *Birm* —2D **158**
Burns Pl. *W'bry* —6A **46**
Burns Rd. *W'bry* —6A **46**
Burnthurst Cres. *Shir* —2E **165**
Burnt Oak Dri. *Stourb* —6F **109**
Burnt Tree. —5H 77
Burnt Tree. *Tip* —5H **77**
Burnt Tree Ho. *Tip* —5H **77**
Burntwood Rd. *Hamm* —1F **11**
Burrelton Way. *Birm* —5H **65**
Burrington Rd. *Birm* —5G **129**
Burrowes St. *Wals* —6B **32**
Burrow Hill Clo. *Birm* —1G **105**
Burrows Ho. Wals —6B 32
(off Burrowes St.)
Burrows Rd. *K'wfrd* —5D **92**
Bursledon Wlk. *Wolv* —3E **45**
Burslem Clo. *Wals* —3G **19**
Bursnips Rd. *Ess* —5B **18**
Burton Av. *Wals* —1F **33**
Burton Cres. *Wolv* —6A **28**
Burton Farm Rd. *Wals* —6F **33**
Burton Rd. *Dud* —3B **76**
Burton Rd. *Wolv* —6A **28**
Burton Rd. E. *Dud* —3B **76**
Burton Wood Dri. *Birm*
   —5F **83**
Buryfield Rd. *Sol* —1E **151**
Bury Hill Rd. *O'bry* —1D **96**

Bury Mound Ct. *Shir* —5C **148**
Bush Av. *Smeth* —4G **99**
Bushbury. —6A 16
Bushbury Ct. *Bush* —5A **16**
Bushbury Cft. *Birm* —6E **107**
Bushbury La. *Wolv* —3G **27**
Bushbury Rd. *Birm* —4E **105**
Bushbury Rd. *Wolv* —3C **28**
Bushell Dri. *Sol* —3H **151**
Bushey Clo. *S Cold* —1H **51**
Bushey Fields Rd. *Dud* —1A **94**
Bush Gro. *Birm* —6G **81**
Bush Gro. *Wals* —5E **21**
Bushley Cft. *Sol* —1F **165**
Bushman Way. *Birm* —4A **106**
Bushmore Rd. *Birm* —1G **149**
Bush Rd. *Dud* —1E **111**
Bush Rd. *Tip* —3G **77**
Bush St. *W'bry* —4D **46**
Bushway Clo. *Brie H* —1E **109**
Bushwood Dri. *Dorr* —6C **166**
Bushwood Rd. *Birm* —4F **131**
(in two parts)
Bustleholme Av. *W Brom*
   —4D **64**
Bustleholme Cres. *W Brom*
   —4C **64**
Bustleholme La. *W Brom*
(in two parts) —4C **64**
Butchers La. *Hale* —4E **111**
Butchers Rd. *H Ard* —1A **154**
Butcroft. —5E 47
Butcroft Gdns. *W'bry* —5E **47**
Bute Clo. *Redn* —6E **143**
Bute Clo. *W'hall* —3B **30**
Butler Rd. *Sol* —2D **136**
Butlers Clo. *Erd* —6D **68**
Butlers Clo. *Hand* —4C **82**
Butlers La. *S Cold* —6F **37**
Butlers Precinct. *Wals* —1C **48**
Butler's Rd. *Birm* —4C **82**
Butler St. *Small H* —3C **118**
Butler St. *W Brom* —3G **79**
Butlin St. *Birm* —2C **102**
Buttercup Clo. *Wals* —2E **65**
Butterfield Clo. *Pert* —6D **24**
Butterfield Ct. *Dud* —5C **76**
Butterfield Rd. *Brie H* —2F **93**
Butterfly Way. *Crad H*
   —2H **111**
Buttermere Clo. *Brie H*
   —4F **109**
Buttermere Clo. *Tett* —1B **26**
Buttermere Ct. *Pert* —5F **25**
Buttermere Dri. *Birm* —2D **130**
Buttermere Dri. *Ess* —5A **18**
Buttermere Gro. *W'hall*
   —6B **18**
Butter Wlk. *Birm* —1G **159**
Butterworth Clo. *Bils* —4C **60**
Buttery Rd. *Smeth* —3C **98**
Buttons Farm Rd. *Wolv*
   —2B **58**
Buttress Way. *Smeth* —3E **99**
Butts Clo. *Cann* —1C **8**
Butts La. *Cann* —1C **8**
Butts Rd. *Wals* —6D **32**
Butts Rd. *Wolv* —1D **58**
Butts St. *Wals* —6D **32**
Butts, The. *Wals* —6D **32**
Butts Way. *Cann* —1C **8**
Buxton Clo. *Wals* —4A **20**
Buxton Rd. *Birm* —1B **84**
Buxton Rd. *Dud* —3B **94**
Buxton Rd. *S Cold* —5G **69**
Buxton Rd. *Wals* —4A **20**
Byeways. *Wals* —4A **20**

Carisbrooke Cres. *W'bry*
—2C **64**
Carisbrooke Dri. *Hale* —1D **128**
Carisbrooke Gdns. *Wolv*
—4A **16**
Carisbrooke Rd. *Birm* —2F **115**
Carisbrooke Rd. *Bush* —4A **16**
Carisbrooke Rd. *Pert* —6G **25**
Carisbrooke Rd. *W'bry* —3B **64**
Carless Av. *Birm* —4F **115**
Carless St. *Wals* —3C **48**
Carlisle St. *Birm* —4A **100**
Carl St. *Wals* —4B **32**
Carlton Av. *Bils* —4H **45**
Carlton Av. *Birm* —6A **82**
Carlton Av. *Stourb* —2A **126**
Carlton Av. *S Cold* —1H **51**
Carlton Av. *Wolv* —2C **28**
Carlton Clo. *Dud* —1E **77**
Carlton Clo. *S Cold* —4B **54**
Carlton Cft. *S Cold* —1A **52**
Carlton Gro. *S'hll* —6C **118**
Carlton M. *Birm* —1H **105**
Carlton M. Flats. *Birm*
—1H **105**
Carlton Rd. *Small H* —2D **118**
Carlton Rd. *Smeth* —1E **99**
Carlton Rd. *Wolv* —4E **43**
Carlyle Bus. Pk. *Swan V*
—2F **79**
Carlyle Gro. *Wolv* —1C **28**
Carlyle Rd. *Edg* —2A **116**
Carlyle Rd. *Loz* —1E **101**
Carlyle Rd. *Row R* —1C **112**
Carlyle Rd. *Wolv* —1C **28**
Carmel Gro. *Birm* —4H **129**
Carnegie Av. *Tip* —3A **78**
Carnegie Dri. *W'bry* —2G **63**
Carnegie Rd. *Row R* —1B **112**
Carnford Rd. *Birm* —5F **121**
Carnforth Clo. *K'wfrd* —2H **91**
Carnoustie Clo. *S Cold* —3A **54**
Carnoustie Clo. *Wals* —4G **19**
Carnwath Rd. *S Cold* —3E **69**
Carol Cres. *Hale* —6H **111**
Carol Cres. *Wolv* —3G **29**
Carol Gdns. *Stourb* —3D **108**
Caroline Rd. *Birm* —1H **133**
Caroline St. *Birm*
—5E **101** (1B **4**)
Caroline St. *Dud* —6G **77**
Caroline St. *W Brom* —5H **79**
Carpenter Rd. *Birm* —4C **116**
Carpenter's Rd. *Birm* —2E **101**
Carrick Clo. *Wals* —2E **21**
Carriers Clo. *Wals* —2F **47**
Carrington Rd. *W'bry* —3B **64**
Carroway Head. —5G 39
Carroway Head Hill. *Can*
—6F **39**
Carrs La. *Birm* —1G **117** (4F **5**)
Carshalton Gro. *Wolv* —4A **44**
Carshalton Rd. *Birm* —3A **68**
Cartbridge Cres. *Wals* —3D **32**
(in two parts)
Cartbridge La. *Wals* —4E **33**
Cartbridge La. S. *Wals* —5E **33**
Cartbridge Wlk. *Wals* —3E **33**
Carter Av. *Cod* —4H **13**
Carter Rd. *Birm* —3B **66**
Carter Rd. *Wolv* —4F **27**
Carters Clo. *S Cold* —2D **70**
Cartersfield La. *Wals* —1F **23**
Carter's Hurst. *Birm* —2F **121**
Carter's La. *Hale* —6F **113**

Cartland Rd. *S'brk* —4C **118**
Cartland Rd. *Stir & K Hth*
—5D **132**
Cartmel Ct. *Birm* —3B **84**
Cartway, The. *Pert* —5D **24**
Cartwright Gdns. *Tiv* —5C **78**
Cartwright Ho. *Blox* —6H **19**
Cartwright Rd. *S Cold* —6A **38**
Cartwright St. *Wolv*
—3H **43** (6C **170**)
Carver Gdns. *Stourb* —3C **124**
Carver St. *Birm* —5D **100**
Casewell Rd. *K'wfrd* —1A **92**
Casey Av. *Birm* —5D **68**
Cash-Joynson Av. *W'bry*
—3C **46**
Caslon Cres. *Stourb* —1B **124**
Caslon Rd. *Hale* —5E **111**
Caslow Flats. *Hale* —1E **127**
Cassandra Clo. *Brie H* —6G **75**
Cassowary Rd. *Birm* —4B **82**
Castello Dri. *Birm* —6H **87**
Castlebridge Gdns. *Wolv*
—2H **29**
Castlebridge Rd. *Wolv* —3H **29**
Castle Bromwich. —6G 87
Castle Bromwich Bus. Pk.
Cas V —6D **86**
Castle Bromwich Hall. *Cas B*
—1E **105**
Castle Bromwich Hall Gardens.
—1E **105**
Castle Clo. *Crad H* —2B **112**
Castle Clo. *Sol* —4F **137**
Castle Clo. *Wals* —3B **10**
Castle Ct. *Birm* —2A **106**
Castle Cres. *Birm* —1G **105**
Castlecroft. —2G 41
Castlecroft. *Cann* —1C **8**
Castle Cft. *O'bry* —3B **114**
Castlecroft Av. *Wolv* —3G **41**
Castlecroft Gdns. *Wolv*
—3A **42**
Castlecroft La. *Wolv* —3F **41**
Castle Cft. Rd. *Bils* —4G **45**
Castlecroft Rd. *Wolv* —3F **41**
Castle Dri. *Col* —4H **107**
Castle Dri. *W'hall* —4B **30**
Castleford Gro. *Birm* —1C **134**
Castleford Rd. *Birm* —1C **134**
Castlefort Rd. *Wals* —4C **22**
Castle Gro. *Stourb* —2F **125**
Castle Heights. *Crad H*
—3B **112**
Castle Hill. *Dud* —5F **77**
Castlehill Rd. *Wals* —4D **22**
Castlehills Dri. *Birm* —1E **105**
Castle La. *Sol* —4D **136**
Castle Mill Rd. *Dud* —3E **77**
(B29)
Castle Rd. *Birm* —3B **146**
(B30)
Castle Rd. *Tip* —3F **77**
Castle Rd. *Wals* —5C **22**
Castle Rd. E. *O'bry* —3B **114**
Castle Rd. W. *O'bry* —3A **114**
Castle Sq. *Birm* —4E **131**
Castle St. *Bils* —5E **61**
Castle St. *Birm*
—1G **117** (4F **5**)
Castle St. *Dud* —6F **77**
Castle St. *Sed* —5H **59**
Castle St. *Tip* —2G **77**
Castle St. *Wals* —3B **10**
Castle St. *W'bry* —3D **46**
(in two parts)

Castle St. *W Brom* —5G **63**
Castle St. *Wolv*
—1H **43** (3C **170**)
Castleton Rd. *Birm* —6F **67**
Castleton Rd. *Wals* —4A **20**
Castleton St. *Dud* —4E **95**
Castle Vale. —3F 87
Castle Va. Ind. Est. *Min*
—2E **87**
Castle Va. Shop. Cen. *Birm*
—5D **86**
Castle Vw. *Dud* —5D **76**
Castle Vw. Clo. *Mox* —1A **62**
Castle Vw. Rd. *Bils* —1A **62**
Castle Vw. Ter. *Bils* —5D **60**
Castle Yd. *Wolv*
—1H **43** (3C **170**)
Caswell Rd. *Dud* —5G **59**
Cat & Kittens La. *F'stne*
—1A **16**
Cater Dri. *S Cold* —3D **70**
Caterham Dri. *K'wfrd* —6D **92**
Catesby Dri. *K'wfrd* —1B **92**
Catesby Ho. *Birm* —4B **106**
Catesby Rd. *Shir* —6H **149**
Cateswell Rd. *Hall G* —4F **135**
Cateswell Rd. *S'hll* —3F **135**
Cathcart Rd. *Stourb* —6C **108**
Cathel Dri. *Birm* —6C **66**
Catherine-de-Barnes.
—2D **152**
Catherine de Barnes La. *Bick*
—1E **153**
Catherine Dri. *S Cold* —5G **53**
Catherine Rd. *Bils* —4C **60**
Catherines Clo. *Cath B*
—3D **152**
Catherine St. *Birm* —2A **102**
Catherton Clo. *Tip* —3C **62**
Catholic I.a. *Dud* —1G **75**
Catisfield Cres. *Wolv* —6D **14**
Cat La. *Birm* —2F **105**
Caton Gro. *Birm* —6G **135**
Cato St. *Birm* —5B **102**
Cato St. N. *Birm* —4C **102**
Catshill. —6C 10
Catshill Rd. *Wals* —6C **10**
Cattell Dri. *S Cold* —6F **55**
Cattell Rd. *Birm* —2C **118**
Cattells Gro. *Birm* —3C **102**
Cattermole Gro. *Birm* —2E **67**
Cattock Hurst Dri. *S Cold*
—6B **68**
Causeway. *Row R* —1C **112**
Causeway Green. —6F 97
Causeway Grn. Rd. *O'bry*
—6F **97**
Causeway Rd. *Bils* —5F **61**
Causeway, The. *Birm* —4B **120**
Causey Farm Rd. *Hale*
—5E **127**
Cavalier Cir. *Wolv* —3A **16**
Cavandale Av. *Birm* —4G **67**
Cavell Clo. *Wals* —1B **48**
Cavell Rd. *Dud* —6H **77**
Cavendish Clo. *Birm* —6D **146**
Cavendish Clo. *K'wfrd* —5B **92**
Cavendish Ct. *Dorr* —6C **166**
Cavendish Gdns. *Wals* —5G **31**
Cavendish Gdns. *Wolv* —2E **45**
Cavendish Rd. *Birm* —6H **99**
Cavendish Rd. *Hale* —1F **129**
Cavendish Rd. *Wals* —4G **31**
Cavendish Rd. *Wolv* —2D **44**
Cavendish Way. *Wals* —4D **34**
Caversham Rd. *Birm* —3A **68**
Cawdon Gro. *Dorr* —6B **166**

Cawdor Cres. *Birm* —2B **116**
Cawney Hill. *Dud* —1G **95**
Caxton Gro. *Birm* —4C **68**
Caynham Rd. *Birm* —5H **129**
Cayton Gro. *Birm* —1F **85**
Cecil Dri. *Tiv* —5D **78**
Cecil Rd. *Erd* —4F **85**
Cecil Rd. *S Oak* —4E **133**
Cecil St. *Birm* —5G **101**
Cecil St. *Stourb* —6D **108**
Cecil St. *Wals* —6D **32**
Cedar Av. *Bils* —6D **60**
Cedar Av. *Birm* —1G **105**
Cedar Av. *Wals* —5C **10**
Cedar Bri. Cft. *S Cold* —3H **53**
Cedar Clo. *Birm* —1A **146**
Cedar Clo. *O'bry* —3A **114**
Cedar Clo. *Stourb* —3B **124**
Cedar Clo. *Wals* —1F **65**
Cedar Dri. *Birm* —2A **86**
Cedar Dri. *S Cold* —2G **51**
Cedar Gro. *Bils* —4H **45**
Cedar Gro. *Cod* —4H **13**
Cedar Gro. *Wolv* —4D **42**
Cedar Ho. *Birm* —1D **104**
Cedar Ho. *Sol* —6D **150**
Cedarhurst. *Birm* —6E **115**
Cedarhurst. *Sol* —4H **151**
Cedar Pk. Rd. *W'hall* —6C **18**
Cedar Rd. *Birm* —1A **146**
Cedar Rd. *Dud* —4D **76**
(in two parts)
Cedar Rd. *Tip* —2F **77**
Cedar Rd. *W'bry* —3G **63**
Cedar Rd. *W'hall* —1G **45**
Cedars Av. *Birm* —1A **136**
Cedars Av. *K'wfrd* —5B **92**
Cedars Av. *Wom* —2G **73**
Cedars, The. *Birm* —2C **120**
Cedars, The. *Wolv* —4B **26**
Cedar Wlk. *Birm* —1D **122**
Cedar Way. *Birm* —6D **144**
Cedar Way. *Wolv* —2E **29**
Cedarwood. *S Cold* —3H **53**
Cedarwood Cft. *Birm* —5B **66**
Cedarwood Dri. *Bal C*
—3H **169**
Cedarwood Rd. *Dud* —2H **75**
Celandine Clo. *K'wfrd* —5A **92**
Celandine Rd. *Dud* —3C **76**
Celandines, The. *Wom* —1E **73**
Celbury Way. *Birm* —5H **65**
Celts Clo. *Row R* —5C **96**
Cemetery La. *Hock* —4D **100**
Cemetery Rd. *O'bry* —3A **98**
Cemetery Rd. *Smeth* —5D **98**
Cemetery Rd. *Stourb* —6H **109**
(in two parts)
Cemetery Rd. *S Cold* —5B **54**
Cemetery Rd. *W'bry* —3F **47**
Cemetery Rd. *W'hall* —6A **30**
Cemetery St. *Bils* —5E **45**
Cemetery St. *Wals* —3C **6**
Cemetery Way. *Wals* —6H **19**
Centenary Clo. *Birm* —6E **145**
Centenary Dri. *Birm* —6A **82**
Centenary Sq. *Birm*
—1E **117** (4B **4**)
Central Arc. *Wolv*
—1G **43** (3B **170**)
Central Av. *Bils* —4G **45**
Central Av. *Birm* —1C **158**
Central Av. *Crad H* —3E **111**
Central Av. *Row R* —1C **112**
Central Av. *Stourb* —2A **126**
Central Av. *Tip* —6H **61**
Central Clo. *Wals* —6G **19**

Chater Dri. *S Cold* —4E **71**
Chatham Rd. *Birm* —4E **145**
Chatsworth Av. *Birm* —4G **65**
Chatsworth Clo. *Shir* —4B **164**
Chatsworth Clo. *S Cold*
—6B **70**
Chatsworth Clo. *W'hall*
—4B **30**
Chatsworth Cres. *Wals*
—2H **33**
Chatsworth Gdns. *Wolv*
—2G **25**
Chatsworth M. *Stourb* —6H **91**
Chatsworth Rd. *Hale* —4A **112**
Chatsworth Tower. *Birm*
—3E **117**
Chattaway Dri. *Bal C* —3H **169**
Chattaway St. *Birm* —2C **102**
Chattle Hill. —5F 89
Chattle Hill. *Col* —5G **89**
Chattock Av. *Sol* —3A **152**
Chattock Clo. *Birm* —2C **104**
Chatwell Gro. *Birm* —3F **131**
Chatwin Pl. *Bils* —2G **61**
Chatwin St. *Smeth* —2D **98**
Chatwins Wharf. *Tip* —2H **77**
Chaucer Av. *Dud* —2E **75**
Chaucer Av. *Tip* —5B **62**
Chaucer Av. *W'hall* —2E **31**
Chaucer Clo. *Bils* —5F **61**
Chaucer Clo. *Birm* —4B **84**
Chaucer Clo. *Stourb* —3E **109**
Chaucer Gro. *Birm* —3H **135**
Chaucer Ho. *Hale* —6D **110**
Chaucer Rd. *Wals* —1C **32**
Chauson Gro. *Sol* —1E **165**
Chawnhill. —2H 125
Chawn Hill. *Stourb* —2G **125**
Chawn Hill Clo. *Stourb*
—2G **125**
Chawn Pk. Dri. *Stourb*
—2G **125**
Chaynes Gro. *Birm* —6H **105**
Cheadle Dri. *Birm* —5D **68**
Cheam Gdns. *Wolv* —1C **26**
Cheapside. *Birm & Camp H*
—2H **117** (6G **5**)
Cheapside. *W'hall* —2A **46**
Cheapside. *Wolv*
—1G **43** (3B **170**)
Cheapside Ind. Est. *Birm*
—2H **117**
Cheatham St. *Birm* —3C **102**
Checketts St. *Wals* —1A **48**
Checkley Cft. *S Cold* —5D **70**
Cheddar Rd. *Birm* —5G **117**
Chedworth Clo. *Birm* —1E **145**
Chedworth Ct. *Birm* —5A **132**
Cheedon Clo. *Dorr* —6F **167**
Chelford Cres. *K'wfrd* —6E **93**
Chells Gro. *Birm* —2B **148**
Chelmar Clo. *Birm* —1B **106**
Chelmar Dri. *Brie H* —3E **93**
Chelmarsh Av. *Wolv* —2G **41**
Chelmorton Rd. *Birm* —6F **67**
Chelmscote Rd. *Sol* —4D **136**
Chelmsley Av. *Col* —3H **107**
Chelmsley Circ. *Birm*
—1D **122**
Chelmsley Gro. *Birm* —6A **106**
Chelmsley La. *Birm* —3B **122**
(in two parts)
Chelmsley Rd. *Birm* —6B **106**
Chelmsley Wood. —1E 123
Chelsea Clo. *Birm* —1D **130**
Chelsea Dri. *S Cold* —5F **37**

Chelsea Trad. Est. *Birm*
—3A **102**
Chelsea Way. *K'wfrd* —3B **92**
Chelston Dri. *Wolv* —5C **26**
Chelston Rd. *Birm* —5C **144**
Cheltenham Clo. *Wolv* —3F **27**
Cheltenham Dri. *Birm*
—1B **104**
Cheltenham Dri. *K'wfrd*
—3H **91**
Chelthorn Way. *Sol* —5G **151**
Cheltondale Rd. *Sol* —1D **150**
Chelveston Cres. *Sol* —6F **151**
Chelwood Gdns. *Bils* —6D **44**
Chelworth Rd. *Birm* —5D **146**
Chem Rd. *Bils* —6E **45**
Cheniston Rd. *W'hall* —3C **30**
Chepstow Clo. *Pert* —5F **25**
Chepstow Gro. *Redn* —3H **157**
Chepstow Rd. *Wals* —6F **19**
Chepstow Rd. *Wolv* —2H **15**
Chepstow Way. *Wals* —6F **19**
Chequerfield Dri. *Wolv* —5E **43**
Chequers Av. *Wom* —4G **57**
Chequer St. *Wolv* —5E **43**
Cherhill Covert. *Birm* —5E **147**
Cherington Rd. *Birm* —5C **132**
Cheriton Gro. *Wolv* —6E **25**
Cheriton Wlk. *Birm* —4B **84**
Cherrington Clo. *Birm*
—6D **130**
Cherrington Dri. *Wals* —1F **7**
Cherrington Gdns. *Stourb*
—5G **125**
Cherrington Gdns. *Wolv*
—1H **41**
Cherrington Way. *Sol* —6F **151**
Cherry Cres. *Erd* —4F **85**
Cherry Dri. *Birm* —2B **118**
Cherry Dri. *Crad H* —2H **111**
Cherry Grn. *Dud* —3B **76**
Cherry Gro. *Smeth* —4G **99**
(off Rosedale Av.)
Cherry Gro. *Stourb* —1C **124**
Cherry Gro. *Wolv* —2E **29**
Cherry Hill Wlk. *Dud* —1C **94**
Cherry La. *Himl* —4A **74**
Cherry La. *S Cold* —6G **69**
Cherry La. *W'bry* —3G **63**
Cherry Lea. *Birm* —3F **105**
Cherry Orchard. —2A 112
Cherry Orchard. *Crad H*
—2H **111**
Cherry Orchard Av. *Hale*
—6H **111**
Cherry Orchard Cres. *Hale*
—6H **111**
Cherry Orchard Rd. *Birm*
—2B **82**
Cherry Rd. *Tip* —6H **61**
Cherry St. *Birm*
—1G **117** (4E **5**)
Cherry St. *Hale* —6H **111**
Cherry St. *Stourb* —1C **124**
Cherry St. *Wolv* —2F **43**
Cherry Tree Av. *Wals* —1E **65**
Cherry Tree Ct. *Birm* —2B **146**
Cherrytree Ct. *Stourb* —2A **126**
Cherry Tree Cft. *Birm* —6A **120**
Cherry Tree Gdns. *Cod* —4H **13**
Cherry Tree La. *Cod* —4H **13**
Cherry Tree La. *Hale* —4F **127**
Cherry Tree Rd. *K'wfrd*
—1C **92**
Cherry Tree Rd. *Nort C* —1F **9**
Cherry Wlk. *H'wd* —4B **162**
Cherrywood Ct. *Sol* —3E **137**

Cherrywood Cres. *Sol*
—1G **165**
Cherrywood Grn. *Bils* —3F **45**
Cherrywood Ind. Est. *Birm*
—1D **118**
Cherrywood Rd. *Birm*
—1D **118**
Cherry Wood Rd. *S Cold*
—2F **51**
Cherrywood Way. *Lit A*
—4D **36**
Chervil Clo. *Birm* —6E **67**
Chervil Ri. *Wolv* —6B **28**
Cherwell Dri. *Birm* —1B **106**
Cherwell Dri. *Wals* —3G **9**
(in two parts)
Cherwell Gdns. *Birm* —1F **101**
Cheshire Av. *Shir* —4G **149**
Cheshire Ct. *Birm* —2F **105**
Cheshire Gro. *Pert* —5E **25**
Cheshire Rd. *Birm* —5A **84**
Cheshire Rd. *Smeth* —5E **99**
Cheshire Rd. *Wals* —1F **47**
Cheshunt Ho. *Birm* —1D **122**
Cheslyn Dri. *Wals* —2D **6**
Cheslyn Gro. *Birm* —4A **148**
Cheslyn Hay. —2C 6
Chessetts Gro. *Birm* —1A **148**
Chester Av. *Wolv* —2D **26**
Chester Clo. *Birm* —1C **122**
Chester Clo. *W'hall* —1D **46**
Chester Ct. Birm —1F 123
(off Hedingham Gro.)
Chesterfield Clo. *Birm* —5F **145**
Chesterfield Ct. *Wals W*
—3B **22**
Chestergate Cft. *Birm* —3B **86**
Chester Hayes Ct. *Erd* —2A **86**
Chester House. —3E 167
Chester Pl. *Wals* —3B **32**
Chester Ri. *O'bry* —3H **113**
Chester Road. —6A 70
Chester Rd. *Bwnhls & Wals W*
—2D **22**
Chester Rd. *Cas B & K'hrst*
—1E **105**
Chester Rd. *Chel W & Col*
—4D **106**
Chester Rd. *Crad H* —3E **111**
Chester Rd. *Dud* —1F **111**
Chester Rd. *Erd & Cas V*
—2A **86**
Chester Rd. *S'tly* —2H **51**
Chester Rd. *S Cold & Birm*
—4D **68**
Chester Rd. *Wals & S Cold*
—4G **35**
Chester Rd. *W Brom* —4H **63**
Chester Rd. N. *Bwnhls* —4H **9**
Chester Rd. N. *S Cold* —6A **52**
Chester St. *Birm & Aston*
—4H **101**
Chester St. *Wolv* —5F **27**
Chester St. Wharf. *Birm*
—4H **101**
Chesterton Av. *Birm* —6B **118**
(B12)
Chesterton Av. *Birm* —5A **100**
(B18)
Chesterton Clo. *Sol* —2C **150**
Chesterton Rd. *Birm* —6B **118**
Chesterton Rd. *Wolv* —1C **28**
Chesterwood. *A'rdge* —1H **51**
Chesterwood. *H'wd* —3A **162**
Chesterwood Gdns. *Birm*
—5F **83**

Chesterwood Rd. *Birm*
—1H **147**
Chestnut Av. *Dud* —4E **77**
Chestnut Av. *Tip* —6H **61**
Chestnut Clo. *Birm* —1A **136**
Chestnut Clo. *Cod* —5F **13**
Chestnut Clo. *Sol* —5B **136**
Chestnut Clo. *Stourb*
—3A **124**
Chestnut Clo. *S Cold* —6A **36**
Chestnut Ct. *Cas B* —2A **106**
Chestnut Ct. *Smeth* —2C **98**
Chestnut Dri. *Cas B* —1E **105**
Chestnut Dri. *C Hay* —2D **6**
Chestnut Dri. *Erd* —3A **86**
Chestnut Dri. *Gt Wyr* —2F **7**
Chestnut Dri. *Redn* —5B **158**
Chestnut Dri. *Wals* —6F **21**
Chestnut Dri. *Wom* —2G **73**
Chestnut Gro. *Col* —2H **107**
Chestnut Gro. *Harb* —6H **115**
Chestnut Gro. *K'wfrd* —2D **92**
Chestnut Gro. *Wolv* —2E **29**
Chestnut Ho. *Birm* —5A **102**
Chestnut Pl. *Birm* —5A **118**
Chestnut Pl. *K Hth* —5H **133**
Chestnut Pl. *Wals* —3B **32**
Chestnut Rd. *Birm* —1A **134**
Chestnut Rd. *O'bry* —4A **114**
Chestnut Rd. *Wals* —3C **32**
Chestnut Rd. *W'bry* —4G **63**
Chestnuts Av. *Birm* —4F **121**
Chestnut Wlk. *Birm* —1D **122**
Chestnut Way. *Wolv* —3B **42**
Chestom Rd. *Bils* —5D **44**
Chestom Rd. Ind. Est. *Bils*
—5D **44**
Cheston Ind. Est. *Birm*
—3B **102**
Cheston Rd. *Birm* —3A **102**
Cheswell Clo. *Wolv* —1H **41**
Cheswick Clo. *W'hall* —3H **45**
Cheswick Green. —5A 164
Cheswick Way. *Shir* —5B **164**
Cheswood Dri. *Min* —1F **87**
Chetland Cft. *Sol* —6B **138**
Chettle Rd. *Bils* —2H **61**
Chetton Grn. *Wolv* —4F **15**
Chetwood Clo. *Wolv* —4E **27**
Chetwynd Clo. *Wals* —6C **30**
Chetwynd Rd. *Birm* —4H **103**
Chetwynd Rd. *Wolv* —5F **43**
Cheveley Av. *Redn* —2H **157**
Chevening Clo. *Dud* —6A **60**
Cheveridge Clo. *Sol* —5F **151**
Cheverton Rd. *Birm* —3C **144**
Cheviot Rd. *Stourb* —5E **109**
Cheviot Rd. *Wolv* —4B **44**
Cheviot Way. *Hale* — 2F **127**
Cheviot Way. *Salt* —3C **102**
Cheylesmore Clo. *S Cold*
—1H **69**
Cheyne Gdns. *Birm* —4E **149**
Cheyne Pl. *Harb* —6H **115**
Cheyne Wlk. *Brie H* —4G **109**
Cheyne Way. *Harb* —6H **115**
Cheyney Clo. *Wolv* —4E **27**
Chichester Av. *Dud* —5F **95**
Chichester Ct. *S Cold* —6H **53**
Chichester Dri. *Birm* —6G **113**
Chichester Gro. *Birm* —2C **122**
Chigwell Clo. *Birm* —4E **87**
Chilcote Clo. *Birm* —3F **149**
Childs Av. *Bils* —3C **60**
Childs Oak Clo. *Bal C* —3G **169**
Chilgrove Gdns. *Wolv* —4A **26**
Chilham Dri. *Birm* —1E **123**

Chillenden Ct. W'hall —1C **46**
(off Mill St.)
Chillinghome Rd. *Birm*
—1B **104**
Chillington Clo. *Wals* —4F **7**
Chillington Dri. *Cod* —3F **13**
Chillington Dri. *Dud* —4A **76**
Chillington Fields. *Wolv*
—2C **44**
Chillington La. *Cod* —2D **12**
Chillington Pl. *Bils* —6E **45**
Chillington Rd. *Tip* —4C **62**
Chillington St. *Wolv* —3B **44**
Chillington Wlk. *Row R*
—6C **96**
Chiltern Clo. *Dud* —4H **75**
Chiltern Clo. *Hale* —3E **127**
Chiltern Dri. *W'hall* —2F **45**
Chiltern Rd. *Stourb* —5F **109**
Chilterns, The. *O'bry* —4E **97**
Chilton Ct. *Birm* —5C **84**
(off Park App.)
Chilton Rd. *Birm* —3D **148**
Chilwell Clo. *Sol* —6F **151**
Chilwell Cft. *Birm* —4G **101**
Chilworth Av. *Wolv* —2H **29**
Chilworth Clo. *Birm* —3H **101**
Chimes Clo. *Birm* —2A **122**
Chimney Rd. *Tip* —6D **62**
Chingford Clo. *Stourb* —5A **92**
Chingford Rd. *Birm* —5A **68**
Chinley Gro. *Birm* —4C **68**
Chinn Brook Rd. *Birm*
—2B **148**
Chip Clo. *Birm* —5II **145**
Chipperfield Rd. *Birm* —1C **104**
Chipstead Rd. *Birm* —6D **68**
Chipstone Clo. *Sol* —1G **165**
Chirbury Gro. *Birm* —6F **145**
Chirton Gro. *Birm* —1F **147**
Chiseldon Ct. *Birm* —4A **148**
Chisholm Gro. *Birm* —5A **100**
Chiswell Rd. *Birm* —5A **100**
Chiswick Ct. *Birm* —5E **85**
Chiswick Ho. *Birm* —3F **117**
(off Bell Barn Rd.)
Chivenor Ho. *Birm* —5E **87**
Chivers Gro. *Birm* —4B **106**
Chivington Clo. *Shir* —3F **165**
Chorley Av. *Birm* —3D **104**
Chorley Gdns. *Bils* —6D **44**
Christchurch Clo. *Birm*
—3A **116**
Christine Clo. *Tip* —3C **62**
Christopher Rd. *Birm* —3G **131**
Christopher Rd. *Hale* —2E **129**
Christopher Rd. *Wolv* —3A **44**
Christopher Taylor Ct. *Birm*
—2A **146**
Chubb St. *Wolv*
—1H **43** (2D **170**)
Chuckery Rd. *Wals* —2E **49**
Chuckery, The. —2E **49**
Chudleigh Av. *Birm* —3E **85**
Chudleigh Gro. *Birm* —5H **65**
Chudleigh Rd. *Birm* —3E **85**
Churchacre. *Birm* —5C **68**
Church Av. *Birm* —1E **101**
Church Av. *Mose* —2H **133**
Church Av. *Stourb* —4E **109**
Church Av. *Wat O* —4D **88**
Churchbridge. *O'bry* —4F **97**
(in two parts)
Churchbridge Ind. Est. *O'bry*
(off Churchbridge.) —4F **97**

Church Clo. *Birm* —3C **106**
Church Clo. *Wyt* —6A **162**
Church Ct. *Crad H* —2G **111**
Church Cres. *Ess* —4H **17**
Churchcroft. *Birm* —1F **131**
Church Cft. *Hale* —1A **128**
Chu. Cross Vw. *Dud* —1A **94**
Chu. Dale Rd. *Birm* —2F **67**
Church Dri. *Stir* —6D **132**
Churchfield. —1C 80
Churchfield Av. *Tip* —5H **61**
Churchfield Clo. *Birm* —3C **102**
Churchfield Rd. *Wolv* —1F **27**
Churchfields Rd. *W'bry*
—1F **63**
Churchfield St. *Dud* —1E **95**
Church Gdns. *Smeth* —5E **99**
Church Grn. *Bils* —3E **45**
Church Grn. *Birm* —5B **82**
Church Gro. *Hand* —6D **82**
Church Gro. *Mose* —2C **148**
Church Hill. —2F 63
Church Hill. *Brie H* —1H **109**
Church Hill. *Cod* —2F **13**
Church Hill. *Col* —2H **107**
Church Hill. *N'fld* —4F **145**
(in two parts)
Church Hill. *Penn* —2C **58**
Church Hill. *Quin* —2G **143**
Church Hill. *S Cold* —6A **54**
Church Hill. *Wals* —2D **48**
Church Hill. *W'bry* —2F **63**
(in two parts)
Chu. Hill Clo. *Sol* —5G **151**
Chu. Hill Ct. *W'bry* —2F **63**
Chu. Hill Dri. *Wolv* —4C **26**
Chu. Hill Rd. *Birm* —6D **82**
Chu. Hill Rd. *Sol* —4G **151**
Chu. Hill Rd. *Wolv* —3B **26**
Chu. Hill St. *Smeth* —3D **98**
Chu. Ho. *Wals* —1A **40**
Church Ho. Dri. *S Cold*
—6A **54**
Churchill Clo. *Tiv* —5C **78**
Churchill Dri. *Row R* —1B **112**
Churchill Dri. *Stourb* —4E **109**
Churchill Gdns. *Dud* —6G **59**
Churchill Ho. *Wals* —1F **65**
Churchill Pde. *S Cold* —6E **55**
Churchill Pl. *Birm* —2F **121**
Churchill Rd. *Birm* —6F **103**
Churchill Rd. *Hale* —3H **127**
Churchill Rd. *New O* —2D **68**
Churchill Rd. *S Cold* —6E **55**
Churchill Rd. *Wals* —1D **46**
Churchill Shop. Precinct, The.
Dud —6F **77**
Churchill Wlk. *Tip* —5A **62**
Church La. *Bick* —4F **139**
Church La. *Birm & Aston*
—1A **102**
Church La. *Cod* —3F **13**
Church La. *Curd* —1D **88**
Church La. *Hale* —1B **128**
Church La. *Hamm* —2F **11**
Church La. *Hand* —5B **82**
Church La. *Kitts G* —6D **104**
Church La. *Seis* —3A **56**
(in two parts)
Church La. *Ston* —3G **23**
Church La. *W Brom* —1H **79**
Church La. *Wolv*
—2G **43** (5A **170**)
Church La. Ind. Est. *W Brom*
—1A **80**
Church M. *Tip* —6H **61**
Chu. Moat Way. *Wals* —1H **31**

Churchover Clo. *S Cold*
—1B **86**
Church Pl. *Wals* —1B **32**
Church Rd. *Aston* —2B **102**
Church Rd. *Bils* —4F **61**
Church Rd. *B'mre* —4C **42**
Church Rd. *Bwnhls* —6B **10**
Church Rd. *Cod* —3F **13**
Church Rd. *Dud* —4D **94**
Church Rd. *Edg* —4C **116**
Church Rd. *Erd* —3F **85**
Church Rd. *Hale* —4E **111**
Church Rd. *Lye* —6A **110**
Church Rd. *Maney* —2H **69**
Church Rd. *Mose* —2A **134**
Church Rd. *N'fld* —3E **145**
Church Rd. *Nort C* —1C **8**
Church Rd. *Oxl* —6D **15**
Church Rd. *Pels* —4E **21**
Church Rd. *P Barr* —2F **83**
Church Rd. *Pert* —5E **25**
Church Rd. *Row R* —6C **96**
Church Rd. *Sheld* —6F **121**
Church Rd. *Shir* —5H **149**
Church Rd. *Smeth* —5D **98**
Church Rd. *Ston* —4G **23**
Church Rd. *Stourb* —1B **108**
Church Rd. *S Cold* —5F **69**
Church Rd. *Swind* —4D **72**
Church Rd. *Tett* —4C **26**
Church Rd. *Tett W* —6H **25**
Church Rd. *W'hall* —3D **30**
Church Rd. *Wom* —6H **57**
Church Rd. *Word* —2F **125**
Church Rd. *Yard* —4B **120**
Churchside Way. *Wals* —5D **22**
Church Sq. *O'bry* —2G **97**
Church St. *Bils* —6F **45**
Church St. *Birm*
or **101** (3D **4**)
Church St. *Brie H* —2G **109**
Church St. *Chase* —1A **10**
Church St. *Clay* —1A **22**
Church St. *Crad H* —2G **111**
Church St. *Darl* —4D **46**
Church St. *Dud* —1E **95**
Church St. *Gorn W* —4H **75**
Church St. *Halo* —2D **112**
Church St. *Hth T* —5C **28**
Church St. *Loz* —2E **101**
Church St. *Mox* —1B **62**
Church St. *O'bry* —1G **97**
Church St. *Pens* —2H **93**
Church St. *Quar B* —2B **110**
Church St. *Stourb* —6E **109**
Church St. *Tip* —5A **78**
Church St. *Wals* —2D **48**
(WS1)
Church St. *Wals* —1H **31**
(WS3)
Church St. *Wed* —4E **29**
Church St. *W Brom* —3A **80**
Church St. *W'hall* —1B **46**
(in two parts)
Church St. *Wolv*
—2G **43** (5A **170**)
Church Ter. *S Cold* —6H **37**
Church Ter. *Yard* —2C **120**
Church Va. *Birm* —6D **82**
Church Va. *Cann* —1C **8**
Church Va. *W Brom* —1B **80**
Church Vw. *Wals* —4D **34**
Church Vw. *Wals W* —4A **32**
Church Vw. Clo. *Wals* —1A **32**
Church Vw. Dri. *Crad H*
—2H **111**
Church Wlk. *Birm* —3G **103**

Church Wlk. *Col* —2H **107**
Church Wlk. *Penn F* —4D **42**
Church Wlk. *Row R* —5C **96**
Church Wlk. *Tett* —4C **26**
Church Wlk. *W'hall* —2B **46**
Churchward Clo. *Stourb*
—5F **109**
Churchward Gro. *Wolv*
—6G **57**
Church Way. *Wals* —5F **21**
Churchwell Ct. *Hale* —2B **128**
Churchwell Gdns. *W Brom*
—1C **80**
Churchyard Rd. *Tip* —2B **78**
Churnet Gro. *Wolv* —5F **25**
Churn Hill Rd. *Wals* —5C **34**
Churston Clo. *Wals* —4G **19**
Churwell Ct. *Wom* —1G **73**
Cider Av. *Brie H* —3A **110**
(in two parts)
Cinder Bank. *Dud* —2D **94**
Cinder Hill. —4B 60
Cinder Rd. *Dud* —6F **75**
Cinder Way. *W'bry* —2E **63**
Cinquefoil Leasow. *Tip* —1C **78**
Circle, The. *Birm* —5G **115**
Circuit Clo. *W'hall* —6B **30**
Circular Rd. *Birm* —3A **136**
Circus Av. *Birm* —1E **123**
City Arc. *Birm* —1G **117** (4E **5**)
(off Corporation St.)
City Est. *Crad H* —3F **111**
City Plaza. *Birm* —4E **5**
City Rd. *Birm* —2F **115**
City Rd. *Tiv* —2B **96**
City, The. *Tip* —4A **78**
City Trad. Est. *Birm* —6C **100**
City Vw. *Birm* —5D **102**
City Wlk. *Birm*
—2G **117** (6E **5**)
Civic Clo. *Birm*
—1E **117** (4A **4**)
Claerwen Gro. *Birm* —2C **144**
Claines Rd. *Birm* —3G **145**
Claines Rd. *Hale* —6F **111**
Claire Ct. *Birm* —4G **121**
Clandon Clo. *Birm* —5E **147**
Clanfield Av. *Wolv* —1H **29**
Clapgate Gdns. *Bils* —2C **60**
Clap Ga. Gro. *Wom* —1E **73**
Clapgate La. *Birm* —3G **129**
Clapgate Rd. *Wom* —6E **57**
Clapton Gro. *Birm* —4B **68**
Clare Av. *Wolv* —6H **17**
Clare Ct. *Shir* —5D **148**
Clare Cres. *Bils* —3B **60**
Clare Dri. *Birm* —3B **116**
Clarel Av. *Birm* —6C **102**
Claremont Ct. *Crad H* —2G **111**
Claremont M. *Wolv* —4E **43**
Claremont Pl. *Birm* —4B **100**
Claremont Rd. *Dud* —5A **60**
Claremont Rd. *Hock* —3D **100**
Claremont Rd. *Smeth* —5F **99**
Claremont Rd. *S'brk* —4B **118**
Claremont Rd. *Wolv* —4E **43**
Claremont St. *Bils* —5E **45**
Claremont St. *Crad H* —2G **111**
Claremont Way. *Hale* —2B **128**
Clarence Av. *Birm* —1G **99**
Clarence Ct. *O'bry* —1A **114**
Clarence Gdns. *S Cold* —1F **53**
Clarence Rd. *Bils* —4G **45**
Clarence Rd. *Dud* —3F **95**
Clarence Rd. *Erd* —4D **84**
Clarence Rd. *Hand* —1G **99**
Clarence Rd. *Harb* —5H **115**

Clarence Rd. *K Hth & Mose*
—4A **134**
Clarence Rd. *S'hll* —1C **134**
Clarence Rd. *S Cold* —4E **37**
Clarence Rd. *Wolv*
—1G **43** (2A **170**)
Clarence St. *Dud* —1A **76**
Clarence St. *Wolv*
—1G **43** (3A **170**)
Clarenden Pl. *Birm* —6G **115**
Clarendon Dri. *Tip* —4D **62**
Clarendon Pl. *Hale* —5G **113**
Clarendon Pl. *Wals* —3D **20**
Clarendon Rd. *Birm* —2A **116**
Clarendon Rd. *Smeth* —5D **98**
Clarendon Rd. *S Cold* —6A **38**
Clarendon St. *Wals* —6H **19**
Clarendon St. *Wolv* —1E **43**
Clarendon Way. *Sol* —4G **151**
Clare Rd. *Wals* —3D **32**
Clare Rd. *Wolv* —2A **28**
Clarewell Av. *Sol* —1F **165**
Clarke Ho. *Wals* —6H **19**
Clarkes Gro. *Tip* —1C **78**
Clarke's La. *W Brom* —6A **64**
Clarke's La. *W'hall* —6C **30**
Clark Rd. *Wolv* —1D **42**
Clarkson Rd. *W'bry* —1G **63**
Clark St. *Birm* —1B **116**
Clark St. *Stourb* —6C **108**
Clarry Dri. *S Cold* —3F **53**
Clary Gro. *Wals* —2E **65**
Clatterbatch. —6F 109
Claughton Rd. *Dud* —6F **77**
Clausen Clo. *Birm* —1G **67**
Clavedon Clo. *Birm* —6C **130**
Claverdon Clo. *Sol* —4C **150**
Claverdon Dri. *Birm* —5H **65**
Claverdon Dri. *S Cold* —5B **36**
Claverdon Gdns. *Birm*
—6H **119**
Claverley Ct. *Dud* —6D **76**
Claverley Dri. *Wolv* —6B **42**
Claybrook St. *Birm*
—2G **117** (6E **5**)
Claycroft Pl. *Stourb* —6A **110**
Claycroft Ter. *Dud* —1D **76**
Claydon Gro. *Birm* —4A **148**
Claydon Rd. *K'wfrd* —6A **74**
Clay Dri. *Birm* —6G **113**
Clayhanger. —1A 22
Clayhanger La. *Wals* —6H **9**
Clayhanger Rd. *Wals* —1B **22**
Clay La. *Birm* —6C **120**
Clay La. *O'bry* —5G **97**
Claypit Clo. *W Brom* —4G **79**
Clay Pit La. *Shir* —4G **163**
Claypit La. *W Brom* —4G **79**
Clayton Clo. *Wolv* —4G **43**
Clayton Dri. *Birm* —1G **105**
Clayton Gdns. *Redn* —6G **157**
Clayton Rd. *Bils* —6D **60**
Clayton Rd. *Birm* —4D **102**
Clayton Wlk. *Birm* —5E **87**
Clear Vw. *K'wfrd* —3H **91**
Clearwell Gdns. *Dud* —4A **76**
Clee Hill Dri. *Wolv* —2G **41**
Clee Hill Rd. *Dud* —3G **75**
Clee Rd. *Birm* —1E **159**
Clee Rd. *Dud* —2C **94**
Clee Rd. *O'bry* —5A **98**
Clee Rd. *Stourb* —5E **109**
Cleeve Dri. *S Cold* —3F **37**
Cleeve Ho. *Erd* —5G **85**
Cleeve Rd. *Birm* —3C **148**
Cleeve Rd. *Wals* —4F **19**

Cleeve Way. *Wals* —5F **19**
Clee Vw. Mdw. *Dud* —3H **59**
Clee Vw. Rd. *Wom* —2E **73**
Clematis Dri. *Pend* —4D **14**
Clement Pl. *Bils* —4F **45**
Clement Rd. *Bils* —4F **45**
Clement Rd. *Hale* —2D **112**
Clements Clo. *O'bry* —5F **97**
Clements Rd. *Birm* —3B **120**
Clement St. *Birm*
—6D **100** (3A **4**)
Clement St. *Prem B* —2B **48**
Clements Way. *Birm* —2H **159**
Clemson St. *W'hall* —1A **46**
Clent Ct. *Dud* —6D **76**
Clent Hill Dri. *Row R* —4A **96**
Clent Rd. *Hand* —6H **81**
Clent Rd. *O'bry* —3A **114**
Clent Rd. *Redn* —1E **157**
Clent Rd. *Stourb* —5E **109**
Clent Vw. *Smeth* —6F **99**
Clent Vw. Rd. *Birm* —4G **129**
Clent Vw. Rd. *Hale* —1E **127**
Clent Vw. Rd. *Stourb* —2A **124**
Clent Vs. *Birm* —1B **134**
Clent Way. *Birm* —5G **129**
Cleobury La. *Earls* —4F **163**
Cleton St. *Tip* —4B **78**
Cleton St. Bus. Pk. *Tip* —4B **78**
Clevedon Av. *Birm* —1A **106**
Clevedon Rd. *Birm* —5G **117**
Cleveland Clo. *W'hall* —2F **45**
Cleveland Clo. *Wolv* —6H **17**
Cleveland Pas. *Wolv*
—2G **43** (4B **170**)
Cleveland Rd. *Wolv*
—2H **43** (5D **170**)
Cleveland St. *Dud* —6D **76**
Cleveland St. *Stourb* —1C **124**
Cleveland St. *Wolv*
—2G **43** (4B **170**)
Cleveland Tower. *Birm* —6D **4**
Cleves Cres. *C Hay* —4D **6**
Cleves Dri. *Redn* —2E **157**
Cleves Rd. *Redn* —1E **157**
Clewley Dri. *Wolv* —4E **15**
Clewley Gro. *Birm* —6H **113**
Clews Clo. *Wals* —4C **48**
Clewshaw La. *Birm* —5D **160**
Cley Clo. *Birm* —5F **117**
Cliffe Dri. *Birm* —6G **105**
Clifford Ho. *Ben H* —5B **166**
Clifford Rd. *Smeth* —2D **114**
Clifford Rd. *W Brom* —5H **79**
Clifford St. *Birm* —2F **101**
Clifford St. *Dud* —1D **94**
Clifford St. *Wolv* —6E **27**
Clifford Wlk. *Birm* —2F **101**
(in two parts)
Cliff Rock Rd. *Redn* —2H **157**
Clift Clo. *W'hall* —3C **30**
Clifton Av. *A'rdge* —1E **35**
Clifton Av. *Bwnhls* —6H **9**
Clifton Clo. *Birm* —2H **101**
Clifton Clo. *O'bry* —5G **97**
Clifton Cres. *Sol* —6C **150**
Clifton Dri. *S Cold* —5H **53**
Clifton Gdns. *Cod* —4A **14**
Clifton Grn. *Birm* —2G **149**
Clifton Ho. *Bal H* —6A **118**
Clifton La. *W Brom* —5C **64**
Clifton Rd. *Aston* —2H **101**
Clifton Rd. *Bal H* —6H **117**
Clifton Rd. *Cas B* —1A **106**
Clifton Rd. *Hale* —3D **112**
Clifton Rd. *Smeth* —5D **98**
Clifton Rd. *S Cold* —1G **69**

Clifton Rd. *Wolv* —4B **26**
Clifton St. *Bils* —4B **60**
Clifton St. *Crad H* —2H **111**
Clifton St. *Stourb* —1C **124**
Clifton St. *Wolv* —1F **43**
Clifton Ter. *Erd* —3F **85**
Clinic Dri. *Stourb* —6A **110**
Clinton Gro. *Shir* —6C **150**
Clinton Rd. *Bils* —4A **46**
Clinton Rd. *Col* —3H **107**
Clinton Rd. *Shir* —1B **164**
Clinton St. *Birm* —4A **100**
Clipper Vw. *Birm* —2A **116**
Clipston Rd. *Birm* —5F **103**
Clissold Clo. *Birm* —4G **117**
Clissold Pas. *Birm* —5C **100**
Clissold St. *Birm* —5C **100**
Clive Clo. *S Cold* —1B **54**
Cliveden Av. *Birm* —3E **83**
Cliveden Av. *Wals* —6D **22**
Cliveden Coppice. *S Cold*
—2F **53**
Clivedon Way. *Hale* —4A **112**
Cleveland St. *Birm*
—5G **101** (1E **5**)
Clive Pl. *Birm* —5F **101** (1D **4**)
Clive Rd. *Birm* —4B **114**
Clive St. *W Brom* —2A **80**
Clockfields Dri. *Brie H*
—2E **109**
Clock La. *Bick* —3E **139**
Clockmill Av. *Wals* —4C **20**
Clockmill Pl. *Wals* —4D **20**
Clockmill Rd. *Wals* —4C **20**
Clodeshall Rd. *Birm* —5E **103**
Cloister Dri. *Hale* —2D **128**
Clonmel Rd. *Birm* —1C **146**
Clopton Cres. *Birm* —5D **106**
Clopton Rd. *Birm* —3G **121**
Close, The. *Dud* —3G **75**
Close, The. *Hale* —5F **111**
Close, The. *Harb* —4D **114**
Close, The. *H'wd* —4A **162**
Close, The. *Hunn* —6A **128**
Close, The. *S Oak* —5H **131**
Close, The. *Sol* —5D **136**
Close, The. *Swind* —5E **73**
Close, The. *W'bry* —2E **63**
Clothier Gdns. *W'hall* —6A **30**
Clothier St. *W'hall* —6A **30**
Cloudbridge Dri. *Sol* —6B **138**
Cloudsley Gro. *Sol* —2D **136**
Clovelly Ho. *Birm* —5A **144**
Clover Av. *Birm* —1F **123**
Cloverdale. *Pert* —5D **24**
Clover Dri. *Birm* —3A **130**
Clover Hill. *Wals* —3A **50**
Clover La. *K'wfrd* —2G **91**
Clover Lea Sq. *Birm* —3G **103**
Clover Ley. *Wolv* —6B **28**
Clover Piece. *Tip* —1C **78**
Clover Ridge. *C Hay* —2C **6**
Clover Rd. *Birm* —6E **131**
Club Row. *Dud* —2A **76**
Club Vw. *Birm* —5H **145**
Clunbury Cft. *Birm* —4F **105**
Clunbury Rd. *Birm* —1E **159**
Clun Clo. *Tiv* —6H **77**
Clun Rd. *Birm* —1D **144**
Clyde Av. *Hale* —3E **113**
Clyde Ct. *S Cold* —6H **53**
Clyde M. *Brie H* —3F **93**
Clyde Rd. *Dorr* —6H **167**
Clydesdale. *Birm* —6E **121**
Clydesdale Rd. *Birm* —5H **113**
Clydesdale Rd. *Clay* —1A **22**
Clydesdale Rd. *Dud* —6E **95**

Clydesdale Tower. *Birm* —6D **4**
Clyde St. *Bord* —2A **118**
Clyde St. *Crad H* —2G **111**
Clyde Tower. *Birm* —2F **101**
Coalbournbrook. —3D 108
Coalbourne Gdns. *Hale*
—6E **111**
Coalbourn La. *Stourb* —4D **108**
Coalbourn Way. *Brie H* —6E **93**
Coalheath La. *Wals* —1G **33**
Coalmeadow Clo. *Wals* —4F **19**
Coal Pool. —4D 32
Coalpool La. *Wals* —5C **32**
Coalpool Pl. *Wals* —3D **32**
Coalport La. *Wals* —3D **32**
Coalport Rd. *Wolv* —2C **44**
Coalway Av. *Birm* —1G **137**
Coalway Av. *Wolv* —5E **43**
Coalway Gdns. *Wolv* —5B **42**
Coalway Rd. *Wals* —1G **31**
Coalway Rd. *Wolv* —5B **42**
Coatsgate Wlk. *Pend* —6D **14**
Cobbles, The. *S Cold* —6A **70**
Cobble Wlk. *Birm* —4C **100**
Cobb's Engine House. —4G **95**
Cobbs Wlk. *Row R* —4H **95**
Cobden Clo. *Tip* —5H **61**
Cobden Clo. *W'bry* —5F **47**
Cobden Gdns. *Birm* —5G **117**
Cobden St. *Stourb* —5B **108**
Cobden St. *Wals* —4B **48**
Cobden St. *W'bry* —5F **47**
Cobham Clo. *Birm* —4D **86**
Cobham Ct. M. *Hag* —6H **125**
Cobham Rd. *Birm* —1D **118**
Cobham Rd. *Hale* —1B **128**
Cobham Rd. *Stourb* —3E **125**
Cobham Rd. *W'bry* —3C **64**
Cob La. *Birm* —6G **131**
Cobs Fld. *Birm* —1G **145**
Coburg Cft. *Tip* —1C **78**
Coburn Dri. *S Cold* —1B **54**
Cochrane Clo. *Stourb* —5G **125**
Cochrane Clo. *Tip* —1C **78**
Cochrane Rd. *Dud* —3A **94**
Cock Green. —5A 96
Cock Hill La. *Redn* —6F **143**
Cockley Wharf Ind. Est. *Brie H*
—5F **93**
Cockshed La. *Hale* —3C **112**
Cockshut Hill. *Birm* —3E **121**
Cockshutt La. *Wolv* —4H **43**
Cocksmead Cft. *Birm* —2F **147**
Cockthorpe Clo. *Birm* —4D **114**
Cocton Clo. *Wolv* —4E **25**
Codeshill Ct. *S Cold* —1C **70**
Codsall. —3F 13
Codsall Gdns. *Cod* —3E **13**
Codsall Ho. *Cod* —3E **13**
Codsall Rd. *Cod* —6A **14**
Codsall Rd. *Crad H* —3G **111**
Codsall Rd. *Wolv* —2C **26**
Codsall Wood. —1B 12
Cofield Rd. *S Cold* —4F **69**
Cofton Chu. La. *Redn & B Grn*
—6A **158**
Cofton Ct. *Redn* —2B **158**
Cofton Gro. *Birm* —3C **158**
Cofton Lake Rd. *Redn*
—6A **158**
Cofton Rd. *Birm* —2E **159**
Cokeland Pl. *Crad H* —3F **111**
Colaton Clo. *Wolv* —5A **28**
Colbourne Rd. *Tip* —3A **78**
Colbrand Gro. *Birm* —3F **117**
Coldbath Rd. *Birm* —5B **134**
Coldridge Clo. *Pend* —6D **14**

Coldstream Dri. *Stourb*
—6C **92**
Coldstream Rd. *S Cold*
—5C **70**
Coldstream Way. *Witt* —5G **83**
(in two parts)
Cole Bank Rd. *Mose & Hall G*
—5D **134**
Colebourne Rd. *Birm* —6C **134**
Colebridge Cres. *Col* —1H **107**
Colebrook Cft. *Shir* —5F **149**
Colebrook Rd. *Birm* —6D **118**
Colebrook Rd. *Shir* —5E **149**
Cole Ct. *Birm* —1D **122**
Cole End. —1H **107**
Coleford Clo. *Stourb* —1A **108**
Coleford Dri. *Birm* —1C **122**
Cole Grn. *Birm* —6E **149**
Colehall. —4F **105**
Cole Hall La. *Birm* —3E **105**
(in three parts)
Cole Holloway. *Birm* —5C **130**
Colehurst Cft. *Shir* —3D **164**
Coleman Rd. *W'bry* —6G **47**
Coleman St. *Wolv* —5D **26**
Colemeadow Rd. *Birm*
—2B **148**
Colemeadow Rd. *Col* —2H **107**
Colenso Rd. *Birm* —5H **99**
Coleraine Rd. *Birm* —1C **82**
Coleridge Clo. *Wals* —2E **21**
Coleridge Clo. *W'hall* —2E **31**
Coleridge Dri. *Wolv* —5E **25**
Coleridge Pas. *Birm*
—6G **101** (2F **5**)
Coleridge Ri. *Dud* —3E **75**
Coleridge Rd. *Birm* —6A **66**
Colesbourne Av. *Birm*
—5E **147**
Colesbourne Rd. *Sol* —2E **137**
Coles Cres. *W Brom* —6H **63**
Colesden Wlk. *Wolv* —5A **42**
Coleshaven. *Col* —3H **107**
Coleshill. —3H **107**
Coleshill Heath. —3E **123**
Coleshill Heath Rd. *Birm & Col*
—4E **123**
Coleshill Ind. Est. *Col* —5H **89**
Coleshill Rd. *Birm* —3B **104**
Coleshill Rd. *Curd* —1D **88**
(in two parts)
Coleshill Rd. *Mars G* —4C **122**
Coleshill Rd. *S Cold* —6A **54**
Coleshill Rd. *Wat O* —4D **88**
Coleshill St. *Birm*
—6H **101** (2G **5**)
Coleshill St. *S Cold* —6A **54**
Coleshill Trad. Est. *Col* —6H **89**
Coleside Av. *Birm* —6D **134**
Coles La. *S Cold* —1A **70**
Coles La. *W Brom* —6G **63**
Colesleys, The. *Col* —3H **107**
Cole St. *Dud* —6G **95**
Cole Valley Rd. *Birm* —1D **148**
Coleview Cres. *Birm* —6A **106**
Coleville Rd. *Min* —1F **87**
Coley's La. *Birm* —5E **145**
Colgreave Av. *Birm* —3D **134**
Colindale Rd. *Birm* —2A **68**
Colinwood Clo. *Wals* —4F **7**
Collector Rd. *Birm* —6F **87**
Colleen Av. *Birm* —4D **146**
College Clo. *W'bry* —4G **63**
College Ct. *Tett* —5B **26**
College Dri. *Birm* —5B **82**
College Farm Dri. *Birm*
—5D **68**

College Gro. *Hand* —2D **100**
College Hill. *S Cold* —1H **69**
College Rd. *Birm* —6E **103**
College Rd. *Birm & P Barr*
—2G **83**
College Rd. *Hand* —5A **82**
College Rd. *Mose* —3C **134**
College Rd. *Quin* —5G **113**
College Rd. *Stourb* —1E **125**
College Rd. *Wolv* —5B **26**
College St. *Birm* —5C **100**
College Vw. *Wolv* —6B **26**
College Wlk. *Birm* —5H **131**
Collet Rd. *Pert* —4E **25**
Collets Brook. *Bass P* —1F **55**
Collett Clo. *Stourb* —5E **109**
Colletts Gro. *Birm* —4B **106**
Colley Av. *Wolv* —1B **28**
Colley Ga. *Hale* —5E **111**
Colley La. *Hale* —4E **111**
Colley Orchard. *Hale* —5E **111**
Colley St. *W Brom* —3B **80**
Collier Clo. *C Hay* —3D **6**
Collier Clo. *Wals* —6G **9**
Collier's Clo. *W'hall* —3B **30**
Colliers Fold. *Brie H* —4F **93**
Colliery Dri. *Wals* —4F **19**
Colliery Rd. *W Brom* —6E **81**
Colliery Rd. *Wolv* —1B **44**
Collindale Ct. *K'wfrd* —6B **74**
Collingbourne Av. *Birm*
—2B **104**
Collingdon Av. *Birm* —5G **121**
Colling Wlk. *Birm* —3C **106**
Collingwood Cen., The. *Birm*
—2F **67**
Collingwood Dri. *Birm* —1E **67**
Collingwood Rd. *Wolv* —5A **16**
Collins Clo. *Birm* —6G **113**
Collins Rd. *Wals* —2C **22**
Collins Rd. *W'bry* —2A **64**
Collins St. *Wals* —4C **48**
Collins St. *W Brom* —4E **79**
Collis St. *Stourb* —3D **108**
Collister Clo. *Shir* —3H **149**
Colly Cft. *Birm* —4B **106**
Collycroft Pl. *A Grn* —6H **119**
Colman Av. *Wolv* —3H **29**
Colman Cres. *O'bry* —1A **114**
Colman Hill. *Hale* —6F **111**
Colman Hill Av. *Hale* —5F **111**
Colmers Wlk. *Birm* —6B **144**
Colmore Av. *Birm* —6F **133**
Colmore Cir. Queensway. *Birm*
—6G **101** (3E **5**)
Colmore Cres. *Birm* —4B **134**
Colmore Dri. *S Cold* —6E **55**
Colmore Flats. *Birm*
—5F **101** (1D **4**)
Colmore Ga. *Birm* —3E **5**
Colmore Rd. *Birm* —6F **133**
Colmore Row. *Birm*
—1F **117** (4C **4**)
Coln Clo. *Birm* —1D **144**
Colonial Rd. *Birm* —6F **103**
Colshaw Rd. *Stourb* —1C **124**
Colston Rd. *Birm* —5H **85**
Colt Clo. *S Cold* —4G **51**
Cotham Rd. *W'hall* —3C **30**
Coltishall Clo. *Birm* —5D **86**
Colton Hills. —2E **59**
Coltsfoot Clo. *Wed* —4G **29**
Coltsfoot Vw. *Wals* —3E **7**
Columbia Clo. *Birm* —2E **117**
Columbine Clo. *Wals* —2E **65**
Colville Clo. *Tip* —5D **62**
Colville Rd. *Birm* —6B **118**

Colville Wlk. *Birm* —6B **118**
Colwall Rd. *Dud* —3H **75**
Colwall Wlk. *Birm* —1B **136**
Colworth Rd. *Birm* —3C **144**
Colyns Gro. *Birm* —4D **104**
Comber Cft. *Birm* —5D **134**
Comber Dri. *Brie H* —3F **93**
Comberford Ct. *W'bry* —3G **63**
Comberford Dri. *W'bry*
—6B **48**
Comberton Rd. *Birm* —4F **121**
Combrook Grn. *Birm* —3H **105**
Commercial Rd. *Wals* —2G **31**
Commercial Rd. *Wolv* —2A **44**
Commercial St. *Birm*
—2E **117** (6B **4**)
Commissary Rd. *Birm A*
—2C **138**
Commonfield Cft. *Birm*
—4D **102**
Common La. *Sheld* —6E **121**
Common La. *Wash H* —3F **103**
Common Rd. *Wom* —3F **73**
Common Side. —3E **9**
Commonside. *Brie H* —3G **93**
Commonside. *Bwnhls* —1C **22**
Commonside. *Pels* —5E **21**
Communication Row. *Birm*
—2E **117**
Compton. —1A **42**
Compton Clo. *Sol* —3B **150**
Compton Ct. *Dud* —3E **95**
Compton Ct. *Wolv* —1D **42**
Compton Cft. *Birm* —2F **123**
Compton Dri. *Dud* —1H **95**
Compton Dri. *K'wfrd* —4B **92**
Compton Dri. *S Cold* —4G **51**
Compton Gro. *Hale* —1E **127**
Compton Gro. *K'wfrd* —4B **92**
Compton Hill Dri. *Wolv*
—1B **42**
Compton Pk. *Wolv* —1C **42**
Compton Rd. *Birm* —6E **85**
Compton Rd. *Crad H* —2E **111**
Compton Rd. *Hale* —6F **113**
Compton Rd. *Stourb* —4H **125**
Compton Rd. *Wolv* —1C **42**
Compton Rd W. *Wolv* —1A **42**
Comsey Rd. *Birm* —2D **66**
Comwall Clo. *Wals* —3A **32**
(in two parts)
Conally Dri. *Redn* —6H **143**
Cunchar Clo. *S Cold* —3A **70**
Conchar Rd. *S Cold* —3A **70**
Concorde Tower. *Birm* —5D **86**
Condover Clo. *Wals* —6D **30**
Condover Rd. *Birm* —1F **159**
Conduit Rd. *Nort C* —1E **9**
Coneybury Wlk. *Min* —2H **87**
Coneyford Rd. *Birm* —3G **105**
(in two parts)
Coneygree Ind. Est. *Tip*
—4H **77**
Coney Grn. *Stourb* —6F **109**
Coney Grn. Dri. *Birm* —1D **158**
Coneygree Rd. *Tip* —5H **77**
Coneygree Ter. *Dud* —5H **77**
Congreve Pas. *Birm*
—1F **117** (4C **4**)
Conifer Clo. *Brie H* —3G **109**
Conifer Ct. *Birm* —3G **133**
Conifer Dri. *Birm* —4F **145**
Conifer Dri. *Hand* —2A **100**
Conifer Paddock. *Hale*
—3E **113**
Conifer Rd. *S Cold* —3G **51**
Conington Gro. *Birm* —6E **115**

Coniston Av. *Sol* —1D **136**
Coniston Clo. *Birm* —6F **135**
Coniston Cres. *Birm* —6B **66**
Coniston Dri. *K'wfrd* —2H **91**
Coniston Ho. *Birm* —6H **115**
Coniston Ho. *O'bry* —4D **96**
Coniston Rd. *Birm* —2D **84**
Coniston Rd. *S Cold* —6H **35**
Coniston Rd. *Wolv* —1B **26**
Conker La. *Dorr* —5A **166**
Connaught Av. *W'bry* —2A **64**
Connaught Clo. *Wals* —4G **49**
Connaught Dri. *Wom* —4G **57**
Connaught Rd. *Bils* —4H **45**
Connaught Rd. *Wolv* —1E **43**
Connops Way. *Stourb*
—6A **110**
Connor Rd. *W Brom* —5C **64**
Conrad Clo. *Birm* —4A **118**
Consort Cres. *Brie H* —3G **93**
Consort Dri. *W'bry* —3D **46**
Consort Rd. *Birm* —4C **146**
Constable Clo. *Birm* —2F **67**
Constables, The. *O'bry*
—1H **113**
Constance Av. *W Brom*
—6B **80**
Constance Rd. *Birm* —6F **117**
Constantine La. *Col* —6H **89**
Constantine Way. *Bils* —3A **62**
Constitution Hill. *Birm*
—5F **101** (1C **4**)
Constitution Hill. *Dud* —1E **95**
Conway Av. *Birm* —5H **113**
Conway Av. *O'bry* —1H **113**
Conway Av. *W Brom* —4H **63**
Conway Clo. *Dud* —1E **77**
Conway Clo. *K'wfrd* —5D **92**
Conway Clo. *Shir* —6B **150**
Conway Cres. *W'hall* —2C **30**
Conway Gro. *Birm* —6G **65**
Conway Ho. *Wals* —3B **32**
Conway Rd. *F'bri* —6D **106**
Conway Rd. *Shir* —6B **150**
Conway Rd. *S'brk* —5C **118**
Conway Rd. *Wolv* —6F **25**
Conwy Clo. *Wals* —5G **31**
Conybere St. *Birm* —4G **117**
Conyworth Clo. *Birm* —1B **136**
Cook Av. *Dud* —2F **95**
Cook Clo. *Know* —3E **167**
Cook Clo. *Wolv* —5E **25**
Cooke Ct. *Birm* —4D **106**
Cookes Cft. *Birm* —5F **145**
Cookesley Clo. *Birm* —1F **67**
Cooke St. *Wolv* —4G **43**
Cookley Clo. *Hale* —3H **127**
Cookley Way. *O'bry* —4E **97**
Cooknell Dri. *Stourb* —1C **108**
Cook Rd. *Wals* —5B **20**
Cooksey La. *Birm* —1G **67**
Cooksey Rd. *Birm* —4C **118**
Cook's La. *Birm* —6B **106**
Cookspiece Wlk. *Birm*
—6D **104**
Cook St. *Birm* —2C **102**
Cook St. *W'bry* —5F **47**
Coombe Cft. *Wolv* —4E **15**
Coombe Hill. *Crad H* —3B **112**
Coombe Hill Rd. *Crad H*
—3B **112**
Coombe Pk. *S Cold* —4F **53**
Coombe Rd. *Birm* —6G **83**
Coombe Rd. *Shir* —5A **150**
Coombes La. *Birm* —3D **158**
Coombeswood. —4C **112**
Coombs Rd. *Hale* —5B **112**

Cooper Av. *Brie H* —1E **109**
Cooper Clo. *W Brom* —5C **80**
Cooper's Bank. —6G 75
Cooper's Bank Rd.
   Brie H & Dud —6G **75**
Cooper's La. *Smeth* —4D **98**
Coopers Rd. *Birm* —4C **82**
Cooper St. *W Brom* —4B **80**
Cooper St. *Wolv* —3B **44**
Copeley Hill. *Birm* —6C **84**
Copes Cres. *Wolv* —3C **28**
Cope St. *Birm* —6C **100**
Cope St. *Wals* —3A **32**
Cope St. *W'bry* —5E **47**
Cophall St. *Tip* —2D **78**
Cophams Clo. *Sol* —3G **137**
Coplow Clo. *Bal C* —3G **169**
Coplow Cotts. *Birm* —6B **100**
Coplow St. *Birm* —6B **100**
Coplow Ter. Birm —6B 100
  (off Coplow St.)
Copnor Gro. *Birm* —5C **120**
Coppenhall Gro. *Birm* —6E **105**
Copperbeech Clo. *Birm*
  —6D **114**
Copperbeech Dri. *Birm*
  —6A **118**
Copper Beech Dri. *K'wfrd*
  —6B **74**
Copper Beech Dri. *Wom*
  —1H **73**
Copperbeech Gdns. *Hand*
  —5B **82**
Coppice Ash Cft. *Birm*
  —1F **101**
Coppice Av. *Stourb* —2B **126**
Cuppice Clo *Brie H* —2B **110**
Coppice Clo. *C Hay* —1D **6**
Coppice Clo. *Dud* —6F **59**
Coppice Clo. *Redn* —2F **157**
Coppice Clo. *Shir* —5A **164**
Coppice Clo. *Sol* —6E **137**
Coppice Clo. *Wolv* —6A **18**
Coppice Cres. *Wals* —6H **9**
Coppice Dri. *Birm* —3H **135**
Coppice Farm Way. *W'hall*
  —6B **18**
Coppice Hollow. *Birm*
  —4H **129**
Coppice La. *Brie H* —2B **110**
Coppice La. *Bwnhls* —5G **9**
Coppice La. *C Hay* —1D **6**
Coppice La. *Hamm* —2H **11**
Coppice La. *Midd* —1G **55**
Coppice La. *Wals W* —6B **22**
Coppice La. *W'hall* —3C **30**
Coppice La. *Wolv* —3H **25**
Coppice Ri. *Brie H* —2C **110**
Coppice Rd. *Bils* —5C **60**
Coppice Rd. *Birm* —2A **134**
Coppice Rd. *Crad H* —4G **111**
Coppice Rd. *Sol* —6A **138**
Coppice Rd. *Wals* —3B **22**
Coppice Rd. *Wolv* —3B **42**
Coppice Side. *Bwnhls* —5H **9**
Coppice Side Ind. Est. *Wals*
  —6G **9**
Coppice St. *Dud* —3F **77**
Coppice St. *Tip* —1G **77**
Coppice St. *W Brom* —3G **79**
Coppice, The. *Birm* —5C **82**
Coppice, The. *Tip* —4C **62**
Coppice, The. *W'hall* —3C **30**
Coppice Vw. Rd. *S Cold*
  —1A **68**
Coppice Wlk. *Shir* —5A **164**
Coppice Way. *Birm* —1D **122**

Copplestone Clo. *Birm*
  —3F **105**
Coppy Hall Gro. *Wals* —6D **22**
Coppy Nook La. *Hamm*
  —1D **10**
Copse Clo. *Birm* —5E **145**
Copse Cres. *Wals* —3E **21**
Copse Rd. *Dud* —6D **94**
Copse, The. *S Cold* —2F **53**
Copstone Dri. *Dorr* —6B **166**
Copston Gro. *Birm* —5F **131**
Copthall Rd. *Birm* —5G **81**
Copt Heath. —6C 152
Copt Heath Cft. *Know*
  —1D **166**
Copt Heath Dri. *Know*
  —2C **166**
Copthorne Av. *Burn* —1B **10**
Copthorne Rd. *Birm* —2G **67**
Copthorne Rd. *Wolv* —4E **43**
Coralin Clo. *Birm* —1D **122**
Corbett Cres. *Stourb* —4E **109**
Corbett Rd. *Brie H* —2H **109**
Corbett Rd. *H'wd* —2A **162**
Corbetts Clo. *H Ard* —6B **140**
Corbett St. *Smeth* —5F **99**
Corbridge Av. *Birm* —4H **67**
Corbridge Rd. *S Cold* —3F **69**
Corbyn Rd. *Birm* —6H **103**
Corbyn Rd. *Dud* —1B **94**
Corbyn's Clo. *Brie H* —2F **93**
Corbyn's Hall La. *Brie H*
  —2F **93**
Corbyn's Hall Rd. *Brie H*
  —3F **93**
Cordley St. *W Brom* —3H **79**
Corfe Clo. *Birm* —6D **114**
Corfe Clo. *Wolv* —6C **25**
Corfe Dri. *Tiv* —1A **96**
Corfe Rd. *Bils* —5C **60**
Corfton Dri. *Wolv* —5A **26**
Coriander Clo. *Redn* —6H **143**
Corinne Clo. *Redn* —3G **157**
Corinne Cft. *Birm* —5C **106**
Corisande Rd. *Birm* —3G **131**
Corley Av. *Birm* —4F **145**
Corley Clo. *Shir* —6E **149**
Cornbrook Rd. *Birm* —6D **130**
Cornbury Gro. *Sol* —3B **150**
Corncrake Clo. *S Cold* —3B **70**
Corncrake Dri. *Birm* —1C **106**
Corncrake Rd. *Dud* —4A **76**
Cornel Clo. *Birm* —3E **123**
Cornerstone Country Club.
  Birm —2F **145**
Cornerway. *Birm* —2B **160**
Cornets End. —1H 155
Cornets End La. *Mer* —6E **141**
Cornfield. *Wolv* —6C **14**
Cornfield Clo. *W Hth* —1G **91**
Cornfield Cft. *Birm* —6F **107**
Cornfield Cft. *S Cold* —2D **70**
Cornfield Pl. *Row R* —5H **95**
Cornfield Rd. *Birm* —3F **145**
Cornfield Rd. *Row R* —5H **95**
Cornflower Clo. *F'stne* —1C **16**
Cornflower Cres. *Dud* —1H **95**
Cornflower Rd. *Clay* —1H **21**
Corngreaves Rd. *Crad H*
  —2F **111**
Corngreaves, The. *Birm*
  —3G **105**
Corngreaves Trad. Est. *Crad H*
  —4F **111**
Corngreaves Wlk. *Crad H*
  —4G **111**
Corn Hill. *Wals* —3A **50**

Corn Hill. *Wolv*
  —1H **43** (3D **170**)
Cornhill Gro. *Birm* —6E **133**
Corn Mill Clo. *Birm* —4C **130**
Corn Mill Clo. *Wals* —4B **48**
Cornmill Gro. *Pert* —6D **24**
Cornovian Clo. *Wolv* —4E **25**
Corns Gro. *Wom* —2F **73**
Corns Ho. W'bry —5E 47
  (off Birmingham St.)
Cornstall St. *W'bry* —6E **47**
Cornwall Av. *O'bry* —3H **113**
Cornwall Clo. *K'wfrd* —1C **92**
Cornwall Clo. *Wals* —6C **22**
Cornwall Clo. *W'bry* —1B **64**
Cornwall Ga. *W'hall* —4B **30**
Cornwall Ind. Est. *Smeth*
  —2F **99**
Cornwallis Rd. *W Brom*
  —6G **79**
Cornwall Pl. *Wals* —6E **31**
Cornwall Rd. *Birm* —5B **82**
Cornwall Rd. *Redn* —6E **143**
Cornwall Rd. *Smeth* —2F **99**
Cornwall Rd. *Stourb* —3B **108**
Cornwall Rd. *Wals* —4F **49**
Cornwall Rd. *Wolv* —5A **26**
Cornwall St. *Birm*
  —6F **101** (3C **4**)
Cornwall Tower. *Birm* —4D **100**
Cornwell Clo. *Tip* —2A **78**
Cornyx La. *Sol* —1H **151**
Coronation Av. *W'hall* —1D **46**
Coronation Rd. *Bils* —6E **45**
Coronation Rd. *Gt Barr*
  —1A **66**
Coronation Rd. *Pels* —5F **21**
Coronation Rd. *Salt* —3F **103**
Coronation Rd. *S Oak*
  —3B **132**
Coronation Rd. *Tip* —5A **62**
Coronation Rd. *Wals W*
  —4C **22**
Coronation Rd. *W'bry* —2A **64**
Coronation Rd. *Wolv* —4C **28**
Corporation Rd. *Dud* —5G **77**
Corporation Sq. *Birm*
  —6G **101** (3F **5**)
Corporation St. *Birm*
  —1G **117** (4E **5**)
  (in two parts)
Corporation St. *Wals* —3C **48**
Corporation St. *W'bry* —3G **63**
Corporation St. *Wolv*
  —1G **43** (3A **170**)
Corporation St. W. *Wals*
  —3B **48**
Corrie Cft. *Bart G* —5H **129**
Corrie Cft. *Birm* —4F **121**
Corrin Gro. *K'wfrd* —1A **92**
Corron Hill. Hale —1B 128
  (off Cobham Rd.)
Corser St. *Dud* —5B **76**
Corser St. *Stourb* —2E **125**
Corser St. *Wolv* —2B **44**
Corsican Clo. *W'hall* —2E **31**
Corvedale Rd. *Birm* —1E **145**
Corve Gdns. *Wolv* —4C **26**
Corve Vw. *Dud* —4G **59**
Corville Gdns. *Birm* —1G **137**
Corville Rd. *Hale* —5F **113**
Corwen Cft. *Birm* —6B **130**
  (in two parts)
Cory Cft. *Tip* —2A **78**
Coseley. —2E 61
Coseley Hall. *Bils* —5E **61**
Coseley Rd. *Bils* —6E **45**

Cosford Ct. *Wolv* —4E **25**
Cosford Cres. *Birm* —4E **87**
Cosford Dri. *Dud* —5G **95**
Cosgrove Wlk. *Wolv* —6D **14**
Cossington Rd. *Birm* —6D **68**
Cotford Rd. *Birm* —5A **148**
Cotheridge Clo. *Shir* —3G **165**
Cot La. *K'wfrd & Stourb*
  —3A **92**
Cotleigh Gro. *Birm* —2F **67**
Cotman Clo. *Birm* —2E **67**
Coton Gro. *Shir* —5E **149**
Coton La. *Birm* —3F **85**
Coton Rd. *Wolv* —6F **43**
Cotsdale Rd. *Wolv* —2C **58**
Cotsford. *Sol* —4E **151**
Cotswold Av. *Gt Wyr* —2F **7**
Cotswold Clo. *A'rdge* —6E **23**
Cotswold Clo. *O'bry* —4E **97**
Cotswold Clo. *Redn* —5H **143**
Cotswold Cft. *Hale* —4E **127**
Cotswold Gro. *W'hall* —6B **18**
Cotswold Rd. *Stourb* —5F **109**
Cotswold Rd. *Wolv* —4B **44**
Cottage Clo. *Wed* —3E **29**
  (in two parts)
Cottage Gdns. *Redn* —4F **157**
Cottage La. *Min* —1H **87**
Cottage La. *Wolv* —4H **15**
Cottage M. *A'rdge* —5G **35**
Cottage St. *Brie H* —6H **93**
Cottage St. *K'wfrd* —2B **92**
Cottage Vw. *Cod* —3H **13**
Cottage Wlk. *W Brom* —5B **80**
Cotteridge. —3B 146
Cotteridge Rd. *Birm* —3C **146**
Cotterills Av. *Birm* —5A **104**
Cotterills La. *Birm* —5G **103**
Cotterills Rd. *Tip* —6B **62**
Cottesbrook Rd. *Birm*
  —1B **136**
Cottesfield Clo. *Birm* —5H **103**
Cottesmore Clo. *W Brom*
  —5D **64**
Cottesmore Ho. *Birm* —4B **82**
Cottle Clo. *Wals* —6F **31**
Cotton La. *Birm* —3H **133**
Cottrells Clo. *Birm* —3C **148**
Cottrell St. *W Brom* —3B **80**
Cottsmeadow Dri. *Birm*
  —5A **104**
Cotwall End. —6G 59
Cotwall End Countryside Cen.
  —1G **75**
Cotwall End Rd. *Dud* —3F **75**
Cotysmore Rd. *S Cold* —5B **54**
Couchman Rd. *Birm* —5E **103**
Coulter Gro. *Pert* —5D **24**
Council Cres. *W'hall* —5C **30**
Counterfield Dri. *Row R*
  —4H **95**
Countess Dri. *Wals* —2H **33**
Countess St. *Wals* —4B **48**
County Bridge. —1E 47
County Clo. *Birm* —1D **146**
County Clo. *W'gte* —2A **130**
County La. *Alb & Cod W*
  —2A **12**
County La. *Iver* —5B **124**
  (in two parts)
County Pk. Av. *Hale* —2C **128**
Court Cres. *K'wfrd* —4H **91**
Courtenay Gdns. *Birm* —3A **66**
Courtenay Rd. *Birm* —6G **67**
Ct. Farm Rd. *Birm* —1E **85**
Ct. Farm Way. *Birm* —6D **130**
Courtland Rd. *K'wfrd* —1C **92**

Courtlands Clo. *Birm* —5E **117**
Courtlands, The. *Wolv* —5C **26**
Court La. *Birm* —5E **69**
Ct. Oak Gro. *Birm* —5D **114**
Ct. Oak Rd. *Birm* —5C **114**
Court Pde. *Wals* —3D **34**
Court Pas. *Dud* —6E **77**
Court Rd. *Bal H* —5G **117**
Court Rd. *Lane* —2C **60**
Court Rd. *S'hll* —1C **134**
Court Rd. *Wolv* —5D **26**
Court St. *Crad H* —2G **111**
Court St. *Stourb* —6E **109**
Court Way. *Wals* —1C **48**
Courtway Av. *Birm* —6B **148**
Courtyard, The. *Col* —5H **89**
Courtyard, The. *Sol* —3G **151**
Cousins St. *Wolv* —4H **43**
Coveley Gro. *Birm* —4C **100**
Coven Clo. *Wals* —2E **21**
Coven Gro. *Birm* —3F **131**
Coven Heath. —1H 15
Coven La. *Coven* —2D **14**
Coven St. *Wolv* —5H **27**
Coventry Rd. *Bick* —2C **138**
Coventry Rd. *Col* —6H **107**
Coventry Rd. *Sheld & Elmd*
—1E **137**
Coventry Rd. *Small H & Yard*
—2A **118**
Coventry St. *Birm*
—1H **117** (5G **5**)
Coventry St. *Stourb* —6E **109**
Coventry St. *Wolv* —1C **44**
Cover Cft. *S Cold* —4E **71**
Coverdale Rd. *Sol* —1E **137**
Covert La. *Stourb* —4B **124**
Covert, The. *Wolv* —6C **14**
Cowles Cft. *Birm* —2C **120**
Cowley Clo. *Birm* —6B **88**
Cowley Dri. *Birm* —1B **136**
Cowley Dri. *Dud* —5D **76**
Cowley Grn. *Birm* —6E **119**
Cowley Rd. *Birm* —6E **119**
Cowper Clo. *W'hall* —2E **31**
Cowslip Clo. *K Nor* —1B **160**
Cowslip Clo. *S Oak* —6E **131**
Cowslip Wlk. *Brie H* —5G **109**
Coxcroft Av. *Brie H* —3B **110**
Cox Rd. *Bils* —4G **61**
Cox's La. *Crad H* —1H **111**
Cox St. *Birm* —5F **101** (1B **4**)
Coxwell Av. *Wolv* —3G **27**
Coxwell Gdns. *Birm* —1B **116**
Coyne Clo. *Tip* —2F **77**
Coyne Rd. *W Brom* —5H **79**
Crabbe St. *Stourb* —6B **110**
Crab La. *K'wfrd* —5E **93**
Crab La. *W'hall* —6D **18**
Crabmill Clo. *Birm* —2A **160**
Crabmill Clo. *Know* —2E **167**
Crabmill La. *Birm* —2E **161**
Crabourne Rd. *Dud* —1D **110**
Crabtree Clo. *Birm* —5G **145**
Crabtree Clo. *Hag* —6F **125**
Crabtree Clo. *W Brom* —5D **64**
Crabtree Dri. *Birm* —1B **122**
Crab Tree Ho. *Birm* —6C **104**
Crabtree Rd. *Birm* —4C **100**
Crackley Way. *Dud* —3G **94**
Craddock Rd. *Smeth* —3C **98**
Craddock St. *Wolv* —5E **27**
Cradley Cft. *Birm* —4G **81**
Cradley Fields. *Hale* —6F **111**
Cradley Forge. *Brie H*
—3C **110**

Cradley Heath. —3E 111
Cradley Heath Factory Cen.
Crad H —3E **111**
Cradley Mill. *Brie H* —4B **110**
Cradley Pk. Rd. *Dud* —1E **111**
Cradley Rd. *Crad H* —3E **111**
Cradley Rd. *Dud* —5F **95**
Cradock Rd. *Salt* —4E **103**
Craig Cft. *Birm* —1F **123**
Crail Gro. *Birm* —1D **66**
Cramlington Rd. *Birm* —5C **66**
Cramp Hill. *W'bry* —5D **46**
Cranbourne Av. *Wolv* —2A **60**
Cranbourne Clo. *Redn*
—5G **143**
Cranbourne Gro. *Birm* —5A **68**
Cranbourne Pl. *W Brom*
—3B **80**
Cranbourne Rd. *Birm* —5A **68**
Cranbourne Rd. *Stourb*
—1E **125**
Cranbrook Ct. W'hall —1C **46**
(off Mill St.)
Cranbrook Gro. *Wolv* —6F **25**
Cranbrook Rd. *Birm* —6G **81**
Cranby St. *Birm* —4D **102**
Craneberry Rd. *Birm* —1A **122**
Cranebrook Hill. Dray B
—4H **39**
Cranebrook La. *Hltn* —1H **23**
Crane Ct. *Wals* —6E **33**
Crane Dri. *Burn* —1C **10**
Crane Hollow. *Wom* —2E **73**
Cranehouse Rd. *Birm* —3B **68**
Cranemoor Clo. *Birm* —3C **102**
Crane Rd. *Bils* —2H **61**
Cranesbill Rd. *Birm* —1E **145**
Cranes Pk. Rd. *Birm* —6G **121**
Crane Ter. *Wolv* —4C **26**
Cranfield Gro. *Birm* —3D **120**
Cranfield Pl. *Wals* —1D **64**
Cranford Gro. *Sol* —6F **151**
Cranford Rd. *Wolv* —3A **42**
Cranford St. *Smeth* —4G **99**
Cranford Way. *Smeth* —4G **99**
Cranham Dri. *K'wfrd* —4C **92**
Cranhill Clo. *Sol* —4F **137**
Crankhall La. *W'bry & W Brom*
—2H **63**
Cranleigh Clo. *Wals* —4D **34**
Cranleigh Clo. *W'hall* —6C **18**
Cranleigh Ho. *Birm* —1F **85**
Cranleigh Pl. *Birm* —2G **83**
Cranloy Dri. *Cod* —3F **13**
Cranmer Av. *W'hall* —2D **30**
Cranmere Av. *Wolv* —3G **25**
Cranmere Clo. *C Hay* —4D **6**
Cranmer Gro. *S Cold* —3F **37**
Cranmoor Cres. *Hale* —6A **112**
Cranmore Av. *Birm* —2H **99**
Cranmore Av. *Shir* —1C **164**
Cranmore Boulevd. Shir
—1B **164**
Cranmore Clo. *Tip* —5A **62**
Cranmore Dri. *Shir* —6C **150**
Cranmore Rd. *Birm* —6H **87**
Cranmore Rd. *Shir* —1B **164**
Cranmore Rd. *Wolv* —6D **26**
Cransley Gro. *Sol* —6E **151**
Crantock Clo. *Ess* —6C **18**
Crantock Rd. *Birm* —3E **83**
Cranwell Grn. *Wom* —2F **73**
Cranwell Gro. *Birm* —4B **86**
Cranwell Way. *Birm* —4E **87**
Crathorne Av. *Wolv* —6G **15**
Craufurd Ct. *Stourb* —2E **125**
Craufurd St. *Stourb* —2E **125**

Craven Heights. *H Ard*
—6A **140**
Craven St. *Wolv* —5B **44**
Crawford Av. *Smeth* —5D **98**
Crawford Av. *W'bry* —4C **46**
Crawford Av. *Wolv* —2B **60**
Crawford Rd. *S Cold* —5D **70**
Crawford Rd. *Wolv* —1E **43**
Crawford St. *Birm* —4C **102**
Crawley Wlk. *Crad H* —2F **111**
Crawshaws Rd. *Birm* —6G **87**
Crayford Rd. *Birm* —4A **68**
Craythorne Av. *Birm* —2A **82**
Crecy Clo. *S Cold* —1C **70**
Credenda Rd. *W Brom*
—6G **79**
Credon Gro. *Edg* —1B **132**
Cregoe St. *Birm* —2E **117**
Cremore Av. *Birm* —4E **103**
Cremorne Rd. *S Cold* —1H **53**
Crendon Rd. *Row R* —3A **96**
Crescent Av. *Brie H* —1G **109**
Crescent Av. *Hock* —3D **100**
Crescent Rd. *Dud* —4D **94**
Crescent Rd. *W'bry* —5D **46**
Crescent Rd. *W'hall* —1C **46**
Crescent, The. *Bils* —5F **45**
Crescent, The. *Birm* —2F **67**
(nr. Collingwood Dri.)
Crescent, The. *Birm* —4C **66**
(nr. Queslett Rd.)
Crescent, The. *Birm P*
—3G **123**
Crescent, The. *Crad H*
—4A **112**
Crescent, The. *Dud* —3G **77**
Crescent, The. *Gt Wyr* —3G **7**
Crescent, The. *H Ard* —6B **140**
Crescent, The. *Hock* —3D **100**
Crescent, The. *Row R*
—1C **112**
Crescent, The. *Shir* —3G **149**
Crescent, The. *Sol* —3F **151**
Crescent, The. *Stourb*
—1G **125**
Crescent, The. *Wat O* —4D **88**
Crescent, The. *W'bry* —1G **63**
Crescent, The. *W'hall* —2C **46**
Crescent, The. *Wolv* —6H **25**
Crescent Tower. *Birm* —4A **4**
Crescent Wlk. *Birm* —5A **4**
Cressage Av. *Birm* —6E **145**
Cressett Av. *Brie H* —5F **93**
Cressett La. *Brie H* —5G **93**
Cressington Dri. *S Cold*
—2G **53**
Cresswell Ct. *Pend* —4E **15**
Cresswell Cres. *Wals* —5F **19**
Cresswell Gro. *Birm* —3B **86**
Crest, The. *Birm* —2F **159**
Crest Vw. *Birm* —3B **148**
Crest Vw. *S Cold* —3H **51**
Crestwood Dri. *Birm* —6G **67**
Crestwood Glen. *Wolv* —2C **26**
Creswell Rd. *Birm* —6H **135**
Creswick Gro. *Redn* —2A **158**
Crew Rd. *W'bry* —1G **63**
Creynolds Clo. *Shir* —5B **164**
Creynolds La. *Shir* —6B **164**
Cricket Clo. *Wals* —4F **49**
Cricketers Mdw. *Crad H*
—4G **111**
Cricket Mdw. *Dud* —2A **76**
Cricket Mdw. *Wolv* —3H **15**
Cricket St. *W Brom* —6F **63**
Crick La. *Birm* —1C **100**

Cricklewood Dri. *Hale*
—2D **128**
Crimmond Ri. *Hale* —6G **111**
Crimscote Clo. *Shir* —3D **164**
Cripps Rd. *Wals* —6E **31**
Criterion Works. *W'hall*
—3B **46**
Crocketts Av. *Birm* —2H **99**
Crockett's La. *Smeth* —4E **99**
Crocketts Rd. *Birm* —2G **99**
Crockett St. *Dud* —5C **76**
Crockford Dri. *S Cold* —6H **37**
Crockford Rd. *W Brom*
—4A **64**
Crockington La. *Seis* —3A **56**
Crocus Cres. *Pend* —4E **15**
Croft Apartments. W'hall
(off Croft St.) —1A **46**
Croft Clo. *Birm* —3C **120**
Croft Ct. *Cas B* —1F **105**
Croft Cres. *Wals* —6H **9**
Croftdown Rd. *Birm* —5D **114**
Cft. Down Rd. *Sol* —1H **137**
Croft Dri. *Birm* —3D **120**
Crofters Clo. *Stourb* —1F **125**
Crofters Ct. *Birm* —5A **116**
Crofters Wlk. *Wolv* —6C **14**
Croft Gdns. *Birm* —1D **104**
Croft Ho. Wals —2D **48**
(off Paddock La.)
Croft Ind. Est. *Birm* —1F **123**
Croft Ind. Est. *W'hall* —1A **46**
Crofton Common. —2E 159
Crofton Hackett. —6B 158
Croft Pde. *Wals* —3D **34**
Croft Rd. *Birm* —3C **120**
Crofts, The. *S Cold* —6E **71**
Croft St. *Wals* —6B **32**
Croft St. *W'hall* —1A **46**
(in two parts)
Croft, The. *Birm* —4F **145**
Croft, The. *Dud* —3B **94**
Croft, The. *Wals* —3A **50**
Croft, The. *W'hall* —3D **30**
Croft, The. *Wom* —2D **72**
Croftway, The. *Birm* —1A **82**
Croftwood Rd. *Stourb*
—1H **125**
Cromane Sq. *Birm* —6A **66**
Cromdale Dri. *Hale* —2F **127**
Cromer Gdns. *Wolv* —4D **26**
Crome Rd. *Birm* —2F **67**
Cromer Rd. *Birm* —6H **117**
Crompton Av. *Hand* —6E **83**
Crompton Clo. *Wals* —4G **31**
Crompton Rd. *Hand* —6E **83**
Crompton Rd. *Nech* —1C **102**
Crompton Rd. *Redn* —6D **142**
Crompton Rd. *Tip* —3A **78**
Cromwell Clo. *Bntly* —5E **31**
Cromwell Clo. *Row R* —4H **95**
Cromwell Dri. *Dud* —1H **95**
Cromwell La. *Birm* —5B **130**
Cromwell Rd. *Wolv* —4A **16**
Cromwell St. *Birm* —4B **102**
Cromwell St. *Dud* —1G **95**
Cromwell St. *W Brom* —3A **80**
Crondal Pl. *Birm* —4D **116**
Cronehills Linkway. *W Brom*
—3B **80**
Cronehills St. *W Brom* —4B **80**
Cronehills, The. —4A 80
Crooked Ho. La. *Dud* —5D **74**
Crookham Clo. *Birm* —4D **114**

Crookhay La. *W Brom* —5G **63**
Crook La. *Wals* —4C **50**
Croome Clo. *S'hll* —2B **134**
Cropredy Rd. *Birm* —1E **159**
Cropthorne Dri. *H'wd*
—2B **162**
Cropthorne Rd. *Shir* —4A **150**
Crosbie Rd. *Birm* —5F **115**
Crosby Clo. *Birm* —6D **100**
Crosby Clo. *Wolv* —4D **26**
Cross Clo. *Crad H* —1H **111**
Cross Farm Rd. *Birm* —1G **131**
Cross Farms La. *Redn*
—6F **143**
Crossfield Rd. *Birm* —5F **105**
Crossgate Rd. *Dud* —3B **94**
Crossings Ind. Est., The. *Wals*
—1G **31**
Crosskey Clo. *Birm* —1A **122**
Crossland Cres. *Wolv* —3D **26**
Crossland Rd. *Birm* —3D **144**
Cross La. *Birm* —4A **66**
Cross La. *Dud* —5H **59**
Cross La. *Wtgtn* —1E **37**
Crossley St. *Dud* —5F **95**
Cross Pl. *Dud* —4A **60**
Cross St. *Bils* —3G **61**
(in two parts)
Cross St. *Birm* —1G **99**
Cross St. *C Hay* —3D **6**
Cross St. *Dud* —6E **77**
Cross St. *Hale* —2A **128**
Cross St. *K'wfrd* —1H **91**
Cross St. *O'bry* —5G **97**
Cross St. *Pels* —6E **21**
Cross St. *Row R* —2C **112**
Cross St. *Smeth* —3E **99**
Cross St. *Stourb* —6C **108**
Cross St. *W'bry* —4D **46**
(nr. Blockhall)
Cross St. *W'bry* —2E **63**
(nr. Meeting St.)
—2E **109**
Cross St. *W'hall* —2A **46**
Cross St. *Wolv* —2B **44**
Cross St. *Word* —6B **92**
Cross St. N. *Wolv* —5H **27**
Cross St. S. *Wolv* —4G **43**
Cross, The. *K'wfrd* —3B **92**
Cross Wlk. *Tiv* —1C **96**
Cross Walks Rd. *Stourb*
—6A **110**
Crossway La. *Birm* —1H **83**
Crossways Ct. *Birm* —6B **68**
Crossways Grn. *Birm* —6B **68**
Crosswells Rd. *O'bry* —4H **97**
Crowberry Clo. *Clay* —1H **21**
Crowesbridge M. *Bils* —5D **60**
Crowhurst Rd. *Birm* —2C **158**
Crowland Av. *Wolv* —5E **25**
Crowle Dri. *Stourb* —6G **109**
Crown Av. *Birm* —5F **83**
Crown Cen., The. *Stourb*
—6E **109**
Crown Clo. *Dud* —4H **59**
Crown Clo. *Row R* —5D **96**
Crown Ct. *W'bry* —3C **46**
Crown La. *Iver* —6A **124**
Crown La. *Stourb* —6D **108**
Crown La. *S Cold* —6E **37**
Crownmeadow Dri. *Tip*
—6D **62**
Crown Rd. *Birm* —1D **118**
(B9)
Crown Rd. *Birm* —3C **146**
(B30)
Crown St. *Wolv* —5H **27**
Crown Wlk. *Tip* —5A **78**

Crows Nest Clo. *S Cold*
—2D **70**
Crowther Gdns. *Hale* —4E **111**
Crowther Gro. *Wolv* —5D **26**
Crowther Rd. *Birm* —2C **84**
Crowther Rd. *Wolv* —5C **26**
Crowther St. *Wolv* —5A **28**
Croxall Way. *Smeth* —4F **99**
Croxdene Av. *Wals* —6F **19**
(in two parts)
Croxley Gdns. *W'hall* —3H **45**
Croxstalls Av. *Wals* —1G **31**
Croxstalls Clo. *Wals* —6G **19**
Croxstalls Pl. *Wals* —1G **31**
Croxstalls Rd. *Wals* —6G **19**
Croxton Gro. *Birm* —5E **105**
Croyde Av. *Birm* —6C **66**
Croydon Rd. *B'brk* —2B **132**
Croydon Rd. *Erd* —6F **85**
Croy Dri. *Birm* —3F **87**
Crusader Clo. *O'bry* —4E **97**
Crychan Clo. *Redn* —5H **143**
Cryersoak Clo. *Shir* —2F **165**
Crystal Av. *Stourb* —2D **108**
Crystal Dri. *Smeth* —1A **98**
Crystal Ho. *Smeth* —3F **99**
Cubley Rd. *Birm* —4E **135**
Cuckoo Rd. *Birm* —1C **102**
Cuin Dri. *Smeth* —4G **99**
Cuin Rd. *Smeth* —4G **99**
Cuin Wlk. *Smeth* —4G **99**
(off Cuin Rd.)
Culey Gro. *Birm* —1H **121**
Culey Wlk. *Birm* —1F **123**
Culford Dri. *Birm* —5A **130**
Culham Clo. *Birm* —3B **136**
Cullwick St. *Wolv* —4C **44**
Culmington Rd. *Birm* —1D **158**
Culmore Clo. *W'hall* —5D **30**
Culmore Rd. *Hale* —2E **113**
Culverhouse Dri. *Brie H*
—2E **109**
Culverley Cres. *Know* —3B **166**
Culvert Way. *Smeth* —2B **98**
Culwell Ind. Est. *Wolv* —5B **28**
Culwell St. *Wolv*
—6H **27** (1D **170**)
Cumberford Av. *Birm* —2A **122**
Cumberland Av. *Birm* —4G **117**
Cumberland Clo. *K'wfrd*
—5C **92**
Cumberland Ho. *Wolv* —5G **27**
(off Lomas St.)
Cumberland Rd. *Bils* —4F **45**
Cumberland Rd. *O'bry*
—4H **113**
Cumberland Rd. *W Brom*
—1B **80**
Cumberland Rd. *W'hall*
—1D **46**
Cumberland St. *Birm*
—1E **117** (5A **4**)
Cumberland St. N. *Birm*
—1D **116** (5A **4**)
Cumberland Wlk. *S Cold*
—6F **55**
Cumbrian Cft. *Hale* —3F **127**
Cumbria Way. *Salt* —3D **102**
Cunningham Rd. *Pert* —5E **25**
Cunningham Rd. *Wals* —1E **47**
Cupfields Av. *Tip* —5B **62**
Cupfields Cres. *Tip* —6C **62**
Curbar Rd. *Birm* —1E **83**
Curdale Rd. *Birm* —5H **129**
Curdworth. —1D 88
Curlews Clo. *Birm* —5C **68**
Curral Rd. *Row R* —6C **96**

Curtin Dri. *W'bry* —1B **62**
Curtis Clo. *Smeth* —5G **99**
Curzon Circ. *Birm* —6A **102**
Curzon St. *Birm*
—6H **101** (3H **5**)
Curzon St. *Wolv* —4H **43**
Cuthbert Rd. *Birm* —5A **100**
Cutlers Rough Clo. *Birm*
—2D **144**
Cutler St. *Smeth* —3F **99**
Cutsdean Clo. *Birm* —1D **144**
Cutshill Clo. *Birm* —1D **105**
Cutting, The. *Wals* —6D **32**
Cuttle Pool La. *Know* —5H **167**
Cutworth Clo. *S Cold* —2E **71**
Cwerne Ct. *Dud* —4G **75**
Cygnet Clo. *Wolv* —1A **42**
Cygnet Gro. *Birm* —1A **84**
Cygnet La. *Pens* —2G **93**
Cygnet Rd. *Smeth* —2G **79**
Cygnus Bus. Pk. Ind. Cen.
W Brom —1F **79**
Cygnus Way. *W Brom* —2F **79**
Cypress Av. *Dud* —2H **75**
Cypress Gdns. *K'wfrd* —5A **92**
Cypress Gdns. *Wals* —1G **65**
Cypress Gro. *Birm* —6C **144**
Cypress Rd. *Dud* —6H **77**
Cypress Rd. *Wals* —1G **65**
Cypress Sq. *Birm* —6A **120**
Cypress Way. *Birm* —1D **158**
Cyprus Clo. *Birm* —6E **131**
Cyprus St. *O'bry* —1G **97**
(in two parts)
Cyprus St. *Wolv* —5G **43**
Cyril Rd. *Birm* —3D **118**

Dacer Clo. *Birm* —2D **146**
Dadford Vw. *Brie H* —1F **109**
Dad's La. *Birm* —4E **133**
Daffodil Clo. *Dud* —6A **60**
Daffodil Pl. *Wals* —3H **49**
Daffodil Rd. *Wals* —3H **49**
Daffodil Way. *Birm* —6C **144**
Dagger La. *W Brom* —3C **80**
Dagnall Rd. *Birm* —2B **136**
Daimler Clo. *Birm* —6B **88**
Daimler Rd. *Birm* —4D **148**
Dainton Gro. *Birm* —4A **130**
Dairy Clo. *Tip* —2B **78**
Dairy Ct. *O'bry* —4B **114**
Daisy Bank. —3A 50
Daisy Bank Clo. *Wals* —5F **21**
Daisy Bank Cres. *Wals* —3H **49**
Daisy Dri. *Erd* —2A **84**
Daisy Farm Rd. *Birm* —5B **148**
Daisy Mdw. *Tip* —1C **78**
Daisy Rd. *Birm* —1B **116**
Daisy St. *Bils* —3F **61**
Daisy Wlk. *Pend* —4E **15**
Dalbeg Clo. *Wolv* —1C **26**
Dalbury Rd. *Birm* —2E **149**
Dalby Rd. *Wals* —3D **32**
Dale Clo. *Birm* —4H **65**
Dale Clo. *Smeth* —6E **99**
Dale Clo. *Tip* —2D **78**
Dalecote Av. *Sol* —5A **138**
Dale End. *Birm*
—6G **101** (4F **5**)
(in two parts)
Dale Mdw. Clo. *Bal C* —3H **169**
Dale Rd. *Birm* —2A **132**
Dale Rd. *Hale* —4E **113**
Dale Rd. *Stourb* —3D **124**
Dales Clo. *Wolv* —3F **27**

Dales La. *Wals* —4G **33**
Dalesman Clo. *K'wfrd* —2H **91**
Dale St. *Bils* —6H **45**
Dale St. *Smeth* —6E **99**
Dale St. *Tip* —1D **78**
Dale St. *Wals* —4B **48**
(in two parts)
Dale St. *W'bry* —2E **63**
Dale St. *Wolv* —2F **43**
Dale Ter. *Tiv* —1C **96**
Daleview Rd. *Birm* —3C **148**
Dale Wlk. *Birm* —4H **119**
Dalewood Cft. *Birm* —5D **120**
Dalewood Rd. *Birm* —4B **106**
Daley Clo. *Birm* —6D **100**
Daley Rd. *Bils* —3H **61**
Dalkeith Rd. *S Cold* —3D **68**
Dalkeith St. *Wals* —6A **32**
Dallas Rd. *Birm* —3C **84**
Dallimore Clo. *Sol* —2D **136**
Dalloway Clo. *Birm* —5F **117**
Dalston Clo. *Dud* —3F **95**
Dalston Rd. *Birm* —1A **136**
Dalton Ct. *Birm* —3B **84**
Dalton Rd. *Wals* —6G **31**
Dalton St. *Birm*
—6G **101** (3F **5**)
Dalton St. *Wolv* —3F **43**
Dalton Tower. *Birm* —1G **5**
Dalton Way. *Birm*
—6G **101** (3E **5**)
Dalvine Rd. *Dud* —1D **110**
Dalwood Clo. *Bils* —6D **60**
Damar Cft. *Birm* —3F **147**
Damian Clo. *Smeth* —4D **98**
Damson La. *Sol* —2A **152**
Damson Parkway. *Sol*
—2B **138**
Danbury Clo. *S Cold* —3E **71**
Danbury Rd. *Shir* —5H **149**
Danby Gro. *Birm* —5H **85**
Dando Rd. *Dud* —1F **95**
Dandy Bank Rd. *K'wfrd*
—1E **93**
Dandy's Wlk. *Wals* —2D **48**
Dane Gro. *Birm* —5F **133**
Danehill Wlk. *Wolv* —1D **26**
Danesbury Cres. *Birm* —5A **68**
Danes Clo. *Ess* —3H **17**
Danescourt Rd. *Wolv* —3A **26**
Daneswood Dri. *Wals* —4B **22**
Dane Ter. *Row R* —4C **96**
Daneways Clo. *S Cold* —3A **52**
Danford Clo. *Stourb* —1E **125**
Danford Gdns. *Birm* —3C **118**
Danford La. *Sol* —4C **150**
Danford Rd. *H'wd* —3H **161**
Danford Way. *Birm* —5H **65**
Dangerfield Ho. *W Brom*
—6C **80**
Dangerfield La. *W'bry* —6C **46**
Daniels La. *Wals* —5E **35**
Daniels Rd. *Birm* —1G **119**
Danks St. *Tip* —5A **78**
Danzey Grn. Rd. *Birm* —6F **87**
Danzey Gro. *Birm* —4E **147**
Darby Clo. *Bils* —3C **60**
Darby End. —5G 95
Darby End Rd. *Dud* —5G **95**
Darby Ho. *Wals* —4A **48**
(off Caledon St.)
Darby Rd. *O'bry* —4A **98**
Darby Rd. *W'bry* —2H **63**
Darby's Hill Rd. *Tiv* —1A **96**
Darby St. *Row R* —2C **112**
Darell Cft. *S Cold* —2C **70**
Daren Clo. *Birm* —1B **106**

Dare Rd. *Birm* —3E 85
Darfield Wlk. *Birm* —3H 117
Darges La. *Wals* —1F 7
Darkhouse La. *Bils* —3E 61
Darkies, The. *N'fld* —4F 145
(in two parts)
Dark La. *K Nor & H'wd*
—2E 161
Dark La. *Rom* —3A 142
Dark La. *Wals* —4A 8
Darlaston. —5D 46
Darlaston Central Trad. Est.
W'bry —4E 47
Darlaston Green. —3D 46
Darlaston La. *Bils* —4A 46
Darlaston Rd. *Wals* —4F 47
Darlaston Rd. *W'bry* —5D 46
Darlaston Rd. Ind. Est. *W'bry*
—6D 46
Darlaston Row. *Mer* —4H 141
Darley Av. *Birm* —3D 104
Darleydale Av. *Birm* —4G 67
Darley Dri. *Wolv* —4F 27
Darley Ho. *O'bry* —3D 96
Darley Mead Ct. *Sol* —3A 152
Darley Way. *S Cold* —4A 52
Darlington St. *W'bry* —1D 62
Darlington St. *Wolv* —1F 43
Darlington Yd. *Wolv*
—1G 43 (3A 170)
Darnel Cft. *Birm* —2B 118
Darnel Hurst Rd. *S Cold*
—6A 38
Darnford Clo. *Birm* —2G 149
Darnford Clo. *S Cold* —6B 70
Darnick Rd. *S Cold* —2D 68
Darnley Rd. *Birm* —1C 116
Darris Rd. *Birm* —5C 132
Dartford Rd. *Wals* —6F 19
Dartmoor Clo. *Redn* —5G 143
Dartmouth Av. *Stourb* —5B 92
Dartmouth Av. *Wals* —4C 32
Dartmouth Av. *W'hall* —1A 46
Dartmouth Cir. *Birm* —4H 101
Dartmouth Clo. *Wals* —4C 32
Dartmouth Cres. *Bils* —4A 46
Dartmouth Dri. *Wals* —4B 34
Dartmouth Middleway. *Birm*
—4H 101 (1H 5)
Dartmouth Pl. *Wals* —3D 32
Dartmouth Rd. *S Oak & Birm*
—3B 132
Dartmouth Rd. *Smeth* —1D 98
Dartmouth Sq. *W Brom*
—5B 80
Dartmouth St. *W Brom*
—4H 79
Dartmouth St. *Wolv* —3H 43
Dart St. *Birm* —2B 118
Darvel Rd. *W'hall* —5D 30
Darwall St. *Wals* —1C 48
Darwin Ct. *Wolv* —5E 25
Darwin Ho. *Birm* —2D 122
Darwin Pl. *Wals* —3H 31
Darwin Rd. *Wals* —4H 31
Darwin St. *Birm* —3H 117
(in two parts)
Dassett Gro. *Birm* —1A 120
Dassett Rd. *Ben H* —5B 166
Dauntsey Covert. *Birm*
—5F 147
Davena Dri. *Birm* —3C 130
Davena Gro. *Bils* —2F 61
Davenport Dri. *Birm* —4G 87
Davenport Rd. *Tett* —4H 25
Davenport Rd. *Wed* —3G 29
Daventry Gro. *Birm* —5B 114

Davey Rd. *Birm* —6G 83
Davey Rd. *W Brom* —2G 79
David Cox Tower. *Birm*
—6D 130
David Peacock Clo. *Tip*
—2A 78
David Rd. *Birm* —5D 82
David Rd. *Tip* —6A 62
Davids, The. *Birm* —1G 145
Davies Av. *Bils* —2F 61
Davies Ho. *Blox* —5H 19
Davis Av. *Tip* —3G 77
Davis Gro. *Birm* —5B 120
Davis Ho. *O'bry* —2G 97
Davison Rd. *Smeth* —6D 98
Davis Rd. *W'hall* —1D 30
Davy Rd. *Wals* —4G 31
Dawberry Clo. *Birm* —2F 147
Dawberry Fields Rd. *Birm*
—2E 147
Dawberry Rd. *Birm* —2E 147
Daw End. —4G 33
Daw End. *Wals* —3G 33
Daw End La. *Wals* —2F 33
Dawes Av. *W Brom* —6A 80
Dawes La. *Wals* —4C 10
Dawley Brook Rd. *K'wfrd*
—2B 92
Dawley Clo. *Wals* —4H 47
Dawley Cres. *Birm* —2D 122
Dawley Rd. *K'wfrd* —1A 92
Dawley Trad. Est. *K'wfrd*
—1B 92
Dawlish Rd. *Birm* —2B 132
Dawlish Rd. *Dud* —1D 76
Dawlish Rd. *Smeth* —4F 99
Dawn Dri. *Tip* —3C 62
Dawney Dri. *S Cold* —5G 37
Dawn Rd. *Birm* —1C 144
Dawson Av. *Bils* —3C 60
Dawson Rd. *Birm* —1A 100
Dawson Sq. *Bils* —6E 45
Dawson St. *Smeth* —6E 99
Dawson St. *Wals* —1B 32
Day Av. *Wolv* —2G 29
Day Ho. *Tip* —5C 62
Dayhouse Bank. —6A 142
Dayhouse Bank. *Rom*
—6B 142
Daylesford Rd. *Sol* —2E 137
Day St. *Wals* —6C 32
Deakin Av. *Wals* —4B 10
Deakin Rd. *Birm* —4F 85
Deakin Rd. *S Cold* —4C 54
Deakins Rd. *Birm* —4H 119
Deal Dri. *Tiv* —6A 78
Deal Gro. *Birm* —3E 145
Deanbrook Clo. *Shir* —3E 165
Dean Clo. *Birm* —5B 68
Dean Clo. *Stourb* —5F 109
Dean Clo. *S Cold* —6A 70
Dean Ct. *Brie H* —1H 109
(off Promenade, The)
Dean Ct. *Pert* —3E 25
Deanery Row. *Wolv*
—6G 27 (1B 170)
Dean Rd. *Birm* —2F 85
Dean Rd. *Wals* —2G 33
Dean Rd. *Wom* —2F 73
Deans Bank Cen., The. *Wals*
—3B 48
Deansfield Rd. *Wolv* —1C 44
Deans Pl. *Wals* —3D 32
Dean's Rd. *Wolv* —6C 28
Dean St. *Birm* —2G 117 (6F 5)
Dean St. *Dud* —5H 59
Dearman Rd. *Birm* —4B 118

Dearmont Rd. *Birm* —2C 158
Dearne Ct. *Dud* —1C 76
Debdale Clo. *Sol* —2H 151
Debden Clo. *Dorr* —6F 167
Debenham Cres. *Birm*
—2B 120
Debenham Rd. *Birm* —2B 120
Deblen Dri. *Birm* —2H 115
Deborah Clo. *Wolv* —5G 43
Dee Gro. *Birm* —1A 160
Deelands Rd. *Redn* —1F 157
Deeley Clo. *Birm* —4E 117
Deeley Clo. *Crad H* —4G 111
Deeley Dri. *Tip* —1C 78
Deeley Pl. *Wals* —1H 31
Deeley St. *Brie H* —2A 110
Deeley St. *Wals* —1H 31
Deepdale Av. *Birm* —1F 137
Deepdale La. *Dud* —4A 76
Deepdales. *Wom* —1E 73
Deepfields. —3D 60
Deeplow St. *S Cold* —1A 70
Deepmoor Rd. *Birm* —6D 104
Deepmore Av. *Wals* —6H 31
Deepwood Clo. *Wals* —1F 33
Deepwood Gro. *Birm* —5H 129
Deer Clo. *Wals* —6A 20
Deerham Clo. *Birm* —6D 68
Deerhurst Ct. *Sol* —3H 151
Deerhurst Rd. *Birm* —2B 82
Deer Pk. Way. *Sol* —6G 151
Deer Wlk. *Wolv* —5D 14
Dee Wlk. *Birm* —1C 106
(in two parts)
Defford Av. *Wals* —6G 21
Defford Dri. *O'bry* —5H 97
Deighton Rd. *Wals* —1F 65
Delamere Clo. *Birm* —6H 87
Delamere Dri. *Wals* —2G 65
Delamere Rd. *Birm* —6F 135
Delamere Rd. *W'hall* —2C 30
Delancey Keep. *S Cold* —6E 55
Delhurst Rd. *Birm* —4F 67
Delhurst Rd. *Wolv* —2A 60
Delius Ho. *Birm* —1D 116
Della Dri. *Birm* —5B 130
Dell Farm Clo. *Know* —3E 167
Dellows Clo. *Birm* —2H 159
Dell Rd. *Birm* —2C 146
Dell Rd. *Brie H* —4F 93
Dell, The. *Birm* —6B 88
Dell, The. *N'fld* —1B 144
Dell, The. *Sol* —4E 137
Dell, The. *Stourb* —5C 108
Dell, The. *S Cold* —3G 53
Delmore Way. *Min* —1F 87
Delphinium Clo. *Birm* —6F 103
Delph La. *Brie H* —3H 109
Delph Rd. *Brie H* —2G 109
Delph Rd. Ind. Est. *Brie H*
—2G 109
Delrene Rd. *Hall G & Shir*
—4F 149
Delves Cres. *Wals* —6E 49
Delves Grn. Rd. *Wals* —5E 49
Delves Rd. *Wals* —4D 48
Delville Clo. *W'bry* —1F 63
Delville Rd. *W'bry* —1F 63
Delville Ter. *W'bry* —1F 63
De Marnham Clo. *W Brom*
—6C 80
De Montfort Ho. *Birm* —4B 106
De Moram Gro. *Sol* —6B 138
Demuth Way. *O'bry* —3F 97
Denaby Gro. *Birm* —3D 148

Denbigh Clo. *Dud* —5B 76
Denbigh Cres. *W Brom*
—1H 79
Denbigh Dri. *W'bry* —1B 64
Denbigh Dri. *W Brom* —6G 63
Denbigh Rd. *Tip* —2C 78
Denbigh St. *Birm* —1D 118
Denby Clo. *Birm* —4B 102
Denby Cft. *Birm* —3F 165
Dencer Clo. *Redn* —1G 157
Dencil Clo. *Hale* —6F 111
Dene Av. *K'wfrd* —5A 92
Dene Ct. Rd. *Sol* —4D 136
Denegate Clo. *Min* —1E 87
Dene Hollow. *Birm* —1C 148
Dene Rd. *Stourb* —2D 124
Dene Rd. *Wolv* —1F 57
Denewood Av. *Birm* —5C 82
Denford Gro. *Birm* —2F 147
Dengate Dri. *Bal C* —2H 169
Denham Ct. Birm —5C 84
(off Park App.)
Denham Gdns. *Wolv* —3H 41
Denham Rd. *Birm* —6H 119
Denholme Gro. *Birm* —4A 148
Denholm Rd. *S Cold* —2D 68
Denise Dri. *Bils* —5D 60
Denise Dri. *Harb* —1G 131
Denise Dri. *K'hrst* —5B 106
Denleigh Rd. *K'wfrd* —5D 92
Denmark Clo. *Wolv* —5E 27
Denmead Dri. *Wolv* —1H 29
Denmore Gdns. *Wolv* —1D 44
Dennis Hall Rd. *Stourb*
—3E 109
Dennis Rd. *Birm* —1B 134
Dennis St. *Stourb* —3D 108
Denshaw Rd. *Birm* —1F 147
Denton Gro. *Gt Barr* —6H 65
Denton Gro. *Stech* —1B 120
Denton Rd. *Stourb* —1C 126
Denver Rd. *Birm* —5A 148
Denville Clo. *Bils* —4G 45
Denville Cres. *Birm* —6H 103
Derby Av. *Wolv* —2C 26
Derby Dri. *Birm* —1D 122
Derby St. *Birm* —1A 118
Derby St. *Wals* —5B 32
Dereham Clo. *Birm* —5D 102
Dereham Wlk. *Bils* —3G 61
Dereton Clo. *Dud* —1A 94
Deritend. —2A 118 (6H 5)
Derron Av. *Birm* —6C 120
Derry Clo. *Birm* —2E 131
Derrydown Clo. *Birm* —4E 85
Derrydown Rd. *Birm* —2D 82
Derry St. *Wolv* —3H 43
Derry St. *Brie H* —1H 109
Derwent Clo. *Brie H* —3E 93
Derwent Clo. *S Cold* —1H 51
Derwent Clo. *W'hall* —1C 46
Derwent Gro. *Birm* —5E 133
Derwent Ho. *Birm* —6H 115
Derwent Ho. *O'bry* —4D 96
Derwent Rd. *Birm* —5E 133
Derwent Rd. *Wolv* —1B 50
Desford Av. *Birm* —6E 67
Dettonford Rd. *Birm* —5H 129
Devereux Clo. *Birm* —1G 105
Devereux Rd. *S Cold* —2A 54
Devereux Rd. *W Brom* —6C 80
Devey Dri. *Tip* —1D 78
Devil's Elbow La. *Wolv* —2G 29
Devine Cft. *Tip* —2A 78
Devitts Clo. *Shir* —2D 164
Devon Clo. *Birm* —5B 82

Devon Cres. *Dud* —2B **94**
Devon Cres. *Wals* —6C **22**
Devon Cres. *W Brom* —1A **80**
Devon Ho. *Birm* —5A **144**
Devon Rd. *Redn* —5E **143**
Devon Rd. *Smeth* —4C **114**
Devon Rd. *Stourb* —4C **108**
Devon Rd. *W'bry* —1A **64**
Devon Rd. *W'hall* —1D **46**
Devon Rd. *Wolv* —6F **27**
Devonshire Av. *Birm* —3B **100**
Devonshire Ct. *S Cold* —1F **53**
Devonshire Dri. *W Brom*
—4C **80**
Devonshire Rd. *Birm* —5B **82**
Devonshire Rd. *Smeth* —3C **98**
Devonshire St. *Birm* —3B **100**
Devon St. *Birm* —5C **102**
Devoran Clo. *Wolv* —5F **27**
Dewberry Dri. *Wals* —2E **65**
Dewberry Rd. *Stourb* —2D **108**
Dewhurst Cft. *Birm* —6F **105**
Dewsbury Clo. *Stourb* —6C **92**
Dewsbury Dri. *Wolv* —2E **59**
Dewsbury Gro. *Birm* —2E **83**
Deykin Av. *Birm* —5A **84**
Deyncourt Rd. *Wolv* —2C **28**
Dial Clo. *Birm* —5G **147**
Dial La. *Stourb* —3C **108**
Dial La. *W Brom* —1F **79**
Diamond Pk. Dri. *Stourb*
—2C **108**
Diana Clo. *Wals W* —4D **22**
Diane Clo. *Tip* —3B **62**
Dibble Clo. *W'hall* —4D **30**
Dibble Rd. *Smeth* —3D **98**
Dibdale Rd. *Dud* —4A **76**
Dibdale Rd. W. *Dud* —4A **76**
Dibdale St. *Dud* —5B **76**
Dice Pleck. *Birm* —5G **145**
Dickens Clo. *Dud* —2F **75**
Dickens Gro. *Birm* —4A **148**
Dickens Heath. —4F 163
Dickens Heath Rd. *Tid G & Shir*
—5E **163**
Dickens Rd. *Bils* —3F **61**
Dickens Rd. *Wolv* —1C **28**
Dickinson Av. *Wolv* —1A **28**
Dickinson Dri. *S Cold* —1C **70**
Dickinson Rd. *Wals* —5A **48**
Dickinson Rd. *Wom* —3G **73**
Dick Sheppard Av. *Tip* —5B **62**
Diddington Av. *Birm* —2G **149**
Diddington La. *H Ard* —6A **140**
Didgley Gro. *Birm* —4C **106**
Digbeth. —2H 117 (6G 5)
Digbeth. *Birm* —2H **117** (5F **5**)
Digbeth. *Wals* —2C **48**
Digby Cres. *Wat O* —4D **88**
Digby Dri. *Birm* —5C **122**
Digby Ho. *Birm* —5B **106**
Digby Rd. *Col* —3H **107**
Digby Rd. *K'wfrd* —1B **92**
Digby Rd. *S Cold* —1G **69**
Digby Wlk. *Birm* —3G **121**
Dilke Rd. *Wals* —4B **34**
Dilliars Wlk. *W Brom* —2G **79**
Dillington Ho. *Birm* —1D **122**
Dilloway's La. *W'hall* —2G **45**
Dimmingsdale Bank. *Birm*
—1A **130**
Dimmingsdale Rd. *Wolv*
—6E **41**
Dimminsdale. *W'hall* —2A **46**
Dimmocks Av. *Bils* —5F **61**
Dimmock St. *Wolv* —6A **44**
Dimsdale Gro. *Birm* —4C **144**

Dimsdale Rd. *Birm* —4B **144**
Dingle Av. *Crad H* —3G **111**
Dingle Clo. *Birm* —6H **131**
Dingle Ct. *O'bry* —1E **97**
Dingle Ct. *Sol* —6D **150**
Dingle Hollow. *O'bry* —1D **96**
Dingle La. *Sol* —5D **150**
Dingle La. *W'hall* —3A **30**
Dingle Mead. *Birm* —3E **147**
Dingle Rd. *Dud* —2G **95**
Dingle Rd. *K'wfrd* —5E **93**
Dingle Rd. *Stourb* —3F **125**
Dingle Rd. *Wals* —1A **22**
Dingle Rd. *Wom* —1F **73**
Dingle St. *O'bry* —1D **96**
Dingle, The. *S Oak* —3A **132**
Dingle, The. *Shir* —4B **164**
Dingle, The. *Wolv* —2B **42**
Dingle Vw. *Dud* —1G **75**
Dingley Rd. *W'bry* —6G **47**
Dingleys Pas. *Birm*
—6G **101** (4F **5**)
Dinham Gdns. *Dud* —4A **76**
Dinmore Av. *Birm* —3F **145**
Dinsdale Wlk. *Wolv* —4E **27**
Dippons Dri. *Wolv* —6G **25**
Dippons La. *Wergs* —3F **25**
Dippons La. *Wolv* —3E **25**
Dippons Mill Clo. *Wolv*
—6G **25**
Dirtyfoot La. *Wolv* —6G **41**
Discovery Clo. *Tip* —2C **78**
Ditch, The. *Wals* —2D **48**
Ditton Gro. *Birm* —4D **158**
Dixon Clo. *Birm* —5E **87**
Dixon Clo. *Tip* —1C **78**
Dixon Rd. *Birm* —3B **118**
Dixon's Green. —2G 95
Dixon's Grn. Ct. Dud —1G **95**
(off Dixon's Grn.)
Dixon's Grn. Rd. *Dud* —1F **95**
Dixon St. *Wolv* —5A **44**
Dobbins Oak Rd. *Stourb*
—4H **125**
Dobbs Mill Clo. *Birm* —3D **132**
Dobbs St. *Wolv*
—3G **43** (6B **170**)
Dockar Rd. *Birm* —5C **144**
Dockers Clo. *Bal C* —2H **169**
Dock La. *Dud* —6D **76**
Dock La. Ind. Est. *Dud* —6D **76**
(off Dock La.)
Dock Mdw. Dri. *Wolv* —1C **60**
Dock Rd. *Stourb* —1D **108**
Dock, The. *Stourb* —6B **110**
Doctors Hill. *Stourb* —2G **125**
Doctors La. *K'wfrd* —4F **91**
Doctor's Piece. *W'hall* —1B **46**
Doddington Gro. *Birm*
—5H **129**
Dodford Clo. *Redn* —2F **157**
Doe Bank. —3H 53
Doe Bank Ct. *S Cold* —3H **53**
Doe Bank La. *Wals & Birm*
—5E **51**
Doe Bank Rd. *Tip* —4C **62**
Dogge La. Cft. *Birm* —3H **135**
Dogkennel La. *Hale* —2B **128**
Dogkennel La. *O'bry* —4A **98**
Dog Kennel La. *Shir* —2A **164**
Dog Kennel La. *Wals* —1D **48**
Dogpool La. *Birm* —4D **132**
Doidge Rd. *Birm* —4D **84**
Dollery Dri. *Birm* —6E **117**
Dollis Gro. *Birm* —2H **67**

Dollman St. *Birm* —6B **102**
Dolman Rd. *Birm* —1G **101**
Dolobran Rd. *Birm* —4B **118**
Dolphin Clo. *Wals* —6D **20**
Dolphin Ho. *Wals* —1D **32**
Dolphin La. *Birm* —4H **135**
(in two parts)
Dolphin Rd. *Birm* —6D **118**
Dolton Way. *Tip* —1G **77**
Dominic Dri. *Birm* —3H **145**
Doncaster Way. *Birm* —1A **104**
Don Clo. *Birm* —3H **115**
Donegal Rd. *S Cold* —6H **51**
Donibristle Cft. *Birm* —3E **87**
Dooley Clo. *W'hall* —1G **45**
Doran Clo. *Hale* —4F **127**
Doranda Way. *W Brom*
—6D **80**
Dora Rd. *Hand* —2A **100**
Dora Rd. *Small H* —3E **119**
Dora Rd. *W Brom* —6A **80**
Dora St. *Wals* —4H **47**
Dorchester Clo. *W'hall* —1C **30**
Dorchester Ct. *Sol* —3E **151**
Dorchester Dri. *Birm* —1F **131**
Dorchester Rd. *Sol* —3E **151**
Dorchester Rd. *Stourb*
—3H **125**
Dorchester Rd. *W'hall* —1C **30**
Dordon Clo. *Shir* —6E **149**
Doreen Gro. *Birm* —5H **85**
Doris Rd. *Bord G* —1C **118**
Doris Rd. *Col* —1H **107**
Doris Rd. *S'hll* —1B **134**
Dorking Gro. *Birm* —2E **117**
Dorlcote Rd. *Birm* —5G **103**
Dormie Clo. *Birm* —6H **145**
Dormington Rd. *Birm* —2G **67**
Dormston Clo. *Sol* —2G **165**
Dormston Dri. *Birm* —3D **130**
Dormston Dri. *Dud* —5A **60**
Dormston Trad. Est. *Dud*
—3A **76**
Dormy Dri. *Birm* —2E **159**
Dorncliffe Av. *Birm* —4H **121**
Dornie Dri. *Birm* —6B **146**
Dornton Rd. *Birm* —5E **133**
Dorothy Gdns. *Hand* —5C **82**
Dorothy Rd. *Birm* —6H **119**
Dorothy Rd. *Smeth* —6E **99**
Dorothy St. *Wals* —4B **48**
Dorridge. —6C 166
Dorridge Cft. *Dorr* —6G **167**
Dorridge Rd. *Dorr* —6C **166**
Dorrington Grn. *Birm* —2C **82**
Dorrington Rd. *Birm* —1C **82**
Dorset Clo. *Redn* —5F **143**
Dorset Cotts. *Birm* —1C **146**
Dorset Dri. *Wals* —6C **22**
Dorset Rd. *Birm* —6F **99**
Dorset Rd. *Stourb* —4B **108**
Dorset Tower. *Hock* —5D **100**
Dorsett Pl. *Wals* —2A **32**
Dorsett Rd. *Darl* —5C **46**
Dorsett Rd. *W'bry* —3B **64**
Dorsett Rd. Ter. *W'bry* —5C **46**
Dorset Way. *Salt* —3D **102**
Dorsheath Gdns. *Birm* —3F **85**
Dorsington Rd. *Birm* —4B **136**
Dorstone Covert. *Birm*
—5E **147**
Dorville Clo. *Birm* —1H **159**
Douay Rd. *Birm* —1H **85**
Double Row. *Dud* —5G **95**
Doughty St. *Tip* —2C **78**
Douglas Av. *Birm* —3B **104**
Douglas Av. *O'bry* —4B **98**

Douglas Davies Clo. *W'hall*
—5C **30**
Douglas Pl. *Wolv* —3G **27**
Douglas Rd. *A Grn* —1H **135**
Douglas Rd. *Bils* —5F **61**
Douglas Rd. *Dud* —1F **95**
Douglas Rd. *Hale* —2E **113**
Douglas Rd. *Hand* —1A **100**
Douglas Rd. *H'wd* —2A **162**
Douglas Rd. *O'bry* —5B **98**
Douglas Rd. *S Cold* —2A **70**
Doulton Clo. *Birm* —2D **130**
Doulton Rd. *Crad H & Row R*
—6H **95**
Doulton Trad. Est. *Row R*
—5H **95**
Dovebridge Clo. *S Cold*
—1D **70**
Dove Clo. *Birm* —3C **120**
Dove Clo. *W'bry* —1G **63**
Dovecote Clo. *Sol* —5F **137**
Dovecote Clo. *Tip* —2C **78**
Dovecote Clo. *Wolv* —5A **26**
Dovecotes, The. *S Cold*
—6H **37**
Dovedale Av. *Shir* —6H **149**
Dovedale Av. *Wals* —2E **21**
Dovedale Av. *W'hall* —4A **30**
Dovedale Ct. *Wat O* —4C **88**
Dovedale Ct. *Wolv* —3B **60**
Dovedale Dri. *Birm* —1F **149**
Dovedale Rd. *Birm* —5C **68**
Dovedale Rd. *K'wfrd* —1C **92**
Dovedale Rd. *Wolv* —2A **60**
Dove Dri. *Stourb* —3E **109**
Dove Gdns. *Birm* —5D **146**
Dove Hollow. *Wals* —4F **7**
Dove Ho. Ct. *Sol* —6D **136**
Dove Ho. La. *Sol* —6D **136**
Dovehouse Pool Rd. *Birm*
—1G **101**
Dover Clo. *Birm* —6G **129**
Dovercourt Rd. *Birm* —6G **121**
Doverdale Clo. *Hale* —6F **111**
Dove Ridge. *Stourb* —4E **109**
Doveridge Clo. *Sol* —6C **136**
Doveridge Pl. *Wals* —3D **48**
Doveridge Rd. *Birm* —2E **149**
Doversley Rd. *Birm* —2E **147**
Dover St. *Bils* —5F **45**
Dover St. *Birm* —3C **100**
Dove Way. *Birm* —1B **106**
Dovey Dri. *S Cold* —6E **71**
Dovey Rd. *Birm* —3D **134**
Dovey Rd. *Tiv* —1D **96**
Dovey Tower. *Birm* —5A **102**
Dowar Rd. *Redn* —2A **158**
Dowells Clo. *Birm* —3H **133**
Dowells Gdns. *Stourb* —6B **92**
Doweries, The. *Redn* —1F **157**
Dower Rd. *S Cold* —2H **53**
Dowles Clo. *Birm* —1F **145**
Downcroft Av. *Birm* —5A **146**
Downend Clo. *Wolv* —3B **16**
Downes Ct. *Tip* —2G **77**
Downey Clo. *Birm* —4B **118**
Downfield Clo. *Wals* —3G **19**
Downfield Dri. *Sed* —1A **76**
Downham Clo. *Wals* —2A **50**
Downham Pl. *Wolv* —3D **42**
Downham Wood. *Wals*
—3A **50**
Downie Rd. *Cod* —4A **14**
Downing Clo. *Know* —5C **166**
Downing Clo. *Row R* —2C **112**
Downing Clo. *Wolv* —2A **30**
Downing Ct. *O'bry* —4H **113**

Downing Ho. *Birm* —2D **122**
Downing St. *Hale* —6A **112**
Downing St. *Smeth* —2F **99**
Downing St. Ind. Est. *Smeth*
—2G **99**
Downland Clo. *Birm* —6B **146**
Downsfield Rd. *Birm* —4F **121**
Downside Rd. *Birm* —6E **85**
Downs Rd. *W'hall* —3C **46**
Downs, The. *A'rdge* —1G **51**
Downs, The. *Wolv* —3G **27**
Downton Cres. *Birm* —6A **106**
Dowry Ho. Redn —1F **157**
(off Rubery La. S.)
Dowty Way. *Wolv* —4E **15**
Drake Clo. *Wals* —6H **19**
Drake Ho. *Tip* —6A **62**
Drake Rd. *Birm* —5B **84**
Drake Rd. *Smeth* —2C **98**
Drake Rd. *Wals* —6H **19**
Drakes Cross Pde. *H'wd*
—4A **162**
Drakes Grn. *Bils* —2H **61**
Drakes Hill Clo. *Stourb*
—1A **124**
Drake St. *W Brom* —2A **80**
Drancy Av. *W'hall* —3D **30**
Drawbridge Rd. *Shir* —1E **163**
Draycote Clo. *Sol* —6H **137**
Draycott Av. *Birm* —3D **84**
Draycott Clo. *Wolv* —6A **42**
Draycott Dri. *Birm* —6C **130**
Draycott Rd. *Smeth* —2C **98**
Drayton Clo. *S Cold* —6H **37**
Drayton Rd. *Birm* —5G **133**
Drayton Rd. *Shir* —1C **164**
Drayton Rd. *Smeth* —2E **115**
Drayton St. *Wals* —1H **47**
Drayton St. *Wolv*
—3G **43** (6B **170**)
Drayton St. E. *Wals* —1A **48**
Dreadnought Rd. *Brie H*
—2F **93**
Dreel, The. *Birm* —4A **116**
Dreghorn Rd. *Birm* —1C **104**
Drem Cft. *Birm* —5E **87**
Dresden Clo. *Wolv* —1C **60**
Drew Cres. *Stourb* —2H **125**
Drew Rd. *Stourb* —2H **125**
Drew's Holloway. *Hale*
—6F **111**
Drew's Holloway S. *Hale*
—6F **111**
Drews La. *Birm* —3G **103**
Drews Mdw. Clo. *Birm*
—5E **147**
Driffold. —1G 69
Driffold. *S Cold* —1H **69**
Driffold Vs. *S Cold* —2H **69**
Driftwood Clo. *Birm* —2H **159**
Drive Fields. *Wolv* —5H **41**
Drive, The. *A'chu* —6F **159**
Drive, The. *Brie H* —4G **93**
Drive, The. *Cod* —4F **13**
Drive, The. *Erd* —5E **85**
Drive, The. *Hale* —6F **111**
(nr. Drew's Holloway)
Drive, The. *Hale* —2A **128**
(nr. Hagley Rd.)
Drive, The. *Hand* —5C **82**
Drive, The. *Wals* —5C **20**
(WS3)
Drive, The. *Wals* —6G **21**
(WS4)
Drive, The. *Wolv* —4A **26**
Droveway, The. *Wolv* —5C **14**
Droxford Wlk. *Wolv* —6C **14**

Druid Pk. Rd. *W'hall* —6C **18**
Druids Av. *Row R* —5D **96**
Druids Av. *Wals* —6E **23**
Druid's Heath. —6E 23
Druids La. *Birm* —5E **147**
Druids Wlk. *Wals* —4C **22**
Drummond Clo. *Wolv* —5A **18**
Drummond Gro. *Birm* —2E **67**
Drummond Rd. *Birm* —1F **119**
Drummond Rd. *Stourb*
—1B **126**
Drummond St. *Wolv*
—6G **27** (1A **170**)
Drummond Way. *Birm*
—1E **123**
Drury La. *Cod* —3F **13**
Drury La. *Sol* —4G **151**
(in two parts)
Drury La. *Stourb* —6E **109**
Drybrook Clo. *Birm* —1A **160**
Drybrooks Clo. *Bal C* —3H **169**
Dryden Clo. *Tip* —6A **62**
Dryden Clo. *W'hall* —1E **31**
Dryden Pl. *Wals* —2C **32**
Dryden Rd. *Wals* —2C **32**
Dryden Rd. *Wolv* —6B **16**
Drylea Gro. *Birm* —1D **104**
Dubarry Av. *K'wfrd* —2A **92**
Duchess Pl. *Birm* —2C **116**
Duchess Rd. *Birm* —2C **116**
Duchess Rd. *Wals* —6B **48**
Duckhouse Rd. *Wolv* —2F **29**
Duck La. *Bils* —6G **45**
Duck La. *Cod* —5H **13**
Duddeston Dri. *Birm* —5D **102**
Duddeston Mnr. Rd. *Birm*
—5A **102**
Duddeston Mill Rd. *Vaux & Salt*
—5B **102**
Duddeston Mill Trad. Est. *Salt*
—5C **102**
Dudding Rd. *Wolv* —6H **43**
Dudhill Rd. *Row R* —6A **96**
Dudhill Wlk. *Row R* —6H **95**
Dudley. —6E 77
Dudley Castle. —5F **77**
Dudley Central Trad. Est. *Dud*
—1E **95**
Dudley Clo. *Row R* —3A **96**
Dudley Cres. *Wolv* —3G **29**
Dudley Fields. —5G 93
Dudley Gro. *Birm* —5A **100**
Dudley Mus. & Art Gallery.
—6E **77**
Dudley Pk. Rd. *Birm* —2A **136**
Dudley Port. —3A 78
Dudley Port. *Tip* —4A **78**
Dudley Rd. *Birm* —5H **99**
Dudley Rd. *Brie H* —6H **93**
Dudley Rd. *Dud* —6A **60**
Dudley Rd. *Hale* —5B **112**
Dudley Rd. *Him!* —4A **74**
Dudley Rd. *O'bry* —6E **79**
Dudley Rd. *Row R* —3H **95**
Dudley Rd. *Stourb* —5A **110**
Dudley Rd. *Tip* —2F **77**
Dudley Rd. *W Hth* —1A **92**
Dudley Rd. *Wolv* —3H **43**
Dudley Rd. E. *Tiv & O'bry*
—5C **78**
Dudley Rd. W. *Tip & Tiv*
—5A **78**
Dudley Row. *Dud* —6F **77**
Dudley's Fields. —1G 31
Dudley Southern By-Pass. *Dud*
—2C **94**

Dudley St. *Bils* —6F **45**
Dudley St. *Birm*
—1G **117** (5E **5**)
Dudley St. *Crad H* —1H **111**
Dudley St. *Sed* —5H **59**
Dudley St. *Wals* —2C **48**
Dudley St. *W'bry* —3E **63**
Dudley St. *W Brom* —2F **79**
Dudley St. *Wolv*
—1G **43** (3B **170**)
Dudley Tourist Info. Cen.
—6F **77**
Dudley Tunnel. —3F **77**
Dudley Wlk. *Wolv* —6G **43**
Dudley Wood Av. *Dud*
—1E **111**
Dudley Wood Rd. *Dud*
—2E **111**
Dudley Zoo. —5F **77**
Dudmaston Way. *Dud* —4A **76**
Dudnill Gro. *Birm* —5G **129**
Duffield Clo. *Pend* —6D **14**
Dufton Rd. *Birm* —6C **114**
Dugdale Cres. *S Cold* —6A **38**
Dugdale Ho. *W Brom* —5E **65**
Dugdale St. *Birm* —5H **99**
Dukes Rd. *Birm* —4C **146**
Duke St. *Dud* —2H **75**
Duke St. *Penn F* —4E **43**
Duke St. *Row R* —1B **112**
Duke St. *Stourb* —5E **109**
Duke St. *S Cold* —1H **69**
Duke St. *Wed* —4F **29**
Duke St. *W Brom* —3H **79**
Duke St. *Wolv* —2A **44**
Dulvern Gro. *Birm* —2F **147**
Dulverton Rd. *Birm* —6A **84**
Dulwich Gro. *Birm* —5B **68**
Dulwich Rd. *Birm* —5A **68**
Dumblederry Av. *Dud* —6G **59**
Dumblederry La. *Wals* —1A **34**
(in two parts)
Dunard Rd. *Shir* —4F **149**
Dunbar Clo. *Birm* —4B **130**
Dunbar Gro. *Birm* —1D **66**
Duncalfe Dri. *S Cold* —6H **37**
Duncan Edwards Clo. *Dud*
—1C **94**
Duncan St. *Wolv* —4G **43**
Dunchurch Clo. *Bal C*
—2H **169**
Dunchurch Cres. *S Cold*
—2C **68**
Dunchurch Dri. *Birm* —6C **130**
Duncombe Grn. *Col* —2H **107**
Duncombe Gro. *Birm*
—4D **114**
Duncombe St. *Stourb*
—5B **108**
Duncroft Rd. *Birm* —3D **120**
Duncroft Wlk. *Dud* —1D **76**
Duncumb Rd. *S Cold* —6C **55**
Dundalk La. *Wals* —3D **6**
Dundas Av. *Dud* —1H **95**
Dunedin Ho. *Birm* —1D **130**
Dunedin Rd. *Birm* —2G **67**
Dunham Cft. *Dorr* —6H **165**
Dunkirk Av. *W Brom* —3D **78**
Dunkley St. *Wolv*
—6G **27** (1A **170**)
Dunley Cft. *Shir* —3D **164**
Dunlin Clo. *Birm* —5C **84**
Dunlin Clo. *K'wfrd* —3E **93**
Dunlop Way. *Cas V* —6C **86**
(in two parts)
Dunnerdale Rd. *Clay* —1H **21**
Dunnigan Rd. *Birm* —2D **130**

Dunn's Bank. *Brie H* —4B **110**
Dunsfold Clo. *Bils* —2C **60**
Dunsfold Cft. *Birm* —3H **101**
Dunsford Clo. *Brie H* —4F **109**
Dunsford Rd. *Smeth* —1E **115**
Dunsink Rd. *Birm* —6H **83**
Dunslade Cres. *Brie H*
—3B **110**
Dunslade Rd. *Birm* —6E **69**
Dunsley Dri. *Stourb* —6C **92**
Dunsley Gro. *Wolv* —1E **59**
Dunsley Rd. *Stourb* —1A **124**
Dunsmore Dri. *Brie H*
—3B **110**
Dunsmore Gro. *Sol* —6D **136**
Dunsmore Rd. *Birm* —3E **135**
Dunstall Av. *Wolv* —4G **27**
Dunstall Gro. *Birm* —5D **130**
Dunstall Hill. —4F 27
Dunstall Hill. *Wolv* —4G **27**
Dunstall La. *Wolv* —4E **27**
Dunstall Pk. *Wolv* —3F **27**
Dunstall Pk. Race Course.
—3E **27**
Dunstall Rd. *Hale* —2F **127**
Dunstall Rd. *Wolv* —5F **27**
Dunstan Cft. *Shir* —1A **164**
Dunster Clo. *Birm* —3D **146**
Dunster Gro. *Wolv* —6F **25**
Dunster Rd. *Birm* —6E **107**
Dunston Clo. *K'wfrd* —2B **92**
Dunston Clo. *Wals* —5E **7**
Dunton Clo. *S Cold* —5G **37**
Dunton Hall Rd. *Shir* —1G **163**
Dunton Ind. Est. *Birm*
—2D **102**
Dunton Rd. *K'hrst* —5B **106**
Dunvegan Rd. *Birm* —6G **85**
Durant Clo. *Redn* —5D **142**
Durban Rd. *Smeth* —5G **99**
D'Urberville Clo. *Wolv* —5B **44**
(off D'Urberville Rd.)
D'Urberville Rd. *Wolv* —4B **44**
(in two parts)
Durham Av. *W'hall* —6C **30**
Durham Ct. *Wolv* —5G **27**
(off Waterloo Rd.)
Durham Cft. *Birm* —1D **122**
Durham Dri. *W Brom* —6B **64**
Durham Pl. *Wals* —2H **47**
Durham Rd. *Birm* —1B **134**
Durham Rd. *Dud* —1F **111**
Durham Rd. *Row R* —5E **97**
Durham Rd. *Stourb* —3B **108**
Durham Rd. *Wals* —3H **47**
Durham Rd. *W'bry* —1B **64**
Durham Tower. *Birm* —6D **100**
Durley Dean Rd. *Birm*
—3G **131**
Durley Dri. *S Cold* —2C **68**
Durley Rd. *Birm* —5A **120**
Durlston Gro. *Birm* —5G **135**
Durnford Cft. *Birm* —6G **147**
Dursley Clo. *Sol* —5F **137**
Dursley Clo. *W'hall* —5D **30**
Dutchess Pde. *W Brom*
—4B **80**
Dutton's La. *S Cold* —5C **38**
Duxford Rd. *Birm* —5D **66**
Dwellings La. *Birm* —6H **113**
Dyas Av. *Birm* —6B **66**
Dyas Rd. *Gt Barr* —4F **67**
Dyas Rd. *H'wd* —2A **162**
Dyce Clo. *Birm* —3E **87**
Dymoke St. *Birm* —3H **117**
Dynes Wlk. *Smeth* —4E **99**
Dyott Rd. *Birm* —4A **134**

Dyson Clo. *Wals* —6F **31**
Dyson Gdns. *Wash H* —4E **103**

Eachelhurst Rd.
   Birm & S Cold —3C **86**
Eachus Rd. *Bils* —5F **61**
Eachway. —3F 157
Eachway. *Redn* —3F **157**
Eachway Farm Clo. *Redn*
   —3G **157**
Eachway La. *Redn* —3G **157**
Eadgar Ct. *Birm* —6H **65**
Eagle Clo. *Dud* —1B **94**
Eagle Clo. *Row R* —5H **95**
Eagle Clo. *Wals* —3D **6**
Eagle Cft. *Birm* —5G **147**
Eagle Gdns. *Erd* —5G **85**
Eagle Gro. *Birm* —1C **106**
Eagle Ind. Est. *Tip* —6E **63**
Eagle La. *Tip* —1D **78**
Eagle St. *Penn F* —4E **43**
Eagle St. *Tip* —1C **78**
Eagle St. *Wolv* —3A **44**
Eagle Trad. Est. *Hale* —1A **128**
Ealing Gro. *Birm* —4A **68**
Earlsbury Gdns. *Birm* —6F **83**
Earls Ct. Rd. *Birm* —5E **115**
Earls Ferry Gdns. *Birm*
   —6H **129**
Earlsmead Rd. *Birm* —1G **99**
Earls Rd. *Wals* —2G **33**
Earlston Way. *Birm* —5H **65**
Earl St. *Bils* —6F **45**
Earl St. *Cose* —5F **61**
Earl St. *K'wfrd* —5B **92**
Earl St. *Wals* —3B **48**
Earl St. *W Brom* —3H **79**
Earls Way. *Hale* —1B **128**
Earlswood Ct. *Birm* —5C **82**
Earlswood Cres. *Pend* —4E **15**
Earlswood Dri. *S Cold* —4A **54**
Earlswood Rd. *Dorr* —6F **167**
Earlswood Rd. *K'wfrd* —2C **92**
Easby Way. *Birm* —4E **103**
Easby Way. *Wals* —5F **19**
Easenhall Clo. *Know* —5C **166**
Easmore Clo. *Birm* —5F **147**
Eastacre. *W'hall* —2A **46**
East Av. *Tiv* —2C **96**
East Av. *Wolv* —3E **29**
Eastbourne Av. *Birm* —3B **104**
Eastbourne St. *Wals* —6D **32**
Eastbrook Clo. *S Cold* —1B **70**
Eastbury Dri. *Sol* —2E **137**
Eastbury Dri. *Sol* —2E **137**
E. Car Pk. Rd. *Birm* —1H **139**
Eastcote. —4H 153
Eastcote Clo. *Shir* —4B **150**
Eastcote La. *Brad M* —4H **153**
Eastcote Rd. *Birm* —4G **135**
Eastcote Rd. *Wolv* —4B **28**
E. Croft Rd. *Wolv* —1A **58**
Eastdean Clo. *Birm* —1D **84**
East Dri. *Birm* —1E **133**
Eastern Av. *Brie H* —1F **109**
Eastern Clo. *W'bry* —2C **62**
Eastern Rd. *Birm* —2D **132**
Eastern Rd. *S Cold* —4H **69**
Easterton Cft. *Birm* —5G **147**
E. Farm Cft. *Birm* —3B **118**
Eastfield Dri. *Sol* —5A **138**
Eastfield Gro. *Wolv* —1B **44**
Eastfield Retreat. *Wolv* —1B **44**
Eastfield Rd. *Salt & Bord G*
   —5A **104**
Eastfield Rd. *Tip* —5A **62**

Eastfield Rd. *Wolv* —1B **44**
East Ga. *Birm* —6A **100**
East Grn. *Wolv* —5B **42**
Eastham Rd. *Birm* —1C **148**
E. Holme. *Birm* —1C **118**
Easthope Rd. *Birm* —5E **105**
Eastlake Clo. *Birm* —2F **67**
Eastlands Rd. *Birm* —4A **134**
Eastleigh. *Dud* —5G **59**
Eastleigh Cft. *S Cold* —6E **71**
Eastleigh Dri. *Rom* —3A **142**
Eastleigh Gro. *Birm* —3B **120**
E. Meadway. *Birm* —1H **121**
East M. *Birm* —3F **67**
E. Moor Clo. *S Cold* —1B **52**
Eastney Cres. *Wolv* —1C **26**
Easton Gdns. *Wolv* —4H **29**
Easton Gro. *Birm* —4A **136**
Easton Gro. *H'wd* —2B **162**
E. Park Trad. Est. *Wolv*
   —3B **44**
East Pk. Way. *Wolv* —2D **44**
E. Pathway. *Birm* —5G **115**
East Ri. *S Cold* —5B **54**
East Rd. *Birm* —5B **86**
East Rd. *B'frd* —1C **16**
East Rd. *Tip* —5B **62**
East St. *Brie H* —3C **110**
East St. *Dud* —1G **95**
East St. *Gorn W* —4H **75**
East St. *Wals* —4D **48**
East St. *Wolv* —2A **44**
E. View Rd. *S Cold* —2B **70**
Eastville. *Birm* —4F **145**
Eastward Glen. *Cod* —6A **14**
East Way. *Birm* —5G **115**
Eastway. *Birm & H Ard*
   —2H **139**
Eastwood Rd. *Bal H* —6F **117**
Eastwood Rd. *Dud* —3G **95**
Eastwood Rd. *Gt Barr* —5A **66**
Eatesbrook Rd. *Birm* —6G **105**
Eathorpe Clo. *Birm* —3H **105**
Eaton Av. *W Brom* —3G **79**
Eaton Ct. *S Cold* —4H **53**
Eaton Cres. *Dud* —4F **75**
Eaton Pl. *K'wfrd* —4C **92**
Eaton Ri. *W'hall* —3B **30**
Eaton Wood. *Birm* —4B **86**
Eaton Wood Dri. *Birm*
   —6B **120**
Eaves Ct. Dri. *Dud* —4G **59**
Eaves Grn. Gdns. *Birm*
   —6H **119**
Ebenezer St. *Bils* —5D **60**
Ebenezer St. *W Brom* —1F **79**
Ebley Rd. *Birm* —3C **82**
Ebmore Dri. *Birm* —5F **147**
Ebrington Av. *Sol* —2F **137**
Ebrington Clo. *Birm* —3F **147**
Ebrington Rd. *W Brom*
   —1B **80**
Ebrook Rd. *S Cold* —1A **70**
Ebstree. —1C 56
Ebstree Rd. *Seis* —3A **56**
Ebury Rd. *Birm* —3D **146**
Eccleshall Av. *Wolv* —1F **27**
Eccleston Clo. *S Cold* —6D **54**
Ecclestone Rd. *Wolv* —1A **30**
Echo Way. *Wolv* —1C **60**
Eckersall Rd. *Birm* —4A **146**
Eckington Wlk. *Birm* —2A **160**
Edale Clo. *K'wfrd* —2H **91**
Edale Clo. *Wolv* —2A **60**
Edale Rd. *Birm* —6E **67**
Eddish Rd. *Birm* —6F **105**
Eddison Rd. *Col* —3G **89**

Edenbridge Rd. *Birm* —5G **135**
Edenbridge Vw. *Dud* —4A **76**
Eden Clo. *Birm* —1C **158**
Eden Clo. *Tiv* —5D **78**
Edendale Rd. *Birm* —5F **121**
Eden Gro. *Birm* —2F **123**
Eden Gro. *W Brom* —2B **80**
Edenhall Rd. *Birm* —5H **113**
Edenhurst Rd. *Birm* —3D **158**
Eden Pl. *Birm* —1F **117** (4C **4**)
Eden Rd. *Sol* —2H **137**
Edensor Clo. *Wolv* —5A **28**
Edgbaston. —4B 116
Edgbaston Pk. Rd. *Birm*
   —6C **116**
Edgbaston Rd. *Birm* —6F **117**
   (B5)
Edgbaston Rd. *Birm* —1G **133**
   (B12)
Edgbaston Rd. *Smeth* —5E **99**
Edgbaston Rd. E. *Birm*
   —6H **117**
Edgbaston Shop. Cen. *Birm*
   —3C **116**
Edgbaston St. *Birm*
   —2G **117** (6E **5**)
Edgcombe Rd. *Birm* —4F **135**
Edge Hill Av. *Wolv* —5C **16**
Edge Hill Dri. *Dud* —3G **59**
Edge Hill Dri. *Pert* —6E **25**
Edgehill Rd. *Birm* —6E **145**
Edge Hill Rd. *S Cold* —5D **36**
Edgemond Av. *Birm* —3D **86**
Edgemond Av. *Birm* —3D **86**
Edge St. *Bils* —5F **61**
Edgewood Clo. *Crad H*
   —3H **111**
Edgewood Rd. *K Nor* —2A **160**
Edgewood Rd. *Redn* —2H **157**
Edgeworth Clo. *W'hall* —5C **30**
Edgware Rd. *Birm* —2D **84**
Edinburgh Av. *Wals* —6E **31**
Edinburgh Ct. *Birm* —3B **86**
Edinburgh Cres. *Stourb*
   —2A **108**
Edinburgh Dri. *Wals* —2H **33**
Edinburgh Dri. *W'hall* —3B **30**
Edinburgh La. *Wals* —5G **31**
Edinburgh Rd. *Bils* —2H **61**
Edinburgh Rd. *Dud* —3F **95**
Edinburgh Rd. *Wals* —3F **49**
Edinburhg Rd. *O'bry* —3H **113**
Edison Gro. *Birm* —6B **114**
Edison Rd. *Wals* —4G **31**
Edison Wlk. *Wals* —4H **31**
Edmonds Clo. *Birm* —1F **121**
Edmonds Rd. *O'bry* —1A **114**
Edmonton Av. *Birm* —4B **68**
Edmoor Clo. *W'hall* —3C **30**
Edmund Rd. *Birm* —5D **102**
Edmund Rd. *Dud* —1A **76**
Edmund St. *Birm*
   —6F **101** (3C **4**)
Ednam Clo. *W Brom* —5D **64**
Ednam Gro. *Wom* —4G **57**
Ednam Rd. *Dud* —6E **77**
Ednam Rd. *Wolv* —5G **43**
Edsome Way. *Birm* —1D **104**
Edstone Clo. *Dorr* —5B **166**
Edstone M. *Birm* —1D **104**
Edward Av. *Wals* —2C **34**
Edward Clo. *Bils* —2G **61**
Edward Ct. *Wals* —3E **49**
Edward Fisher Dri. *Tip* —2A **78**
Edward Rd. *Bal H* —5F **117**
Edward Rd. *Hale* —1H **127**

Edward Rd. *May* —6H **147**
Edward Rd. *O'bry* —3A **114**
Edward Rd. *Smeth* —5D **98**
Edward Rd. *Tip* —6A **62**
Edward Rd. *Wat O* —4E **89**
Edward Rd. *Wolv* —4E **25**
Edwards Rd. *Birm* —2G **85**
Edwards Rd. *Dud* —5E **95**
Edwards Rd. *S Cold* —6B **38**
Edward St. *Birm*
   —1D **116** (4A **4**)
Edward St. *Dud* —6D **76**
Edward St. *O'bry* —5G **97**
Edward St. *P'flds* —5B **44**
Edward St. *Wals* —6H **31**
Edward St. *W'bry* —5E **47**
Edward St. *W Brom* —4A **80**
Edwin Rd. *Birm* —6D **132**
Eel St. *O'bry* —2F **97**
Effingham Rd. *Birm* —1C **148**
Egbert Clo. *Birm* —1B **102**
Egelwin Clo. *Wolv* —4E **25**
Egerton Rd. *Birm* —4B **86**
Egerton Rd. *S Cold* —2H **51**
Egerton Rd. *Wolv* —4A **16**
Egg Hill. —4H 143
Egghill La. *N'fld & Redn*
   —3G **143**
Eggington Rd. *Stourb*
   —4B **108**
Egginton Rd. *Birm* —2E **149**
Egmont Gdns. *Wolv* —4H **29**
Eileen Gdns. *Birm* —5B **106**
Eileen Rd. *Birm* —2B **134**
Elan Clo. *Dud* —4H **75**
Elan Rd. *Birm* —5A **144**
Elan Rd. *Dud* —5G **59**
Elbow St. *Crad H* —1H **111**
Elbury Cft. *Know* —4B **166**
Elcock Dri. *Birm* —2F **83**
Eldalade Way. *W'bry* —3B **64**
Elderberry Clo. *Stourb*
   —2A **124**
Elderfield. *Birm* —3F **121**
Elderfield Rd. *Birm* —4D **134**
Elder Gro. *Wom* —1F **73**
Eldersfield Gro. *Sol* —2F **165**
Elderside Clo. *Bwnhls* —5B **10**
Elder Way. *Birm* —5E **85**
Eldon Ct. *Wals* —2D **48**
   (off Eldon St.)
Eldon Dri. *S Cold* —6C **70**
Eldon Rd. *Birm* —2B **116**
Eldon Rd. *Hale* —2G **129**
Eldon St. *Wals* —2D **48**
Eldridge Clo. *Wolv* —5D **14**
Eleanor Rd. *Bils* —5F **45**
Electra Pk. *Birm* —6B **84**
Electric Av. *Birm* —6B **84**
Elford Clo. *Birm* —2G **147**
Elford Gro. *Bils* —1E **61**
Elford Gro. *Birm* —2D **122**
Elford Rd. *Birm* —2F **131**
Elford Rd. *W Brom* —4C **64**
Elgar Cres. *Brie H* —2H **93**
Elgar Ho. *Birm* —1D **116**
Elgin Clo. *Dud* —4A **60**
Elgin Clo. *Stourb* —4E **109**
Elgin Ct. *Wolv* —5E **25**
Elgin Gro. *Birm* —4A **120**
Elgin Rd. *Wals* —3G **19**
Eliot Cft. *Bils* —3F **61**
Eliot St. *Birm* —1C **102**
Elizabeth Av. *Bils* —2H **61**
Elizabeth Av. *W'bry* —2A **64**
Elizabeth Av. *Wolv* —6F **43**
Elizabeth Cres. *O'bry* —1B **114**

Elizabeth Gro. *Dud* —2H **95**
Elizabeth Gro. *Shir* —5A **150**
Elizabeth Ho. *S Cold* —2D **70**
Elizabeth Ho. *Wals* —4H **49**
Elizabeth M. *Tiv* —5A **78**
Elizabeth Prout Gdns. *Row R*
　　　　　—2B **112**
Elizabeth Rd. *Hale* —2H **127**
Elizabeth Rd. *Mose* —3E **133**
Elizabeth Rd. *Stech* —6A **104**
Elizabeth Rd. *S Cold* —4C **68**
Elizabeth Rd. *Wals* —4F **49**
Elizabeth Rd. *W Brom* —3D **78**
Elizabeth Wlk. *Tip* —4A **62**
Elkington Cft. *Shir* —4E **165**
Elkington St. *Birm* —4G **101**
Elkstone Clo. *Sol* —2F **137**
Elkstone Covert. *Birm*
　　　　　—5E **147**
Elland Gro. *Birm* —3A **136**
Ellards Dri. *Wolv* —4H **29**
Ellen St. *Birm* —5C **100**
　(in two parts)
Ellenvale Clo. *Bils* —5C **60**
Ellerby Gro. *Birm* —3C **86**
Ellerside Gro. *Birm* —5D **144**
Ellerslie Clo. *Brie H* —3H **109**
Ellerslie Rd. *Birm* —6C **134**
Ellerton Rd. *Birm* —4B **68**
Ellerton Wlk. *Wolv* —4B **28**
Ellesboro' Rd. *Birm* —3F **115**
Ellesmere Ct. *O'bry* —1D **96**
Ellesmere Rd. *Birm* —5D **102**
Ellice Dri. *Birm* —2D **106**
Elliott Gdns. *Redn* —4A **158**
Elliott Rd. *Birm* —4A **132**
Elliotts La. *Cod* —4G **13**
Elliotts Rd. *Tip* —2G **77**
Elliot Way. *Witt* —4H **83**
Ellis Av. *Brie H* —1F **109**
Ellison St. *W Brom* —6A **80**
Ellis St. *Birm* —2F **117** (6C 4)
Ellston Av. *Birm* —5G **67**
Ellowes Rd. *Dud* —3G **75**
Elm Av. *Bils* —5F **45**
Elm Av. *Birm* —6A **118**
Elm Av. *W'bry* —1F **63**
Elm Av. *Wolv* —1D **28**
Elmay Rd. *Birm* —4E **121**
Elm Bank. *Mose* —2A **134**
Elmbank Gro. *Birm* —2A **82**
Elmbank Rd. *Wals* —1G **65**
Elmbridge Clo. *Hale* —6F **111**
Elmbridge Dri. *Shir* —3F **165**
Elmbridge Ho. *Birm* —5H **145**
Elmbridge Rd. *Birm* —1G **83**
Elmbridge Way. *Sed* —1A **76**
Elm Clo. *Dud* —5F **75**
Elm Clo. *Stourb* —3B **124**
Elm Ct. *Smeth* —1A **98**
Elm Ct. *Wals* —3E **49**
Elm Cres. *Tip* —1H **77**
Elm Cft. *O'bry* —4A **114**
Elmcroft. *Smeth* —4G **99**
Elmcroft Av. *Birm* —4G **129**
Elmcroft Gdns. *Wolv* —4A **16**
Elmcroft Rd. *Birm* —4D **120**
Elmdale. *Hale* —4G **112**
Elmdale Cres. *Birm* —2C **144**
Elmdale Dri. *Wals* —1E **35**
Elmdale Gro. *Birm* —3C **144**
Elmdale Rd. *Bils* —6C **60**
Elmdale Rd. *Wolv* —6E **43**
Elmdon. —3B 138
Elmdon Clo. *Sol* —3H **137**
Elmdon Clo. *Wolv* —6E **15**
Elmdon Coppice. *Sol* —6B **138**

Elmdon Ct. *Mars G* —4C **122**
Elmdon Heath. —1A 152
Elmdon La. *Birm A* —2C **138**
Elmdon La. *Mars G* —4B **122**
Elmdon Pk. Rd. *Sol* —2H **137**
Elmdon Rd. *A Grn* —1B **136**
Elmdon Rd. *Mars G* —4C **122**
Elmdon Rd. *S Oak* —3C **132**
Elmdon Rd. *Wolv* —6E **15**
Elmdon Trad. Est. *Birm*
　　　　　—6E **123**
Elm Dri. *Birm* —4H **65**
Elm Dri. *Hale* —2E **113**
Elm Farm Av. *Birm* —4B **122**
Elm Farm Rd. *Wolv* —4H **43**
Elmfield Av. *Birm* —3D **86**
Elmfield Cres. *Birm* —3H **133**
Elmfield Rd. *Birm* —2A **106**
Elm Grn. *Dud* —2C **76**
Elm Gro. *Bal C* —3H **169**
Elm Gro. *Birm* —3B **106**
Elm Gro. *Cod* —4G **13**
Elmhurst Av. *Row R* —6C **96**
Elmhurst Dri. *Burn* —1C **10**
Elmhurst Dri. *K'wfrd* —5D **92**
Elmhurst Rd. *Birm* —6A **82**
Elmley Clo. *Cose* —6D **60**
Elmley Gro. *Birm* —5D **146**
Elmley Gro. *Wolv* —6F **25**
Elm Lodge. *H Ard* —6A **140**
Elmore Clo. *F'bri* —5C **106**
Elmore Grn. Clo. *Wals* —1H **31**
Elmore Grn. Rd. *Wals* —6G **19**
Elmore Rd. *Birm* —6E **105**
Elmore Row. *Wals* —6H **19**
Elm Rd. *Birm* —5B **132**
Elm Rd. *Cann* —1F **9**
Elm Rd. *Dud* —3E **77**
Elm Rd. *K'wfrd* —3C **92**
Elm Rd. *S Cold* —3D **70**
Elm Rd. *Wals* —3A **18**
Elms Clo. *Sol* —2H **151**
Elmsdale. *Wolv* —1G **41**
Elmsdale Ct. *Wals* —3D **48**
Elms Rd. *Edg* —1B **132**
Elms Rd. *S Cold* —2A **70**
Elmstead Av. *Birm* —4H **121**
Elmstead Clo. *Wals* —2A **50**
Elmstead Wood. *Wals* —2A **50**
Elms, The. *Birm* —6B **100**
Elm St. *W'hall* —1C **46**
Elm St. *Wolv* —2E **43**
Elm Ter. *Tiv* —6A **78**
Elm Tree Clo. *Wom* —2F **73**
Elm Tree Gro. *Hale* —5F **111**
Elm Tree Ri. *H Ard* —1A **154**
Elm Tree Rd. *Harb* —4E **115**
Elmtree Rd. *Stir* —1C **146**
Elmtree Rd. *S Cold* —2F **51**
Elm Tree Way. *Crad H*
　　　　　—2H **111**
Elmwood Av. *Ess* —4A **18**
Elmwood Clo. *Bal C* —2H **169**
Elmwood Clo. *Birm* —5F **117**
Elmwood Ct. *S Cold* —6A **52**
Elmwood Gdns. *Birm* —5D **82**
Elmwood Gro. *H'wd* —3A **162**
Elmwood Ri. *Dud* —4F **59**
Elmwood Rd. *Birm* —5A **86**
Elmwood Rd. *Stourb* —6A **92**
Elmwood Rd. *S Cold* —6A **52**
Elmwoods. *Birm* —3H **129**
Elphinstone End. *Birm* —1A **86**
Elsma Rd. *O'bry* —3A **114**
Elston Hall La. *Wolv* —6H **15**
Elstree Rd. *Birm* —2D **84**

Elswick Gro. *Birm* —5B **68**
Elswick Rd. *Birm* —4B **68**
Elsworth Gro. *Birm* —5A **120**
Elsworth Ho. *Birm* —5H **145**
Eltham Gro. *Birm* —4B **68**
Elton Clo. *Wolv* —3A **16**
Elton Cft. *Dorr* —5B **166**
Elton Gro. *Birm* —3G **135**
Eltonia Cft. *Birm* —5F **121**
Elva Cft. *Birm* —6B **88**
Elvers Grn. La. *Know* —3G **167**
Elvetham Rd. *Birm* —3E **117**
Elvetham Rd. N. *Birm*
　　　　　—3E **117**
Elviron Dri. *Wolv* —4H **25**
Elwell Cres. *Dud* —1B **76**
Elwells Clo. *Bils* —2C **60**
Elwell St. *W'bry* —2H **63**
Elwell St. *W Brom* —2E **79**
Elwyn Rd. *S Cold* —2G **69**
Ely Clo. *Birm* —1D **122**
Ely Clo. *Row R* —5E **97**
Ely Cres. *W Brom* —6H **63**
Ely Gro. *Birm* —1D **130**
Ely Pl. *Wals* —2H **47**
Ely Rd. *Wals* —2H **47**
Emay Clo. *W Brom* —5F **63**
Embankment, The. *Brie H*
　　　　　—6A **94**
Embassy Dri. *Edg* —3C **116**
Embassy Dri. *O'bry* —1E **97**
Embassy Rd. *O'bry* —1E **97**
Embleton Gro. *Birm* —3E **105**
Emerald Ct. *Birm* —4A **104**
Emerald Ct. *Sol* —4D **136**
Emerson Clo. *Dud* —3E **75**
Emerson Gro. *Wolv* —1B **28**
Emerson Rd. *Birm* —3G **115**
Emerson Rd. *Wolv* —6R **16**
Emery Clo. *Birm* —6B **84**
Emery Clo. *Wals* —3D **48**
Emery St. *Wals* —3D **48**
Emily Gdns. *Birm* —6B **100**
Emily Rd. *Birm* —5B **120**
Emily St. *Birm* —3H **117**
Emily St. *W Brom* —5H **79**
Emmanuel Rd. *S Cold* —6H **69**
Emmeline St. *Birm* —2B **118**
Empire Clo. *Wals* —1B **34**
Empire Ind. Pk. *A'rdge* —1B **34**
Empress Dri. *Birm* —1C **104**
Empress Way. *Darl* —3D **46**
Emscote Dri. *S Cold* —6H **69**
Emscote Grn. *Sol* —5C **150**
Emscote Rd. *Birm* —6H **83**
Emsworth Cres. *Wolv* —5E **15**
Emsworth Gro. *Birm* —1F **147**
Enderby Dri. *Wolv* —1D **58**
Enderby Rd. *Birm* —6C **68**
Enderley Clo. *Wals* —4H **19**
Enderley Dri. *Wals* —4H **19**
End Hall Rd. *Wolv* —6G **25**
Endhill Rd. *Birm* —1A **68**
Endicott Rd. *Birm* —6H **83**
Endmoor Gro. *Birm* —1D **84**
Endsleigh Gro. *Birm* —5B **134**
Endwood Ct. *Hand* —5C **82**
Endwood Ct. Rd. *Birm* —5C **82**
Endwood Dri. *Sol* —5D **150**
Endwood Dri. *S Cold* —5C **36**
Enfield Clo. *Birm* —1F **85**
Enfield Rd. *Birm* —3D **116**
Enfield Rd. *Row R* —6D **96**
Enford Clo. *Birm* —5H **105**
Engine La. *Brie H* —6B **94**
Engine La. *Bwnhls* —5F **9**
Engine La. *Stourb* —5H **109**

Engine La. *W'bry* —1A **62**
Engine St. *O'bry* —3G **97**
Engine St. *Smeth* —3F **99**
Englestede Clo. *Birm* —4B **82**
Englewood Dri. *Birm* —5G **135**
Ennerdale Clo. *Clay* —6A **10**
Ennerdale Dri. *Hale* —3F **127**
Ennerdale Dri. *Pert* —5F **25**
Ennerdale Rd. *Birm* —1B **82**
Ennerdale Rd. *Tett* —1B **26**
Ennersdale Bungalows. *Col*
　　　　　—6H **89**
Ennersdale Clo. *Col* —6H **89**
Ennersdale Rd. *Col* —6H **89**
Ensall Dri. *Stourb* —2C **108**
Ensbury Clo. *W'hall* —5D **30**
Ensdale Row. *W'hall* —2A **46**
Ensdon Gro. *Birm* —4B **68**
Ensford Clo. *S Cold* —4E **37**
Ensign Ho. *Birm* —3E **87**
Enstone Rd. *Birm* —6G **69**
Enstone Rd. *Dud* —1B **94**
Enterprise Dri. *Stourb*
　　　　　—5B **110**
Enterprise Dri. *S Cold* —4G **51**
Enterprise Gro. *Pels* —2F **21**
Enterprise Trad. Est. *Brie H*
　　　　　—6B **94**
Enterprise Way. *Birm* —5H **101**
Enville Clo. *Wals* —4G **19**
Enville Gro. *Birm* —6D **118**
Enville Rd. *Dud* —3H **75**
Enville Rd. *K'wfrd* —1G **91**
Enville Rd. *Wolv* —1A **58**
Enville St. *Stourb* —6D **108**
Enville Towermill. —5B **90**
Epping Clo. *Redn* —5H **143**
Epping Clo. *Wals* —3D **32**
Epping Gro. *Birm* —6A **68**
Epsom Clo. *Pert* —5F **25**
Epsom Gro. *Birm* —5B **68**
Epwell Gro. *Birm* —1H **83**
Epwell Rd. *Birm* —1H **83**
Epworth Ct. *Brie H* —4F **93**
Erasmus Rd. *Birm* —4A **118**
Ercall Clo. *Birm* —1A **84**
Erdington. —3G 85
Erdington Hall Rd. *Birm*
　　　　　—5F **85**
Erdington Ind. Pk. *Birm*
　　　　　—3D **86**
Erdington Rd. *Wals* —5D **34**
Erica Clo. *Birm* —5E **131**
Erica Rd. *Wals* —2F **65**
Ermington Cres. *Birm*
　　　　　—1C **104**
Ermington Rd. *Wolv* —6H **43**
Ernest Clarke Clo. *W'hall*
　　　　　—5C **30**
Ernest Rd. *Birm* —1B **134**
Ernest Rd. *Dud* —6H **77**
Ernest Rd. *Smeth* —3C **98**
Ernest St. *Birm*
　　　　　—2F **117** (6C 4)
Ernsford Clo. *Dorr* —6G **167**
Erskine St. *Birm* —5B **102**
Esher Rd. *Birm* —1H **67**
Esher Rd. *W Brom* —1B **80**
Eskdale Clo. *Wolv* —1C **44**
Eskdale Wlk. *Brie H* —3F **109**
Esme Rd. *Birm* —1B **134**
Esmond Clo. *Birm* —2H **145**
Essendon Gro. *Birm* —5H **103**
Essendon Rd. *Birm* —5H **103**
Essendon Wlk. *Birm* —5H **103**
Essex Av. *K'wfrd* —4H **91**
Essex Av. *W'bry* —1A **64**

Essex Av. *W Brom* —6A **64**
Essex Ct. *Birm* —6G **131**
Essex Gdns. *Stourb* —4B **108**
Essex Ho. *Wolv* —5G **27**
(off Lomas St.)
Essex Rd. *Dud* —3C **94**
Essex Rd. *S Cold* —2B **54**
Essex St. *Birm*
—2G **117** (6D **4**)
Essex St. *Wals* —4C **32**
Essington. —3H 17
Essington Clo. *Stourb*
—2C **108**
Essington Ho. *Birm* —4G **103**
Essington Ind. Est. *Ess*
—3H **17**
Essington Rd. *Ess & W'hall*
—5B **18**
Essington St. *Birm* —2D **116**
Essington Way. *Wolv* —2D **44**
Este Rd. *Birm* —3E **121**
Estone Wlk. *Birm* —2H **101**
Estria Rd. *Birm* —4D **116**
Estridge La. *Wals* —3G **7**
Ethelfleda Ter. *W'bry* —2F **63**
Ethelred Clo. *S Cold* —6G **37**
Ethel Rd. *Birm* —6H **115**
Ethel St. *Birm* —1F **117** (4D **4**)
Ethel St. *O'bry* —5G **97**
Ethel St. *Smeth* —1D **114**
Etheridge Rd. *Bils* —4E **45**
Eton Clo. *Dud* —6B **60**
Eton Dri. *Stourb* —2E **125**
Eton Rd. *Birm* —1B **134**
Etruria Way. *Bils* —4G **45**
Etta Gro. *Birm* —1H **67**
Ettingshall. —6C 44
Ettingshall Park. —1A 60
Ettingshall Pk. Farm La. *Wolv*
—1A **60**
Ettingshall Rd. *Bils* —3C **60**
Ettingshall Rd. *Wolv* —4C **44**
Ettington Clo. *Dorr* —6F **167**
Ettington Rd. *Birm* —1G **101**
Ettymore Clo. *Dud* —5H **59**
Ettymore Rd. *Dud* —5H **59**
Ettymore Rd. W. *Dud* —5G **59**
Etwall Rd. *Birm* —2E **149**
Euan Clo. *Birm* —3G **115**
Euro Bus. Pk. *O'bry* —2E **97**
Europa Av. *W Brom* —5D **80**
Europa Way. *Birm A* —1E **139**
Evans Clo. *Tip* —2E **77**
Evans Gdns. *Birm* —4H **131**
Evans Pl. *Bils* —4G **45**
Evans St. *Bils* —4B **60**
Evans St. *W'hall* —2F **45**
Evans St. *Wolv* —5E **27**
Eva Rd. *Birm* —3H **99**
Eva Rd. *O'bry* —6A **98**
Evason Ct. *Birm* —6G **83**
Eve Hill. —5D 76
Eve La. *Dud* —2B **76**
Evelyn Cft. *S Cold* —5G **69**
Evelyn Rd. *Birm* —1C **134**
Evenlode Clo. *Sol* —2F **137**
Evenlode Gro. *W'hall* —2D **46**
Evenlode Rd. *Sol* —2E **137**
Evered Bardon Ho. *O'bry*
—2E **97**
(off Round's Grn. Rd.)
Everest Clo. *Smeth* —1C **98**
Everest Rd. *Birm* —4C **82**
Everest Rd. *Wals* —6F **31**
Evergreen Clo. *Cose* —5D **60**
Everitt Dri. *Know* —3C **166**
Eversley Dale. *Birm* —5G **85**

Eversley Gro. *Dud* —3G **59**
Eversley Gro. *Wolv* —3E **29**
Eversley Rd. *Birm* —2D **118**
(in two parts)
Evers St. *Brie H* —3C **110**
Everton Rd. *Birm* —5A **104**
Eves Cft. *Birm* —4A **130**
Evesham Cres. *Wals* —4F **19**
Evesham Ri. *Dud* —6F **95**
Eveson Rd. *Stourb* —3B **124**
Ewart Rd. *Wals* —6E **31**
Ewell Rd. *Birm* —3H **85**
Ewhurst Av. *Birm* —4B **132**
(nr. Heeley Rd.)
Ewhurst Av. *Birm* —5C **132**
(nr. Umberslade Rd.)
Ewhurst Clo. *W'hall* —3H **45**
Exbury Clo. *Wolv* —5D **14**
Excelsior Gro. *Pels* —2F **21**
Exchange St. *Brie H* —5H **93**
Exchange St. *W Brom* —5H **79**
Exchange St. *Wolv*
—1G **43** (3B **170**)
Exchange, The. *Wals* —6H **19**
Exe Cft. *Birm* —1F **159**
Exeter Dri. *Birm* —3B **122**
Exeter Ho. *Birm* —5A **144**
Exeter Pas. *Birm* —2F **117**
Exeter Pl. *Wals* —2H **47**
Exeter Rd. *Birm* —3B **132**
Exeter Rd. *Dud* —1F **111**
Exeter Rd. *Smeth* —4F **99**
Exeter St. *Birm*
—2F **117** (6D **4**)
Exford Clo. *Brie H* —4F **109**
Exhall Clo. *Sol* —5C **150**
Exhibition Way. *Birm* —6F **123**
Exmoor Grn. *Wed* —2E **29**
Exon Ct. *Tip* —1H **77**
Expressway, The. *W Brom*
—3A **80**
Exton Clo. *Wolv* —1H **29**
Exton Way. *Birm* —4D **102**
Eyland Gro. *Wals* —1D **48**
Eymore Clo. *Birm* —1F **145**
Eyre St. *Birm* —6C **100**
Eyston Av. *Tip* —5D **62**
Eyton Cft. *Birm* —4H **117**
Ezekiel La. *W'hall* —3C **30**

Fabian Clo. *Redn* —5F **143**
Fabian Cres. *Shir* —6H **149**
Facet Rd. *Birm* —5C **146**
Factory Rd. *Birm* —3B **100**
Factory Rd. *Tip* —1G **77**
Factory St. *W'bry* —5C **46**
Fairbourne Av. *Birm* —3G **67**
Fairbourne Av. *Row R* —5E **97**
Fairbourn Tower. *Birm* —1G **85**
Fairburn Cres. *Pels* —2F **21**
Faircroft Av. *S Cold* —1D **86**
Faircroft Rd. *Birm* —6H **87**
Fairdene Way. *Birm* —5H **65**
Fairfax Ct. *S Cold* —1E **71**
Fairfax Rd. *Birm* —1E **159**
Fairfax Rd. *S Cold* —6D **54**
Fairfax Rd. *Wolv* —5H **15**
Fairfield Dri. *Cod* —3E **13**
Fairfield Dri. *Hale* —2E **113**
Fairfield Dri. *Wals* —3F **21**
Fairfield Gro. *Hale* —2E **113**
Fairfield Mt. *Wals* —3D **48**
Fairfield Pk. Ind. Est. *Hale*
—1E **113**
Fairfield Pk. Rd. *Hale* —2E **113**
Fairfield Ri. *Mer* —4H **141**

Fairfield Ri. *Stourb* —6A **108**
Fairfield Rd. *Birm* —5G **133**
Fairfield Rd. *Dud* —2F **95**
Fairfield Rd. *Hale* —3A **128**
Fairfield Rd. *H Grn* —2E **113**
Fairfield Rd. *Stourb* —1D **108**
Fairford Clo. *Sol* —2B **150**
Fairford Gdns. *Stourb* —6C **92**
Fairford Rd. *Birm* —1H **83**
Fairgreen Gdns. *Brie H* —4F **93**
Fairgreen Way. *Birm* —4B **132**
Fairgreen Way. *S Cold* —2A **52**
Fair Ground Way. *Wals*
—3B **48**
Fairhaven Cft. *H Grn* —2E **113**
Fairhills. *Dud* —5H **59**
Fairhill Way. *Birm* —4B **118**
Fairholme Rd. *Birm* —2H **103**
Fairlawn. *Edg* —4C **116**
Fairlawn Clo. *W'hall* —6C **18**
Fairlawn Dri. *K'wfrd* —5B **92**
Fairlawns. *Birm* —2E **121**
Fairlawns. *S Cold* —5E **71**
Fairlawn Way. *W'hall* —6C **18**
Fairlie Cres. *Birm* —6H **145**
Fairmead Ri. *Birm* —6A **146**
Fairmile Rd. *Hale* —5H **111**
Fairoak Dri. *Wolv* —6H **25**
Fair Oaks Dri. *Wals* —5G **7**
Fairview Av. *Birm* —1D **82**
Fairview Clo. *C Hay* —3D **6**
Fairview Clo. *Wolv* —3D **28**
Fairview Ct. *Wals* —6H **21**
Fairview Cres. *K'wfrd* —4D **92**
Fairview Cres. *Wolv* —2D **28**
Fairview Gro. *Wolv* —2D **28**
Fairview Rd. *Dud* —4C **76**
Fairview Rd. *Penn* —1A **58**
Fairview Rd. *Wed* —2D **28**
Fairway. *N'fld* —5C **144**
Fairway. *Wals* —6H **21**
Fairway Av. *Tiv* —1A **96**
Fairway Dri. *Redn* —3F **157**
Fairway Grn. *Bils* —4F **45**
Fairway Rd. *O'bry* —1F **113**
Fairways Av. *Stourb* —3C **124**
Fairways Clo. *Stourb* —3C **124**
Fairway, The. *K Nor* —5H **145**
Fairyfield Av. *Birm* —4H **65**
Fairyfield Ct. *Birm* —4H **65**
Fakenham Cft. *Birm* —4D **114**
Falcon Clo. *Wals* —3C **6**
Falcon Cres. *Bils* —3B **60**
Falcondale Rd. *W'hall* —6C **18**
Falconhurst Rd. *Birm* —3G **131**
Falcon Lodge. —6F 55
Falcon Lodge Cres. *S Cold*
—6D **54**
Falcon Pl. *Tiv* —2C **96**
Falcon Ri. *Stourb* —5A **108**
Falcon Rd. *O'bry* —1F **113**
Falcons, The. *S Cold* —6F **55**
Falcon Way. *Dud* —6B **76**
Falfield Clo. *Row R* —3D **96**
Falfield Gro. *Birm* —2C **158**
Falkland Cft. *Birm* —1D **146**
Falklands Clo. *Swind* —5E **73**
Falkland Way. *Birm* —4D **106**
Falkwood Gro. *Know* —3B **166**
Fallindale Rd. *Birm* —5F **121**
Fallings Heath. —5F 47
Fallings Heath Clo. *W'bry*
—4F **47**
Fallings Park. —4B 28
Fallings Pk. Ind. Est. *Wolv*
—4B **28**
Fallowfield. *Pend* —5C **14**

Fallowfield. *Pert* —5D **24**
Fallow Fld. *S Cold* —6B **36**
Fallowfield Av. *Birm* —2F **149**
Fallowfield Rd. *Hale* —2F **127**
Fallowfield Rd. *Row R* —6A **96**
Fallowfield Rd. *Sol* —3G **137**
Fallowfield Rd. *Wals* —3A **50**
Fallows Ho. *Birm* —4G **101**
Fallows Rd. *Birm* —5C **118**
Fallow Wlk. *Birm* —3G **129**
Falmouth Rd. *Birm* —4C **104**
Falmouth Rd. *Wals* —4H **49**
Falstaff Av. *H'wd* —3A **162**
Falstaff Clo. *S Cold* —6F **71**
Falstaff Ct. *S Cold* —6G **55**
Falstaff Rd. *Shir* —5H **149**
Falstone Rd. *S Cold* —3D **68**
Fancott Rd. *Birm* —2E **145**
Fancourt Av. *Wolv* —1B **58**
Fane Rd. *Wolv* —6A **18**
Fanshawe Rd. *Birm* —4A **136**
Fanum Ho. *Hale* —2B **128**
Faraday Av. *Birm* —6B **114**
Faraday Av. *Col* —2H **89**
Faraday Rd. *Wals* —3H **31**
Farbrook Way. *W'hall* —3B **30**
Farcroft Av. *Birm* —1H **99**
Farcroft Gro. *Birm* —6H **81**
Farcroft Rd. *Birm* —6H **81**
Fareham Cres. *Wolv* —5A **42**
Farfield Clo. *Birm* —5F **145**
Far Highfield. *S Cold* —1B **70**
Farhill Clo. *W Brom* —5D **64**
Farlands Dri. *Stourb* —2E **125**
Farlands Gro. *Birm* —6B **66**
Farlands Rd. *Stourb* —2E **125**
Farleigh Dri. *Wolv* —3G **41**
Farleigh Rd. *Pert* —6G **25**
Farley Cen. *W Brom* —5B **80**
Farley La. *Rom* —5A **142**
Farley Rd. *Birm* —3B **84**
Farley St. *Tip* —2D **78**
Farlow Cft. *Mars G* —3B **122**
Farlow Rd. *Birm* —4G **145**
Farmacre. *Birm* —1B **118**
Farm Av. *O'bry* —6G **97**
Farmbridge Clo. *Wals* —6D **30**
Farmbridge Rd. *Wals* —6D **30**
Farmbridge Way. *Wals* —6D **30**
Farmbrook Av. *Wolv* —4H **15**
Farm Clo. *Cod* —5H **13**
Farm Clo. *Dud* —6F **59**
Farm Clo. *Sol* —3G **137**
Farmcote Rd. *Birm* —5E **105**
Farm Cft. *Birm* —3E **101**
Farmcroft Rd. *Stourb* —2A **126**
Farmdale Gro. *Redn* —3G **157**
Farmer Rd. *Birm* —4G **119**
Farmers Clo. *S Cold* —1C **70**
Farmers Ct. *Hale* —1H **127**
Farmers Fold. *Wolv* —3B **170**
Farmers Wlk. *Birm* —2H **99**
Farmer Way. *Tip* —4B **62**
Farmhouse Rd. *W'hall* —4D **30**
Farm Ho. Way. *Birm* —1A **66**
Farmhouse Way. *Shir* —2F **165**
Farmhouse Way. *W'hall*
—4E **31**
Farmoor Gro. *Birm* —3A **106**
Farmoor Way. *Wolv* —3A **16**
Farm Rd. *Birm* —4B **118**
Farm Rd. *Brie H* —2A **110**
Farm Rd. *Dud* —6C **94**
Farm Rd. *O'bry* —6C **97**
Farm Rd. *Row R* —5A **96**
Farm Rd. *Smeth* —6C **98**
Farm Rd. *Tip* —6C **62**

Gainsborough Trad. Est. *Stourb*
—1G **125**
Gainsford Dri. *Hale* —5B **112**
Gains La. *Cann* —3A **8**
Gairloch Rd. *W'hall* —6B **18**
Gaitskell Ter. *Tiv* —5D **78**
Gaitskell Way. *Smeth* —2D **98**
Galahad Way. *W'bry* —3G **63**
Galbraith Clo. *Bils* —5F **61**
Galena Way. *Birm* —3G **101**
Gale Wlk. *Row R* —4H **95**
Gallery, The. *Wolv*
—2G **43** (4B **170**)
Galloway Av. *Birm* —3D **104**
Galton Clo. *Birm* —3D **86**
Galton Clo. *Tip* —1C **78**
Galton Dri. *Dud* —3D **94**
Galton Rd. *Smeth* —1D **114**
Galton Tower. *Birm* —4A **4**
Gamesfield Grn. *Wolv* —2D **42**
Gammage St. *Dud* —1D **94**
Gandy Rd. *W'hall* —3A **30**
Gannah's Farm Clo. *S Cold*
—2D **70**
Gannow Green. —6D 142
Gannow Grn. La. *Redn*
—6C **142**
Gannow Mnr. Cres. *Redn*
—5E **143**
Gannow Mnr. Gdns. *Redn*
—6F **143**
Gannow Rd. *Redn* —2E **157**
Gannow Shop. Cen. *Redn*
—6E **143**
Gannow Wlk. *Redn* —2E **157**
Ganton Rd. *Wals* —3G **19**
Ganton Wlk. *Wolv* —1D **26**
Garden Clo. *Birm* —4G **103**
Garden Clo. *Know* —3B **166**
Garden Clo. *Redn* —5G **143**
Garden Cres. *Wals* —4D **20**
Garden Cft. *Wals* —2D **34**
Gardeners Wlk. *Sol* —3G **151**
Gardeners Way. *Wom* —3F **73**
Garden Gro. *Birm* —1A **82**
Gardens, The. *Erd* —4E **85**
Garden St. *Wals* —6C **32**
Garden Wlk. *Bils* —5H **45**
Garden Wlk. *Dud* —6E **77**
(DY2)
Garden Wlk. *Dud* —5G **75**
(DY3)
Garfield Rd. *Birm* —3F **121**
Garland Cres. *Hale* —3E **113**
Garland St. *Birm* —6C **102**
Garland Way. *Birm* —2F **145**
Garman Clo. *Birm* —3A **66**
Garner Clo. *Bils* —2F **61**
Garnet Av. *Birm* —1D **66**
Garnet Clo. *Ston* —3G **23**
Garnet Ct. *Sol* —4D **136**
Garnett Dri. *S Cold* —5C **54**
Garrard Gdns. *S Cold* —6H **53**
Garratt Clo. *O'bry* —5A **98**
Garratt's La. *Crad H* —1H **111**
Garratt St. *Brie H* —4A **94**
Garratt St. *W Brom* —2H **79**
Garret Clo. *K'wfrd* —1B **92**
Garrett's Green. —3H 121
Garrett's Grn. Ind. Est. *Birm*
—2G **121**
Garretts Grn. La. *Birm*
—4D **120**
Garretts Wlk. *Birm* —5G **147**
Garrick Clo. *Dud* —4B **76**
Garrick St. *Wolv*
—2H **43** (4C **170**)

Garrington St. *W'bry* —4C **46**
Garrison Circ. *Birm* —1A **118**
Garrison La. *Birm* —1B **118**
Garrison St. *Birm* —1B **118**
Garston Way. *Birm* —5H **65**
Garth, The. *Birm* —3D **148**
Garway Gro. *Birm* —5H **119**
Garwood Rd. *Birm* —1D **120**
Gas St. *Birm* —1E **117** (5A **4**)
Gatacre St. *Dud* —4H **75**
Gatcombe Clo. *Wolv* —3B **16**
Gatcombe Rd. *Dud* —5A **76**
Gatehouse Fold. *Dud* —6F **77**
Gatehouse Trad. Est. *Bwnhls*
—4D **10**
Gate La. *H'ley H & Dorr*
—5F **165**
Gate La. *S Cold* —3F **69**
Gateley Rd. *O'bry* —4C **114**
Gate St. *Birm* —4D **102**
Gate St. *Dud* —6A **60**
Gate St. *Tip* —5A **78**
Gatis St. *Wolv* —5E **27**
Gatwick Rd. *Birm* —3G **87**
Gauden Rd. *Stourb* —4H **125**
Gawne La. *Crad H* —5H **95**
Gaydon Clo. *Wolv* —4E **25**
Gaydon Gro. *Birm* —3E **131**
Gaydon Pl. *S Cold* —1H **69**
Gaydon Rd. *Sol* —2H **137**
Gaydon Rd. *Wals* —5C **34**
Gayfield Av. *Brie H* —2H **109**
Gay Hill. —2D 160
Gayhill La. *Birm* —6D **146**
Gayhurst Dri. *Birm* —3C **120**
Gayle Gro. *Birm* —5A **136**
Gayton Rd. *W Brom* —1B **80**
Gaywood Cft. *Birm* —3E **117**
Geach Tower. *Birm* —4F **101**
(off Uxbridge St.)
Gedney Clo. *Shir* —4C **148**
Geeson Clo. *Birm* —3F **87**
Gee St. *Birm* —3F **101**
Gem Ho. *Birm* —2G **5**
Geneva Rd. *Tip* —2F **77**
Genge Av. *Wolv* —1A **60**
Genners App. *N'fld* —5B **130**
Genners La. *Bart G & Birm*
—5A **130**
Genners La. *N'fld* —1C **144**
Genthorn Clo. *Wolv* —1B **60**
Gentian. *S Cold* —5F **37**
Gentian Clo. *Birm* —1D **144**
Geoffrey Clo. *S Cold* —6F **71**
Geoffrey Pl. *Birm* —2C **134**
Geoffrey Rd. *Birm* —2C **134**
Geoffrey Rd. *Shir* —4F **149**
George Arthur Rd. *Birm*
—5D **102**
George Av. *Row R* —1D **112**
George Bird Clo. *Smeth*
—3E **99**
George Clo. *Dud* —1G **95**
George Frederick Rd. *S Cold*
—1A **68**
George Henry Rd. *Tip* —6E **63**
George Rd. *Bils* —4F **61**
George Rd. *Edg* —3D **116**
George Rd. *Erd* —3B **84**
George Rd. *Gt Barr* —3B **66**
George Rd. *Hale* —1H **127**
George Rd. *O'bry* —1H **113**
George Rd. *S Oak* —2A **132**
George Rd. *Sol* —4G **151**
George Rd. *S Cold* —4D **68**
George Rd. *Tip* —1F **77**

George Rd. *Wat O* —4E **89**
George Rd. *Yard* —5G **119**
George Rose Gdns. *W'bry*
—5C **46**
George St. *Bal H* —6G **117**
George St. *Birm*
—6E **101** (3A **4**)
George St. *E'shll* —4C **44**
George St. *Hand* —1G **99**
George St. *Loz* —2D **100**
George St. *Stourb* —2D **108**
George St. *Wals* —2C **48**
George St. *W Brom* —5B **80**
George St. *W'hall* —6A **30**
George St. *Wolv*
—2H **43** (5C **170**)
George St. W. *Birm* —5C **100**
Georgian Gdns. *W'bry* —2F **63**
Georgina Av. *Bils* —2F **61**
Geraldine Rd. *Birm* —4H **119**
Gerald Rd. *Stourb* —4C **108**
Geranium Gro. *Birm* —6F **103**
Geranium Rd. *Dud* —1H **95**
Gerardsfield Rd. *Birm*
—6H **105**
Germander Dri. *Wals* —2F **65**
Gerrard Clo. *Birm* —2E **101**
Gerrard Rd. *W'hall* —2G **45**
Gerrard St. *Birm* —2E **101**
Gervase Dri. *Dud* —4E **77**
Geston Rd. *Dud* —1B **94**
Gibbet La. *Kinv* —1A **124**
Gibbins Rd. *Birm* —4G **131**
Gibbons Gro. *Wolv* —5D **26**
Gibbons Hill Rd. *Dud* —3H **59**
Gibbon's La. *Brie H* —2E **93**
Gibbons Rd. *S Cold* —6H **37**
Gibbons Rd. *Wolv* —5D **26**
Gibbs Hill Rd. *Birm* —2F **159**
Gibbs Rd. *Stourb* —6C **110**
Gibbs St. *Wolv* —5E **27**
Gibb St. *Birm* —2H **117** (6H **5**)
Gib Heath. —3C 100
Gibson Dri. *Birm* —6D **82**
Gibson Rd. *Birm* —1D **100**
Gibson Rd. *Pert* —6E **25**
Gideon Clo. *Birm* —5B **120**
Gideons Clo. *Dud* —2H **75**
Giffard Rd. *Bush* —4A **16**
Giffard Rd. *Stow H* —4D **44**
Gifford Ct. *Brie H* —1H **109**
(off Hill St.)
Giggetty La. *Wom* —1F **73**
Gigmill Way. *Stourb* —1C **124**
Gilbanks Rd. *Stourb* —4B **108**
Gilberry Clo. *Know* —4C **166**
Gilbert Av. *Tiv* —2B **96**
Gilbert Clo. *Wolv* —2A **30**
Gilbert Ct. *Wals* —5E **33**
(off Lichfield Rd.)
Gilbert Enterprise Pk. *W'hall*
—5B **30**
Gilbert La. *Wom* —6H **57**
Gilbert Rd. *Smeth* —5F **99**
Gilbertstone. —4C 120
Gilbertstone Av. *Birm* —6C **120**
Gilbert St. *Tip* —5A **78**
Gilbeys Clo. *Stourb* —2C **108**
Gilby Rd. *Birm* —1C **116**
Gilchrist Dri. *Birm* —3A **116**
Gildas Av. *Birm* —6C **146**
Giles Clo. *Birm* —6C **104**
Giles Clo. *Sol* —6B **138**
Giles Clo. Ho. *Birm* —6C **104**
Giles Hill. *Stourb* —5E **109**
Giles Rd. *O'bry* —4H **97**

Gilldown Pl. *Birm* —4D **116**
Gillespie Cft. *Birm* —2H **101**
Gillhurst Rd. *Birm* —4F **115**
Gillies Ct. *Stech* —6B **104**
Gilling Gro. *Birm* —3E **105**
Gillingham Clo. *W'bry* —6B **48**
Gillity Av. *Wals* —3F **49**
Gillity Clo. *Wals* —3F **49**
Gillity Ct. *Wals* —4H **49**
Gilliver Rd. *Shir* —5H **149**
Gillman Clo. *Birm* —1H **137**
Gillott Clo. *Sol* —4A **152**
Gillott Rd. *Birm* —2G **115**
Gillows Cft. *Shir* —2E **165**
Gillscroft Rd. *Birm* —5E **105**
Gill St. *Dud* —5G **95**
Gill St. *W Brom* —6A **80**
Gilmorton Clo. *Birm* —4F **115**
Gilmorton Clo. *Sol* —6G **151**
Gilpin Clo. *Birm* —2A **104**
Gilpin Cres. *Wals* —3E **21**
Gilpins Arm. *Wals* —2F **21**
Gilson. —6F 89
Gilson Dri. *Col* —2F **107**
Gilson Rd. *Col* —6F **89**
Gilson St. *Tip* —5C **62**
Gilson Way. *Birm* —4C **106**
Gilwell Rd. *Birm* —3A **106**
Gimble Wlk. *Birm* —3E **115**
(in two parts)
Gin Cridden. *Stourb* —5A **110**
Gipsy Clo. *Bal C* —4H **169**
Gipsy La. *Bal C* —4H **169**
Gipsy La. *Birm* —2A **84**
Gipsy La. *W'hall* —2B **46**
Girton Ho. *Birm* —1B **106**
Gisborn Clo. *Birm* —3B **118**
Gladeside Clo. *Wals* —1H **33**
Glades, The. *Wals* —2D **34**
Glade, The. *Birm* —1H **137**
Glade, The. *Stourb* —6A **110**
Glade, The. *S Cold* —2G **51**
Glade, The. *Wolv* —6C **14**
Gladstone Dri. *Stourb*
—6B **108**
Gladstone Dri. *Tiv* —5C **78**
Gladstone Gro. *K'wfrd* —1B **92**
Gladstone Rd. *Dorr* —6H **167**
Gladstone Rd. *Erd* —4D **84**
Gladstone Rd. *S'brk* —5B **118**
Gladstone Rd. *Stourb*
—5B **108**
Gladstone Rd. *Yard* —5B **120**
Gladstone St. *Birm* —1A **102**
Gladstone St. *Wals* —5B **32**
Gladstone St. *W'bry* —5E **47**
Gladstone St. *W Brom* —1A **80**
Gladstone Ter. *Hand* —2A **100**
Gladys Rd. *Birm* —4H **119**
Gladys Rd. *Smeth* —1D **114**
Gladys Ter. *Smeth* —1D **114**
Glaisdale Gdns. *Wolv* —4E **27**
Glaisdale Rd. *Birm* —5G **135**
Glaisedale Gro. *W'hall* —1C **46**
Glaisher Dri. *Wolv* —3G **27**
Glamis Rd. *W'hall* —2B **30**
Glanville Dri. *S Cold* —5G **37**
Glasbury Cft. *Birm* —2A **160**
Glascote Clo. *Shir* —3G **149**
Glascote Gro. *Birm* —2G **105**
Glasshouse Hill. *Stourb*
—2F **125**
Glastonbury Cres. *Wals*
—5E **19**
Glastonbury Rd. *Birm*
—3C **148**

Glastonbury Rd. *W Brom*
—4B **64**
Glastonbury Way. *Wals*
—6E **19**
Glaston Dri. *Sol* —6E **151**
Gleads Cft. *Hale* —2G **129**
Gleaston Wlk. *Wolv* —2E **45**
Gleave Rd. *Birm* —4A **132**
Glebe Dri. *S Cold* —5F **69**
Glebe Farm. —5F 105
Glebe Farm Rd. *Birm* —4E **105**
Glebe Fields. *Curd* —1D **88**
Glebefields Rd. *Tip* —5A **62**
Glebeland Clo. *Birm* —2D **116**
Glebe La. *Stourb* —1C **124**
Glebe Pl. *W'bry* —5B **46**
Glebe Rd. *Sol* —2H **151**
Glebe Rd. *W'hall* —3H **45**
Glebe St. *Wals* —3C **48**
Glebe Way. *Bal C* —2G **169**
Glen Clo. *Wals* —6E **33**
Glencoe Rd. *Birm* —5G **99**
Glen Ct. *Cod* —3G **13**
Glen Ct. *Wolv* —1C **42**
Glencroft Rd. *Sol* —1H **137**
Glendale Clo. *Hale* —1B **128**
Glendale Clo. *Wolv* —3A **42**
Glendale Dri. *Birm* —6D **104**
Glendale Dri. *Wom* —1G **73**
Glendale Tower. *Birm* —1H **85**
Glendene Cres. *Birm* —2G **159**
Glendene Rd. *Birm* —5H **65**
Glendevon Clo. *Redn* —5G **143**
Glendon Rd. *Birm* —1D **84**
Glendon Way. *Dorr* —6H **165**
Glendower Rd. *Birm* —3E **83**
Glendower Rd. *Wals* —6D **22**
Gleneagles Dri. *Birm* —2A **66**
Gleneagles Dri. *S Cold* —4A **54**
Gleneagles Rd. *Tiv* —2A **96**
Gleneagles Rd. *Birm* —3E **121**
Gleneagles Rd. *Blox* —4F **19**
Gleneagles Rd. *Pert* —4D **24**
Glenelg Dri. *Stourb* —3F **125**
Glenelg M. *Wals* —6H **49**
Glenfern Rd. *Bils* —5C **60**
Glenfield. *Wolv* —5C **14**
Glenfield Clo. *Sol* —1G **165**
Glenfield Clo. *S Cold* —2C **70**
Glenfield Gro. *Birm* —4C **132**
Glengarry Clo. *Birm* —6H **129**
Glengarry Gdns. *Wolv* —2D **42**
Glenhurst Clo. *Wals* —6D **30**
Glenmead Rd. *Birm* —5F **67**
Glenmore Clo. *Wolv* —4C **42**
Glenmore Dri. *Birm* —6H **145**
Glenpark Rd. *Birm* —4E **103**
Glen Pk. Rd. *Dud* —5H **75**
Glen Ri. *Birm* —1C **148**
Glen Rd. *Dud* —1A **76**
Glen Rd. *Stourb* —2D **124**
Glenroyde. *Birm* —2A **160**
Glen Side. *Birm* —3B **130**
Glenside Av. *Sol* —2F **137**
Glenthorne Dri. *Wals* —2E **7**
Glenthorne Rd. *Birm* —5G **85**
Glenthorne Way. *Birm* —5G **85**
Glentworth. *S Cold* —3E **71**
Glentworth Gdns. *Wolv*
—4F **27**
Glenville Dri. *Birm* —2E **85**
Glenwood Clo. *Brie H*
—3H **109**
Glenwood Dri. *Shir* —5B **164**
Glenwood Ri. *Wals* —4F **23**
Glenwood Rd. *Birm* —1H **159**

Globe St. *W'bry* —4F **63**
Gloucester Flats. *Row R*
—5E **97**
Gloucester Ho. *Wolv* —5G **27**
(off Lomas St.)
Gloucester Pl. *W'hall* —1D **46**
Gloucester Rd. *Dud* —1F **111**
Gloucester Rd. *Wals* —3F **49**
Gloucester Rd. *W'bry* —2A **64**
Gloucester St. *Birm*
—2G **117** (6E **5**)
Gloucester St. *Wolv* —5F **27**
Gloucester Way. *Birm*
—2C **122**
Glover Clo. *Birm* —1F **149**
Glover Rd. *S Cold* —6D **54**
Glovers Cft. *Birm* —6B **106**
Glovers Fld. Dri. *Birm*
—2C **102**
Glover's Rd. *Birm* —3C **118**
Glover St. *Birm* —1A **118**
Glover St. *W Brom* —6B **80**
Glovers Trust Homes. *S Cold*
—5F **69**
Glyme Dri. *Wolv* —4C **26**
Glyn Av. *Bils* —2B **62**
Glyn Dri. *Bils* —2B **62**
Glyn Farm Rd. *Birm* —6A **114**
Glynn Cres. *Hale* —4D **110**
Glynne Av. *K'wfrd* —5B **92**
Glyn Rd. *Birm* —5B **114**
Glynside Av. *Birm* —5B **114**
Goffs Clo. *Birm* —2D **130**
Goldcrest Clo. *Dud* —1E **111**
Goldcrest Cft. *Birm* —1C **106**
Goldencrest Dri. *O'bry* —1E **97**
Golden Cft. *Birm* —6B **82**
Golden End. —3F 167
Golden End Dri. *Know*
—3F **167**
Golden Hillock Rd. *Dud*
—6E **95**
Golden Hillock Rd. *Small H*
—4D **118**
Golden Hillock Rd. *Birm*
S'brk & New S —6D **118**
Goldfinch Clo. *Birm* —5H **131**
Goldfinch Rd. *Stourb* —2H **125**
Goldicroft Rd. *W'bry* —1G **63**
Goldieslie Clo. *S Cold* —3H **69**
Goldieslie Rd. *S Cold* —3H **69**
Golding St. *Dud* —3E **95**
Golds Green. —5E 63
Golds Hill Gdns. *Birm*
—2B **100**
Golds Hill Rd. *Birm* —1B **100**
Golds Hill Way. *Tip* —6D **62**
Goldsmith Rd. *Birm* —5H **133**
Goldsmith Rd. *Wals* —2C **63**
Goldstar Way. *Birm* —1G **121**
Goldthorn Av. *Wolv* —5F **43**
Goldthorn Cres. *Wolv* —5E **43**
Goldthorne Av. *Birm* —1G **137**
Goldthorn Hill. —5F 43
Goldthorn Hill. *Wolv* —5E **43**
Goldthorn Hill Rd. *Wolv*
—5F **43**
Goldthorn Park. —1G 59
Goldthorn Rd. *Wolv* —5F **43**
Goldthorn Ter. *Wolv* —4F **43**
Goldthorn Wlk. *Brie H*
—3H **109**
Golf Club Dri. *Wals* —5E **49**
Golf La. *Bils* —4F **45**
Golson Clo. *S Cold* —5D **54**
Gomeldon Av. *Birm* —4H **147**
Gomer St. *W'hall* —1A **46**

Gomer St. W. *W'hall* —1A **46**
Gonville Ho. *Birm* —1B **106**
Gooch Clo. *Stourb* —5E **109**
Gooch St. *Birm* —3G **117**
Gooch St. N. *Birm* —2G **117**
Goodall Gro. *Birm* —6G **51**
Goodall St. *Wals* —2D **48**
Goodby Rd. *Birm* —2F **133**
Goode Av. *Birm* —4C **100**
Goode Clo. *O'bry* —5A **98**
Goodeve Wlk. *S Cold* —6F **55**
Goodison Gdns. *Birm* —2H **85**
Goodleigh Av. *Birm* —3C **158**
Goodman Clo. *Birm* —1F **149**
Goodman St. *Birm* —6D **100**
Goodrest Av. *Hale* —6F **113**
Goodrest Cft. *Birm* —3C **148**
Goodrest La. *Birm* —3B **160**
(in two parts)
Goodrich Av. *Pert* —6G **25**
Goodrich Covert. *Birm*
—5E **147**
Goodrick Way. *Birm* —3B **102**
Goodway Rd. *Birm* —5G **67**
Goodway Rd. *Sol* —2A **138**
Goodwood Clo. *Birm* —1B **104**
Goodwood Dri. *S Cold* —3H **51**
Goodwyn Av. *O'bry* —4B **114**
Goodyear Av. *Wolv* —1A **28**
Goodyear Rd. *Smeth* —1C **114**
Goosemoor La. *Birm* —6E **69**
Gopsal St. *Birm*
—6A **102** (2H **5**)
Gordon Av. *Birm* —2F **101**
Gordon Av. *W Brom* —4A **64**
Gordon Av. *Wolv* —2B **60**
Gordon Clo. *Tiv* —5D **78**
Gordon Cres. *Brie H* —4A **94**
Gordon Dri. *Tip* —1C **78**
Gordon Pl. *Bils* —6E **45**
Gordon Rd. *Nurb* —5H **115**
Gordon Rd. *Loz* —1E **101**
Gordon St. *Birm* —1B **118**
(off Garrison La.)
Gordon St. *W'bry* —5D **46**
Gordon St. *Wolv*
—3H **43** (6D **170**)
Gorey Clo. *W'hall* —1B **30**
Gorge Rd. *Dud & Bils* —5A **60**
Gorleston Gro. *Birm* —5B **148**
Gorleston Rd. *Birm* —5B **148**
Gornalwood. —5G 75
Gorsebrook Rd. *Wolv* —4F **27**
Gorse Clo. *F'bri* —1B **122**
Gorse Clo. *S Oak* —5E **131**
Gorse Farm Rd. *Birm* —5A **66**
Gorsefield Rd. *Birm* —4G **105**
Gorse La. *Try* —1A **72**
Gorsemoor Way. *Ess* —4B **18**
Gorse Rd. *Dud* —3C **76**
Gorse Rd. *Wolv* —1A **30**
Gorseway, The. *S Cold* —1H **69**
Gorsey La. *Col* —5G **89**
Gorsey La. *Gt Wyr* —4F **7**
Gorsey La. *Pels* —3B **8**
Gorsey La. *Wyt* —5A **162**
Gorsey Way. *Col* —5G **89**
Gorsey Way. *Wals* —4A **34**
Gorsly Piece. *Birm* —1A **130**
Gorstie Cft. *Birm* —5A **66**
Gorsty Av. *Brie H* —6G **93**
Gorsty Clo. *W Brom* —5D **64**
Gorsty Hayes. *Cod* —4F **13**
Gorsty Hill Rd. *Row R*
—3B **112**
Gorsymead Gro. *Birm*
—5A **144**

Gorsy Rd. *Birm* —1B **130**
Gorton Cft. *Bal C* —2H **169**
Gorway Clo. *Wals* —4D **48**
Gorway Gdns. *Wals* —4E **49**
Gorway Rd. *Wals* —4D **48**
Goscote. —5C 20
Goscote Clo. *Wals* —2D **32**
Goscote Ind. Est. *Wals*
—6C **20**
Goscote La. *Wals* —5C **20**
Goscote Lodge Cres. *Wals*
—2D **32**
Goscote Pl. *Wals* —2E **33**
Goscote Rd. *Wals* —6D **20**
Gosford St. *Birm* —5H **117**
Gosford Wlk. *Sol* —4E **137**
Gospel End Rd. *Dud* —5E **59**
Gospel End St. *Dud* —6H **59**
Gospel End Village. —5D 58
Gospel Farm Rd. *Birm*
—5H **135**
Gospel La. *Birm* —6A **136**
Gospel Oak Rd. *Tip* —4B **62**
Gosport Clo. *Wolv* —4D **44**
Goss Cft. *Birm* —4H **131**
Gossey La. *Birm* —1G **121**
Goss, The. *Brie H* —2H **109**
Gosta Grn. *Birm*
—5H **101** (1G **5**)
Gotham Rd. *Birm* —5C **120**
Gothersley. —6E 91
Gothersley La. *Stourb* —6D **90**
Goths Clo. *Row R* —5C **96**
Gough Av. *Wolv* —1D **28**
Gough Rd. *Bils* —4E **61**
Gough Rd. *Edg* —4E **117**
Gough Rd. *Greet* —6D **118**
Gough St. *Birm*
—2F **117** (6D **4**)
Gough St. *W'hall* —6C **30**
Gough St. *Wolv* —1A **44**
Gould Firm La. *Wals* —3G **35**
Gowan Rd. *Birm* —5E **103**
Gower Av. *K'wfrd* —5D **92**
Gower Rd. *Dud* —5F **59**
Gower Rd. *Hale* —5E **113**
Gower St. *Birm* —2F **101**
Gower St. *Wals* —4H **47**
Gower St. *W'hall* —1A **46**
Gower St. *Wolv* —3A **44**
(in two parts)
Gozzard St. *Bils* —6G **45**
Gracechurch Cen. *S Cold*
—6H **53**
Gracemere Cres. *Birm*
—4E **149**
Grace Rd. *Birm* —4C **118**
Grace Rd. *Tip* —6A **62**
Grace Rd. *Tiv* —1C **96**
Gracewell Homes. *Birm*
—4D **134**
Gracewell Rd. *Birm* —4D **134**
Grafton Dri. *W'hall* —3F **45**
Grafton Gdns. *Dud* —4F **75**
Grafton Gro. *Birm* —2E **101**
Grafton Pl. *Bils* —4G **45**
Grafton Rd. *Hand* —6H **81**
Grafton Rd. *O'bry* —2F **113**
Grafton Rd. *Shir* —5C **148**
Grafton Rd. *S'brk* —4B **118**
Grafton Rd. *W Brom* —3B **80**
Graham Clo. *Tip* —4B **62**
Graham Cres. *Redn* —2G **157**
Graham Rd. *Birm* —5A **120**
Graham Rd. *Hale* —3C **112**
Graham Rd. *Stourb* —5B **92**
Graham Rd. *W Brom* —3B **80**

Hertford St. *Birm* —6A **118**
Hertford Ter. *Birm* —6A **118**
Hertford Way. *Know* —5D **166**
Hervey Gro. *Birm* —1B **86**
Hesketh Cres. *Birm* —2C **84**
Heskett Av. *O'bry* —2A **114**
Hessian Clo. *Bils* —3D **60**
Hestia Dri. *Birm* —5A **132**
Heston Av. *Birm* —5C **66**
Hever Av. *Birm* —4A **68**
Hever Clo. *Dud* —4A **76**
Hewell Clo. *Birm* —2D **158**
Hewell Clo. *K'wfrd* —6B **74**
Hewitson Gdns. *Smeth*
—1D **114**
Hewitt St. *W'bry* —5C **46**
Hexham Cft. *Birm* —1A **104**
Hexham Way. *Dud* —5B **76**
Hexton Clo. *Shir* —5D **148**
Heybarnes Cir. *Small H*
—4F **119**
Heybarnes Rd. *Birm* —4F **119**
Heycott Gro. *Birm* —5E **147**
Heydon Rd. *Brie H* —4F **93**
Heyford Gro. *Sol* —1G **165**
Heyford Way. *Birm* —2F **87**
Heygate Way. *Wals* —5D **22**
Heynesfield Rd. *Birm* —6G **105**
Heythrop Gro. *Birm* —5D **134**
Hickman Av. *Wolv* —2C **44**
Hickman Gdns. *Birm* —2B **116**
Hickman Pl. *Bils* —5E **45**
Hickman Rd. *Bils* —6E **45**
Hickman Rd. *Birm* —5B **118**
Hickman Rd. *Brie H* —5G **93**
Hickman Rd. *Tip* —5H **61**
Hickman's Av. *Crad H*
—1G **111**
Hickmans Clo. *Hale* —5G **113**
Hickman St. *Stourb* —5G **109**
Hickmerelands La. *Dud*
—5H **59**
Hickory Dri. *Birm* —1F **115**
Hidcote Av. *S Cold* —5E **71**
Hidcote Gro. *Kitts G* —3G **121**
Hidcote Gro. *Mars G* —4C **122**
Hidson Rd. *Birm* —2C **84**
Higgins Av. *Bils* —3F **61**
Higgins La. *Birm* —6A **114**
Higgins Wlk. *Smeth* —3F **99**
Higgs Fld. Cres. *Crad H*
—2A **112**
Higgs Rd. *Wolv* —6A **18**
Highams Clo. *Row R* —6B **96**
Higham Way. *Wolv* —3A **28**
High Arcal Dri. *Dud* —6B **60**
High Arcal Rd. *Dud* —4D **74**
High Av. *Crad H* —3H **111**
High Beeches. *Birm* —4H **65**
Highbridge. —1E 21
Highbridge Rd. *Dud* —6C **94**
Highbridge Rd. *S Cold* —4G **69**
High Brink Rd. *Col* —2H **107**
Highbrook Clo. *Wolv* —5E **15**
High Brow. *Birm* —4F **115**
High Bullen. *W'bry* —2F **63**
Highbury Av. *Hand* —1B **100**
Highbury Av. *Row R* —6D **96**
Highbury Clo. *Row R* —6D **96**
Highbury Rd. *Birm* —5F **133**
Highbury Rd. *O'bry* —4H **97**
Highbury Rd. *Smeth* —2B **98**
Highbury Rd. *S Cold* —6C **36**
Highclere. *Crad H* —4A **112**
Highcrest Clo. *Birm* —2E **159**
Highcroft. *A'rdge* —5D **22**
High Cft. *Birm* —4G **65**

High Cft. *Pels* —2F **21**
Highcroft Av. *Stourb* —6A **92**
Highcroft Clo. *Sol* —3G **137**
Highcroft Dri. *S Cold* —6E **37**
Highcroft Rd. *Birm* —4E **85**
Highdown Cres. *Shir* —3E **165**
High Ercal. —1G 109
High Ercal Av. *Brie H* —1G **109**
High Farm Rd. *Hasb* —2G **127**
High Farm Rd. *H Grn* —3F **113**
Highfield. *Mer* —4H **141**
Highfield Av. *Shelf* —1G **33**
Highfield Av. *Wolv* —5C **16**
Highfield Clo. *Birm* —2D **148**
Highfield Ct. *S Cold* —4H **69**
Highfield Ct. *Wolv* —5A **42**
Highfield Cres. *Hale* —5F **111**
Highfield Cres. *Row R*
—3B **112**
Highfield Cres. *Wolv* —3D **28**
Highfield Dri. *S Cold* —6F **69**
Highfield La. *Birm* —6H **113**
Highfield La. *Hale* —2H **127**
Highfield Pas. *Wals* —3C **48**
Highfield Pl. *Birm* —2D **148**
Highfield Rd. *Birm & Edg*
—3C **116**
Highfield Rd. *Dud* —6G **77**
Highfield Rd. *Gt Barr* —6G **65**
Highfield Rd. *Hale* —6F **111**
Highfield Rd. *Mose* —2B **134**
Highfield Rd. *Pels* —3E **21**
Highfield Rd. *Row R* —2B **112**
Highfield Rd. *Salt* —5E **103**
Highfield Rd. *Sed* —4H **59**
Highfield Rd. *Smeth* —4D **98**
Highfield Rd. *Stourb* —1E **109**
Highfield Rd. *Tip* —6A **62**
Highfield Rd. *Yard W & Hall G*
—2D **148**
Highfield Rd. N. *Pels* —2D **20**
Highfields. —1B 10
Highfields Av. *Bils* —1G **61**
Highfields Dri. *Bils* —2F **61**
Highfields Dri. *Wom* —2G **73**
Highfields Rd. *Bils* —2E **61**
Highfields Rd. *Chase* —1B **10**
Highfields, The. *Wolv* —1G **41**
Highfield Ter. *Wash H* —4E **103**
Highfield Way. *Wals* —5D **22**
Highgate. —4H 117
Highgate. *Dud* —2A **76**
Highgate. *S Cold* —2A **52**
Highgate Av. *Wals* —3D **48**
Highgate Av. *Wolv* —5B **42**
Highgate Clo. *Birm* —4H **117**
Highgate Clo. *Wals* —4D **48**
Highgate Common Country Pk.
—1A **90**
Highgate Dri. *Wals* —4D **48**
Highgate Ho. *Birm* —3G **117**
(off Southacre Av.)
Highgate Middleway. *Birm*
—4H **117**
Highgate Pl. *Birm* —4A **118**
Highgate Rd. *Birm* —5A **118**
Highgate Rd. *Dud* —3B **94**
Highgate Rd. *Wals* —3D **48**
Highgate Sq. *Birm* —4H **117**
Highgate St. *Birm* —4H **117**
Highgate St. *Crad H* —1H **111**
(in two parts)
Highgate Trad. Est. *Birm*
—4A **118**
Highgrove. *Tett* —6A **26**
Highgrove Clo. *W'hall* —2B **30**
Highgrove Pl. *Dud* —5B **76**

High Haden Cres. *Crad H*
—3A **112**
High Haden Rd. *Crad H*
—3A **112**
High Harcourt. *Crad H*
—3H **111**
High Heath. —5G 21
(nr. Bloxwich)
High Heath. —3F 55
(nr. Sutton Coldfield)
High Heath Clo. *Birm* —2H **145**
High Hill. *Ess* —5A **18**
High Holborn. *Dud* —6H **59**
High Ho. Dri. *Redn* —6F **157**
Highland M. *Bils* —4F **61**
Highland Ridge. *Hale* —6E **113**
Highland Rd. *Crad H* —1G **111**
Highland Rd. *Dud* —4C **76**
Highland Rd. *Erd* —2F **85**
Highland Rd. *Gt Barr* —2A **66**
Highland Rd. *Wals* —1C **164**
Highland Rd. *Wals W* —4D **22**
Highlands Ct. *Shir* —1C **164**
Highlands Rd. *Shir* —1C **164**
Highlands Rd. *Wolv* —3B **42**
High Leasowes. *Hale* —1A **128**
High Mdw. Rd. *Birm* —5C **146**
High Meadows. *Wolv* —6A **26**
High Meadows. *Wom* —1G **73**
Highmoor Clo. *Bils* —2F **61**
Highmoor Clo. *W'hall* —2B **30**
Highmoor Rd. *Row R* —6B **96**
Highmore Dri. *Birm* —5A **130**
High Oak. *Brie H* —2G **93**
Highpark Av. *Stourb* —6B **108**
High Pk. Clo. *Dud* —4H **59**
High Pk. Clo. *Smeth* —4F **99**
High Pk. Cres. *Dud* —4H **59**
High Park Estate. —6A 108
High Pk. Rd. *Hale* —6E **111**
High Point. *Birm* —5A **116**
High Ridge. *Wals* —4B **34**
High Ridge Clo. *A'rdge* —4A **34**
High Ridge Clo. *W'bry* —1A **62**
High Rd. *W'hall* —4C **30**
High St. *A'rdge* —3D **34**
(in two parts)
High St. *Amb* —3D **108**
High St. *Aston* —2G **101**
High St. *Bils* —6F **45**
High St. *Birm* —1G **117** (4E **5**)
High St. *Blox* —1H **31**
High St. *Bord* —2A **118**
High St. *Brie H* —1H **109**
High St. *Brock* —5F **93**
High St. *Bwnhls* —6B **10**
High St. *Cann* —1F **9**
High St. *Chase* —1B **10**
(in two parts)
High St. *C Hay* —3C **6**
High St. *Clay* —1A **22**
High St. *Col* —1H **107**
High St. *Crad H* —3E **111**
High St. *Der* —2H **117** (6H **5**)
High St. *Dud* —6E **77**
High St. *Erd* —3F **85**
High St. *Hale* —1B **128**
High St. *H Ard* —1A **154**
High St. *Harb* —6G **115**
High St. *K Hth* —5G **133**
High St. *K'wfrd* —3B **92**
High St. *Know* —3E **167**
High St. *Lye* —6A **110**
High St. *Mox* —1A **62**
High St. *Pels* —3E **21**
High St. *Pens* —2E **93**
High St. *P End* —5G **61**
High St. *Quar B* —2B **110**

High St. *Quin* —5G **113**
High St. *Row R* —2B **112**
High St. *Salt* —4D **102**
High St. *Sed* —4H **59**
High St. *Shir* —5C **148**
High St. *Smeth* —3D **98**
High St. *Sol* —3G **151**
High St. *Stourb* —5E **109**
High St. *S Cold* —5A **54**
High St. *Swind* —5E **73**
High St. *Tett* —5B **26**
High St. *Tip* —2G **77**
High St. *W Hth* —1H **91**
High St. *Wals* —2C **48**
High St. *Wals W* —4B **22**
High St. *Wed* —4E **29**
High St. *W Brom* —3H **79**
High St. *W'hall* —2G **45**
High St. *Woll* —5C **108**
High St. *Wom* —1H **73**
High St. *Word* —6C **92**
High St. Precinct. *Mox* —5D **46**
Highters Clo. *Birm* —5B **148**
Highter's Heath La. *Birm*
—6A **148**
Highters Rd. *Birm* —4A **148**
High Timbers. *Redn* —6F **143**
High Tower. *Birm* —4B **102**
Hightown. *Hale* —5E **111**
Hightree Clo. *Birm* —4H **129**
High Trees. *Birm* —4B **82**
High Trees Rd. *Know* —2C **166**
High Vw. *Bils* —4B **60**
Highview. *Wals* —3D **48**
(off Highgate Rd.)
Highview Dri. *K'wfrd* —5D **92**
Highview St. *Dud* —6G **77**
Highwood Av. *Sol* —4E **137**
High Wood Clo. *K'wfrd*
—3A **92**
Highwood Cft. *Birm* —6H **145**
Hlker Gro. *Birm* —1F **123**
Hilary Cres. *Dud* —1D **76**
Hilary Dri. *S Cold* —2E **71**
Hilary Dri. *Wolv* —4B **42**
Hilary Gro. *Birm* —3D **144**
Hilden Rd. *Birm* —5A **102**
Hilderic Cres. *Dud* —2A **94**
Hilderstone Rd. *Birm* —5A **120**
Hildicks Cres. *Wals* —2D **32**
Hildicks Pl. *Wals* —2D **32**
Hill. —5G 37
Hillaire Clo. *Birm* —5E **147**
Hillaries Rd. *Birm* —5D **84**
Hillary Av. *W'bry* —2A **64**
Hillary Crest. *Dud* —2A **76**
Hillary St. *Wals* —4A **48**
Hill Av. *Wolv* —2B **60**
Hill Bank. *Stourb* —6B **110**
Hillbank. *Tiv* —6D **78**
Hill Bank Dri. *Birm* —5B **104**
Hill Bank Rd. *Birm* —5C **146**
Hillbank Rd. *Hale* —5F **111**
Hillborough Rd. *Birm* —3C **136**
Hillbrook Gro. *Birm* —6D **104**
Hillbrow Cres. *Hale* —3F **113**
Hillbury Dri. *W'hall* —1B **30**
Hill Clo. *Birm* —6F **145**
Hill Clo. *Dud* —4A **60**
Hillcrest. *Dud* —3G **75**
Hillcrest Av. *Birm* —3A **66**
Hillcrest Av. *Brie H* —2G **109**
Hillcrest Av. *Hale* —4D **110**
Hillcrest Av. *Wolv* —6A **16**
Hillcrest Clo. *Dud* —4E **95**
Hillcrest Gdns. *W'hall* —4D **30**

Hillcrest Gro. *Birm* —6A **68**
Hillcrest Ind. Est. *Crad H*
—3F **111**
Hillcrest Ri. *Burn* —1D **10**
Hillcrest Rd. *Birm* —3A **66**
Hillcrest Rd. *Dud* —6G **77**
(nr. Brettell La.)
Hillcrest Rd. *Rom* —3A **142**
Hillcrest Rd. *S Cold* —5A **70**
Hillcroft Ho. *Birm* —5H **147**
Hill Cft. Rd. *K Hth* —1E **147**
Hillcroft Rd. *K'wfrd* —2C **92**
Hillcross Wlk. *Birm* —1D **104**
Hilldene Rd. *K'wfrd* —5A **92**
Hilldrop Gro. *Birm* —2H **131**
Hilleys Cft. *Birm* —6B **106**
Hillfield. —6E 151
Hillfield M. *Sol* —1F **165**
Hillfield Rd. *Birm* —2D **134**
Hillfield Rd. *Sol* —1F **165**
(in three parts)
Hillfields. *Smeth* —6B **98**
Hillfields Rd. *Brie H* —4F **109**
Hillfield Wlk. *Row R* —4H **95**
Hill Gro. *Birm* —5E **83**
Hill Hook. —4E 37
Hill Hook Rd. *S Cold* —4E **37**
Hill Ho. La. *Birm* —6D **104**
(in two parts)
Hillhurst Gro. *Birm* —6H **87**
Hilliards Cft. *Birm* —5C **66**
Hillingford Av. *Birm* —2E **67**
Hill La. *Bass P* —1F **55**
Hill La. *Gt Barr* —3A **66**
Hillman Dri. *Dud* —2G **95**
Hillman Gro. *Birm* —6B **88**
Hillmeads Dri. *Dud* —2G **95**
Hillmeads Rd. *Birm* —6C **146**
Hillmorton. *S Cold* —6F **37**
Hillmorton Rd. *Know* —4C **166**
Hill Morton Rd. *S Cold* —5H **37**
Hillmount Clo. *Shir* —3E **135**
Hill Pk. *Wals W* —3C **22**
Hill Pas. *Crad H* —1G **111**
Hill Pl. *Wolv* —6A **18**
Hill Rd. *Stourb* —6A **110**
Hill Rd. *Tiv* —5A **78**
Hill Rd. *W'hall* —3F **45**
Hillside. *Dud* —3G **75**
Hillside. *Wals* —1C **22**
Hillside Av. *Brie H* —3C **110**
Hillside Av. *Hale* —5F **111**
Hillside Av. *Row R* —3B **112**
Hillside Clo. *Birm* —5G **129**
Hillside Clo. *Wals* —1C **22**
Hillside Ct. *Birm* —3H **65**
Hillside Cres. *Wals* —5D **20**
Hillside Cft. *Sol* —1A **138**
Hillside Dri. *Gt Barr* —1C **82**
Hillside Dri. *K'hrst* —5B **106**
Hillside Dri. *S Cold* —4H **51**
Hillside Gdns. *K'hrst* —5B **106**
Hillside Gdns. *Wolv* —6C **28**
Hillside Rd. *Redn* —1F **157**
Hillside Rd. *Dud* —2C **76**
Hillside Rd. *Erd* —5D **84**
Hillside Rd. *Gt Barr* —3H **65**
Hillside Rd. *S Cold* —5F **37**
Hillside Wlk. *Wolv* —6C **28**
Hillstone Gdns. *Wolv* —1B **28**
Hillstone Rd. *Birm* —4H **105**
Hill St. *Bils* —2G **61**
Hill St. *Birm* —1F **117** (4C **4**)
Hill St. *Brie H* —1H **109**
Hill St. *C Hay* —3C **6**
Hill St. *Ess* —4H **17**
Hill St. *Hale* —2A **128**

Hill St. *Lye* —6B **110**
Hill St. *Neth* —4D **94**
Hill St. *Quar B* —3C **110**
Hill St. *Smeth* —3E **99**
Hill St. *Stourb* —3D **108**
(nr. Brettell La.)
Hill St. *Stourb* —1D **124**
(nr. Worcester St.)
Hill St. *Tip* —3H **77**
Hill St. *Up Gor* —2H **75**
Hill St. *Wals* —2D **48**
Hill St. *W'bry* —5E **47**
Hill, The. *Birm* —3C **130**
Hill Top. —6G 63
Hilltop. *Stourb* —2A **126**
Hill Top. *W Brom* —5G **63**
Hill Top Av. *Hale* —4E **113**
Hill Top Clo. *Birm* —1G **83**
Hill Top Dri. *Birm* —2B **104**
Hill Top Ind. Est. *W Brom*
—5F **63**
Hill Top Rd. *Birm* —4D **144**
Hilltop Rd. *Dud* —1G **95**
Hill Top Rd. *O'bry* —1A **114**
Hill Top Wlk. *Wals* —6E **23**
Hillview. *Wals* —5D **22**
Hillview Clo. *Hale* —5G **111**
Hillview Rd. *Redn* —1E **157**
Hill Village Rd. *S Cold* —4G **37**
Hillville Gdns. *Stourb* —2F **125**
Hill Wood. —5A 38
Hillwood Av. *Shir* —3E **165**
Hillwood Clo. *K'wfrd* —5A **92**
Hillwood Comn. Rd. *S Cold*
—5H **37**
Hillwood Rd. *Birm* —6C **130**
Hillwood Rd. *Hale* —4C **112**
Hillyfields Rd. *Birm* —3C **84**
Hilly Rd. *Bils* —3G **61**
Hilston Av. *Hale* —1H **127**
Hilston Av. *Wolv* —1A **58**
Hilton Av. *Birm* —3E **149**
Hilton Clo. *Wals* —6F **19**
Hilton Dri. *S Cold* —5A **70**
Hilton La. *Share & Ess* —6A **6**
Hilton La. *Wals* —3F **7**
Hilton Main Ind. Est. *F'stne*
—2E **17**
Hilton Pl. *Bils* —6H **45**
Hilton Rd. *F'stne* —1D **16**
Hilton Rd. *I ane* —6B **44**
Hilton Rd. *Tiv* —1C **96**
Hilton St. *W Brom* —4G **79**
Hilton St. *Wolv* —6A **28**
Hilton Way. *W'hall* —1C **30**
Himbleton Cft. *Shir* —2E **165**
Himley. —4H 73
Himley Av. *Dud* —5B **76**
Himley By-Pass. *Himl* —4G **73**
Himley Clo. *Birm* —3G **65**
Himley Clo. *W'hall* —4B **30**
Himley Cres. *Wolv* —6F **43**
Himley Gdns. *Dud* —3D **74**
Himley Gro. *Redn* —3H **157**
Himley La. *Himl* —5E **73**
(in two parts)
Himley Model Village. —4A **74**
Himley Pk. —2B **74**
Himley Ri. *Shir* —5C **164**
Himley Rd. *Dud & Gorn W*
—4D **74**
Himley St. *Dud* —6C **76**
Himley Wood Nature Reserve.
—4G **73**

Hinbrook Rd. *Dud* —6A **76**
Hinchliffe Av. *Bils* —3D **60**
Hinckes Rd. *Wolv* —4H **25**
Hinckley Ct. *O'bry* —4H **113**
Hinckley St. *Birm*
—2F **117** (6D **4**)
Hincks St. *Wolv* —4C **44**
Hindhead Rd. *Birm* —3C **148**
Hindlip Clo. *Hale* —3H **127**
Hindlow Clo. *Birm* —5B **102**
Hindon Gro. *Birm* —6A **136**
Hindon Sq. *Edg* —3B **116**
Hindon Wlk. *Birm* —3A **130**
Hingeston St. *Birm* —5D **100**
Hingley Cft. *Wals* —6H **35**
Hingley Rd. *Hale* —5C **110**
Hingley St. *Crad H* —2F **111**
Hinksford. —1F 91
Hinksford Gdns. *Swind*
—5E **73**
Hinksford La. *Swind & K'wfrd*
—5E **73**
Hinksford Mobile Homes.
K'wfrd —1E **91**
Hinsford Clo. *K'wfrd* —1C **92**
Hinstock Clo. *Wolv* —1E **59**
Hinstock Rd. *Birm* —6B **82**
Hintlesham Av. *Birm* —6H **115**
Hinton Gro. *Wolv* —4H **29**
Hintons Coppice. *Know*
—3A **166**
Hipkins St. *Tip* —6G **61**
Hiplands Rd. *Hale* —1F **129**
Hipsley Clo. *Birm* —6G **87**
Hipsmoor Clo. *Birm* —6B **106**
Hirdemons Way. *Shir* —4G **163**
Histons Dri. *Cod* —5F **13**
Histons Hill. *Cod* —5F **13**
Hitchcock Clo. *Smeth* —4F **98**
Hitches La. *Birm* —4D **116**
Hitherside. *Shir* —4H **163**
Hive Ind. Est. *Birm* —3C **100**
Hobacre Clo. *Redn* —1G **157**
Hobart Ct. *S Cold* —6G **37**
Hobart Cft. *Birm* —5A **102**
Hobart Dri. *Wals* —5G **49**
Hobart Rd. *Tip* —4G **61**
Hobble End. —6H 7
Hobble End I a. *Wals* —1G **19**
Hobgate Clo. *Wolv* —5B **28**
Hobgate Rd. *Wolv* —5B **28**
Hob Grn. Rd. *Stourb* —3A **126**
Hobhouse Clo. *Birm* —6B **66**
Hob La. *Bars* —3A **168**
Hobley St. *W'hall* —1C **46**
Hobmoor Cft. *Birm* —4B **120**
Hob Moor Rd. *Small H & Yard*
—2F **119**
Hobnock Rd. *Ess* —3A **18**
Hobs Hole La. *Wals* —2D **34**
Hobs Moat Rd. *Sol* —3F **137**
Hobson Clo. *Birm* —4C **100**
Hobson Rd. *Birm* —4D **132**
Hobs Rd. *W'bry* —1G **63**
Hockley. —4D 100
Hockley Brook Clo. *Birm*
—4C **100**
Hockley Brook Trad. Est. *Birm*
—3C **100**
Hockley Cen. *Birm*
—5E **101** (1A **4**)
Hockley Cir. *Birm* —3D **100**
Hockley Clo. *Birm* —3F **101**
Hockley Flyover. *Birm*
—3D **100**
Hockley Hill. *Birm* —4E **101**

Hockley Hill Ind. Est. *Birm*
—4D **100**
Hockley Ind. Est. *Birm*
—4D **100**
Hockley La. *Dud* —6D **94**
Hockley Pool Clo. *Birm*
—4D **100**
Hockley Port Bus. Cen. *Birm*
—4C **100**
Hockley Rd. *Bils* —6C **60**
Hockley Rd. *Birm* —3D **84**
Hockley St. *Birm* —5E **101**
Hodgehill. —3B 104
Hodge Hill Av. *Stourb*
—2A **126**
Hodge Hill Comn. *Birm*
—2C **104**
Hodgehill Ct. *Birm* —2C **104**
Hodge Hill Rd. *Birm* —3C **104**
Hodgetts Clo. *Smeth* —6B **98**
Hodgetts Dri. *Hale* —5F **127**
Hodgkins Clo. *Wals* —1C **22**
Hodnell Clo. *Birm* —6G **87**
Hodnet Clo. *Bils* —6D **44**
Hodnet Dri. *Pens* —3G **93**
Hodnet Gro. *Birm* —3G **117**
Hodson Av. *W'hall* —2C **46**
Hodson Clo. *Wolv* —1H **29**
Hoff Beck Ct. *Birm* —1B **118**
Hogarth Clo. *Birm* —6F **51**
Hogarth Clo. *W'hall* —1G **45**
Hogg's La. *Birm* —3C **144**
Holbeache. —6A 74
Holbeache La. *K'wfrd* —6A **74**
Holbeache Rd. *K'wfrd* —1A **92**
Holbeach Rd. *Birm* —1F **121**
Holbeche Rd. *Know* —2C **166**
Holbeche Rd. *S Cold* —6F **55**
Holberg Gro. *Wolv* —4H **29**
Holborn Hill. *Birm* —1B **102**
Holbrook Tower. *Birm*
—1A **104**
Holbury Clo. *Wolv* —5E **15**
Holcombe Rd. *Birm* —1G **135**
Holcroft Rd. *Hale* —6E **111**
Holcroft Rd. *K'wfrd* —6A **74**
Holcroft Rd. *Stourb* —1G **125**
Holcroft St. *Tip* —5A **78**
Holcroft St. *Wolv* —4C **44**
Holden Clo. *Birm* —5E **85**
Holden Cres. *Wals* —4C **32**
Holden Cft. *Tip* —4A **78**
Holden Pl. *Wals* —5C **32**
Holden Rd. *W'bry* —3G **63**
Holden Rd. *Wolv* —2B **58**
Holdens, The. *Birm* —1E **149**
Holder Rd. *S'brk* —5C **118**
Holder Rd. *Yard* —4A **120**
Holders Gdns. *Birm* —3E **133**
Holders La. *Birm* —3E **133**
Holdford Rd. *Birm & Witt*
—5H **83**
Holdgate Rd. *Birm* —6G **131**
Hole Farm Rd. *Birm* —3G **145**
Hole Farm Way. *Birm* —2B **160**
Hole La. *Birm* —1G **145**
Holford Av. *Wals* —5A **48**
Holford Dri. *P Barr & Holf*
—3G **83**
Holford Way. *Holf* —3H **83**
Holifast Rd. *S Cold* —6H **69**
Holland Av. *Know* —1D **166**
Holland Av. *O'bry* —5B **98**
Holland Rd. *Birm* —4F **101**
(off Gt. Hampton Row)
Holland Ind. Pk. *W'bry* —3D **46**
Holland Rd. *Bils* —4G **45**

Leamore La. *Wals* —2G **31**
Leamount Dri. *Birm* —3C **68**
Leander Clo. *Wals* —4F **7**
Leander Gdns. *Birm* —2H **147**
Leander Rd. *Stourb* —1B **126**
Leandor Dri. *S Cold* —4A **52**
Lea Rd. *Birm* —1D **134**
Lea Rd. *Wolv* —4E **43** (6A **170**)
Lear Rd. *Wom* —5H **57**
Leason La. *Wolv* —1C **28**
Leasow Dri. *Birm* —2H **131**
Leasowe Dri. *Pert* —5D **24**
Leasowen Country Pk., The.
—1D **128**
Leasowe Rd. *Redn* —1F **157**
Leasowe Rd. *Tip* —3G **77**
Leasowes Dri. *Wolv* —5B **42**
Leasowes La. *Hale* —6D **112**
(in two parts)
Leasowes Rd. *Birm* —4H **133**
Leasow, The. *Wals* —4A **34**
Lea, The. *Birm* —1E **121**
Leatherhead Clo. *Birm*
—3H **101**
Lea Va. Rd. *Stourb* —3D **124**
Leavesden Gro. *Birm* —6E **121**
Lea Vw. *Wals* —4A **34**
Lea Vw. *W'hall* —4A **30**
Lea Wlk. *Redn* —1F **157**
Lea Yield Clo. *Birm* —6C **132**
Lechlade Rd. *Birm* —5A **66**
Leckie Rd. *Wals* —5C **32**
Ledbury Clo. *Birm* —1C **116**
Ledbury Clo. *Wals* —6E **23**
Ledbury Dri. *Wolv* —2D **44**
Ledbury Ho. *Birm* —1A **122**
Ledbury Way. *S Cold* —5E **71**
Ledsam Gro. *Birm* —5D **114**
Ledsam St. *Birm* —1C **116**
Lee Bank, —3F **117**
Lee Bank Middleway. *Birm*
—3E **117**
Leebank Rd. *Hale* —3G **127**
Leech St. *Tip* —2C **78**
Lee Ct. *Wals* —4B **22**
Lee Cres. *Birm* —3E **117**
Lee Gdns. *Smeth* —4C **98**
Lee Rd. *Crad H* —3H **111**
Lee Rd. *H'wd* —2A **162**
Leeson Wlk. *Birm* —1H **131**
Lees Rd. *Bils* —2H **61**
Lees St. *Birm* —4B **100**
Lees Ter. *Bils* —2H **61**
Lee St. *W Brom* —5G **63**
Legge La. *Bils* —3F **61**
Legge La. *Birm*
—6D **100** (2A **4**)
Legge St. *Birm* —5H **101**
Legge St. *W Brom* —4B **80**
Legge St. *Wolv* —5A **44**
Legion Rd. *Redn* —2E **157**
Legs La. *Wolv* —3A **16**
Leicester Clo. *Smeth* —2C **114**
Leicester Pl. *W Brom* —6A **64**
Leicester Sq. *Wolv* —6E **27**
Leicester St. *Wals* —1C **48**
Leicester St. *Wolv* —5F **27**
Leigham Dri. *Birm* —4E **115**
Leigh Clo. *Wals* —5E **33**
Leigh Ct. Wals —6E 33
(off Leigh Rd.)
Leigh Rd. *Birm* —3E **103**
Leigh Rd. *S Cold* —5F **55**
Leigh Rd. *Wals* —6E **33**
Leighs Clo. *Pels* —6G **21**
Leighs Rd. *Pels* —6F **21**
Leighswood. —1C 34

Leighswood Av. *Wals* —2C **34**
Leighswood Ct. *Wals* —3D **34**
Leighswood Gro. *Wals* —2C **34**
Leighswood Ind. Est. *Wals*
(nr. Brickyard Rd.) —6B **22**
Leighswood Ind. Est. *Wals*
(nr. Vigo Pl.) —2C **34**
Leighswood Rd. *Wals* —2C **34**
Leighton Clo. *Birm* —2E **67**
Leighton Clo. *Dud* —5A **76**
Leighton Rd. *Bils* —1A **62**
Leighton Rd. *Birm* —3H **133**
Leighton Rd. *Wolv* —5D **42**
Leith Gro. *Birm* —1A **160**
Lelant Gro. *Birm* —6E **115**
Lellow St. *W Brom* —5H **63**
Le More. *S Cold* —1G **53**
Lemox Rd. *W Brom* —5G **63**
Lench Clo. *Birm* —3H **133**
Lench Clo. *Hale* —2C **112**
Lenchs Grn. *Birm* —4G **117**
Lench St. *Birm* —5G **101** (1F **5**)
Lenchs Trust. *Birm* —5B **114**
Lench's Trust Houses. *Birm*
(nr. Conybere St.) —4H **117**
Lench's Trust Houses. *Birm*
(nr. Ravenhurst St.) —3A **118**
Len Davis Rd. *W'hall* —2B **30**
Lennard Gdns. *Smeth* —3H **99**
Lennox Gdns. *Wolv* —3E **43**
Lennox Gro. *S Cold* —6G **69**
Lennox St. *Birm* —3F **101**
Lenton Cft. *Birm* —1C **136**
Lenwade Rd. *O'bry* —3B **114**
Leominster Ho. *Birm* —1A **122**
Leominster Rd. *Birm* —2E **135**
Leominster Wlk. *Redn*
—1F **157**
Leonard Av. *Birm* —1F **101**
Leonard Gro. *Birm* —1F **101**
Leonard Rd. *Birm* —1E **101**
Leonard Rd. *Stourb* —6A **108**
Leopold Av. *Birm* —2A **82**
Leopold St. *Birm* —3H **117**
Lerryn Clo. *K'wfrd* —4D **92**
Lerwick Clo. *K'wfrd* —4D **92**
Lesley Dri. *K'wfrd* —5C **92**
Leslie Bentley Ho. *Birm* —3A **4**
Leslie Dri. *Tip* —4A **62**
Leslie Ri. *Tiv* —1C **96**
Leslie Rd. *Edg* —1B **116**
Leslie Rd. *Hand* —5F **83**
Leslie Rd. *S Cold* —1B **52**
Leslie Rd. *Wolv* —4B **28**
Lesscroft Clo. *Wolv* —4E **15**
Lester Gro. *Wals* —1G **51**
Lester St. *Bils* —6H **45**
Levante Gdns. *Birm* —1B **120**
Leve La. *W'hall* —1B **46**
Level St. *Brie H* —6H **93**
Leven Cft. *S Cold* —6E **71**
Leven Dri. *W'hall* —1A **46**
Levenwick Way. *K'wfrd* —4E **93**
Leverretts, The. *Birm* —5G **81**
Lever St. *Wolv*
—3H **43** (6C **170**)
Leverton Ri. *Wolv* —3G **27**
Leveson Av. *Wals* —3E **7**
Leveson Clo. *Dud* —1G **95**
Leveson Ct. *W'hall* —1A **46**
Leveson Cres. *Bal C* —3H **169**
Leveson Dri. *Tip* —2G **77**
Leveson Rd. *Wolv* —1H **29**
Leveson St. *W'hall* —1A **46**
Leveson Wlk. *Dud* —1G **95**
Levington Clo. *Wolv* —5F **25**

Lewis Av. *Wolv* —6D **28**
Lewis Clo. *W'hall* —4D **30**
Lewis Gro. *Wolv* —3F **29**
Lewisham Ind. Est. *Smeth*
—2F **99**
Lewisham Rd. *Smeth* —2E **99**
Lewisham Rd. *Wolv* —5F **15**
Lewisham St. *W Brom* —3B **80**
Lewis Rd. *Birm* —6E **133**
Lewis Rd. *O'bry* —4H **113**
Lewis Rd. *Stourb* —6H **109**
Lewis St. *Bils* —5G **45**
Lewis St. *Tip* —2D **78**
Lewis St. *Wals* —5B **32**
Lewthorn Ri. *Wolv* —1H **59**
Lexington Grn. *Brie H* —4G **109**
Leybourne Cres. *Wolv* —5D **14**
Leybourne Gro. *Birm* —5H **119**
Leybrook Rd. *Redn* —1H **157**
Leyburn Clo. *Wals* —5D **30**
Leyburn Rd. *Birm* —2C **116**
Leycester Clo. *Birm* —2E **159**
Leycroft Av. *Birm* —5H **105**
Leydon Cft. *Birm* —5D **146**
Ley Hill. —2G 53
Ley Hill Farm Rd. *Birm*
—2C **144**
Ley Hill Ho. *Birm* —1C **144**
Ley Hill Rd. *S Cold* —2A **54**
Leyland Cft. *Birm* —6C **134**
Leyland Av. *Wolv* —2D **42**
Leyland Cft. *Wals* —3D **20**
Leyland Dri. *Dud* —1F **95**
Leyman Clo. *Birm* —3C **148**
Ley Ri. *Dud* —4G **59**
Leys Clo. *Stourb* —3G **125**
Leys Cres. *Brie H* —6F **93**
Leysdown Gro. *Birm* —5A **136**
Leysdown Rd. *Birm* —5A **136**
Leys Rd. *Brie H* —6E **93**
Leys, The. *Birm* —2F **145**
Leys, The. *Redn* —1H **157**
Leys, The. *W'bry* —5C **46**
Leys Wood Cft. *Birm* —5E **121**
Leyton Clo. *Brie H* —3G **109**
Leyton Gro. *Birm* —4A **68**
Leyton Rd. *Birm* —1B **100**
Libbards Ga. *Sol* —1G **165**
Libbards Way. *Sol* —1F **165**
Library Way. *Redn* —2F **157**
Lich Av. *Wolv* —2G **29**
Lichen Gdns. *Birm* —2A **160**
Lichfield Ct. *Shir* —5D **148**
Lichfield Ct. Wals —5E 33
(off Lichfield Rd.)
Lichfield Pas. *Wolv*
—1H **43** (2C **170**)
Lichfield Rd. *Birm & Aston*
—3A **102**
Lichfield Rd. *Blox* —5H **19**
Lichfield Rd. *Bwnhls* —5B **10**
Lichfield Rd. *Curd* —3F **89**
Lichfield Rd. *Pels* —2E **21**
Lichfield Rd. *S Cold* —4F **37**
Lichfield Rd. *Wals* —5E **33**
Lichfield Rd. *Wals W* —4B **22**
Lichfield Rd. *Wat O & Col*
—3F **89**
Lichfield Rd. *Wolv & W'hall*
—4F **29**
Lichfield St. *Bils* —5G **45**
Lichfield St. *Tip* —5H **61**
Lichfield St. *Wals* —1D **48**
Lichfield St. *Wolv*
—1G **43** (3B **170**)
Lich Gates. *Wolv*
—1G **43** (2B **170**)

Lichwood Rd. *Wolv* —2H **29**
Lickey. —6G 157
Lickey Coppice. *Redn*
—5A **158**
Lickey Hills Country Pk.
—5G **157**
Lickey Hills Country Pk.
Vis. Cen. —6H **157**
Lickey Rd. *Redn* —4A **158**
Lickey Rd. *Stourb* —5F **109**
Liddon Gro. *Birm* —5A **136**
Liddon Rd. *Birm* —5A **136**
Lifford. —2D 146
Lifford Clo. *Birm* —2D **146**
Lifford La. *Birm* —2C **146**
Lifton Cft. *K'wfrd* —4D **92**
Lightfields Wlk. *Row R*
—4H **95**
Lighthorne Av. *Birm* —1C **116**
Lighthorne Rd. *Sol* —1G **151**
Lighthouse, The. *Wolv*
—2C **170**
Lightning Way. *Birm* —2F **159**
Lightwood Clo. *Know*
—1D **166**
Lightwood Rd. *Dud* —4C **76**
Lightwoods Hill. *Smeth*
—3C **114**
Lightwoods Rd. *Smeth*
—1E **115**
Lightwoods Rd. *Stourb*
—4G **125**
Lilac Av. *Birm* —6A **118**
Lilac Av. *P Barr* —6G **67**
Lilac Av. *S Cold* —3G **51**
Lilac Av. *Tip* —6G **61**
Lilac Av. *Wals* —1E **65**
Lilac Dri. *Wom* —1F **73**
Lilac Gro. *Wals* —6E **31**
Lilac Gro. *W'bry* —3G **63**
Lilac La. *Wals* —5F **7**
Lilac Rd. *Dud* —3D **76**
Lilac Rd. *W'hall* —2E **31**
Lilac Rd. *Wolv* —3D **44**
Lilac Way. *Hale* —3F **113**
Lilian Gro. *Bils* —4G **61**
Lilleshall Cres. *Wolv* —4H **43**
Lilleshall Rd. *Birm* —4F **121**
Lilley La. *Birm* —1F **159**
Lillington Clo. *S Cold* —1E **71**
Lillington Gro. *Birm* —4H **105**
Lillington Rd. *Shir* —1H **163**
Lillycroft La. *Birm* —2C **160**
Lily Cres. *Birm* —1A **118**
Lily Rd. *Birm* —5B **120**
Lily St. *W Brom* —2A **80**
Limberlost Clo. *Birm* —4C **82**
Limbrick Clo. *Shir* —5F **149**
Limbury Gro. *Sol* —5B **138**
Lime Av. *Birm* —3B **132**
Lime Av. *Wals* —6E **31**
Lime Clo. *Bntly* —6E **31**
Lime Clo. *Gt Wyr* —1F **7**
Lime Clo. *H'wd* —4A **162**
Lime Clo. *Tip* —2G **77**
Lime Clo. *W Brom* —3G **79**
Lime Ct. *Birm* —1C **134**
Lime Gro. *Bal H* —6H **117**
Lime Gro. *Bils* —4E **45**
Lime Gro. *Birm* —3D **118**
Lime Gro. *Chel W* —2D **122**
Lime Gro. *Loz* —1E **101**
Lime Gro. *Smeth* —6F **99**
(nr. Florence Rd.)
Lime Gro. *Smeth* —5F **99**
(nr. Windmill La.)
Lime Gro. *S Cold* —6H **69**

Marlborough Gro. *Birm*
—2B **120**
Marlborough Rd. *Birm*
—2E **119**
Marlborough Rd. *Cas B*
—1G **105**
Marlborough Rd. *Dud* —6B **60**
Marlborough Rd. *Smeth*
—6E **99**
Marlborough St. *Wals* —6H **19**
Marlbrook Clo. *Sol* —1G **137**
Marlbrook Dri. *Wolv* —5F **43**
Marlbrook La. *Marl* —6D **156**
Marlburn Way. *Wom* —1E **73**
Marlcliff Gro. *Birm* —1A **148**
Marldon Rd. *Birm* —1G **147**
Marlene Cft. *Birm* —2E **123**
Marley Rd. *K'wfrd* —5E **93**
Marling Cft. *Sol* —6A **138**
Marlow Clo. *Dud* —6F **95**
Marlowe Dri. *W'hall* —2A **30**
Marlow Rd. *Birm* —2D **84**
Marlow St. *Row R* —2B **112**
Marlow St. *Wals* —5C **32**
Marlpit La. *S Cold* —6B **38**
Marlpool Dri. *Pels* —6E **21**
Marl Rd. *Dud* —5D **94**
Marl Top. *Birm* —5B **146**
Marmion Dri. *Birm* —3B **66**
Marmion Gro. *Dud* —1C **94**
Marmion Way. *W Brom*
—1F **79**
Marnel Dri. *Wolv* —3B **42**
Marquis Dri. *Hale* —4A **112**
Marriott Rd. *Dud* —5E **95**
Marriott Rd. *Smeth* —2B **98**
Marroway St. *Birm* —6B **100**
Marrowfat La. *Birm* —2B **100**
Mars Clo. *Bils* —4C **60**
Marsden Clo. *Sol* —4C **136**
Marshall Clo. *Wals* —5D **34**
Marshall Gro. *Birm* —6H **67**
Marshall Ho. *Wals* —3A **48**
  (off St Quentin St.)
Marshall Lake Rd. *Shir*
—1B **164**
Marshall Rd. *O'bry* —2A **114**
Marshall Rd. *W'hall* —2E **45**
Marshalls Ind. Est. *Wolv*
—4G **43**
Marshall St. *Birm*
—2F **117** (6C **4**)
Marshall St. *Smeth* —2B **98**
Marsham Ct. Rd. *Sol* —6D **136**
Marsham Rd. *Birm* —4H **147**
Marshbrooke Rd. *Birm* —3B **86**
Marsh Cres. *Stourb* —6A **92**
Marshfield Gdns. *Birm* —5E **85**
Marsh Hill. *Birm* —3B **84**
Marsh Ho. Farm La. *Brad M*
—4D **154**
Marshland Way. *Wals* —2E **47**
Marsh La. *Birm* —2D **84**
Marsh La. *Curd* —2E **89**
Marsh La. *H Ard* —1A **154**
  (in two parts)
Marsh La. *Sol* —3A **152**
Marsh La. *Wals* —1B **48**
Marsh La. *Wat O* —4D **88**
Marsh La. *W Brom* —5B **64**
Marsh La. *Wolv* —4F **15**
Marsh La. Pde. *Wolv* —5G **15**
Marshmont Way. *Birm* —5D **68**
Marsh St. *Wals* —1B **48**
Marsh, The. *W'bry* —2E **63**

Marshwood Cft. *Hale* —2G **129**
Marsland Clo. *Birm* —2G **115**
Marsland Rd. *Sol* —6C **136**
Mars St. *Wolv* —5D **44**
Marston Av. *W'bry* —5C **46**
Marston Clo. *Stourb* —1B **124**
Marston Cft. *Birm* —4B **122**
Marston Dri. *Birm* —4C **106**
Marston Green. —3C 122
Marston Gro. *Birm* —5G **65**
Marston Rd. *Birm* —5D **130**
Marston Rd. *Dud* —1H **93**
Marston Rd. *S Cold* —6G **69**
Marston Rd. *Wolv* —4F **43**
Marston Rd. Ind. Est. *Wolv*
—4F **43**
Marston St. *W'hall* —1C **46**
Martham Dri. *Wolv* —1H **41**
Martin Clo. *Bils* —6F **61**
Martin Clo. *Birm* —5B **120**
Martindale Wlk. *Brie H*
—5F **109**
Martin Dri. *W'hall* —4C **30**
Martineau Sq. *Birm*
—1G **117** (4E **5**)
Martineau Tower. *Birm*
  (off Uxbridge St.) —4F **101**
Martineau Way. *Birm*
—1G **117** (4E **5**)
Martingale Clo. *Wals* —1D **64**
Martin Hill St. *Dud* —1E **95**
Martin Ri. *Birm* —3B **122**
Martin Rd. *Bils* —2H **61**
Martin Rd. *Tip* —2A **78**
Martin Rd. *Wals* —3G **49**
Martin St. *Wolv* —6B **44**
Martlesham Sq. *Birm* —3E **87**
Martley Ct. *Stourb* —1G **125**
Martley Cft. *Birm* —1C **130**
Martley Cft. *Sol* —1F **165**
Martley Dri. *Stourb* —1G **125**
Martley Rd. *O'bry* —3D **96**
Martley Rd. *Wals* —6G **21**
Marton Clo. *Birm* —3B **102**
Marwood Cft. *S Cold* —1A **52**
Mary Ann St. *Birm*
—5F **101** (1C **4**)
Maryland Av. *Birm* —4C **104**
Maryland Dri. *Birm* —2F **145**
Maryland Rd. *Brie H* —4B **110**
Marylebone Clo. *Stourb*
—4E **109**
Mary Macarthur Dri. *Crad H*
—2E **111**
Mary Rd. *Hand* —2A **100**
Mary Rd. *Stech* —6B **104**
Mary Rd. *Tiv* —1C **96**
Mary Rd. *W Brom* —6B **80**
Mary St. *Bal H* —6G **117**
Mary St. *Birm* —5E **101** (1B **4**)
Mary St. *Wals* —6B **32**
Maryvale Ct. *Wals* —2C **48**
Mary Va. Rd. *Birm* —1A **146**
Marywell Clo. *Birm* —6H **129**
Masefield Av. *Dud* —6E **61**
Masefield Clo. *Bils* —3H **61**
Masefield Ri. *Hale* —2D **128**
Masefield Rd. *Dud* —3E **75**
Masefield Rd. *Wals* —2C **32**
Masefield Rd. *Wolv* —6C **16**
Masefield Sq. *Birm* —3G **145**
Masham Clo. *Birm* —1C **120**
Mashie Gdns. *Birm* —6H **145**
Maslen Pl. *Hale* —2B **128**
Maslin Dri. *Bils* —4C **60**
Mason Cres. *Wolv* —6C **42**
Mason Ho. *Shir* —6E **149**

Masonleys Rd. *Birm* —4B **144**
Mason Rd. *Birm* —3G **85**
Mason Rd. *Wals* —4H **31**
Mason's Clo. *Hale* —5E **111**
Masons Cotts. *Birm* —2H **85**
Mason St. *Bils* —6D **60**
Mason St. *W Brom* —3H **79**
Mason St. *Wolv* —4G **43**
Masons Way. *Sol* —3C **136**
Massbrook Gro. *Wolv* —3B **28**
Massbrook Rd. *Wolv* —3B **28**
Masshouse Cir. Queensway.
Birm —6G **101** (3F **5**)
Masshouse La. *Birm*
—6H **101** (3G **5**)
Masshouse La. *K Nor*
—6B **146**
Masters La. *Hale* —2E **113**
Matchlock Clo. *S Cold* —4G **51**
Matfen Av. *S Cold* —3F **69**
Math Mdw. *Birm* —6D **114**
Matlock Clo. *Dud* —6F **95**
Matlock Clo. *Wals* —4A **20**
Matlock Rd. *Birm* —2F **135**
Matlock Rd. *Wals* —4A **20**
Matterson Rd. *Hand* —3A **100**
Matthews Clo. *Row R*
—2B **112**
Mattox Rd. *Wolv* —3F **29**
Matty Rd. *O'bry* —5H **97**
Maud Rd. *Wat O* —4F **89**
Maud Rd. *W Brom* —6A **80**
Maughan St. *Brie H* —3B **110**
Maughan St. *Dud* —6C **76**
Maurice Gro. *Wolv* —3C **28**
Maurice Rd. *Birm* —2G **147**
Maurice Rd. *Smeth* —1C **114**
Mavis Gdns. *O'bry* —3H **113**
Mavis Rd. *Birm* —6C **144**
Maw St. *Wals* —5D **48**
Maxholm Rd. *S Cold* —3G **51**
Max Rd. *Birm* —6B **114**
Maxstoke Clo. *Birm* —6G **129**
Maxstoke Clo. *Mer* —4H **141**
Maxstoke Clo. *S Cold* —3E **69**
Maxstoke Clo. *Wals* —1B **118**
Maxstoke Cft. *Shir* —1A **164**
Maxstoke La. *Mer* —2H **141**
Maxstoke Rd. *S Cold* —3E **69**
Maxstoke St. *Birm* —1B **118**
Maxted Rd. *Birm* —5C **68**
Maxwell Av. *Birm* —6D **82**
Maxwell Rd. *Wolv*
—3H **43** (6D **170**)
Mayall Dri. *S Cold* —5A **38**
May Av. *Birm* —6A **118**
Maybank. *Birm* —6F **103**
Maybank Pl. *Birm* —1G **83**
Maybank Rd. *Dud* —6E **95**
Mayberry Clo. *Birm* —5B **148**
Maybridge Dri. *Sol* —1F **165**
Maybrook Ho. *Hale* —1A **128**
Maybrook Ind. Est. *Wals*
  (in two parts) —2B **22**
Maybrook Rd. *Min* —2E **87**
Maybrook Rd. *Wals* —3B **22**
Maybury Clo. *Cod* —3E **13**
Maybush Gdns. *Wolv* —6G **15**
Maydene Ct. *Birm* —5H **117**
Mayers Green. —3C 80
Mayfair. *Stourb* —3H **125**
Mayfair Clo. *Birm* —6B **68**
Mayfair Clo. *Dud* —5C **76**
Mayfair Dri. *K'wfrd* —2A **92**
Mayfair Gdns. *Tip* —3A **78**
Mayfair Gdns. *Wolv* —1B **42**
Mayfair Pde. *Birm* —6B **68**

May Farm Clo. *H'wd* —3A **162**
Mayfield Av. *Birm* —3D **132**
Mayfield Clo. *Sol* —6G **151**
Mayfield Cres. *Row R* —6A **96**
Mayfield Rd. *A Grn* —2G **135**
Mayfield Rd. *Dud* —2E **77**
Mayfield Rd. *Hand* —1E **101**
Mayfield Rd. *Hasb* —3F **127**
Mayfield Rd. *H Grn* —2F **113**
Mayfield Rd. *Mose* —3A **134**
Mayfield Rd. *Stir* —1C **146**
Mayfield Rd. *S'tly* —3H **51**
Mayfield Rd. *Tys & Birm*
—1G **135**
Mayfield Rd. *Wolv* —2D **44**
Mayfield Rd. *W Grn* —3G **69**
Mayfields Dri. *Bwnhls* —3F **9**
Mayflower Clo. *Birm* —3F **101**
Mayflower Dri. *Brie H* —2E **93**
Mayford Gro. *Birm* —1B **148**
Maygrove Rd. *K'wfrd* —2A **92**
Mayhurst Clo. *H'wd* —2C **162**
Mayhurst Clo. *Tip* —5A **62**
Mayhurst Rd. *H'wd* —2B **162**
Mayland Dri. *S Cold* —6H **51**
Mayland Rd. *Birm* —1G **115**
May La. *Birm* —2H **147**
May La. *H'wd* —2A **162**
Maynard Av. *Stourb* —2B **124**
Maypole Clo. *Crad H* —3D **110**
Maypole Dri. *Stourb* —6C **108**
Maypole Fields. *Hale* —4C **110**
Maypole Gro. *Birm* —5B **148**
Maypole Hill. *Hale* —3C **110**
Maypole La. *Birm* —5H **147**
Maypole Rd. *O'bry* —2H **113**
Maypole St. *Wom* —6H **57**
May St. *Wals* —3A **32**
Mayswood Dri. *Wolv* —2F **41**
Mayswood Gro. *Birm*
—1B **130**
Mayswood Rd. *Sol* —3G **137**
Maythorn Av. *S Cold* —1E **87**
Maythorn Gdns. *Wolv* —6A **26**
Maythorn Gro. *Sol* —1F **165**
Maytree Clo. *Birm* —1C **122**
May Tree Gro. *Birm* —4B **82**
May Trees. *H'wd* —3H **161**
Maywell Dri. *Sol* —5B **138**
Maywood Clo. *K'wfrd* —3A **92**
McBean Rd. *Wolv* —5D **26**
Mcdougall Rd. *W'bry* —2A **64**
McGregor Clo. *Birm* —6H **83**
McKean Rd. *O'bry* —6G **79**
McKen Ct. *W Brom* —5A **80**
McLean Rd. *Wolv* —5G **15**
Meaburn Clo. *Birm* —6E **131**
Mead Clo. *Wals* —3D **34**
Mead Cres. *Birm* —6H **103**
Meadfoot Av. *Birm* —4H **147**
Meadfoot Dri. *K'wfrd* —2H **91**
Meadlands, The. *Wom* —1E **73**
Meadow Av. *W Brom* —4D **64**
Mdw. Brook Rd. *Birm*
—2D **144**
Meadowbrook Rd. *Hale*
—2F **127**
Meadow Clo. *Birm* —2F **115**
Meadow Clo. *Shir* —1B **164**
Meadow Clo. *S Cold* —1H **51**
Meadow Clo. *Wals* —1G **33**
Meadow Clo. *W'hall* —1C **30**
Meadow Cft. *Pert* —6D **24**
Meadow Cft. *Wyt* —6A **162**
Meadow Dri. *H Ard* —6B **140**
Meadowfield Rd. *Redn*
—2G **157**

Middle Cross St.—Mitcheldean Covert

Middle Cross St. *Wolv* —2A **44**
(off Warwick St.)
Middle Dri. *Redn* —5B **158**
Middlefield. *Wolv* —5C **14**
Middlefield Av. *Hale* —3F **113**
Middlefield Av. *Know* —6D **166**
Middlefield Clo. *Hale* —2F **113**
Middlefield Gdns. Hale
(off Hurst Grn. Rd.) —3F **113**
Middle Fld. Rd. *Birm* —5G **145**
Middlefield Rd. *Tiv* —1A **96**
Middle Gdns. *W'hall* —1B **46**
Middlehill Ri. *Birm* —3B **130**
Middle La. *Coven* —3D **14**
(in two parts)
Middle La. *K Nor & Wyt*
—3E **161**
Middle La. *Oaken* —5C **12**
Middle Leaford. *Birm* —4E **105**
Middle Leasowe. *Birm*
—1A **130**
Middle Mdw. Av. *Birm*
—6A **114**
Middlemist Gro. *Birm* —1B **82**
Middlemoor Ind Est. *Hand*
—1F **99**
Middlemore Bus. Pk. *Wals*
—4H **33**
Middlemore La. *A'rdge* —3B **34**
Middlemore La. W. *Wals*
—3H **33**
Middlemore Rd. *Hand &*
W Brom —1F **99**
Middlemore Rd. *Mid I & Smeth*
—1F **99**
Middlemore Rd. *N'fld* —5F **145**
Middlemore Rd. *Smeth & Mid I*
—2F **99**
Middle Pk. Clo. *Birm* —5F **131**
Middle Pk. Rd. *Birm* —5F **131**
Middlepark Rd. *Dud* —1A **94**
Middle Rd. *Wild* —5A **156**
Middle Roundhay. *Birm*
—6E **105**
Middleton Clo. *Wals* —6D **48**
(in two parts)
Middleton Gdns. *Birm*
—3H **145**
Middleton Grange. *Birm*
—3G **145**
Middleton Hall Rd. *Birm*
—3H **145**
Middleton Rd. *Birm* —6G **133**
Middleton Rd. *Shir* —5G **149**
Middleton Rd. *S Cold* —2A **52**
Middleton Rd. *Wals* —4C **10**
Middletree Rd. *Hale* —4E **111**
Middle Vauxhall. *Wolv* —1E **43**
Middleway Av. *Stourb* —6A **92**
Middleway Grn. *Bils* —3E **45**
Middleway Rd. *Bils* —3E **45**
Middleway Vw. *Birm* —6C **100**
Midford Gro. *Birm* —3E **117**
Midgley Dri. *S Cold* —1G **53**
Midhill Dri. *Row R* —3C **96**
Midhurst Gro. *Wolv* —4A **26**
Midhurst Rd. *Birm* —4D **146**
Midland Clo. *Birm* —2C **100**
Midland Ct. *Birm* —1C **4**
Midland Cft. *Birm* —6H **105**
Midland Dri. *S Cold* —6A **54**
Midland Rd. *Birm* —2B **146**
Midland Rd. *S Cold* —4G **53**
Midland Rd. *Wals* —2B **48**
Midland Rd. *W'bry* —3C **46**
Midland St. *Birm* —6C **102**
Midpoint Boulevd. *Min* —2G **87**

Midvale Dri. *Birm* —5F **147**
Milburn Rd. *Birm* —2A **68**
Milcote Dri. *S Cold* —2C **68**
Milcote Dri. *W'hall* —2F **45**
Milcote Rd. *Birm* —5E **131**
Milcote Rd. *Smeth* —1D **114**
Milcote Rd. *Sol* —3F **151**
Milcote Way. *K'wfrd* —2H **91**
Mildenhall Rd. *Birm* —4C **66**
Mildred Rd. *Crad H* —4G **111**
Mildred Way. *Row R* —3C **96**
Milebrook Gro. *Birm* —5H **129**
Mile Flat. *K'wfrd* —3E **91**
Mile Oak Ct. *Smeth* —3F **99**
Milesbush Av. *Birm* —6H **87**
Miles Gro. *Dud* —2H **95**
Miles Mdw. Clo. W'hall
—1C **30**
Milestone Ct. *Wolv* —6G **25**
Milestone La. *Hand* —1H **99**
Milestone Way. *W'hall* —1B **30**
Milford Av. *Birm* —5A **118**
Milford Av. *W'hall* —4A **30**
Milford Clo. *Stourb* —6C **92**
Milford Cft. *Birm* —4F **101**
Milford Cft. *Row R* —3H **95**
Milford Gro. *Shir* —2G **165**
Milford Pl. *K Hth* —5G **133**
Milford Rd. *Birm* —6F **115**
Milford Rd. *Wolv* —4G **43**
Milholme Grn. *Sol* —5H **137**
Milking Bank. *Dud* —5H **75**
Milk St. *Birm* —2H **117** (6H **5**)
Millard Rd. *Bils* —4D **60**
Millards Ind. Est. *W Brom*
—6G **79**
Mill Bank. *Dud* —5H **59**
Millbank Gro. *Birm* —1B **84**
(in two parts)
Millbank St. *Wolv* —6H **17**
Mill Brook Dri. *Birm* —1C **158**
Millbrook Rd. *Birm* —1E **147**
Millbrook Way. *Brie H*
—3F **109**
Mill Burn Way. *Birm* —1B **118**
Mill Clo. *H'wd* —2A **162**
Mill Cft. *Bils* —5G **45**
Millcroft Clo. *Birm* —3C **130**
Millcroft Rd. *S Cold* —3A **52**
Milldale Cres. *Wolv* —3H **15**
Milldale Rd. *Wolv* —3H **15**
Mill Dri. *Smeth* —4F **99**
Millennium Clo. *Wals* —4E **21**
Millennium Point. *Birm*
—6H **101** (3H **5**)
Miller Cres. *Bils* —4C **60**
Millers Clo. *Wals* —2F **47**
Millers Ct. Smeth —4F **99**
(off Corbett St.)
Millersdale Dri. *W Brom*
—3D **64**
Millers Grn. Dri. *K'wfrd*
—1G **91**
Miller St. *Birm* —4G **101**
Millers Va. *Wom* —2D **72**
Millers Wlk. *Pels* —4C **20**
Mill Farm Rd. *Birm* —2G **131**
Millfield. *N'fld* —3E **145**
Millfield Av. *Pels* —6F **21**
Millfield Av. *Wals* —5B **20**
Millfield Ct. Dud —5C **76**
(off Eve Hill)
Millfield Rd. *Birm* —2A **82**
Millfield Rd. *Wals* —6C **10**
Millfields. *Birm* —6H **105**
(in two parts)
Millfields Clo. *W Brom* —4H **63**

Millfields Rd. *W Brom* —4H **63**
Millfields Rd. *Wolv* —6C **44**
Millfields Way. *Wom* —1E **73**
Millfield Vw. *Hale* —1G **127**
Milford Clo. *Birm* —2G **149**
Mill Gdns. *Birm* —2D **148**
Mill Gdns. *Smeth* —6D **98**
Mill Green. —2H 35
Mill Grn. *Wolv* —3H **15**
Mill Gro. *Cod* —4A **14**
Millhaven Av. *Birm* —1D **146**
Mill Hill. *Smeth* —6D **98**
Millhouse Rd. *Birm* —3H **119**
Millicent Pl. *Birm* —5A **118**
Millichip Rd. *W'hall* —2G **45**
Millington Rd. *Birm* —1C **104**
Millington Rd. *Tip* —4H **61**
Millington Rd. *Wolv* —3A **28**
Millison Gro. *Shir* —2E **165**
Mill La. *A'rdge* —2H **35**
Mill La. *Birm* —2H **117** (6G **5**)
Mill La. *Cod* —1E **13**
Mill La. *Dorr & Ben H*
—5A **166**
Mill La. *Hale* —1C **128**
Mill La. *Hamm* —2F **11**
Mill La. *N'fld* —6D **144**
Mill La. *O'bry* —5G **97**
Mill La. *Quin* —3B **130**
Mill La. *Sol* —4G **151**
Mill La. *Ston* —3H **23**
Mill La. *Swind* —4D **72**
Mill La. *Tett W* —6G **25**
Mill La. *Wals* —5D **32**
Mill La. *Wed* —2C **28**
Mill La. *Wild* —6A **156**
Mill La. *W'hall* —4B **30**
Mill La. *Wom* —6H **57**
Millmead Lodge. *Birm*
—5D **134**
Millmead Rd. *Birm* —3C **130**
Mill Pl. *Wals* —5C **32**
Mill Pool Clo. *Wom* —2D **72**
Millpool Gdns. *Birm* —4H **147**
Millpool Hill. *Birm* —3H **147**
Millpool, The. *Seis* —3A **56**
Millpool Way. *Smeth* —5E **99**
Mill Race La. *Stourb* —5E **109**
Mill Rd. *Bwnhls* —6C **10**
Mill Rd. *Crad H* —4G **111**
Mill Rd. *Pels* —6F **21**
Mill Rd. *Yard* —5F **119**
Mills Av. *S Cold* —1C **70**
Mills Clo. *Wolv* —1D **28**
Mills Cres. *Wolv* —3A **44**
Millside. *Birm* —4F **149**
Mill Side. *Wom* —2E **73**
Mills Rd. *Wolv* —3A **44**
Millstream Clo. *Cod* —3H **13**
Mill St. *Bils* —6E **45**
Mill St. *Birm* —4H **101**
Mill St. *Brie H* —1H **109**
Mill St. *Darl* —5C **46**
Mill St. *Hale* —4E **111**
Mill St. *S Cold* —6A **54**
Mill St. *Tip* —2D **78**
Mill St. *Wals* —6C **32**
Mill St. *W Brom* —3A **80**
Mill St. *W'hall* —1C **46**
Mill St. *Word* —1C **108**
Millsum Ho. Wals —2D **48**
(off Paddock La.)
Mills Wlk. *Tip* —6H **61**
Millthorpe Clo. *Birm* —4F **103**
Mill Vw. *Birm* —5G **105**
Millwalk Dri. *Wolv* —4E **15**
Mill Wlk., The. *Birm* —6D **144**

Millward St. *Birm* —2C **118**
Millward St. *W Brom* —4G **79**
Millwright Clo. *Tip* —2B **78**
Milner Rd. *Birm* —4C **132**
Milner Way. *Birm* —5D **134**
Milnes Walker Ct. *Birm*
—4G **67**
Milsom Gro. *Birm* —3H **105**
Milstead Rd. *Birm* —2E **121**
Milston Clo. *Birm* —6G **147**
Milton Av. *Birm* —5A **118**
Milton Clo. *Ben H* —5B **166**
Milton Clo. *Stourb* —4E **109**
Milton Clo. *Wals* —5B **48**
Milton Clo. *W'hall* —2E **31**
Milton Ct. *Pert* —5E **25**
Milton Ct. *Smeth* —2E **115**
Milton Cres. *Birm* —4B **120**
Milton Cres. *Dud* —2E **75**
Milton Dri. *Hag* —6G **125**
Milton Gro. *S Oak* —2B **132**
Milton Pl. *Wals* —5B **48**
Milton Rd. *Ben H* —5B **166**
Milton Rd. *Bils* —5F **61**
Milton Rd. *Smeth* —4B **98**
Milton Rd. *Wolv* —4C **28**
Milton St. *Birm* —3G **101**
Milton St. *Brie H* —3H **93**
Milton St. *Wals* —3B **48**
Milton St. *W Brom* —2H **79**
Milverton Clo. *Hale* —5A **112**
Milverton Clo. *S Cold* —6D **70**
Milverton Rd. *Birm* —3E **85**
Milverton Rd. *Know* —4E **167**
Mimosa Clo. *Birm* —5F **131**
Mimosa Wlk. *K'wfrd* —1C **92**
Mincing La. *Row R* —6D **96**
Mindelsohn Way. *Edg*
—1H **131**
Minden Gro. *Birm* —4F **131**
Minehead Rd. *Dud* —1H **93**
Minehead Rd. *Wolv* —5F **15**
Miner St. *Wals* —6A **32**
Minerva Clo. *W'hall* —5E **31**
Minerva La. *Wolv* —2A **44**
Minewood Clo. *Wals* —4F **19**
Minith Rd. *Bils* —5F **61**
Miniva Dri. *S Cold* —4E **71**
Minivet Dri. *Birm* —5G **117**
Minley Av. *Birm* —4D **114**
Minories. *Birm*
—6G **101** (3E **5**)
Minories, The. *Dud* —6E **77**
Minstead Rd. *Birm* —6D **84**
Minster Clo. *Know* —1D **166**
Minster Clo. *Row R* —6E **97**
Minster Ct. *Muse* —1A **134**
Minster Dri. *Birm* —4D **118**
Minsterley Clo. *Wolv* —3C **42**
Minster, The. *Wolv* —4D **42**
Mintern Rd. *Birm* —3A **120**
Minton Clo. *Wolv* —2C **44**
Minton Rd. *Birm* —1D **130**
Minworth. —2H 87
Minworth Ind. Est. *Min* —1E **87**
Minworth Ind. Pk. *Min* —1G **88**
Minworth Rd. *Wat O* —4C **88**
Miranda Clo. *Redn* —4G **143**
Mirfield Clo. *Pend* —4E **15**
Mirfield Rd. *Birm* —1F **121**
Mirfield Rd. *Sol* —1E **151**
Mission Clo. *Crad H* —2A **112**
Mission Dri. *Tip* —4A **78**
Mistletoe Dri. *Wals* —2F **65**
Mitcham Gro. *Birm* —4B **68**
Mitcheldean Covert. *Birm*
—5F **147**

Mitchell Av. *Bils* —4D **60**
Mitchel Rd. *K'wfrd* —5D **92**
Mitford Dri. *Sol* —6H **137**
Mitre Clo. *Ess* —4A **18**
Mitre Clo. *W'hall* —2D **30**
Mitre Ct. *S Cold* —5A **54**
Mitre Fold. *Wolv*
 —1G **43** (2A **170**)
Mitre Rd. *Stourb* —6A **110**
Mitre Rd. *Wals* —3C **6**
Mitten Av. *Redn* —6F **143**
Mitton Rd. *Birm* —5A **82**
Moatbrook Av. *Cod* —3E **13**
Moatbrook La. *Cod* —2C **12**
Moat Coppice. *W'gte* —4H **129**
Moat Cft. *Birm* —1C **122**
Moat Cft. *S Cold* —6F **71**
Moat Dri. *Hale* —2E **113**
Moat Farm Dri. *Birm* —4G **129**
Moat Farm Way. *Wals* —2E **21**
Moatfield Ter. *W'bry* —2G **63**
Moat Grn. Av. *Wolv* —2G **29**
Moat Ho. La. E. *Wolv* —2F **29**
Moat Ho. La. W. *Wolv* —2F **29**
Moat Ho. Rd. *Birm* —5G **103**
Moat La. *Birm* —2G **117** (6F **5**)
Moat La. *Sol* —1G **151**
Moat La. *Wals* —3G **7**
Moat La. *Yard* —4C **120**
Moat Meadows. *Birm* —1C **130**
Moatmead Wlk. *Birm* —1C **104**
Moat Rd. *O'bry* —1H **113**
Moat Rd. *Tip* —6A **62**
Moat Rd. *Wals* —1H **47**
Moatside Clo. *Wals* —2E **21**
Moat St. *W'hall* —1A **46**
Moatway, The. *Birm* —2A **160**
Mobberley Rd. *Bils* —4C **60**
Mob La. *Wals* —5G **21**
Mockleywood Rd. *Know*
 —2D **166**
Modbury Av. *Birm* —4B **130**
Moden Clo. *Dud* —2H **75**
Moden Hill. *Dud* —1G **75**
Mogul La. *Hale* —4C **110**
Moilliett Ct. *Smeth* —3G **99**
Moilliett St. *Birm* —5H **99**
Moira Cres. *Birm* —3C **148**
Moises Hall Rd. *Wom* —6H **57**
Moland St. *Birm* —5G **101**
Mole St. *Birm* —5B **118**
Molineux All. *Wolv*
 —6G **27** (1A **170**)
 (in two parts)
Molineux Fold. *Wolv*
 —6G **27** (1B **170**)
Molineux St. *Wolv*
 —6G **27** (1B **170**)
Molineux Way. *Wolv*
 —6G **27** (1B **170**)
Mollington Cres. *Shir*
 —4A **150**
Molyneux Rd. *Dud* —1G **111**
Monaco Ho. *Birm* —3F **117**
Monarch Dri. *Tip* —1C **78**
Monarch's Way. *Hag* —6F **125**
Monarch's Way. *Wolv* —6E **41**
Monarch Way. *Dud* —5E **95**
Mona Rd. *Erd* —2F **85**
Monastery Dri. *Sol* —1B **150**
Monckton Rd. *O'bry* —4G **113**
Moncrieffe Clo. *Dud* —1G **95**
Moncrieffe St. *Wals* —2E **49**
Money La. *Chad* —4A **156**
Monica Rd. *Birm* —4F **119**
Monins Av. *Tip* —4A **78**
Monk Clo. *Tip* —4B **78**

Monk Rd. *Birm* —4H **103**
Monks Clo. *Wom* —1E **73**
Monkseaton Rd. *S Cold*
 —3H **69**
Monksfield Av. *Birm* —4H **65**
Monkshood M. *Erd* —6B **68**
Monkshood Retreat. *Birm*
 —1B **160**
Monks Kirby Rd. *S Cold*
 —1D **70**
Monkspath. *S Cold* —4D **70**
Monkspath Bus. Pk. *Shir*
 —2D **164**
Monkspath Clo. *Shir* —2B **164**
Monkspath Hall Rd. *Shir & Sol*
 —3D **164**
Monkspath Street. —4F **165**
Monksway. *Birm* —6D **146**
Monkswell Clo. *Birm* —4D **118**
Monkswell Clo. *Brie H*
 —2H **109**
Monkswood Rd. *Birm*
 —5G **145**
Monkton Rd. *Birm* —2E **131**
Monmar Ct. *W'hall* —4B **30**
Monmer La. *W'hall* —5B **30**
Monmore Green. —3A **44**
Monmore Pk. Ind. Est. *Wolv*
 —4B **44**
Monmore Rd. *Wolv* —3C **44**
Monmouth Dri. *S Cold* —2C **68**
Monmouth Dri. *W Brom*
 —6H **63**
Monmouth Ho. *Birm* —1A **122**
Monmouth Rd. *Birm* —5B **130**
Monmouth Rd. *Smeth*
 —3C **114**
Monmouth Rd. *Wals* —6F **31**
Monsal Av. *Wolv* —5A **28**
Monsaldale Clo. *Clay* —1H **21**
Monsal Rd. *Birm* —6E **67**
Mons Rd. *Dud* —6G **77**
Montague Rd. *Edg* —2A **116**
Montague Rd. *Erd* —6G **85**
Montague Rd. *Hand* —1B **100**
Montague Rd. *Smeth* —6F **99**
Montague St. *Aston* —1B **102**
Montague St. *Bord* —1A **118**
Montana Av. *Birm* —2C **82**
Monteagle Dri. *K'wfrd* —6R **74**
Montford Gro. *Dud* —6H **59**
Montfort Rd. *Col* —4H **107**
Montfort Rd. *Wals* —5H **47**
Montfort Wlk. *Birm* —3G **129**
Montgomery Cres. *Brie H*
 —4B **110**
Montgomery Cft. *Birm*
 —4C **118**
Montgomery Rd. *Wals* —1E **47**
Montgomery St. *Birm*
 —4B **118**
Montgomery Wlk. *W Brom*
 —3B **80**
Montgomery Way. *Birm*
 —5G **103**
Montpelier Rd. *Birm* —6G **85**
Montpellier Gdns. *Dud* —5A **76**
Montpellier St. *Birm* —5A **118**
Montrose Dri. *Birm* —4E **87**
Montrose Dri. *Dud* —1C **94**
Montsford Clo. *Know* —3B **166**
Monument Av. *Stourb*
 —1A **126**
Monument La. *Dud* —4A **60**
Monument La. *Hag* —6H **125**
Monument La. *Redn* —5F **157**

Monument Rd. *Birm* —2B **116**
 (in two parts)
Monway Ind. Est. *W'bry*
 (off Monway Ter.) —2E **63**
Monway Ter. *W'bry* —2E **63**
Monwood Gro. *Sol* —5D **150**
Monyhull Hall Rd. *Birm*
 —5D **146**
Moodyscroft Rd. *Birm*
 —6G **105**
Moons La. *Wals* —3D **6**
Moor Cen., The. *Brie H*
 —1H **109**
Moorcroft Dri. *W'bry* —3C **62**
Moorcroft Pl. *Birm* —5A **102**
Moorcroft Rd. *Birm* —2G **133**
Moordown Av. *Sol* —3E **137**
Moore Clo. *Pert* —5F **25**
Moore Clo. *S Cold* —3F **37**
Moore Cres. *O'bry* —6A **98**
Moorend Av. *Birm* —3B **122**
Moor End La. *Birm* —3G **85**
Moore Rd. *W'hall* —1D **30**
Moore's Row. *Birm*
 —2H **117** (6H **5**)
Moore St. *Wolv* —2B **44**
Moorfield Av. *Know* —3A **166**
Moorfield Dri. *Hale* —5H **111**
Moorfield Dri. *S Cold* —5F **69**
Moorfield Rd. *Birm* —3E **105**
Moorfield Rd. *Wolv* —4G **43**
Moorfoot Av. *Hale* —4E **127**
Moor Green. —3E **133**
Moor Grn. La. *Birm* —4E **133**
Moor Hall Dri. *S Cold* —3A **54**
Moorhills Cft. *Shir* —1H **163**
Moorings, The. *Hurst B*
 —5C **94**
Moorings, The. *O'bry* —1E **97**
Moorings, The. *Wolv* —5D **14**
Moorland Av. *Wolv* —3G **27**
Moorland Rd. *Birm* —2H **115**
Moorland Rd. *Wals* —1G **31**
Moorlands Ct. *Row R* —5D **96**
Moorlands Dri. *Shir* —4A **150**
Moorlands Rd. *W Brom*
 —4A **64**
Moorlands, The. *S Cold*
 —2F **53**
Moor La. *Birm* —1H **83**
Moor La. *Row R* —1A **112**
Moor La. Ind. Est. *Birm*
 —2H **83**
Moor Leasow. *Birm* —5G **145**
Moor Mdw. Rd. *S Cold*
 —4B **54**
Moor Pk. *Pert* —4D **24**
Moor Pk. *Wals* —4H **19**
Moorpark Rd. *Birm* —6E **145**
Moor Pool Av. *Birm* —5G **115**
Moorpool Ter. *Birm* —5G **115**
Moors Cft. *Birm* —4H **129**
Moorside Gdns. *Wals* —6H **31**
Moorside Rd. *Birm* —3C **148**
Moor's La. *Birm* —5C **130**
Moors Mill La. *Tip* —6D **62**
Moorsom St. *Birm* —4G **101**
Moors, The. *Birm* —1D **104**
Moor Street. —3G **129**
Moor St. *Birm* —5F **5**
Moor St. *Brie H* —6E **93**
Moor St. *W'bry* —3H **63**
Moor St. *W Brom* —5A **80**
Moor St. Ind. Est. *Brie H*
 —1G **109**
Moor St. Queensway. *Birm*
 —1G **117** (4F **5**)

Moor St. S. *B'hill* —4G **43**
Moor, The. *S Cold* —5E **71**
Moorville Wlk. *Birm* —4A **118**
Morar Clo. *Birm* —3G **87**
Moray Clo. *Hale* —3E **113**
Morcom Rd. *Birm* —6E **119**
Morcroft. *Bils* —2A **62**
Mordaunt Dri. *S Cold* —1C **54**
Morden Rd. *Birm* —6B **104**
Moreland Cft. *Min* —1F **87**
Morelands, The. *Birm*
 —6F **145**
Moresead Av. *Birm* —6G **121**
Moreton Av. *Birm* —3E **67**
Moreton Av. *Wolv* —1A **60**
Moreton Clo. *Birm* —6D **114**
 (in two parts)
Moreton Clo. *Tip* —3B **62**
Moreton Rd. *Shir* —5A **150**
Moreton Rd. *Wolv* —6H **15**
Moreton St. *Birm* —5D **100**
Morford Rd. *Wals* —2C **34**
Morgan Clo. *W'hall* —5B **30**
Morgan Dri. *Bils* —5D **60**
Morgan Gro. *Birm* —6B **88**
Morgrove Av. *Know* —3B **166**
Morjon Dri. *Birm* —3B **66**
Morland Rd. *Birm* —1E **67**
Morley Gro. *Wolv* —5G **27**
Morley Rd. *Birm* —3H **103**
Morlich Dri. *Brie H* —3F **109**
Morning Pines. *Stourb*
 —1C **124**
Morningside. *S Cold* —5H **53**
Mornington Ct. *Col* —2H **107**
 (off High St.)
Mornington Rd. *Smeth* —2F **99**
Morris Av. *Wals* —1L **47**
Morris Clo. *Birm* —1B **136**
Morris Cft. *Birm* —6B **88**
Morris Fld. Cft. *Birm* —3E **149**
Morrison Av. *Wolv* —1H **27**
Morrison Rd. *Tip* —3C **78**
Morris Rd. *Birm* —3H **103**
Morris St. *W Brom* —6A **80**
Mortimers Clo. *Birm* —6R **148**
Morton Rd. *Brie H* —4H **109**
Morvale Gdns. *Stourb*
 —6A **110**
Morvale St. *Stourb* —6A **110**
Morven Rd. *S Cold* —2G **69**
Morville Clo. *Dorr* —6H **165**
Morville Cft. *Bils* —1D **60**
Morville Rd. *Dud* —5F **95**
Morville St. *Birm* —2C **116**
 (in two parts)
Mosborough Cres. *Birm*
 —4E **101**
Mosedale Dri. *Wolv* —4H **29**
Moseley. —2A 134
 (nr. Birmingham)
Moseley. —3B 16
 (nr. Oxley)
Moseley. —1E 45
 (nr. Wolverhampton)
Moseley Ct. *Ess* —4H **17**
Moseley Dri. *W'hall* —2F **45**
Moseley Dri. *Birm* —3B **122**
Moseley Hall Dovecote.
 —2G **133**
Moseley Old Hall. —2C **16**
Moseley Old Hall La. *F'stne*
 —2C **16**
Moseley Rd. *Birm* —6H **117**
 (in two parts)
Moseley Rd. *W'hall & Bils*
 —2F **45**

Moseley Rd. *Wolv & Westc*
—2B **16**
Moseley St. *Birm* —2H **117**
Moseley St. *Tip* —6C **62**
Moseley St. *Wolv* —5G **27**
Moss Clo. *A'rdge* —4C **34**
Moss Clo. *Wals* —6E **33**
Mossdale Way. *Sed* —6A **60**
Moss Dri. *S Cold* —2A **70**
Mossfield Rd. *Birm* —6G **133**
Moss Gdns. *Bils* —2D **60**
Moss Gro. *Birm* —1F **147**
Moss Gro. *K'wfrd* —2B **92**
Moss Ho. Clo. *Birm* —2D **116**
Mossley Clo. *Wals* —6F **19**
Mossley La. *Wals* —5F **19**
Mossvale Clo. *Crad H*
—2H **111**
Mossvale Gro. *Birm* —4F **103**
Moss Way. *S Cold* —4H **51**
Mostyn Cres. *W Brom* —6H **63**
Mostyn Pl. *Aston* —6G **83**
Mostyn Rd. *Edg* —1B **116**
Mostyn Rd. *Hand* —1B **100**
Mostyn St. *Wolv* —5F **27**
Mother Teresa Ho. *W Brom*
—4H **79**
Motorway Trad. Est. *Birm*
—4H **101**
Mott Clo. *Ock H* —5C **62**
Mottram Clo. *W Brom* —5G **79**
Mottrams Clo. *S Cold* —3A **70**
Mott St. *Birm* —5F **101** (1C **4**)
Mott St. Ind. Est. *Birm*
—5F **101**
Motts Way. *Col* —4H **107**
Moundsley Gro. *Birm* —4A **148**
Moundsley Ho. *Birm* —5C **148**
Mounds, The. *Birm* —1A **160**
Mountain Ash Dri. *Stourb*
—3G **125**
Mountain Ash Rd. *Clay*
—2A **22**
Mount Av. *Brie H* —5G **93**
Mountbatten Clo. *W Brom*
—5D **80**
Mountbatten Rd. *Wals* —1F **47**
Mount Clo. *Dud* —6G **75**
Mount Clo. *Mose* —1H **133**
Mount Clo. *Wals* —3E **7**
Mount Clo. *Wom* —6G **57**
Mount Ct. *Wolv* —6H **25**
Mount Dri. *Wom* —6G **57**
Mountfield Clo. *Birm* —5A **148**
Mountford Clo. *Row R* —6C **96**
Mountford Cres. *Wals* —1E **35**
Mountford Dri. *S Cold* —3H **53**
Mountford La. *Bils* —4F **45**
Mountford Rd. *Shir* —6D **148**
Mountford St. *Birm* —6D **118**
Mount Gdns. *Cod* —3F **13**
Mountjoy Cres. *Sol* —2G **137**
Mount La. *Dud* —5G **75**
Mt. Pleasant. *Bils* —5G **45**
Mt. Pleasant. *Birm* —2B **118**
Mt. Pleasant. *Brie H* —2A **110**
Mt. Pleasant. *K Hth* —4H **133**
Mt. Pleasant. *K'wfrd* —4H **91**
Mt. Pleasant. *Wals* —3D **6**
Mt. Pleasant Av. *Birm* —6A **82**
Mt. Pleasant Av. *Wom* —6F **57**
Mt. Pleasant St. *Bils* —5D **60**
Mt. Pleasant St. *W Brom*
—5A **80**
Mountrath St. *Wals* —2C **48**
Mount Rd. *Birm* —2H **99**
Mount Rd. *Lane* —3B **62**

Mount Rd. *Pels* —3E **21**
Mount Rd. *Penn* —6E **43**
Mount Rd. *Row R* —6E **97**
Mount Rd. *Stourb* —6F **109**
Mount Rd. *Tett W* —1G **41**
Mount Rd. *Tiv* —1C **96**
Mount Rd. *W'hall* —3G **45**
Mount Rd. *Wom* —6G **57**
Mount Rd. *Word* —1B **108**
Mounts Rd. *W'bry* —3F **63**
Mount St. *Birm & Nech*
—3C **102**
Mount St. *Hale* —3A **128**
Mount St. *Stourb* —6E **109**
Mount St. *Tip* —1C **78**
Mount St. *Wals* —3C **48**
Mount St. Ind. Est. *Birm*
—2D **102**
Mounts Way. *Birm* —2C **102**
Mount, The. *Birm* —6D **84**
Mount, The. *Crad H* —2A **112**
Mount, The. *Curd* —1E **89**
Mount, The. *S Cold* —1C **70**
Mount Vw. *S Cold* —1C **70**
Mountwood Covert. *Wolv*
—6H **25**
Mousehall Farm Rd. *Brie H*
—3H **109**
Mouse Hill. *Wals* —4D **20**
Mouse Sweet. —6G 95
Mousesweet Clo. *Dud* —5G **95**
Mousesweet La. *Dud* —6G **95**
Mousesweet Wlk. *Crad H*
—3D **110**
Mowbray Clo. *Redn* —5G **143**
Mowbray St. *Birm* —3G **117**
Mowe Cft. *Birm* —4C **122**
Moxhull Clo. *W'hall* —6C **18**
Moxhull Dri. *S Cold* —5C **70**
Moxhull Gdns. *W'hall* —6C **18**
Moxhull Rd. *Birm* —4C **106**
Moxley. —1B 62
Moxley Ct. *W'bry* —1A **62**
Moxley Ind. Cen. *W'bry*
—1C **62**
Moxley Rd. *W'bry* —1B **62**
Moyle Dri. *Hale* —4D **110**
Moyses Cft. *Smeth* —1E **99**
Muchall Rd. *Wolv* —6E **43**
Muckley Corner. —4H 11
Mucklow Hill. *Hale* —1C **128**
Mucklow Hill Trad. Est. *Hale*
—6C **112**
Muirfield Clo. *Blox* —4G **19**
Muirfield Cres. *Tiv* —2B **96**
Muirfield Gdns. *Birm* —6H **145**
Muirhead Ho. *Birm* —5E **117**
Muirville Clo. *Stourb* —6B **92**
Mulberry Dri. *Birm* —4B **134**
Mulberry Grn. *Dud* —2C **76**
Mulberry Pl. *Wals* —6F **19**
Mulberry Rd. *Birm* —2G **145**
Mulberry Rd. *Wals* —6F **19**
Mulberry Wlk. *S Cold* —3G **51**
Mull Clo. *Redn* —6E **143**
Mull Cft. *Birm* —2C **106**
Mullens Gro. Rd. *Birm*
—4C **106**
Mullett Rd. *Wolv* —2D **28**
Mullett St. *Brie H* —4F **93**
Mulliners Clo. *Birm* —1E **123**
Mullion Cft. *Birm* —6A **146**
Mulroy Rd. *S Cold* —5H **53**
Mulwych Rd. *Birm* —1A **122**
Munslow Gro. *Birm* —1D **158**
Muntz St. *Birm* —3D **118**
Murcroft Rd. *Stourb* —4H **125**

Murdock Rd. *Bils* —5A **46**
Murdock Gro. *Birm* —2A **100**
Murdock Pl. Smeth —5F 99
(off Corbett St.)
Murdock Point. *Birm* —1B **102**
Murdock Rd. *Birm* —1A **100**
Murdock Rd. *Smeth* —3H **99**
Murdock Way. *Wals* —3F **31**
(in two parts)
Murray Ct. *S Cold* —2G **69**
Murrell Clo. *Birm* —4F **117**
Musborough Clo. *Birm*
—6G **87**
Muscott Gro. *Birm* —6F **115**
Muscovy Rd. *Birm* —4C **84**
Musgrave Clo. *S Cold* —2C **70**
Musgrave Rd. *Birm* —3B **100**
Mushroom Green. —1D 110
Mushroom Grn. *Dud* —2D **110**
Mushroom Hall Rd. *O'bry*
—4H **97**
Musk La. *Dud* —4F **75**
Musk La. W. *Dud* —4F **75**
Muswell Clo. *Sol* —2H **151**
Muxloe Clo. *Wals* —4G **19**
Myatt Av. *A'rdge* —4B **34**
Myatt Av. *Wolv* —5A **44**
Myatt Clo. *Wolv* —5A **44**
Myatt Way. *Wals* —4B **34**
Myddleton St. *Birm* —5C **100**
Myles Ct. *Brie H* —5H **93**
Mynors Cres. *H'wd* —4A **162**
Myring Dri. *S Cold* —5D **54**
Myrtle Av. *Birm* —6A **118**
Myrtle Av. *K Hth* —5H **147**
Myrtle Clo. *W'hall* —2E **31**
Myrtle Gro. *Birm* —1E **101**
Myrtle Gro. *Wolv* —5C **42**
Myrtle Pl. *S Oak* —3D **132**
Myrtle Rd. *Dud* —4D **76**
Myrtle St. *Wolv* —5B **44**
Myrtle Ter. *Tip* —3B **62**
Myton Dri. *Shir* —5D **148**
Mytton Clo. *Dud* —6G **77**
Mytton Gro. *Tip* —2G **77**
Mytton Rd. *Birm* —2G **145**
Mytton Rd. *Wat O* —4C **88**
Myvod Rd. *W'bry* —6G **47**

Naden Rd. *Birm* —3D **100**
Nadin Rd. *S Cold* —5G **69**
Nafford Gro. *Birm* —5C **148**
Nagersfield Rd. *Brie H* —6E **93**
Nailers Clo. *Birm* —3F **129**
Nailors Fold. *Cose* —3F **61**
Nailstone Cres. *Birm* —5A **136**
Nairn Clo. *Birm* —2F **149**
Nairn Rd. *Wals* —3G **19**
Nally Dri. *Bils* —3C **60**
Nanaimo Way. *K'wfrd* —5E **93**
Nansen Rd. *Salt* —4F **103**
Nansen Rd. *S'hll* —2C **134**
Nantmel Gro. *Birm* —5A **130**
Naomi Way. *Wals W* —3D **22**
Napier Dri. *Tip* —1C **78**
Napier Rd. *Wals* —4G **31**
Napier Rd. *Wolv* —4H **43**
Napton Gro. *Birm* —3D **130**
Narraway Gro. *Tip* —5D **62**
Narrowboat Way. *Dud* —4C **94**
Narrowboat Way. *Hurst B*
—5C **94**
Narrow La. *Bwnhls* —5B **10**
Narrow La. *Hale* —3E **113**
Narrow La. *Wals* —4H **47**
Naseby Dri. *Hale* —3F **127**

Naseby Rd. *Birm* —4F **103**
Naseby Rd. *Sol* —1F **151**
Naseby Rd. *Wolv* —6F **25**
Nash Av. *Wolv* —6E **25**
Nash Clo. *Row R* —2C **112**
Nash Ho. *Birm* —3F **117**
Nash Sq. *Birm* —3F **83**
Nash Wlk. Smeth —4G 99
(off Poplar St.)
Nately Gro. *Birm* —3G **131**
Nathan Clo. *S Cold* —3H **53**
National Distribution Pk. *Col*
—2H **89**
National Motorcycle Mus.
—3H **139**
National Sea Life Cen.
—1D **116** (4A **4**)
Naunton Clo. *Birm* —6E **131**
Naunton Rd. *Wals* —6G **31**
Navenby Clo. *Shir* —4C **148**
Navigation Dri. *Hurst B*
—5C **94**
Navigation La. *W'bry* —3D **64**
Navigation Roundabout. *Tip*
—1E **79**
Navigation St. *Birm*
—1F **117** (5C **4**)
Navigation St. *Wals* —1B **48**
Navigation St. *Wolv* —2A **44**
Navigation Way. *W Brom*
—5F **79**
Nayland Cft. *Birm* —2G **149**
Naylors Gro. *Dud* —3A **76**
Neachell. —1F 45
Neachells La. *Wolv & W'hall*
—4F **29**
Neachless Av. *Wom* —2G **73**
Neachley Gro. *Birm* —3D **104**
Neale Ho. *W Brom* —6B **80**
Neale St. *Wals* —1A **48**
Nearhill Rd. *Birm* —1G **159**
Near Lands Clo. *Birm*
—1H **129**
Nearmoor Rd. *Birm* —3H **105**
Neasden Gro. *Birm* —5B **68**
Neath Rd. *Wals* —5F **19**
Neath Way. *Dud* —1C **76**
Neath Way. *Wals* —5F **19**
Nebsworth Clo. *Shir* —2B **150**
Nechells. —2D 102
Nechells Pk. Rd. *Birm*
—3B **102**
Nechell's Parkway. *Birm*
—5A **102**
Nechells Pl. *Birm* —3B **102**
NEC Ho. *Birm* —6F **123**
(in two parts)
Needham St. *Birm* —2C **102**
Needhill Clo. *Know* —3B **166**
Needlers End. —3H 169
Needlers End La. *Bal C*
—3F **169**
Needless All. *Birm*
—1F **117** (4D **4**)
Needwood Clo. *Wolv* —5F **43**
Needwood Dri. *Wolv* —1B **60**
Needwood Gro. *W Brom*
—4C **64**
Nelson Av. *Bils* —4E **45**
Nelson Building. *Birm* —1G **5**
Nelson Ho. *Tip* —6A **62**
Nelson Rd. *Birm* —6H **83**
Nelson Rd. *Dud* —6D **76**
Nelson St. *Birm* —6D **100**
Nelson St. *O'bry* —3H **97**
Nelson St. *W Brom* —2A **80**
Nelson St. *W'hall* —6B **30**

New Swan La. *W Brom*
—2G **79**

Newton. —5G 65
Newton Clo. *Birm* —4G **65**
Newton Gdns. *Birm* —5F **65**
Newton Gro. *Birm* —3B **132**
Newton Ho. *W'hall* —2B **46**
Newton Mnr. Clo. *Birm*
—5H **65**
Newton Pl. *Birm* —2B **100**
Newton Pl. *Wals* —3H **31**
Newton Rd. *Gt Barr* —1C **80**
Newton Rd. *Know* —2D **166**
Newton Rd. *S'hll* —6B **118**
Newton Rd. *Wals* —4H **31**
Newton Sq. *Birm* —4A **66**
Newton St. *Birm*
—6G **101** (2F **5**)
Newton St. *W Brom* —6C **64**
Newtown. —3F 101
(nr. Birmingham)
Newtown. —2G 19
(nr. Bloxwich)
New Town. —3B 10
(nr. Brownhills)
Newtown. —1E 111
(nr. Netherton)
New Town. —3D 78
(nr. West Bromwich)
New Town. *Brie H* —5G **93**
(in two parts)
Newtown. *Dud* —2F **111**
Newtown Dri. *Birm* —3E **101**
Newtown La. *Crad H* —2F **111**
Newtown La. *Rom* —6C **142**
Newtown Middleway. *Birm*
—4G **101**
New Town Row. —3G 101
New Town Row. *Birm*
—3G **101**
Newtown Shop. Cen. *Birm*
—3G **101**
Newtown St. *Crad H* —1F **111**
New Village. *Dud* —2E **111**
New Wood. —3A 108
New Wood Clo. *Stourb*
—3A **108**
New Wood Gro. *Wals* —4C **22**
Ney Ct. *Tip* —5H **77**
Niall Clo. *Birm* —3A **116**
Nicholas Rd. *S Cold* —3G **51**
Nicholds Clo. *Bils* —4D **60**
Nicholls Fold. *Wolv* —4F **29**
Nicholls Rd. *Tip* —4G **61**
Nicholls St. *W Brom* —5C **80**
Nichols Clo. *Sol* —6B **138**
Nigel Av. *Birm* —2E **145**
Nigel Rd. *Birm* —3E **103**
Nigel Rd. *Dud* —5C **76**
Nightingale Av. *Birm* —1C **106**
Nightingale Cres. *Brie H*
—4H **109**
Nightingale Cres. *W'hall*
—1B **30**
Nightingale Dri. *Tip* —2C **78**
Nightingale Pl. *Bils* —5F **45**
Nightingale Wlk. *Birm*
—4E **117**
Nightjar Gro. *Birm* —1C **84**
Nighwood Dri. *S Cold* —4H **51**
Nijon Clo. *Birm* —6G **81**
Nimmings Clo. *Birm* —3D **158**
Nimmings Rd. *Hale* —3D **112**
Nineacres Dri. *Birm* —1C **122**
Nine Elms La. *Wolv* —4A **28**
Nine Leasowes. *Smeth*
—2C **98**

Nine Locks Ridge. *Brie H*
—1H **109**
Nine Pails Wlk. *W Brom*
—6B **80**
Nineveh Av. *Birm* —2B **100**
Nineveh Rd. *Birm* —2A **100**
Ninfield Rd. *Birm* —2G **135**
Nith Pl. *Dud* —5D **76**
Noakes Ct. *W'bry* —4F **47**
Nocke Rd. *Wolv* —6H **17**
Nock St. *Tip* —6C **62**
Noddy Pk. *Wals* —2D **34**
Noddy Pk. Rd. *Wals* —2D **34**
Noel Av. *Birm* —5A **118**
Noel Rd. *Birm* —2B **116**
Nolton Clo. *Birm* —5H **65**
Nooklands Cft. *Birm* —1E **121**
Nook, The. *Brie H* —4F **93**
Nook, The. *Wals* —4C **6**
Noose Cres. *W'hall* —1G **45**
Noose La. *W'hall* —1G **45**
Nora Rd. *Birm* —2C **134**
Norbiton Rd. *Birm* —5A **68**
Norbreck Clo. *Birm* —4A **66**
Norbury Av. *Wals* —4D **20**
Norbury Cres. *Wolv* —1B **60**
Norbury Dri. *Brie H* —2H **109**
Norbury Gro. *Sol* —2E **137**
Norbury Rd. *Bils* —5H **45**
Norbury Rd. *Birm* —2H **67**
Norbury Rd. *W Brom* —6G **63**
Norbury Rd. *Wolv* —3B **28**
Norcombe Gro. *Shir* —4E **165**
Nordley Rd. *Wolv* —4E **29**
Nordley Wlk. *Wolv* —3E **29**
Norfolk Av. *W Brom* —6B **64**
Norfolk Clo. *Birm* —1D **146**
Norfolk Cres. *Wals* —1D **34**
Norfolk Dri. *W'bry* —1B **64**
Norfolk Gdns. *S Cold* —3H **53**
Norfolk Gro. *Wals* —4F **7**
Norfolk New Rd. *Wals* —5G **31**
Norfolk Pl. *Wals* —4B **32**
Norfolk Rd. *Dud* —2C **94**
Norfolk Rd. *Edg* —4H **115**
Norfolk Rd. *Erd* —2F **85**
Norfolk Rd. *O'bry* —4H **113**
Norfolk Rd. *Redn* —5F **143**
Norfolk Rd. *Stourb* —3B **108**
Norfolk Rd. *S Cold* —4H **53**
Norfolk Rd. *Wolv* —3E **43**
Norfolk Tower. *Hock* —4D **100**
Norgrave Rd. *Sol* —3G **137**
Norlan Dri. *Birm* —4H **147**
Norland Rd. *Birm* —4A **136**
Norley Gro. *Birm* —6C **134**
Norley Trad. Est. *Birm*
—3G **121**
Norman Av. *Birm* —4C **114**
Normandy Rd. *Birm* —6G **83**
Norman Rd. *N'fld* —4F **145**
Norman Rd. *Smeth* —2B **114**
Norman Rd. *Wals* —3G **49**
Norman St. *Birm* —4A **100**
Norman St. *Dud* —1F **95**
Norman Ter. *Row R* —5C **96**
Normanton Av. *Birm* —6H **121**
Normanton Tower. *Birm*
—1G **85**
Norrington Gro. *Birm* —4A **144**
Norrington Rd. *Birm* —4A **144**
Norris Dri. *Birm* —6D **104**
Norris Rd. *Birm* —6H **83**
Norris Way. *S Cold* —6B **54**
Northampton St. *Birm*
—5E **101**
Northam Wlk. *Wolv* —5F **27**

Northanger Rd. *Birm* —3H **135**
North Av. *Birm* —6G **123**
North Av. *Wolv* —3E **29**
Northbrook Ct. *Shir* —2A **150**
Northbrook Rd. *Shir* —2A **150**
Northbrook St. *Birm* —5B **100**
Northcote Rd. *Birm* —5B **104**
Northcote St. *Wals* —5B **32**
Northcott Rd. *Bils* —1H **61**
Northcott Rd. *Dud* —5F **95**
North Cres. *F'stne* —1D **16**
North Dale. *Wolv* —5H **25**
Northdown Rd. *Sol* —6D **150**
North Dri. *Birm* —6E **117**
North Dri. *Hand* —1D **100**
North Dri. *S Cold* —5A **54**
Northfield. —4E 145
Northfield Gro. *Wolv* —4A **42**
Northfield Rd. *Birm & K Nor*
—3H **145**
Northfield Rd. *Dud* —4F **95**
Northfield Rd. *Harb* —2E **131**
Northfields Way. *Clay* —1H **21**
Northfleet Tower. *Birm*
—5A **144**
North Ga. *Birm* —4G **115**
Northgate. *Crad H* —3E **111**
Northgate. *Wals* —5C **22**
Northgate Way. *Wals* —1C **34**
North Grn. *Wolv* —5B **42**
North Holme. *Birm* —1C **118**
Northland Rd. *Shir* —6C **150**
Northlands Rd. *Birm* —4A **134**
Northleach Av. *Birm* —5F **147**
Northleigh Rd. *Birm* —3G **103**
Northmead. *Birm* —1E **121**
Northolt Dri. *Birm* —4E **87**
Northolt Gro. *Birm* —4B **66**
North Oval. *Dud* —2A **76**
Northover Clo. *Wolv* —5E **15**
N. Park Rd. *Birm* —4B **84**
North Pathway. *Birm* —4F **115**
North Rd. *Hand* —5G **83**
North Rd. *Harb* —5H **115**
North Rd. *S Oak* —2B **132**
North Rd. *Tip* —5B **62**
North Rd. *Wolv* —5G **27**
North Roundhay. *Birm*
—5E **105**
Northside Dri. *S Cold* —3H **51**
North-South Link Rd. *W'bry*
—3E **47**
North Springfield. *Dud* —4A **60**
North St. *Brie H* —1G **109**
North St. *Dud* —6F **77**
North St. *Smeth* —4D **98**
North St. *Wals* —5C **32**
North St. *W'bry* —1F **63**
North St. *Wolv*
—1G **43** (2B **170**)
(in two parts)
North St. Ind. Est. *Brie H*
—1G **109**
Northumberland St. *Birm*
—6A **102**
N. View Dri. *Brie H* —4H **93**
North Wlk. *Birm* —6G **145**
N. Warwick St. *Birm* —2D **118**
Northway. *Birm* —5H **123**
Northway. *Dud* —2G **59**
N. Western Arc. *Birm*
—6G **101** (3E **5**)
N. Western Rd. *Smeth* —3D **98**
N. Western Ter. *Birm* —2B **100**
Northwick Cres. *Sol* —6F **151**
Northwood Ct. *Brie H*
—1H **109**

Northwood Pk. Clo. *Wolv*
—4H **15**
Northwood Pk. Rd. *Wolv*
—4A **16**
Northwood St. *Birm*
—5E **101** (2B **4**)
Northwood Way. *Brie H*
—3F **109**
N. Worcestershire Path. *Rom*
—6A **142**
Northycote Farm Country Pk.
—4C **16**
Northycote La. *Wolv* —3B **16**
Norton. —3C 124
Norton Canes. —1E 9
Norton Clo. *Birm* —4E **145**
Norton Clo. *Smeth* —4G **99**
Norton Clo. *Wolv* —2A **58**
Norton Cres. *Bils* —4F **61**
Norton Cres. *Birm* —6H **103**
Norton Cres. *Dud* —6G **95**
Norton Dri. *Wyt* —5C **162**
Norton E. Rd. *Cann* —1E **9**
Norton Grange. *Cann* —1D **8**
Norton Grange Cres. *Cann*
—1D **8**
Norton Green. —2D 8
Norton Grn. La. *Cann* —1C **8**
Norton Grn. La. *Know*
—6E **167**
Norton Hall La. *Cann* —2B **8**
Norton La. *Cann* —1B **8**
Norton La. *Earls* —6E **163**
Norton La. *Gt Wyr* —1G **7**
Norton La. *Wyt & Tid G*
—5C **162**
Norton Rd. *Col* —6H **89**
Norton Rd. *Pels* —1E **21**
Norton Rd. *Stourb* —4B **124**
Norton St. *Birm* —4C **100**
Norton Tower. *Birm* —4A **4**
Norton Vw. *Birm* —6F **133**
Norton Wlk. *Birm* —4C **84**
Norton Wildlife Reserve.
—3F **33**
Nortune Clo. *Birm* —5H **145**
Norwich Cft. *Birm* —2B **122**
Norwich Dri. *Birm* —3D **114**
Norwich Rd. *Dud* —1F **111**
Norwich Rd. *Wals* —2H **47**
Norwood Av. *Crad H* —4G **111**
Norwood Gro. *Birm* —2D **100**
Norwood Rd. *Birm* —1E **119**
Norwood Rd. *Brie H* —6G **93**
Nottingham Dri. *W'hall*
—2C **30**
Nottingham New Rd. *Wals*
—4G **31**
Nottingham Way. *Brie H*
—1B **110**
Nova Ct. *Birm* —4D **66**
Nova Scotia St. *Birm*
—6H **101** (3G **5**)
Novotel Way. *Birm A* —1E **139**
Nowell St. *W'bry* —6E **47**
Nuffield Ho. *Birm* —1C **106**
Nugent Clo. *Birm* —2G **101**
Nugent Gro. *Shir* —5B **164**
Nursery Av. *Birm* —6H **117**
Nursery Av. *Wals* —4D **34**
Nursery Clo. *Birm* —2B **146**
Nursery Dri. *Birm* —2B **146**
Nursery Dri. *Wom* —3F **73**
Nursery Gdns. *Cod* —3F **13**
Nursery Gdns. *Shir* —1E **163**
Nursery Gdns. *Stourb*
—2D **108**

Nursery Rd. *Edg* —5H **115**
Nursery Rd. *Hock* —3D **100**
Nursery Rd. *Wals* —1H **31**
Nursery St. *Wolv*
   —6G **27** (1B **170**)
Nursery Vw. Clo. *A'rdge*
   —1G **51**
Nursery Wlk. *Wolv* —5B **26**
Nurton. —6A 24
Nurton Bank. *Patt* —6A **24**
Nutbush Dri. *Birm* —1B **144**
Nutfield Wlk. *Birm* —6D **114**
Nutgrove Clo. *Birm* —6H **133**
Nuthatch Dri. *Brie H* —4G **109**
Nuthurst. *S Cold* —1F **71**
Nuthurst Dri. *Cann* —1F **7**
Nuthurst Gro. *Ben H* —5C **166**
Nuthurst Gro. *Birm* —5H **147**
Nuthurst Rd. *Birm* —3D **158**
Nutley Dri. *Tip* —5D **62**
Nuttall Gro. *Birm* —2G **99**

Oak Av. *Birm* —6A **118**
Oak Av. *Gt Wyr* —4G **7**
Oak Av. *Wals* —6E **31**
Oak Av. *W Brom* —4H **79**
Oak Bank. *Birm* —3C **100**
Oak Barn Rd. *Hale* —3E **113**
Oak Clo. *Birm* —5E **115**
Oak Clo. *Tip* —4A **62**
Oak Cotts. *Birm* —6B **102**
Oak Ct. *Hale* —3H **127**
Oak Ct. *Smeth* —1A **98**
Oak Ct. *Stourb* —1E **125**
Oak Cres. *Tiv* —6B **78**
Oak Cres. *Wals* —3B **32**
Oak Cft. *Birm* —6B **106**
Oakcroft Rd. *Birm* —6B **134**
Oakdale Clo. *Brie H* —2F **93**
Oakdale Clo. *O'bry* —1G **113**
Oakdale Rd. *Birm* —1C **104**
Oakdale Rd. *O'bry* —1G **113**
Oakdale Trad. Est. *K'wfrd*
   —6B **74**
Oakdene Clo. *Wals* —3D **6**
Oak Dri. *Birm* —6C **68**
Oak Dri. *Seis* —3A **56**
Oaken. 6D 12
Oaken Covert. *Cod* —5E **13**
Oaken Dri. *Cod* —5D **12**
Oaken Dri. *Sol* —2D **150**
Oaken Dri. *W'hall* —2E **31**
Oaken Gro. *Cod* —5E **13**
Oakenhayes Cres. *Min*
   —2G **87**
Oakenhayes Cres. *Wals*
   —4B **10**
Oakenhayes Dri. *Wals* —4B **10**
Oaken La. *Oaken* —4C **12**
Oaken Lanes. *Cod* —4E **13**
Oaken Pk. *Cod* —5G **13**
Oakenshaw Rd. *Shir* —6B **150**
Oakeswell St. *W'bry* —2G **63**
Oakeywell St. *Dud* —6F **77**
Oakfarm. —6C 74
Oak Farm Clo. *S Cold* —6E **71**
Oak Farm Rd. *Birm* —2H **145**
Oakfield Av. *Birm* —5C **118**
  (B11)
Oakfield Av. *Birm* —5A **118**
  (B12)
Oakfield Av. *Dud* —6D **60**
Oakfield Av. *Hand* —2H **99**
Oakfield Av. *K'wfrd* —4C **92**
Oakfield Clo. *Smeth* —3G **99**
Oakfield Clo. *Stourb* —2D **108**

Oakfield Ct. *Brie H* —1H **109**
  (off Promenade, The)
Oakfield Dri. *Redn* —5B **158**
Oakfield Dri. *Wals* —2F **21**
Oakfield Rd. *Bal H* —6G **117**
Oakfield Rd. *Cod* —5H **13**
Oakfield Rd. *Erd* —4F **85**
Oakfield Rd. *S Oak* —2C **132**
Oakfield Rd. *Smeth* —3G **99**
Oakfield Rd. *W'cte* —3B **126**
Oakfield Rd. *Word* —2E **109**
Oakfields Way. *Cath B*
   —2D **152**
Oakfield Trad. Est. *Crad H*
   —3F **111**
Oak Grn. *Dud* —2C **76**
Oak Grn. *Wolv* —6H **25**
Oak Gro. *Birm* —6D **144**
Oak Gro. *Wolv* —2D **28**
Oakhall Dri. *Dorr* —5B **166**
Oakham. —2A 96
Oakham Av. *Dud* —2G **95**
Oakham Ct. *Dud* —1G **95**
Oakham Cres. *Dud* —2G **95**
Oakham Dri. *Dud* —1H **95**
Oakham Rd. *Birm* —4F **115**
Oakham Rd. *Dud* —1G **95**
Oakham Rd. *Tiv* —2A **96**
Oakham Way. *Sol* —4E **137**
Oak Hill. *Wolv* —3A **42**
Oakhill Cres. *Birm* —5H **135**
Oak Hill Dri. *Birm* —4A **116**
Oakhill Dri. *Brie H* —4F **109**
Oak House Mus. —5H **79**
Oakhurst Rd. *Birm* —4H **135**
Oakhurst Rd. *S Cold* —5A **70**
Oakington Ho. *Birm* —4E **87**
Oakland Clo. *Sol* —3A **152**
Oakland Dri. *Dud* —5F **75**
Oakland Rd. *Hand* —1A **100**
  (in two parts)
Oakland Rd. *Mose* —2A **134**
Oakland Rd. *Wals* —2C **32**
Oaklands. *Curd* —1D **88**
Oaklands. *Hale* —1G **129**
Oaklands Av. *Birm* —6F **115**
Oaklands Cft. *S Cold* —6F **71**
Oaklands Dri. *Birm* —5B **82**
Oaklands Dri. *S Cold* —2H **51**
Oaklands Grn. *Bils* —3F **45**
Oaklands Rd. *S Cold* —3H **53**
Oaklands Rd. *Wolv* —3F **43**
Oaklands, The. *Birm* —4C **122**
Oaklands Way. *Birm* —6H **143**
Oaklands Way. *Wals* —4E **21**
Oak La. *Bars* —6B **154**
Oak La. *K'wfrd* —6C **74**
Oak La. *W Brom* —4H **79**
Oaklea Dri. *Crad H* —1H **111**
Oakleaf Clo. *Birm* —3B **130**
Oak Leaf Dri. *Mose* —2A **134**
Oak Leasow. *Birm* —1H **129**
Oakleigh. *Birm* —5G **145**
Oakleigh Dri. *Cod* —4G **13**
Oakleigh Dri. *Dud* —6G **59**
Oakleigh Rd. *Stourb* —3E **125**
Oakleighs. *Stourb* —2A **108**
Oakleigh Wlk. *K'wfrd* —1C **92**
Oakley Av. *A'rdge* —4C **34**
Oakley Av. *Tip* —1A **78**
Oakley Gro. *Wolv* —6B **42**
Oakley Rd. *Birm & Small H*
  (in two parts) —4C **118**
Oakley Rd. *K Nor* —2H **145**
Oakley Rd. *Wolv* —6B **42**
Oak Leys. *Wolv* —2A **42**
Oakley Wood Dri. *Sol* —3A **152**

Oakmeadow Clo. *Birm*
   —1H **121**
Oakmeadow Clo. *Yard*
   —6B **120**
Oakmeadow Way. *Erd* —4B **86**
Oakmount Clo. *Wals* —4D **20**
Oak Mt. Rd. *S Cold* —4A **52**
Oak Pk. Rd. *Stourb* —2D **108**
Oakridge Clo. *W'hall* —5C **30**
Oakridge Dri. *W'hall* —5C **30**
Oak Ri. *Col* —4H **107**
Oak Rd. *Dud* —4E **77**
Oak Rd. *O'bry* —4A **114**
Oak Rd. *Pels* —2D **20**
Oak Rd. *Tip* —6G **61**
Oak Rd. *Wals* —6G **21**
Oak Rd. *Wals W* —4C **22**
Oak Rd. *W Brom* —5H **79**
Oak Rd. *W'hall* —1G **45**
Oaks Cres. *Wolv* —2E **43**
Oaks Dri. *Wolv* —1E **43**
Oaks Dri. *Wom* —2G **73**
Oakslade Dri. *Sol* —5A **138**
Oaks, The. *Birm* —3F **115**
  (B17)
Oaks, The. *Birm* —2F **105**
  (B34)
Oaks, The. *K Nor* —3B **160**
Oaks, The. *Smeth* —4D **98**
Oaks, The. *S Cold* —2E **71**
Oak St. *Bils* —6D **60**
Oak St. *Crad H* —2F **111**
Oak St. *Dud* —5G **95**
Oak St. *K'wfrd* —4A **92**
Oak St. *Quar B* —2B **110**
Oak St. *Wolv* —5D **44**
  (WV2)
Oak St. *Wolv* —2E **43**
  (WV3)
Oak St. Trad. Est. *Brie H*
   —2B **110**
Oakthorpe Dri. *Birm* —4B **106**
Oakthorpe Gdns. *Tiv* —5A **78**
Oak Tree Clo. *Ben H* —5A **166**
Oaktree Cres. *Hale* —5F **113**
Oak Tree Gdns. *Stourb*
   —2E **109**
Oak Tree La. *H'wd* —0D **162**
Oak Tree La. *S Oak & B'ville*
   —4A **132**
Oaktree Rd. *W'bry* —2H **63**
Oak Trees. *H'wd* —3H **161**
Oak Vw. *Wals* —6E **31**
Oak Wlk., The. *Birm* —6E **145**
Oak Way. *S Cold* —3D **70**
Oakwood Clo. *Ess* —4B **18**
Oakwood Clo. *Wals* —3A **22**
Oakwood Cres. *Dud* —3B **94**
Oakwood Cft. *Sol* —6G **151**
Oakwood Dri. *Birm* —3F **147**
Oakwood Dri. *S Cold* —3G **51**
Oakwood Rd. *H'wd* —3A **162**
Oakwood Rd. *Smeth* —5D **98**
Oakwood Rd. *S'hll* —2C **134**
Oakwood Rd. *S Cold* —3E **69**
Oakwood Rd. *Wals* —2C **32**
Oakwood St. *W Brom* —2H **79**
Oasthouse Clo. *K'wfrd* —2G **91**
Oaston Rd. *Birm* —1H **105**
Oatfield Clo. *Burn* —1C **10**
Oatlands Wlk. *Birm* —5E **147**
Oatlands Way. *Pert* —6D **24**
Oat Mill Clo. *W'bry* —6E **47**
Oban Rd. *Sol* —4D **136**
Oberon Clo. *Redn* —5G **143**
Oberon Dri. *Shir* —6G **149**
Occupation Rd. *Wals* —3C **22**

Occupation St. *Dud* —5C **76**
Ocean Dri. *W'bry* —4D **62**
Ockam Cft. *Birm* —5G **145**
Ocker Hill. —5C **62**
Ocker Hill Rd. *Tip* —4B **62**
O'Connor Dri. *Tip* —4C **62**
Oddingley Ct. *Birm* —5B **84**
Oddingley Rd. *Birm* —5G **145**
Odell Cres. *Wals* —2A **32**
Odell Pl. *Birm* —6E **117**
Odell Rd. *Wals* —2H **31**
Odell Way. *Wals* —2H **31**
Odensil Grn. *Sol* —3F **137**
Offa's Dri. *Wolv* —4E **25**
Offenham Covert. *Birm*
   —1A **160**
Offini Clo. *W Brom* —5D **80**
Offmoor Rd. *Birm* —5H **129**
Ogbury Clo. *Birm* —5E **147**
Ogley Cres. *Wals* —6C **10**
Ogley Dri. *S Cold* —6D **54**
Ogley Hay Rd. *Bwnhls* —3C **10**
Ogley Rd. *Wals* —6C **10**
O'Hare Ho. *Wals* —6D **32**
O'Keefe Clo. *Birm* —5B **118**
Okement Dri. *Wolv* —4D **28**
Old Abbey Gdns. *Birm*
   —1H **131**
Oldacre Clo. *S Cold* —1B **86**
Oldacre Rd. *O'bry* —4G **113**
Old Bank Pl. *S Cold* —6A **54**
Old Bank Top. *Birm* —5F **145**
Old Barn Rd. *Birm* —1H **145**
Old Barn Rd. *Stourb* —2E **109**
Old Beeches. *Birm* —5C **68**
Old Bell Rd. *Birm* —1H **85**
Oldberrow Clo. *Shir* —3E **165**
Old Birchills. *Wals* —6A **32**
Old Birmingham Rd. *L End &*
  Marl —6F **157**
Old Bri. St. *Birm* —3E **101**
Old Bri. Wlk. *Row R* —4H **95**
Old Bromford La. *Birm*
   —2H **103**
Old Brookside. *Birm* —1C **120**
Oldbury. —1G 97
Oldbury Bus. Cen. *O'bry*
   —1G **113**
Oldbury Grn. Retail Pk. *O'bry*
   —1E **97**
Oldbury Ho. *O'bry* —1A **114**
Oldbury Ringway. *O'bry*
   —1F **97**
Oldbury Rd. *Row R* —1D **112**
Oldbury Rd. *Smeth* —2A **98**
Oldbury Rd. *W Brom* —4E **79**
Oldbury Rd. Ind. Est. *Smeth*
   —2B **98**
Oldbury Rd. Ind. Est. *W Brom*
   —5F **79**
Oldbury St. *W'bry* —2H **63**
Old Bush St. *Brie H* —6A **94**
Old Camp Hill. *Birm* —3A **118**
Old Canal Wlk. *Tip* —2B **78**
Old Castle Gro. *Bwnhls*
   —3B **10**
Old Chapel Rd. *Smeth* —6D **98**
Old Chapel Wlk. *O'bry* —5G **97**
Old Chu. Av. *Harb* —6G **115**
Old Chu. Grn. *Birm* —1C **120**
Old Chu. Rd. *Birm & Harb*
   —6F **115**
Old Chu. Rd. *Wat O* —4D **88**
Old Ct. Cft. *Birm* —2C **118**
Old Cft. La. *Birm* —2G **105**
Old Cross. *Birm* —2G **5**

Peveril Gro. *S Cold* —1C **70**
Peverill Rd. *Pert* —5F **25**
Peverill Rd. *Wolv* —2A **60**
Peveril Way. *Birm* —3B **66**
Pheasant Cft. *Birm* —1C **106**
Pheasant Rd. *Smeth* —1B **114**
Pheasant St. *Brie H* —6G **93**
Pheasey. —1F 67
Philip Ct. *S Cold* —2D **70**
Philip Rd. *Hale* —2H **127**
Philip Rd. *Tip* —2D **78**
Philip Sidney Rd. *Birm*
—2C **134**
Philip St. *Bils* —4F **61**
Philip Victor Rd. *Birm* —6B **82**
Phillimore Rd. *Birm* —4D **102**
Phillip Rd. *Wals* —5A **48**
Phillips Av. *Wolv* —6H **17**
Phillips St. *Birm* —3G **101**
Phillips St. Ind Est. *Birm*
—3H **101**
Phipson Rd. *Birm* —2B **134**
Phoenix Dri. *Wals* —2C **34**
Phoenix Grn. *Birm* —4A **116**
Phoenix Ind. Est. *Bils* —1H **61**
Phoenix Ind. Est. *W Brom*
—2F **79**
Phoenix Pk. *Birm* —3A **102**
Phoenix Ri. *Birm* —6B **68**
Phoenix Ri. *W'bry* —1D **62**
Phoenix Rd. *Tip* —1H **77**
Phoenix Rd. *Wolv* —6F **29**
Phoenix Rd. Ind. Est. *Wolv*
—6F **29**
Phoenix St. *W Brom* —3F **79**
Phoenix St. *Wolv* —5H **43**
Piccadilly Arc. *Birm* —4D **4**
Piccadilly Clo. *Birm* —2E **123**
Pickenham Rd. *Birm* —6A **148**
Pickering Cft. *Birm* —4A **130**
Pickering Rd. *Wolv* —4F **29**
Pickersleigh Clo. *Hale*
—2A **128**
Pickford St. *Birm*
—1H **117** (5H **5**)
Pickrell Rd. *Bils* —4D **60**
Pickwick Gro. *Birm* —3C **134**
Pickwick Pl. *Bils* —1G **61**
Picton Cft. *Birm* —1F **123**
Picton Gro. *Birm* —2B **148**
Picturedrome Way. *Darl*
—5D **46**
Piddock Rd. *Smeth* —4E **99**
Pierce Av. *Sol* —2C **136**
Piercy St. *W'bry* —2H **63**
Piercy St. *W Brom* —4G **79**
Piers Rd. *Birm* —2C **100**
(in two parts)
Pier St. *Wals* —6B **10**
Piggotts Cft. *Birm* —6B **106**
Pike Clo. *Hand* —6B **82**
Pike Dri. *Birm* —6E **107**
Pikehelve St. *W Brom* —6E **63**
Pikehorne Cft. *Birm* —5H **87**
Pike Rd. *Wals* —5G **31**
Pikes, The. *Redn* —1F **157**
Pikewater Rd. *Birm* —1E **119**
Pilkington Av. *S Cold* —2H **69**
Pilson Clo. *Birm* —1D **104**
Pimbury Rd. *W'hall* —3D **30**
Pimlico Ct. *Dud* —4H **75**
Pimpernel Dri. *Wals* —2E **65**
Pinbury Cft. *Birm* —3D **122**
Pineapple Gro. *Birm* —5E **133**
Pineapple Rd. *Birm* —6E **133**
Pine Av. *Smeth* —2C **98**
Pine Av. *W'bry* —6F **47**

Pine Clo. *Gt Wyr* —1F **7**
Pine Clo. *K'wfrd* —4B **92**
Pine Clo. *Sol* —5D **150**
Pine Clo. *Wolv* —2E **43**
Pine Grn. *Dud* —1C **76**
Pine Gro. *K Hth* —2A **148**
Pine Ho. *Birm* —1D **104**
Pinehurst Dri. *Birm* —4B **146**
Pine Leigh. *S Cold* —2H **53**
Pine Needle Cft. *W'hall* —5E **31**
Pine Rd. *Dud* —2E **77**
Pine Rd. *Tiv* —1A **96**
Pine Sq. *Birm* —1D **122**
Pines, The. *Redn* —6G **143**
Pines, The. *Shir* —4B **164**
Pines, The. *Wals* —3D **48**
Pines, The. *Wolv* —2B **42**
Pine St. *Wals* —5B **20**
Pinetree Dri. *S Cold* —2F **51**
Pineview. *Birm* —5D **144**
Pine Wlk. *Birm* —4F **145**
Pine Wlk. *Cod* —5F **13**
Pine Wlk. *Stourb* —2H **125**
Pinewall Av. *Birm* —6C **146**
Pineways. *Stourb* —1A **108**
Pineways. *S Cold* —6C **36**
Pineways Dri. *Wolv* —5C **26**
Pineways, The. *O'bry* —4C **96**
Pinewood Clo. *Bwnhls* —3A **10**
Pinewood Clo. *Gt Barr* —6G **67**
Pinewood Dri. *Redn* —1D **156**
Pinewood Clo. *Wals* —1F **65**
Pinewood Clo. *W'hall* —3D **30**
Pinewood Clo. *Wolv* —3G **41**
Pinewood Clo. *Wom* —1G **73**
Pinewood Dri. *Birm* —4G **129**
Pinewood Gro. *Sol* —5D **150**
Pinewoods. *Bart G* —3G **129**
Pinewoods. *Hale* —4G **113**
Pinewoods. *N'fld* —5D **130**
Pinewood Wlk. *K'wfrd* —1C **92**
Pinfold Ct. *W'bry* —6C **46**
Pinfold Cres. *Wolv* —5B **42**
Pinfold Gdns. *Wolv* —5B **42**
Pinfold Gro. *Wolv* —5B **42**
Pinfold La. *Cann* —1C **8**
Pinfold La. *C Hay* —3C **6**
Pinfold La. *Wals* —4D **50**
Pinfold La. *Wolv* —5B **42**
Pinfold Rd. *Sol* —2A **152**
Pinfold St. *Bils* —6F **45**
Pinfold St. *Birm*
—1F **117** (4C **4**)
Pinfold St. *O'bry* —1G **97**
Pinfold St. *W'bry* —6C **46**
(in two parts)
Pinfold St. Extension. *W'bry*
—6C **46**
Pinfold, The. *Wals* —1A **32**
Pingle Clo. *W Brom* —4D **64**
Pingle La. *Hamm* —1F **11**
Pinkney Pl. *O'bry* —6A **98**
Pink Pas. *Smeth* —5F **99**
Pinley Gro. *Birm* —2D **66**
Pinley Way. *Sol* —1E **165**
Pinner Gro. *Birm* —1C **130**
Pinson Rd. *W'hall* —2H **45**
Pintail Dri. *Birm* —5C **84**
Pinto Clo. *Birm* —1B **116**
Pinza Cft. *Birm* —1B **104**
Pioli Pl. *Wals* —4B **32**
Piper Clo. *Pert* —5F **25**
Piper Pl. *Stourb* —3D **108**
Pipers Grn. *Birm* —2F **149**
Piper's Row. *Wolv*
—1H **43** (3D **170**)

Pipes Mdw. *Bils* —6G **45**
Pippin Av. *Hale* —4D **110**
Pirbright Clo. *Bils* —2G **61**
Pirrey Clo. *Cose* —4G **61**
Pitcairn Clo. *Birm* —1D **146**
Pitcairn Dri. *Hale* —6B **112**
Pitcairn Rd. *Smeth* —2B **114**
Pitclose Rd. *Birm* —6F **145**
Pitfield Rd. *Birm* —2H **121**
Pitfield Row. *Dud* —6D **76**
Pitfields Clo. *O'bry* —3G **113**
Pitfields Rd. *O'bry* —3G **113**
Pitfield St. *Dud* —6E **77**
Pithall Rd. *Birm* —4H **105**
Pit Leasow Clo. *Birm* —5D **132**
Pitman Rd. *Birm* —6A **114**
Pitmaston Ct. *Birm* —2F **133**
Pitmaston Rd. *Birm* —1G **149**
Pitney St. *Birm* —5B **102**
Pitsford St. *Birm* —4C **100**
Pitt La. *Bick* —3F **139**
Pitts Farm Rd. *Birm* —2A **86**
Pitt St. *Birm* —6A **102**
Pitt St. *Wolv* —2G **43** (4A **170**)
Pixall Dri. *Edg* —4D **116**
Pixhall Wlk. *Birm* —4F **87**
Plainview Clo. *A'rdge* —1G **51**
Plaistow Av. *Birm* —2A **104**
Plane Gro. *Birm* —2D **122**
Planetary Ind. Est. *W'hall*
—6E **29**
Planetary Rd. *W'hall* —5E **29**
Plane Tree Rd. *S Cold* —3F **51**
Plane Tree Rd. *Wals* —1F **65**
Planet Rd. *Brie H* —5H **93**
Plank La. *Wat O* —5C **88**
Planks La. *Wom* —1F **73**
Plantation La. *Himl* —3H **73**
Plantation Rd. *Wals* —2E **65**
Plantation, The. *Brie H* —2F **93**
Plant Ct. Brie H —1H 109
(off Hill St.)
Plants Brook Nature Reserve.
—2E **87**
Plants Brook Rd. *S Cold*
—1D **86**
Plants Clo. *Gt Wyr* —5G **7**
Plant's Clo. *S Cold* —4D **68**
Plants Gro. *Birm* —2A **86**
Plants Hollow. *Brie H* —2A **110**
Plant St. *Crad H* —2G **111**
Plant St. *Stourb* —1C **108**
Plant Way. *Wals* —3D **20**
Plascom Rd. *Wolv* —2C **44**
Platts Cres. *Stourb* —3C **108**
Platts Dri. *Stourb* —3C **108**
Platts Rd. *Stourb* —3C **108**
Platt St. *W'bry* —6D **46**
Playdon Gro. *Birm* —4A **148**
Pleasant Clo. *K'wfrd* —5A **92**
Pleasant Mead. *Wals* —4A **34**
Pleasant St. *Hill T* —5G **63**
Pleasant St. *Lyng* —5A **80**
Pleasant Vw. *Dud* —5H **75**
Pleck. —4H 47
Pleck Bus. Pk. *Wals* —2A **48**
Pleck Ind. Est. *Wals* —3A **48**
Pleck Rd. *Wals* —3A **48**
Pleck, The. *Hock* —2B **100**
Pleck Wlk. *Birm* —6C **146**
Plestowes Clo. *Shir* —4B **150**
Plimsoll Gro. *Birm* —6A **114**
Plough & Harrow Rd. *Birm*
—2B **116**
Plough Av. *Birm* —3A **130**
Ploughmans Wlk. *K'wfrd*
—2G **91**

Ploughmans Wlk. *Wolv*
—6C **14**
Plover Clo. *F'stne* —1D **16**
Ploverdale Cres. *K'wfrd*
—2E **93**
Plowden Rd. *Birm* —5D **104**
Plume St. *Birm* —1C **102**
Plumstead Rd. *Birm* —5A **68**
Plym Clo. *Wolv* —4E **29**
Plymouth Clo. *Birm* —2E **159**
Plymouth Rd. *K Nor* —6D **132**
Pocklington Pl. *Birm* —1G **145**
Poets Corner. *Small H*
—4D **118**
Pointon Clo. *Bils* —3C **60**
Polden Clo. *Hale* —4E **127**
Polesworth Gro. *Birm* —3F **105**
Pollard Rd. *Birm* —4A **136**
Pollards, The. *Birm* —5E **69**
Polo Fields. *Stourb* —4F **125**
Pomeroy Rd. *Bart G* —4A **130**
Pomeroy Rd. *Gt Barr* —1F **67**
Pommel Clo. *Wals* —1D **62**
Pond Cres. *Wolv* —4A **44**
Pond Gro. *Wolv* —4A **44**
Pond La. *Wolv* —3H **43**
Pool Cotts. *Burn* —1A **10**
Poole Cres. *Bils* —3F **61**
Poole Cres. *Birm* —2G **131**
Poole Cres. *Wals* —3G **9**
Poole Ho. Rd. *Birm* —2A **66**
Pool End Clo. *Know* —3B **166**
Pooles La. *W'hall* —1E **31**
Poole St. *Stourb* —1C **124**
Pool Farm Rd. *Birm* —4H **135**
Pool Fld. Av. *Birm* —1C **144**
Poolfield Dri. *Sol* —4D **150**
Pool Green. —4C 34
Pool Grn. *Wals* —4C **34**
Pool Grn. Ter. *Wals* —4C **34**
Pool Hall Cres. *Wolv* —3F **41**
Pool Hall Rd. *Wolv* —3F **41**
Pool Hayes La. *W'hall* —4A **30**
Pool Ho. Rd. *Wom* —2D **72**
Pool La. *O'bry* —5F **97**
Poolmeadow. *S Cold* —5E **71**
Pool Mdw. Clo. *Birm* —4D **134**
Pool Mdw. Clo. *Sol* —6B **152**
Pool Rd. *Burn* —1A **10**
(in three parts)
Pool Rd. *Hale* —2B **128**
Pool Rd. *Smeth* —4F **99**
Pool Rd. *Wolv* —3A **30**
Pool St. *Birm* —3H **101**
Pool St. *Dud* —1C **76**
Pool St. *Wals* —2D **48**
Pool St. *Wolv*
—3G **43** (6A **170**)
(in two parts)
Pooltail Wlk. *Birm* —6B **144**
Pool Vw. *Gt Wyr* —1G **7**
Pool Vw. *Rus* —2H **33**
Pool Way. *Birm* —2E **121**
Pope Rd. *Wolv* —1C **28**
Popes La. *Birm* —3H **145**
Pope's La. *O'bry* —3H **97**
Popes La. *Wolv* —3G **25**
Pope St. *Birm* —6D **100**
Pope St. *Smeth* —2F **99**
Poplar Av. *Bntly* —6D **30**
Poplar Av. *Birm* —5B **118**
(B11)
Poplar Av. *Birm* —1A **134**
(B12)
Poplar Av. *Birm* —1E **101**
(B19)
Poplar Av. *Bwnhls* —5C **10**

Rose La.—Rutherford Rd.

Rose La. *Tiv* —5C **78**
Rose La. *W Brom* —3D **78**
Roseleigh Rd. *Redn* —3H **157**
Rosemary Av. *Bils* —5H **45**
Rosemary Av. *Wals* —2D **6**
Rosemary Av. *Wolv* —5G **43**
Rosemary Clo. *Clay* —1H **21**
Rosemary Cres. *Dud* —1B **76**
Rosemary Cres. *Wolv* —6G **43**
Rosemary Cres. W. *Wolv*
—6F **43**
Rosemary Dri. *S Cold* —6C **36**
Rosemary Hill Rd. *S Cold*
—6C **36**
Rosemary La. *Stourb* —2B **124**
Rosemary Nook. *S Cold*
—4D **36**
Rosemary Rd. *Birm* —1D **120**
Rosemary Rd. *Hale* —3F **127**
Rosemary Rd. *Tip* —1A **78**
Rosemary Rd. *Wals* —1D **6**
(in two parts)
Rosemoor Dri. *Brie H* —4F **109**
Rosemount. *Birm* —1C **130**
Rose Pl. *Birm* —5E **101** (1A **4**)
Rose Rd. *Birm* —5H **115**
Rose Rd. *Col* —1H **107**
Rose St. *Bils* —3H **61**
Roseville. —6D 60
Roseville Ct. Bils —5E **61**
(off Castle St.)
Roseville Gdns. *Cod* —3G **13**
Roseville Precinct. Bils —5E **61**
(off Castle St.)
Rosewood Clo. *Lit A* —4D **36**
Rosewood Dri. *Birm* —5D **84**
Rosewood Dri. *W'hall* —1B **30**
Rosewood Gdns. *Ess* —4B **18**
Rosewood Pk. *Wals* —3D **6**
Rosewood Rd. *Dud* —2D **76**
Roshven Av. *Birm* —1A **134**
Roshven Rd. *Birm* —1A **134**
Roslin Gro. *Birm* —3E **101**
Roslyn Clo. *Smeth* —3E **99**
Ross. *Row R* —1B **112**
Ross Clo. *Wolv* —1C **42**
Ross Dri. *K'wfrd* —2A **92**
Rosse Ct. *Sol* —5B **138**
Rossendale Clo. *Hale* —5F **111**
Ross Heights. *Row R* —6B **96**
Rosslyn Rd. *S Cold* —1D **86**
Ross Rd. *Wals* —3D **32**
Rostrevor Rd. *Birm* —2F **119**
Rotherby Gro. *Mars G*
—4D **122**
Rotherfield Rd. *Birm* —3F **121**
Rothesay Cft. *Birm* —6H **129**
Rothesay Dri. *Stourb* —6A **92**
Rothesay Way. *W'hall* —3B **30**
Rothley Wlk. *Birm* —1G **159**
Rothwell Dri. *Sol* —2B **150**
Rotten Row. —5E 167
Rotten Row. *Know* —5E **167**
Rotton Pk. Rd. *Birm* —5H **99**
(in two parts)
Rotton Pk. St. *Edg* —6B **100**
Rough Coppice Wlk. *Birm*
—5E **87**
Rough Hay. —4C 46
Rough Hay Pl. *W'bry* —4C **46**
Rough Hay Rd. *W'bry* —4C **46**
Rough Hill Dri. *Row R* —3H **95**
Rough Hills Clo. *Wolv* —5B **44**
Rough Hills Rd. *Wolv* —5B **44**
Roughlea Av. *Birm* —2D **104**
Roughley. —6B 38
Roughley Dri. *S Cold* —1A **54**

Rough Rd. *Birm* —2A **68**
Rough Wood Country Pk.
—3E **31**
Rouncil Clo. *Sol* —6H **137**
Roundabout, The. *Birm*
—6B **144**
Round Cft. *W'hall* —1A **46**
Round Hill. *Dud* —3H **59**
Round Hill Av. *Stourb*
—4G **125**
Roundhill Clo. *S Cold* —2C **70**
Roundhill Ho. *K'wfrd* —6B **74**
Roundhills Rd. *Hale* —3F **113**
Roundhill Ter. *Hale* —2E **113**
Roundhill Way. *Wals* —3B **10**
Roundhouse Rd. *Dud* —3A **76**
Roundlea Clo. *W'hall* —1B **30**
Roundlea Rd. *Birm* —5C **130**
Round Moor Wlk. *Birm*
—4E **87**
Round Oak. —5H 93
Round Oak Rd. *W'bry* —1E **63**
Round Rd. *Birm* —5H **85**
Roundsaw Cft. *Redn* —1F **157**
Round's Grn. Rd. *O'bry*
—2E **97**
Rounds Hill Rd. *Bils* —5F **61**
Rounds Rd. *Bils* —2F **61**
Round St. *Dud* —3E **95**
Roundway Down. *Wolv*
—6E **25**
Rousay Clo. *Redn* —6F **143**
Rousdon Gro. *Birm* —5H **65**
Rover Dri. *A Grn* —1B **136**
Rover Dri. *Birm* —6B **88**
Rovex Bus. Pk. *Birm* —6F **119**
Rowallan Rd. *S Cold* —2B **54**
Rowan Clo. *H'wd* —4B **162**
Rowan Clo. *S Cold* —3D **70**
Rowan Ct. *Smeth* —1B **98**
Rowan Cres. *Bils* —4D **60**
Rowan Cres. *Wolv* —4C **42**
Rowan Dri. *Birm* —2G **149**
Rowan Dri. *Ess* —4B **18**
Rowan Ri. *K'wfrd* —3C **92**
Rowan Rd. *Dud* —4B **60**
Rowan Rd. *S Cold* —3A **70**
Rowan Rd. *Wals* —1D **64**
Rowantrees. *Redn* —4H **157**
Rowan Way. *Chel W* —2E **123**
Rowan Way. *N'fld* —1D **158**
Roway La. *O'bry* —6E **79**
Rowbrook Clo. *Shir* —1E **163**
Rowcroft Covert. *Birm*
—4E **147**
Rowdale Rd. *Birm* —6E **67**
Rowden Dri. *Birm* —1G **85**
Rowden Dri. *Sol* —5C **150**
Rowena Gdns. *Dud* —3G **59**
Rowheath Rd. *Birm* —3B **146**
Rowington Av. *Row R* —6D **96**
Rowington Rd. *Birm* —3A **106**
Rowland Gdns. *Wals* —6A **32**
Rowland Hill Dri. *Tip* —2C **78**
Rowlands Av. *Wals* —6E **31**
Rowlands Av. *Wolv* —1D **44**
Rowlands Clo. *Wals* —5E **31**
Rowlands Cres. *Sol* —5F **137**
Rowlands Rd. *Birm* —4C **120**
Rowland St. *Wals* —6A **32**
Rowley Gro. *Birm* —6H **105**
Rowley Hall Av. *Row R*
—5C **96**
Rowley Hill Vw. *Crad H*
—3H **111**
Rowley Pl. *Wals* —2F **33**
Rowley Regis. —6B 96

Rowley St. *Wals* —1D **48**
Rowley Vw. *Bils* —2A **62**
Rowley Vw. *W'bry* —1C **62**
Rowley Vw. *W Brom* —4H **79**
Rowley Village. *Row R* —6C **96**
Rowney Cft. *Birm* —3E **149**
Rowood Dri. *Sol* —6G **137**
Rowthorn Clo. *S Cold* —4A **52**
Rowthorn Dri. *Shir* —3E **165**
Rowton Av. *Wolv* —6E **25**
Rowton Dri. *S Cold* —6H **51**
Roxburgh Gro. *Birm* —1E **67**
Roxburgh Rd. *S Cold* —2G **69**
Roxby Gdns. *Wolv* —4E **27**
Royal Birmingham Society of
Artists Gallery.
—1F **117** (4C **4**)
Royal Brierley Crystal. —6H **93**
Royal Clo. *Brie H* —3G **109**
Royal Clo. *Row R* —4C **96**
Royal Ct. *S Cold* —3H **69**
Royal Doulton Crystal.
—4D **108**
Royal Mail St. *Birm*
—1F **117** (5C **4**)
Royal Oak Rd. *Hale* —1F **129**
Royal Oak Rd. *Row R* —4H **95**
Royal Rd. *S Cold* —6A **54**
Royal Scot Gro. *Wals* —6C **48**
Royal Star Clo. *Birm* —1G **121**
Royal, The. —2A 44
Royal Way. *Tip* —5A **78**
Roydon Rd. *Birm* —5A **136**
Roylesden Cres. *S Cold*
—3C **68**
Royston Chase. *S Cold*
—6B **36**
Royston Cft. *Birm* —5H **117**
Royston Way. *Dud* —5G **59**
Rubens Clo. *Dud* —2H **75**
Rubery. —2F 157
Rubery By-Pass. *Redn*
—2E **157**
Rubery Ct. *W'bry* —4C **46**
Rubery Farm Gro. *Redn*
—1F **157**
Rubery La. *Redn* —6F **143**
Rubery La. S. *Redn* —1F **157**
Rubery St. *W'bry* —3D **46**
Ruckley Av. *Birm* —2E **101**
Ruckley Rd. *Birm* —5F **131**
Ruddington Way. *Birm*
—4G **101**
Rudge Av. *Wolv* —6D **28**
Rudge Clo. *W'hall* —5C **30**
Rudge Cft. *Birm* —5E **105**
Rudge St. *Bils* —3G **61**
Rudge Wlk. *Birm* —6C **100**
Rudgewick Cft. *Birm* —3H **101**
Rudyard Clo. *Wolv* —3A **16**
Rudyard Gro. *Birm* —6F **105**
Rudyngfield Dri. *Birm*
—6D **104**
Rufford Clo. *Birm* —5D **68**
Rufford Rd. *Stourb* —1G **125**
Rufford St. *Stourb* —5H **109**
Rufford Way. *Wals* —2A **34**
Rugby Rd. *Stourb* —4B **108**
Rugby St. *Wolv* —6F **27**
Rugeley Av. *W'hall* —1D **30**
Rugeley Cl. *Tip* —2G **77**
Rugeley Gro. *Birm* —3B **102**
Ruislip Clo. *Birm* —3E **87**
Ruiton. —3H 75
Ruiton St. *Dud* —3H **75**
Rumbow. *Hale* —1B **128**
Rumbush. —6E 163

Rumbush La. *Earls* —6E **163**
Rumbush La. *Shir* —3G **163**
Runcorn Clo. *Birm* —5E **107**
Runcorn Rd. *Birm* —6H **117**
Runnymede Rd. *Birm* —2E **135**
Rupert St. *Birm* —5A **102**
Rupert St. *Wolv* —1E **43**
Rushall. —2G 33
Rushall Clo. *Stourb* —3C **108**
Rushall Clo. *Wals* —5F **33**
Rushall Ct. *Birm* —6A **66**
(off West Rd.)
Rushall Mnr. Clo. *Wals* —5F **33**
Rushall Mnr. Rd. *Wals* —5F **33**
Rushall Rd. *Wolv* —5A **16**
Rushbrook Clo. *Clay* —1A **22**
Rushbrook Clo. *Sol* —3C **136**
Rushbrooke Clo. *Birm*
—1H **133**
Rushbrooke Dri. *S Cold*
—2C **68**
Rushden Cft. *Birm* —4E **147**
Rushbury Clo. *Bils* —6D **44**
Rushbury Clo. *Shir* —3B **150**
Rushden Cft. *Birm* —4H **67**
Rushes Mill. *Pels* —4C **20**
Rushey La. *Birm* —6G **119**
Rushford Av. *Wom* —1G **73**
Rushford Clo. *Shir* —2E **165**
Rush Grn. *Birm* —3C **130**
Rushlake Grn. *Birm* —4F **105**
Rushleigh Rd. *Shir* —1E **163**
Rushmead Gro. *Redn*
—2G **157**
Rushmere Rd. *Tip* —5A **62**
Rushmoor Clo. *S Cold*
—5H **53**
Rushmore Ho. *Redn* —1F **157**
Rushwater Clo. *Wom* —1E **73**
Rushwick Cft. *Birm* —3H **105**
Rushwick Gro. *Shir* —3E **165**
Rushwood Clo. *Wals* —6E **33**
Rushy Piece. *Birm* —2B **130**
Ruskin Av. *Dud* —2E **75**
Ruskin Av. *Row R* —1D **112**
Ruskin Av. *Wolv* —3B **60**
Ruskin Clo. *Birm* —2H **101**
Ruskin Gro. *Birm* —3H **135**
Ruskin Rd. *Wolv* —1B **28**
Ruskin St. *W Brom* —2A **80**
Russell Bank Rd. *S Cold*
—5E **37**
Russell Clo. *Tip* —4C **62**
Russell Clo. *Tiv* —5D **78**
Russell Clo. *Wolv* —6H **17**
Russell Ct. *Wolv* —2F **43**
Russell Ho. *Cod* —3E **13**
Russell Ho. *W'bry* —3F **63**
Russell Rd. *Bils* —4H **45**
Russell Rd. *Hall G* —3E **135**
Russell Rd. *Mose* —2F **133**
Russell's Hall. —6B 76
Russells Hall Rd. *Dud* —6A **76**
Russells, The. *Mose* —2F **133**
Russell St. *Dud* —6D **76**
Russell St. *W'bry* —3F **63**
Russell St. *W'hall* —1B **46**
Russell St. *Wolv* —2F **43**
Russett Clo. *Wals* —3A **50**
Russett Way. *Brie H* —2F **93**
Russet Wlk. *Pend* —6C **14**
Russet Way. *Birm* —1C **144**
Ruston St. *Birm* —2D **116**
Ruthall Clo. *Birm* —6G **131**
Ruth Clo. *Tip* —3C **62**
Rutherford Rd. *Birm* —6E **69**
Rutherford Rd. *Wals* —3G **31**

Rutland Av. *Wolv* —1B **58**
Rutland Ct. *Birm* —6G **131**
Rutland Cres. *Bils* —4F **45**
Rutland Cres. *Wals* —6D **22**
Rutland Dri. *Birm* —4C **120**
Rutland Pas. *Dud* —6E **77**
Rutland Pl. *Stourb* —3B **108**
Rutland Rd. *Smeth* —2E **115**
Rutland Rd. *W'bry* —1A **64**
Rutland Rd. *W Brom* —6A **64**
Rutland St. *Wals* —4C **32**
Rutley Gro. *Birm* —1D **130**
Rutters Mdw. *Birm* —1H **129**
Rutter St. *Wals* —4B **48**
Ryan Av. *Wolv* —1A **30**
Ryan Pl. *Dud* —3E **95**
(in two parts)
Rycroft Gro. *Birm* —1G **121**
Rydal Clo. *S Cold* —1H **51**
Rydal Clo. *Wolv* —2E **29**
Rydal Dri. *Pert* —5F **25**
Rydal Ho. *O'bry* —4D **96**
Rydal Way. *Birm* —6F **135**
Rydding La. *W Brom* —5H **63**
Rydding Sq. *W Brom* —5H **63**
Ryde Gro. *Birm* —4G **135**
Ryde Pk. Rd. *Redn* —3A **158**
Ryder Ho. *W Brom* —4E **79**
Ryders Grn. Rd. *W Brom*
—3E **79**
Ryders Hayes La. *Wals*
—3E **21**
Ryder St. *Birm*
—6G **101** (2F **5**)
Ryder St. *Stourb* —1B **108**
Ryder St. *W Brom* —2E **79**
Ryebank Clo. *Birm* —2G **145**
Ryeclose Clo. *Birm* —6F **107**
Ryecroft. —5C 32
Rye Cft. *Birm* —6A **120**
Rye Cft. *A Wd* —4A **162**
Rye Cft. *Stourb* —3A **126**
Ryecroft Av. *Wolv* —6F **43**
Ryecroft Clo. *Dud* —5G **59**
Ryecroft Pk. *Wals* —6C **32**
Ryecroft Pl. *Wals* —3D **32**
Ryecroft St. *Wals* —6C **32**
Rycfield. *Wolv* —5C **14**
Ryefield Clo. *Sol* —3C **150**
Rye Grass Wlk. *Birm* —4F **87**
Rye Gro. *Birm* —1F **135**
Ryemarket. *Stourb* —6E **109**
Ryhope Wlk. *Wolv* —4E **15**
(in two parts)
Ryknild Clo. *S Cold* —3F **37**
Ryland Clo. *Hale* —3G **127**
Ryland Clo. *Tip* —2B **78**
Ryland Ho. *Birm* —4F **101**
(off Gt.Hampton Row)
Ryland Rd. *Edg* —4E **117**
Ryland Rd. *Erd* —6F **85**
Ryland Rd. *S'hll* —1D **134**
Rylands Dri. *Wolv* —1D **58**
Ryland St. *Birm* —2D **116**
Ryle St. *Wals* —5A **20**
Rymond Rd. *Birm* —3C **104**
Ryton Clo. *S Cold* —6H **53**
Ryton Clo. *Wolv* —4C **28**
Ryton End La. *Bars* —6C **154**
Ryton Gro. *Birm* —2H **105**

Sabell Rd. *Smeth* —3D **98**
Sabrina Rd. *Wolv* —2E **41**
Saddle Dri. *Birm* —2D **130**
Saddlers Cen. *Wals* —2C **48**
Saddlers Ct. *Wals* —4H **47**

Saddlers Ct. Ind. Est. *Wals*
—2G **31**
Saddlers M. *Sol* —6G **151**
Saddlestones, The. *Pert*
—5D **24**
Saddleworth Rd. *Wals* —3G **19**
Sadler Ho. *Birm* —3E **101**
Sadler Rd. *S Cold* —4D **54**
Sadler Rd. *Wals* —6C **10**
Sadlers Mill. *Wals* —6C **10**
Sadlers Wlk. *Birm* —2C **116**
Saffron Gdns. *Wolv* —1E **59**
Sage Cft. *Birm* —2D **144**
St Agatha's Rd. *Birm* —4H **103**
St Agnes Clo. *Birm* —3B **134**
St Agnes Rd. *Birm* —3B **134**
St Aidans Wlk. *Birm* —3C **118**
St Albans Clo. *Smeth* —3C **98**
St Albans Clo. *Wolv* —1A **30**
St Albans Rd. *Birm* —2A **134**
St Alban's Rd. *Smeth* —3C **98**
St Alphege Clo. *Sol* —4G **151**
St Andrew's Av. *Wals* —2E **21**
St Andrews Clo. *Birm* —2E **131**
St Andrews Clo. *Dud* —4E **75**
St Andrews Clo. *Stourb*
—3D **124**
St Andrew's Clo. *Wolv* —5E **27**
St Andrews Dri. *Pert* —4D **24**
St Andrew's Dri. *Tiv* —2B **96**
St Andrew's Ho. *Wolv* —5F **27**
St Andrews Ind. Est. *Birm*
—1C **118**
St Andrew's Rd. *Birm*
—1B **118**
St Andrews Rd. *S Cold*
—4A **54**
St Andrews St. *Birm* —1B **118**
St Andrew's St. *Dud* —4E **95**
St Annes Clo. *Birm* —3D **86**
St Anne's Clo. *Burn* —1A **10**
St Annes Ct. *Birm* —1G **133**
(B13)
St Annes Ct. *Birm* —6A **68**
(B44)
St Annes Ct. *Crad H* —2E **111**
St Anne's Ct. *W'hall* —2B **46**
St Annes Gro. *Know* —3C **166**
St Annes Ind. Est. *W'hall*
—6B **30**
St Anne's Rd. *Dud* —2E **111**
St Annes Rd *W'hall* —6B **30**
St Anne's Rd. *Wolv* —5G **15**
St Anne's Way. *Birm* —6A **68**
St Ann's Ter. *W'hall* —6B **30**
St Anthony's Dri. *Wals* —2F **21**
St Athan Cft. *Birm* —4F **87**
St Audries Ct. *Sol* —5D **150**
St Augustine's Rd. *Birm*
—2H **115**
St Augustus Clo. *W Brom*
—5D **80**
St Austell Rd. *Wals* —4A **50**
St Bartholomew's Ter. *W'bry*
—2F **63**
St Benedict's Clo. *W Brom*
—5D **80**
St Benedicts Rd. *Birm*
—4F **119**
St Benedicts Rd. *Wom* —1G **73**
St Bernard's Rd. *Sol* —2B **150**
St Bernards Rd. *S Cold*
—3A **70**
St Blaise Av. *Wat O* —5D **88**
St Blaise Rd. *S Cold* —6B **38**
St Brades Clo. *Tiv* —2C **96**
St Brides Clo. *Dud* —5G **59**

Saintbury Dri. *Sol* —2G **165**
St Caroline Clo. *W Brom*
—5D **80**
St Catharines Clo. *Wals*
—4E **49**
St Catherine's Clo. *Dud*
—6A **78**
St Catherines Clo. *S Cold*
—4D **54**
St Catherine's Cres. *Wolv*
—1D **58**
St Chads Circ. Queensway.
Birm —5F **101** (1D **4**)
St Chad's Clo. *Dud* —4F **75**
St Chads Ind. Est. *Birm*
—4G **101**
St Chad's Queensway. *Birm*
—5G **101** (2D **4**)
St Chads Rd. *Bils* —4H **45**
St Chad's Rd. *Redn* —2F **157**
St Chads Rd. *S Cold* —6C **54**
St Chads Rd. *Wolv* —1B **28**
St Christopher Clo. *W Brom*
—5D **80**
St Christophers. *Birm* —3B **82**
St Clements Av. *Wals* —2B **32**
St Clements Ct. *Hale* —2A **128**
St Clements La. *W Brom*
—3B **80**
St Clements Rd. *Birm*
—3C **102**
St Columbas Dri. *Redn*
—2B **158**
St Cuthbert's Clo. *W Brom*
—5D **80**
St David's Clo. *Wals* —2F **21**
St David's Clo. *W Brom*
—5D **80**
St Davids Dri. *Birm* —6H **113**
St Davids Gro. *Birm* —3B **82**
St Davids Pl. *Wals* —5B **20**
St Denis Rd. *Birm* —1E **145**
St Dominic's Rd. *Birm* —6E **85**
(in two parts)
St Edburgh's Rd. *Birm*
—2C **120**
St Edmund's Clo. *W Brom*
—5D **80**
St Edmund's Clo. *Wolv*
—6D **26**
St Edwards Rd. *Birm* —3B **132**
St Eleanors Clo. *W Brom*
—5D **80**
St Francis Av. *Sol* —1C **150**
St Francis' Clo. *Wals* —2F **21**
St Francis Factory Est. *W Brom*
—5B **80**
St George Dri. *Smeth* —2E **99**
St Georges. —2H 43 (4C 170)
St Georges Av. *Birm* —2G **85**
St Georges Clo. *Birm* —4C **116**
St George's Clo. *S Cold*
—5D **54**
St George's Clo. *W'bry* —4D **46**
St Georges Ct. *B'ville* —6A **132**
St Georges Ct. *S Cold* —4E **37**
St Georges Ct. *W'hall* —1D **48**
(off Persehouse St.)
St George's Ct. *W'bry* —4D **46**
(off St George's St.)
St George's Pde. *Wolv*
—2H **43** (4C **170**)
St Georges Pl. *Wals* —1D **48**
St Georges Pl. *W Brom*
—3A **80**
St George's Rd. *Dud* —3F **95**
St Georges Rd. *Shir* —1B **164**

St George's Rd. *Stourb*
—3B **124**
St George's St. *Birm* —5F **101**
St George's St. *W'bry* —4D **46**
St Gerards Ct. *Sol* —5C **150**
St Gerards Rd. *Sol* —5C **150**
St Giles Av. *Row R* —5B **96**
St Giles Clo. *Row R* —5C **96**
St Giles Ct. *Row R* —6D **96**
St Giles Ct. *W'hall* —2B **46**
St Giles Cres. *Wolv* —1C **44**
St Giles Rd. *Birm* —1H **121**
St Giles Rd. *W'hall* —2B **46**
St Giles Rd. *Wolv* —1C **44**
St Giles St. *Dud* —4E **95**
St Helens Rd. *Tip* —2C **78**
St Helens Pas. *Birm*
—6E **101** (1A **4**)
St Helens Rd. *Sol* —1E **151**
St Heliers Rd. *Birm* —3C **144**
St Ives Rd. *Wals* —4H **49**
St James Av. *Row R* —5B **96**
St James' Clo. *Wals* —2F **21**
St James Clo. *W Brom*
—5D **80**
St James Pl. *Birm* —6A **102**
St James Pl. *Shir* —5H **149**
St James' Rd. *Edg* —3D **116**
St James' Rd. *Hand* —1H **99**
St James Rd. *O'bry* —1D **96**
St James Rd. *S Cold* —1A **54**
St James's Priory. —3E **77**
St James's Rd. *Dud* —5D **75**
St James's Ter. *Dud* —5C **76**
St James' St. *Dud* —4H **75**
St James St. *W'bry* —3E **63**
St James St. *Wolv* —2A **44**
St James Wlk. *Wals* —6B **10**
St John Bosco Clo. *W Brom*
—6H **63**
St John Clo. *S Cold* —5B **38**
St John's Arc. *Wolv*
—1G **43** (3B **170**)
St Johns Av. *Row R* —5B **96**
St John's Clo. *Know* —3D **166**
St John's Clo. *Swind* —5D **72**
St John's Clo. *Wals* —4B **22**
St John's Clo. *W Brom*
—5D **80**
St Johns Ct. *Brie H* —1H **109**
(off Hill St.)
St Johns Ct. *Wals* —6H **19**
St Johns Gro. *Birm* —6B **106**
St John's Ho. *W Brom* —5A **80**
St Johns Retail Pk. *Wolv*
—2G **43** (5B **170**)
St John's Rd. *Dud* —1G **95**
St John's Rd. *Ess* —4A **18**
St John's Rd. *Hale* —1G **127**
St John's Rd. *Harb* —5H **115**
St John's Rd. *O'bry* —4A **98**
St John's Rd. *S'hll* —6C **118**
St Johns Rd. *Stourb* —5E **109**
St Johns Rd. *Tip* —6H **61**
St John's Rd. *Wals* —3H **47**
(WS2)
St John's Rd. *Wals* —2F **21**
(WS3)
St Johns Rd. *Wals* —2C **22**
(WS8)
St Johns Rd. *W'bry* —6C **46**
St John's Sq. *Wolv*
—2G **43** (5B **170**)
St Johns St. *Dud* —4E **95**
St Johns St. *Wolv*
—2G **43** (4B **170**)
(off Victoria St.)

St Johns Wlk. *Birm* —3F 83
St John's Way. *Know* —3E 167
St Johns Wood. *Redn*
—4H 157
St Joseph's Av. *Birm* —2F 145
St Josephs Clo. *Wals* —3E 21
St Joseph's Ct. *Wolv* —5A 42
St Joseph's Rd. *Birm* —4A 104
St Joseph St. *Dud* —6F 77
St Jude's Clo. *Birm* —5H 147
St Judes Clo. *S Cold* —5D 54
St Judes Pas. *Birm*
—2F 117 (6D 4)
St Jude's Rd. *Wolv* —6D 26
St Jude's Rd. W. *Wolv* —6D 26
St Katherines Rd. *O'bry*
—1H 113
St Kenelms Av. *Hale* —4G 127
St Kenelm's Clo. *W Brom*
—5D 80
St Kenelm's Rd. *Rom* —3A 142
St Kilda's Rd. *Birm* —5E 103
St Laurence M. *Birm* —4E 145
St Laurence Rd. *Birm* —2F 145
St Lawrence Clo. *Know*
—4D 166
St Lawrence Way. *W'bry*
—4D 46
St Leonard's Clo. *Birm*
—4C 122
St Loye's Clo. *Hale* —4D 112
St Lukes Clo. *Row R* —5B 96
St Luke's Rd. *Birm* —3F 117
(in two parts)
St Luke's Rd. *W'bry* —2G 63
(in two parts)
St Lukes St. *Crad H* —2F 111
St Luke's Ter. *Dud* —1C 94
St Margaret's. *S Cold* —6C 36
St Margarets Av. *Birm*
—3H 103
St Margarets Dri. *Hale*
—3H 127
St Margaret's Rd. *Birm*
—3G 103
St Margaret's Rd. *Gt Barr*
—3B 66
St Margarets Rd. *Sol* —4C 136
St Margarets Rd. *Wals* —3E 21
St Marks Cres. *Birm* —6C 100
St Marks Rd. *Bwnhls* —2C 22
St Marks Rd. *Dud* —5H 77
St Mark's Rd. *Pels* —3E 21
St Marks Rd. *Smeth* —6B 98
St Marks Rd. *Stourb* —6H 109
St Marks Rd. *Tip* —5H 61
St Mark's Rd. *Wolv* —2E 43
(in two parts)
St Marks St. *Birm* —6D 100
St Mark's St. *Wolv*
—2F 43 (4A 170)
St Martin's Cir. Queensway.
Birm —1G 117 (5E 5)
St Martin's Clo. *W Brom*
—5D 80
St Martins Clo. *Wolv* —5A 44
St Martins Dri. *Tip* —2A 78
St Martins La. *Birm*
—1G 117 (5F 5)
St Martin's Rd. *S Cold* —6D 54
St Martin's St. *Birm* —2D 116
St Martin's Ter. *Bils* —1G 61
St Mary's Clo. *Birm* —3B 86
(B24)
St Marys Clo. *Birm* —2H 135
(B27)
St Marys Clo. *Dud* —5B 60

St Marys Ct. *Brie H* —1H 109
St Mary's Ct. *W'hall* —1A 46
(off Wolverhampton St.)
St Mary's La. *Stourb* —2F 125
St Mary's Mobile Home Pk.
Wyt —6G 161
St Mary's Rd. *Harb* —6G 115
St Mary's Rd. *Smeth* —2D 114
St Mary's Rd. *W'bry* —2F 63
St Mary's Row. *Birm*
—6G 101 (2E 5)
St Marys Row. *Mose* —2H 133
St Mary's St. *Wolv*
—1H 43 (2C 170)
St Mary's Vw. *Birm* —5D 68
St Marys Way. *Wals* —4C 34
St Matthew's Clo. *Pels* —2F 21
St Matthews Clo. *Wals*
—2D 48
St Matthews Rd. *O'bry*
(in two parts) —1G 113
St Matthews Rd. *Smeth*
—4G 99
St Matthews St. *Wolv* —2B 44
St Mawes Rd. *Pert* —6F 25
St Mawgan Clo. *Birm* —3G 87
St Michaels Clo. *Wals* —5E 21
St Michaels Ct. *W Brom*
—4A 80
St Michaels Ct. *Wolv* —4C 26
St Michaels Cres. *O'bry*
—5F 97
St Michael's Gro. *Dud* —6A 78
St Michael's Hill. *Birm*
—2C 100
St Michael's M. *Tiv* —5A 78
St Michael's Rd. *Birm*
—2C 100
St Michael's Rd. *Dud* —2D 74
St Michael's Rd. *S Cold*
—5F 69
St Michael St. *Wals* —3C 48
St Michael St. *W Brom* —4A 80
St Michaels Way. *Tip* —4A 78
St Nicholas Clo. *Wals* —3E 21
St Nicholas Ct. *Birm* —5B 146
St Nicholas Wlk. *Curd* —1D 88
St Nicolas Gdns. *Birm*
—5B 146
St Oswald's Rd. *Birm* —3E 119
St Patricks Clo. *Birm* —2G 147
St Paul's Av. *Birm* —6A 118
St Paul's Clo. *Wals* —1C 48
St Pauls Ct. *Birm*
—5E 101 (1B 4)
St Pauls Ct. *Row R* —2D 112
St Pauls Ct. *Wat O* —4D 88
St Paul's Cres. *Col* —2H 107
St Paul's Cres. *Wals* —3F 21
St Paul's Cres. *W Brom*
—6E 63
St Pauls Dri. *Hale* —2D 112
St Pauls Dri. *Tip* —3B 78
St Paul's Rd. *Birm* —5H 117
St Paul's Rd. *Dud* —4F 95
St Paul's Rd. *Smeth* —2B 98
St Paul's Rd. *W'bry* —6H 47
St Paul's Sq. *Birm*
—6E 101 (2B 4)
St Pauls St. *Wals* —1C 48
St Pauls Ter. *Birm*
—5E 101 (1B 4)
St Peters Clo. *Birm* —1D 148
St Peter's Clo. *Ston* —3G 23
St Peter's Clo. *S Cold* —2H 69
St Peter's Clo. *Tip* —3D 78
St Peters Clo. *Wat O* —5D 88

St Peters Clo. *Wolv*
—1G 43 (2B 170)
St Peters Ct. *Blox* —6H 19
St Peter's Dri. *Wals* —3E 21
St Peters La. *Sol* —4F 139
St Peter's Rd. *Dud* —3F 95
St Peter's Rd. *Hand* —6E 83
St Peter's Rd. *Harb* —6F 115
St Peters Rd. *Stourb* —4G 125
St Peter's Sq. *Wolv*
—1G 43 (2B 170)
St Peters Ter. *Wals* —5C 32
St Philips Av. *Wolv* —4D 42
St Philips Gro. *Wolv* —4D 42
St Philips Pl. *Birm*
—6G 101 (3E 5)
St Phillips Ct. *Col* —2H 107
St Quentin St. *Wals* —3A 48
St Saviours Clo. *Wolv* —5B 44
St Saviour's Rd. *Birm*
—5D 102
St Silas' Sq. *Birm* —2D 100
St Simons Clo. *S Cold* —5D 54
St Stephens Av. *W'hall* —1H 45
St Stephen's Ct. *W'hall*
—2H 45
St Stephens Gdns. *W'hall*
—1A 46
St Stephens Rd. *S Oak*
—5D 132
St Stephens Rd. *W Brom*
—1F 99
St Stephen's St. *Birm* —3G 101
St Thomas' Clo. *A'rdge*
—6D 22
St Thomas Clo. *S Cold* —6D 54
St Thomas Clo. *Wals* —3C 32
St Thomas' Rd. *Birm* —4D 84
St Thomas St. *Dud* —4E 95
St Thomas St. *Stourb*
—6D 108
St Valentines Clo. *W Brom*
—5D 80
St Vincent Cres. *W Brom*
—1F 79
St Vincent St. *Birm* —1D 116
St Vincent St. W. *Birm*
—1C 116
Saladin Av. *O'bry* —4E 97
Salcombe Av. *Birm* —6G 121
Salcombe Dri. *Brie H* —4G 109
Salcombe Gro. *Bils* —4F 61
Salcombe Rd. *Smeth* —4F 99
Saldavian Ct. *Wals* —5H 47
Salem St. *Tip* —2D 78
Salford Circ. *Birm* —6D 84
Salford St. *Birm* —1C 102
Salford Trad. Est. *Birm*
—1C 102
Salisbury Clo. *Birm* —1G 133
Salisbury Clo. *Dud* —4B 76
Salisbury Ct. *Sol* —3G 151
Salisbury Dri. *Wat O* —4E 89
Salisbury Gro. *S Cold* —6A 70
Salisbury Pl. Ind. Est. *Wolv*
(off Rosebery St.) —2F 43
Salisbury Rd. *B'fld* —1F 101
Salisbury Rd. *Mose* —1G 133
Salisbury Rd. *Salt* —4E 103
Salisbury Rd. *Smeth* —5F 99
Salisbury Rd. *W Brom* —6C 80
Salisbury St. *W'bry* —4E 47
Salisbury St. *Wolv* —2F 43
Salisbury Tower. *Birm*
—6C 100
Sallow Gro. *Wals* —4B 10
Sally Ward Dri. *Wals* —3C 22

Salop Clo. *W Brom* —1H 79
Salop Dri. *O'bry* —1A 114
Salop Rd. *O'bry* —6A 98
Salop St. *Bils* —1G 61
Salop St. *Birm* —3H 117
Salop St. *Dud* —5D 76
Salop St. *O'bry* —6E 79
Salop St. *Wolv*
—2G 43 (4A 170)
Salstar Clo. *Birm* —3G 101
Saltash Gro. *Birm* —2A 120
Saltbrook Rd. *Hale* —5B 110
(in two parts)
Saltbrook Trad. Est. *Hale*
—4C 110
Salter Rd. *Tip* —6H 61
Salter's La. *W Brom* —3C 80
Salter's Rd. *Wals* —3C 22
Salter St. *Earls & H'ley H*
—6A 164
Salters Va. *W Brom* —6C 80
Saltley. —5D 102
Saltley Bus. Pk. *Salt* —3D 102
Saltley Ind. Est. *Birm* —6C 102
Saltley Rd. *Birm* —4B 102
Saltley Trad. Est. *Birm*
—3D 102
Saltley Viaduct. *Birm* —4C 102
Saltney Clo. *Birm* —2B 86
Saltwells. *Brie H* —1C 110
Saltwells La. *Brie H* —1B 110
Saltwells Rd. *Dud* —1D 110
Saltwells Wood Nature
Reserve. —6C 94
Salwarpe Gro. *Birm* —3D 130
Sambourn Clo. *Sol* —1A 152
Sambourne Dri. *Birm* —2H 105
Sambrook Rd. *Wolv* —3C 28
Sampson Clo. *Birm* —6G 81
Sampson Clo. *Tiv* —2C 96
Sampson Rd. *Birm* —4B 118
Sampson Rd. N. *Birm*
—3B 118
Sampson St. *W'bry* —2H 63
Sams La. *W Brom* —5A 80
Samuels Rd. *Birm* —6G 113
Samuel St. *Wals* —6H 19
Sanda Cft. *Birm* —3D 106
Sandalls Clo. *Birm* —6B 144
Sandal Ri. *Sol* —4A 152
Sandals Ri. *Hale* —2D 128
Sandalwood Clo. *W'hall*
—1B 30
Sandbank. *Wals* —6G 19
Sandbarn Clo. *Shir* —3D 164
Sandbeds Rd. *W'hall* —5C 30
Sandbourne Rd. *Birm*
—5G 103
Sandcroft, The. *Birm* —2H 121
Sanderling Ri. *K'wfrd* —3E 93
Sanders Clo. *Dud* —2G 95
Sanders St. *Tip* —2B 78
Sandfield. *Smeth* —2C 98
Sandfield Bri. *K'wfrd* —6F 75
Sandfield Clo. *Shir* —1G 163
Sandfield Gro. *Dud* —5F 75
Sandfield Rd. *Stourb* —1D 108
Sandfield Rd. *W Brom* —4C 64
Sandfields Av. *Birm* —3B 118
Sandfields Rd. *O'bry* —1A 114
Sandford Av. *Row R* —6C 96
Sandford Ri. *Wolv* —3C 26
Sandford Rd. *Birm* —1A 134
Sandford Rd. *Dud* —6A 76
Sandford Wlk. *Birm* —6H 117
Sandgate Rd. *Birm* —3F 149
Sandgate Rd. *Tip* —5A 62

Shenstone Trad. Est. *Hale*
　　　　　—1C **128**
Shenstone Valley Rd. *Hale*
　　　　　—5E **113**
Shenstone Wlk. *Hale* —6D **112**
Shenton Wlk. *Birm* —4C **106**
Shepheard Rd. *Birm* —6H **121**
Shepherd Dri. *W'hall* —4C **30**
Shepherds Brook Rd. *Stourb*
　　　　　—6H **109**
Shepherds Fold. *Row R*
　　　　　—1B **112**
Shepherds Gdns. *Birm*
　　　　　—2D **116**
Shepherds Grn. Rd. *Birm*
　　　　　—5F **85**
Shepherds La. *Mer* —2G **141**
Shepherds Pool Rd. *S Cold*
　　　　　—1C **54**
Shepherds Standing. *Birm*
　　　　　—3F **105**
Shepherds Wlk. *Wolv* —5D **14**
Shepherds Way. *Birm* —5C **68**
Shepley Rd. *Redn* —3H **157**
Sheppey Dri. *Birm* —4D **106**
Shepwell Green. —1D 46
Shepwell Grn. *W'hall* —2C **46**
Sherard Cft. *Birm* —3D **106**
Sheraton Clo. *Wals* —3D **34**
Sheraton Grange. *Stourb*
　　　　　—3D **124**
Sherborne Clo. *Col* —5H **107**
Sherborne Clo. *Wals* —2A **32**
Sherborne Gdns. *Cod* —4G **13**
Sherborne Gro. *Birm* —6C **100**
Sherborne Rd. *Wolv* —6H **15**
Sherborne St. *Birm* —1D **116**
Sherbourne Ct. *A Grn* —1A **136**
Sherbourne Dri. *Birm* —1A **136**
Sherbourne Rd. *A Grn*
　　　　　—1A **136**
Sherbourne Rd. *Bal H*
　　　　　—4G **117**
Sherbourne Rd. *Crad H*
　　　　　—3A **112**
Sherbourne Rd. *Stourb*
　　　　　—1F **125**
Sherbourne Rd. E. *Bal H*
　　　　　—5H **117**
Sherdmore Cft. *Shir* —3E **165**
Sheridan Clo. *Wals* —4H **47**
Sheridan Gdns. *Dud* —2D **74**
Sheridan St. *Wals* —4H **47**
Sheridan St. *W Brom* —3B **80**
Sheridan Wlk. *Birm* —4E **87**
Sheriff Dri. *Brie H* —1B **110**
Sherifoot La. *S Cold* —5H **37**
Sheringham. *Birm* —3A **116**
Sheringham Rd. *Birm*
　　　　　—4D **146**
Sherington Dri. *Wolv* 6H **43**
Sherlock Clo. *W'hall* —4D **30**
Sherlock St. *Birm* —3G **117**
Sherrans Dell. *Wolv* —2A **60**
Sherratt Clo. *S Cold* —5D **70**
Sherringham Dri. *Ess* —6C **18**
Sherron Gdns. *Birm*
　　　　　—5E **147**
Shervale Clo. *Wolv* —5E **43**
Sherwin Av. *Bils* —3C **60**
Sherwood Av. *Tip* —3H **77**
Sherwood Clo. *Birm* —2F **149**
Sherwood Clo. *Sol* —6D **136**
Sherwood Dri. *Brie H* —2B **110**
Sherwood M. *Birm* —1E **149**
Sherwood Rd. *Birm* —6E **135**

Sherwood Rd. *Smeth* —2E **115**
Sherwood Rd. *Stourb*
　　　　　—4C **108**
Sherwood St. *Wolv* —6G **27**
Sherwood Wlk. *Redn* —4H **143**
Sherwood Wlk. *Wals* —2A **34**
Shetland Clo. *Birm* —1B **116**
Shetland Clo. *Wolv* —4F **27**
Shetland Dri. *Smeth* —2B **98**
Shetland Wlk. *Birm* —3D **106**
Shidas La. *O'bry* —2E **97**
Shifnal Rd. *Alb* —6A **12**
Shifnal Wlk. *Birm* —1D **158**
Shillcock Gro. *Birm* —4G **101**
Shilton Clo. *Shir* —3D **164**
Shilton Gro. *Birm* —5D **130**
Shinwell Cres. *Tiv* —5D **78**
Shipbourne Clo. *Birm*
　　　　　—6D **114**
Shipley Fields. *Birm* —4G **85**
Shipley Gro. *Birm* —5E **131**
Shipston Rd. *Birm* —6F **145**
Shipton Clo. *Dud* —4A **76**
Shipton Rd. *S Cold* —2A **70**
Shipway Rd. *Birm* —4G **119**
Shirebrook Clo. *Birm* —1G **101**
Shire Brook Ct. *Birm* —2F **101**
Shire Clo. *Birm* —1B **116**
Shire Clo. *O'bry* —1H **113**
Shireland Brook Gdns. *Birm*
　　　　　—5H **99**
Shireland Clo. *Birm* —4A **82**
Shireland Rd. *Smeth* —5F **99**
Shire Lea. *Bwnhls* —1D **22**
Shire Oak. —2C 22
Shire Ridge. *Wals W* —3C **22**
Shirestone Rd. *Birm* —1H **121**
Shireview Gdns. *Wals* —3F **21**
Shireview Rd. *Wals* —3E **21**
Shirley. —6A 150
Shirley Dri. *S Cold* —1A **70**
Shirley Heath. —6H 149
Shirley Pk. Rd. *Shir* —5H **149**
Shirley Rd. *Dud* —1G **95**
Shirley Rd. *Hall G & A Grn*
　　　　　—1G **149**
Shirley Rd. *K Nor* —2C **146**
Shirley Rd. *O'bry* —3A **98**
Shirley Street. —6A 150
Shirley Trad. Est. *Shir*
　　　　　—1C **164**
Shirrall Dri. *Dray B* —5G **39**
Shirrall Gro. *Birm* —4B **106**
Sholing Clo. *Pend* —6D **14**
Shooters Clo. *Birm* —5F **117**
Shooters Hill. *S Cold* —3B **70**
Shop La. *Oaken* —6C **12**
Shop La. *Tres* —4B **40**
Shopton Rd. *Birm* —2E **105**
Shoreham Clo. *W'hall* —2F **45**
Short Acre St. *Wals* —6B **32**
Short Cross. —6A 112
Shorters Av. *Birm* —3B **148**
Shortfield Clo. *Bal C* —2H **169**
Short Heath. —1D 84
　　(nr. Aston)
Short Heath. —3E 31
　　(nr. Darlaston)
Short Heath Rd. *Birm & Erd*
　　　　　—1D **84**
Shortland Clo. *Know* —2C **166**
Shortlands Clo. *Birm* —5C **146**
Shortlands La. *Wals* —3D **20**
Short La. *Wals* —2E **7**
Short Rd. *Smeth* —6B **98**
Short Rd. *Wolv* —6A **16**
Short St. *Bils* —5F **45**

Short St. *Bwnhls* —5B **10**
Short St. *Darl* —4F **47**
Short St. *Dud* —5C **76**
Short St. *Hale* —1H **127**
Short St. *Prem B* —2B **48**
Short St. *Row R* —1C **112**
　　(in two parts)
Short St. *Stourb* —6D **108**
Short St. *Tip* —5G **61**
Short St. *W'bry* —2E **63**
Short St. *W'hall* —4C **30**
Short St. *Wolv*
　　　　　—1H **43** (2C **170**)
Shortwood Clo. *Birm* —3E **105**
Shorwell Pl. *Brie H* —3F **109**
Shottery Clo. *S Cold* —4D **70**
Shottery Gro. *S Cold* —4D **70**
Shottery Gro. *Tys* —6H **119**
Shottery Rd. *Shir* —6H **149**
Shotteswell Rd. *Shir* —2H **163**
Showell Cir. *Wolv* —2A **28**
Showell Green. —1B 134
Showell Grn. La. *Birm*
　　　　　—2B **134**
Showell Ho. *O'bry* —2G **97**
Showell La. *Wolv* —2G **57**
Showell Rd. *Wolv* —2H **27**
Showells Gdns. *Birm* —2C **102**
Shrawley Clo. *Hale* —3A **128**
Shrawley Clo. *Redn* —2F **157**
Shrawley Ho. *Birm* —5H **145**
Shrawley Rd. *Birm* —5G **145**
Shrewley Cres. *Birm* —2A **122**
Shrewsbury Clo. *Wals* —6F **19**
Shrewton Av. *Birm* —6F **147**
Shrops Row. *K'wfrd* —6E **75**
Shrubbery Av. *Tip* —2F **77**
Shrubbery Clo. *S Cold* —1B **86**
Shrubbery Pl. *Tip* —1G **77**
Shrubbery, The. *Birm*
　　　　　—6B **100**
Shrubbery, The. *Tip* —1C **78**
Shrublands Av. *O'bry* —4H **113**
Shrub La. *Birm* —4H **85**
Shugborough Clo. *Blox*
　　　　　—6H **19**
Shugborough Dri. *Dud* —5A **76**
Shustoke La. *Wals* —1F **65**
Shustoke Rd. *Birm* —3G **105**
Shustoke Rd. *Sol* —2H **151**
Shut End. —6E 75
Shut La. *Birm* —1G **117** (4F **5**)
Shutlock La. *Birm* —4F **133**
Shyltons Cft. *Birm* —1C **116**
Sibdon Gro. *Birm* —1F **159**
Sidaway Clo. *Row R* —3C **96**
Sidaway St. *Crad H* —2G **111**
Sidbury Gro. *Dorr* —6A **166**
Sidcup Clo. *Bils* —2D **60**
Sidcup Rd. *Birm* —4A **68**
Siddeley Wlk. *Birm* —6B **88**
Siddons Factory Est. *W Brom*
　　　　　—5F **63**
Siddons Rd. *Bils* —3F **61**
Siddons Way. *W Brom*
　　　　　—6G **63**
Sidenhill Clo. *Shir* —1H **163**
Sidford Gdns. *Birm* —4A **86**
Sidford Gro. *Birm* —6E **69**
Sidings, The. *Hand* —1E **101**
Sidlaw Clo. *Hale* —3F **127**
Sidlaw Clo. *Wolv* —3G **27**
Sidney St. *Wolv*
　　　　　—3G **43** (6A **170**)
Sidwick Cres. *Wolv* —5D **44**
Sigmund Clo. *Wolv* —6D **28**
Signal Gro. *Wals* —6G **19**

Signal Hayes Rd. *S Cold*
　　(in two parts) —3D **70**
Silesbourne Clo. *Birm*
　　　　　—1G **105**
Silhill Hall Rd. *Sol* —1E **151**
Silva Av. *K'wfrd* —5D **92**
Silver Birch Coppice. *S Cold*
　　　　　—4D **36**
Silver Birch Dri. *H'wd*
　　　　　—3B **162**
Silver Birch Rd. *Erd* —1H **85**
Silver Birch Rd. *K'hrst*
　　　　　—3B **106**
Silver Birch Rd. *Nort C* —1F **9**
Silverbirch Rd. *Sol* —4A **152**
Silver Birch Rd. *S Cold*
　　　　　—2H **51**
Silver Birch Rd. *Wolv* —4A **44**
Silver Ct. *Wals* —6B **10**
Silver Ct. Gdns. *Wals* —6B **10**
Silvercroft Av. *Birm* —4H **81**
Silverdale Dri. *Wolv* —5A **28**
Silverdale Gdns. *Stourb*
　　　　　—6A **92**
Silverdale Rd. *Birm* —2B **86**
Silver End. —2G 109
Silver End Ind Est. *Brie H*
　　　　　—2F **109**
Silver End Trad. Est. *Brie H*
　　　　　—2G **109**
Silverfield Clo. *Birm* —5G **133**
Silver Innage. *Hale* —4E **111**
Silverlands Av. *O'bry* —6H **97**
Silverlands Clo. *Birm* —4F **135**
Silvermead Rd. *S Cold* —4G **69**
Silvermere Rd. *Birm* —5H **121**
Silvers Clo. *Wals* —2D **20**
Silverstone Clo. *Wals* —6E **31**
Silverstone Dri. *S Cold*
　　　　　—5H **51**
Silver Street. —4G 161
Silver St. *Brie H* —1F **109**
Silver St. *Bwnhls* —6A **10**
Silver St. *K Hth* —5G **133**
Silver St. *K Nor & Wyt*
　　　　　—4F **161**
Silverthorne Av. *Tip* —2F **77**
Silverthorne La. *Crad H*
　　　　　—2D **110**
Silverton Cres. *Birm* —4D **134**
Silverton Heights. *Smeth*
　　　　　—3D **98**
Silverton Rd. *Smeth* —3C **98**
Silverton Way. *Wolv* —4H **29**
Silvester Ct. *W Brom* —4B **80**
Silvester Rd. *Bils* —5G **45**
Silvester Way. *Brie H* —3F **109**
Silvington Clo. *Birm* —6G **131**
Simcox Gdns. *Birm* —3B **130**
Simcox Rd. *W'bry* —6F **47**
Simeon Bissell Clo. *Tip*
　　　　　—2A **78**
Simeon's Wlk. *Brie H* —4B **110**
Simmonds Clo. *Wals* —4B **20**
Simmonds Pl. *Wals* —4B **20**
Simmonds Pl. *W'bry* —4E **47**
Simmonds Rd. *Wals* —4B **20**
Simmonds Way. *Wals* —2C **22**
Simmons Dri. *Birm* —6A **114**
Simmons Leasow. *Birm*
　　　　　—3B **130**
Simmons Rd. *Wolv* —6B **18**
Simms La. *Dud* —5E **76**
Simms La. *H'wd* —4A **162**
　　(in two parts)
Simon Clo. *Tip* —2G **77**

Squirrels Hollow—Stilehouse Cres.

Squirrels Hollow. *O'bry*
—4B **114**
Squirrel Wlk. *Penn* —1E **59**
Squirrel Wlk. *S Cold* —4C **36**
Stable Ct. *Dud* —1A **76**
Stable Cft. *W Brom* —6D **64**
Stableford Clo. *Birm* —2D **130**
Stables, The. *Birm* —3C **132**
Stablewood Gro. *Wals*
—4E **49**
Stacey Clo. *Crad H* —2G **111**
Stacey Dri. *Birm* —2A **148**
Stacey Grange Gdns. *Redn*
—3G **157**
Stackhouse Clo. *Wals* —3C **22**
Stackhouse Dri. *Wals* —3E **21**
Stadium Clo. *W'hall* —6B **30**
Stafford Clo. *Wals* —5H **19**
Stafford Ct. *Birm* —6A **66**
(off West Rd.)
Stafford Dri. *W Brom* —1H **79**
Stafford Ho. *Birm* —1A **122**
Stafford La. *Cod* —6D **12**
Stafford Rd. *Birm* —1B **100**
Stafford Rd. *Cov H* —1H **15**
Stafford Rd. *Wals* —3H **19**
Stafford Rd. *W'bry* —5C **46**
Stafford Rd. *Wolv* —5G **27**
Staffordshire Pool Clo. *Birm*
(off Emscote Rd.) —6H **83**
Stafford St. *Bils* —6F **45**
Stafford St. *Dud* —6D **76**
Stafford St. *Wals* —6C **32**
Stafford St. *W'bry* —3E **63**
Stafford St. *W'hall* —1A **46**
(in two parts)
Stafford St. *Wolv*
—5G **27** (1C **170**)
Stafford St. Junct. *Wolv*
—6G **27** (1B **170**)
Stafford Tower. *Birm* —2G **5**
Stafford Way. *Birm* —6A **66**
Stag Cres. *Wals* —3C **32**
Stag Hill Rd. *Wals* —2C **32**
Stag Wlk. *S Cold* —6B **70**
Stainsby Av. *Birm* —4E **101**
Stainsby Cft. *Shir* —4F **165**
Stallings La. *K'wfrd* —1B **92**
Stambermill Clo. *Stourb*
—6H **109**
Stambermill Ho. *Stourb*
—6A **110**
Stambermill Ind. Est. *Stourb*
—5G **109**
Stamford Cft. *Sol* —5F **151**
Stamford Gro. *Birm* —6E **83**
Stamford Rd. *Birm* —6E **83**
Stamford Rd. *Brie H* —4G **109**
Stamford Rd. *Stourb* —6F **109**
(in two parts)
Stamford St. *Stourb* —4D **108**
Stamford Way. *Wals* —5D **22**
Stanbridge Way. *Tip* —2A **78**
Stanbrook Rd. *Shir* —3E **165**
Stanbury Av. *W'bry* —5B **46**
Stanbury Rd. *Birm* —3B **148**
Stancroft Gro. *Birm* —3E **121**
Standard Way. *Erd* —6F **85**
Standbridge Way. *Tip* —2A **78**
Standhills Rd. *K'wfrd* —3C **92**
Standlake Av. *Birm* —2B **104**
Stanfield Rd. *Birm* —6F **51**
Stanfield Rd. *Quin* —4B **114**
Stanford Av. *Birm* —6C **66**
Stanford Dri. *Row R* —5B **96**
Stanford Gro. *Hale* —4E **127**
Stanford Rd. *Wolv* —4G **43**

Stanford St. *Birm*
—6H **101** (2F **5**)
Stanford Way. *O'bry* —5E **97**
Stanhoe Clo. *Brie H* —3H **109**
Stanhope Rd. *Smeth* —6D **98**
Stanhope St. *Birm* —4H **117**
Stanhope St. *Dud* —5G **95**
Stanhope St. *Wolv*
—2F **43** (4A **170**)
Stanhope Way. *Birm* —1F **67**
Stanhurst Way. *W Brom*
—3E **65**
Stanier Clo. *Wals* —2F **33**
Stanier Gro. *Hand* —5D **82**
Stanier Ho. *Birm*
—1F **117** (5C **4**)
Staniforth St. *Birm* —5G **101**
Stanley Av. *Birm* —4C **114**
Stanley Av. *Shir* —3H **149**
Stanley Av. *S Cold* —1D **70**
Stanley Clo. *Birm* —2G **149**
Stanley Clo. *Wolv* —1H **29**
Stanley Ct. *Pert* —5E **25**
Stanley Dri. *Swind* —5E **73**
Stanley Gro. *Birm* —5B **118**
Stanley Pl. *Bils* —6D **44**
Stanley Pl. *Mose* —2H **133**
Stanley Pl. *Wals* —3F **33**
Stanley Rd. *K Hth* —6F **133**
Stanley Rd. *Nech* —2C **102**
Stanley Rd. *O'bry* —3A **114**
Stanley Rd. *Stourb* —2D **124**
Stanley Rd. *Wals* —3F **33**
Stanley Rd. *W'bry* —6D **46**
Stanley Rd. *W Brom* —6C **64**
Stanley Rd. *Wolv* —6H **15**
Stanley St. *Wals* —1A **32**
Stanmore Gro. *Hale* —2G **129**
Stanmore Rd. *Birm* —2G **115**
Stansbury Ho. *Wals* —3A **48**
(off St Quentin St.)
Stanton Av. *Dud* —1B **76**
Stanton Gro. *Birm* —3D **120**
Stanton Gro. *Shir* —3G **149**
Stanton Gro. *Tip* —2A **78**
Stanton Ho. *W Brom* —4D **64**
Stanton Rd. *Birm* —6H **65**
Stanton Rd. *Shir* —3G **149**
Stanton Rd. *Wolv* —1B **44**
Stanville Rd. *Birm* —5G **121**
Stanway Gdns. *W Brom*
—1B **80**
Stanway Gro. *Birm* —2H **67**
Stanway Rd. *Shir* —4H **149**
Stanway Rd. *W Brom* —1B **80**
Stanwell Gro. *Birm* —1E **85**
Stanwick Av. *Birm* —6A **106**
Stapenhall Rd. *Shir* —3E **165**
Stapleford Cft. *Birm* —5E **147**
Stapleford Gro. *Stourb* —6C **92**
Staplehall Rd. *Birm* —5F **145**
Staplehurst Rd. *Birm* —5F **135**
Staple Lodge Rd. *Birm*
—6F **145**
Stapleton Clo. *Min* —1F **87**
Stapleton Dri. *F'bri* —6D **106**
Stapleton Rd. *Wals* —4B **34**
Stapylton Av. *Birm* —6F **115**
Stapylton Ct. *Harb* —6F **115**
(off Old Church Rd.)
Starbank Rd. *Birm* —3G **119**
Starbold Ct. *Know* —3D **166**
Starbold Cres. *Know* —4C **166**
Star City. *Birm* —1D **102**
Star Clo. *Tip* —2C **78**
Star Clo. *Wals* —5F **31**
Starcross Rd. *Birm* —3A **136**

Star Hill. *Birm* —3D **116**
Starkey Cft. *Birm* —1E **123**
Starkie Dri. *O'bry* —5A **98**
Starley Way. *Birm* —5E **123**
Star St. *Stourb* —6B **110**
Star St. *Wolv* —3C **42**
Statham Dri. *Birm* —1G **115**
Station App. *Dorr* —6B **166**
Station App. *Sol* —3E **151**
Station App. *S Cold* —5H **53**
(B73)
Station App. *S Cold* —3F **37**
(B74)
Station Av. *Birm* —2G **115**
Station Bldgs. *Wat O* —4D **88**
(off Minworth Rd.)
Station Clo. *Cod* —4F **13**
Station Clo. *Wals* —1H **31**
Station Dri. *Brie H* —1A **110**
(nr. Boulevard, The)
Station Dri. *Brie H* —2F **109**
(nr. Brettell La.)
Station Dri. *Dud* —5F **77**
Station Dri. *Hall G* —4F **135**
Station Dri. *Sol* —4C **136**
Station Dri. *S Cold* —3H **53**
Station Dri. *Tip* —3B **78**
Station Dri. *Wat O* —4D **88**
Station Pl. *Wals* —1H **31**
Station Rd. *A Grn* —2A **136**
Station Rd. *A'rdge* —4C **34**
Station Rd. *Aston* —6H **83**
Station Rd. *Bal C* —3G **169**
Station Rd. *Bils* —6G **45**
Station Rd. *Brie H* —5G **93**
Station Rd. *Cod* —4E **13**
Station Rd. *Col* —1H **107**
Station Rd. *Crad H* —2H **111**
Station Rd. *Dorr & Know*
—6C **166**
Station Rd. *Erd* —2F **85**
Station Rd. *Gt Wyr* —1F **7**
Station Rd. *Hamm* —2G **11**
Station Rd. *H Ard* —6B **140**
Station Rd. *Hand* —1G **99**
Station Rd. *Harb* —5G **115**
Station Rd. *K Hth* —5F **133**
Station Rd. *K Nor* —2A **146**
Station Rd. *Mars G* —3B **122**
Station Rd. *N'fld* —5E **145**
Station Rd. *O'bry* —4G **97**
Station Rd. *Pels* —4E **21**
Station Rd. *Row R* —1D **112**
Station Rd. *Rus* —3E **33**
Station Rd. *Sol* —3F **151**
Station Rd. *Stech* —5B **104**
Station Rd. *Stourb* —5A **110**
Station Rd. *S Cold* —4G **69**
Station Rd. *Wom* —5G **57**
Station Rd. *Wyt* —6A **162**
Station Rd. Ind. Est. *Col*
—5H **89**
Station Rd. Ind. Est. *Row R*
—1D **112**
Station St. *Birm*
—2F **117** (6D **4**)
Station St. *Blox* —1H **31**
Station St. *C Hay* —2E **7**
Station St. *Crad H* —3E **111**
Station St. *S Cold* —6A **54**
Station St. *Tip* —2B **78**
Station St. *Wals* —2B **48**
Station St. *W'bry* —5E **47**
Station Ter. *Bils* —4E **61**
Station Way. *Birm* —1F **139**
Staulton Grn. *O'bry* —5E **97**
Staveley Rd. *Birm* —1F **147**

Staveley Rd. *Wolv* —5G **27**
Stead Clo. *Tip* —4B **62**
Stead Clo. *Wals* —4A **32**
Steadman Cft. *Tip* —5D **62**
Stechford. —1C 120
Stechford La. *Birm* —4A **104**
Stechford Retail Pk. *Birm*
—5C **104**
Stechford Rd. *Birm* —4B **104**
Stechford Trad. Est. *Birm*
—6C **104**
Steel Bright Rd. *Smeth*
—3G **99**
Steel Dri. *Wolv* —1H **27**
Steel Gro. *Birm* —4A **120**
Steelhouse La. *Birm*
—6G **101** (2E **5**)
Steelhouse La. *Wolv* —2A **44**
Steelmans Rd. *W'bry* —4F **47**
Steelpark Way. *Wolv* —5F **29**
Steel Rd. *Birm* —5D **144**
Steel Roundabout. *W'bry*
—3E **63**
Steene Gro. *Birm* —4B **144**
Steeples, The. *Stourb* —2F **125**
Steepwood Cft. *Birm* —3H **145**
Steetley Ind. Est. *K'wfrd*
—2E **93**
Stella Cft. *Birm* —1E **123**
Stella Gro. *Birm* —5F **65**
Stella Rd. *Tip* —1H **77**
Stenbury Clo. *Wolv* —3B **16**
Stencills Dri. *Wals* —6F **33**
Stencills Rd. *Wals* —6F **33**
Stennels Av. *Hale* —1E **129**
Stennels Cres. *Hale* —1E **129**
Stephens Clo. *Wolv* —1H **29**
Stephenson Av. *Birm* —3G **31**
(in two parts)
Stephenson Dri. *Birm*
—6D **106**
Stephenson Dri. *Pert* —3E **25**
Stephenson Pl. *Birm*
—1G **117** (4E **5**)
Stephenson Sq. *Wals* —4H **31**
Stephenson St. *Birm*
—1F **117** (4D **4**)
Stephenson St. *Wolv* —2F **43**
Stephenson Tower. *Birm*
—5D **4**
Stephens Rd. *S Cold* —1E **71**
Stepping Stone Clo. *Wals*
—5F **31**
Stepping Stones. *Stourb*
—6F **109**
Steppingstone St. *Dud* —6D **76**
Sterling Pk. *Brie H* —5B **94**
Sterndale Rd. *Birm* —1E **83**
Steven Dri. *Bils* —4G **61**
Stevens Av. *Birm* —3B **130**
Stevens Ga. *Wolv*
—3G **43** (6B **170**)
Stevens Rd. *Hale* —6D **110**
Stevens Rd. *Stourb* —2H **125**
Steward Cen., The. *Erd*
—3B **84**
Steward St. *Birm* —6C **100**
Stewart Rd. *K'wfrd* —5B **92**
Stewart Rd. *Wals* —4C **32**
Stewarts Rd. *Hale* —4D **112**
Stewart St. *Wolv*
—3G **43** (6B **170**)
Stewkins. *Stourb* —3C **108**
Steyning Rd. *Birm* —6C **120**
Stickley La. *Dud* —3G **75**
Stilehouse Cres. *Row R*
—1C **112**

Stilthouse Gro. Redn —2G 157
Stirchley. —1D 146
Stirchley Trad. Est. Birm
—1D 146
Stirling Cres. W'hall —3B 30
Stirling Rd. Bils —2H 61
Stirling Rd. Birm —2B 116
Stirling Rd. Dud —3G 95
Stirling Rd. Shir —1C 164
Stirling Rd. S Cold —3D 68
Stirrup Clo. Wals —1D 64
Stockbridge Clo. Wolv —1F 41
Stockdale Pde. Tip —2G 77
Stockdale Pl. Birm —3H 115
Stockfield. —6B 120
Stockfield Rd. A Grn & Yard
—1H 135
Stockhill Dri. Redn —3F 157
Stocking St. Stourb —6B 110
Stockland Ct. S Cold —3A 52
Stockland Green. —3B 84
Stockland Rd. Birm —3D 84
Stockmans Clo. Birm
—1A 160
Stocks Wood. Birm —5B 132
Stockton Clo. Know —5D 166
Stockton Clo. Min —2G 87
Stockton Clo. Wals —5B 32
Stockton Ct. Bils —5D 60
Stockton Gro. Birm —2H 121
Stockwell Av. Brie H —3H 109
Stockwell End. —4B 26
Stockwell End. Wolv —3B 26
Stockwell Ri. Sol —5H 137
Stockwell Rd. Birm —5A 82
Stockwell Rd. Tett —4B 26
Stokes Av. Tip —5A 62
Stokes Av. W'hall —3H 45
Stolloway Av. Wolv —6F 25
Stokesay Clo. Tiv —1A 96
Stokesay Gro. Birm —1D 158
Stokesay Ho. Birm —1F 85
Stokesay Ri. Dud —4A 76
Stokes St. Wals —1H 31
Stoke Way. Birm
—2E 117 (6A 4)
Stom Rd. Bils —6D 44
Stoneacre Clo. Wolv —2G 41
Stone Av. S Cold —6E 55
Stonebow Av. S Cold —1F 165
Stonebridge. —3C 140
Stonebridge Cres. Birm
—4B 106
Stonebridge Rd. Col —2H 107
(in three parts)
Stonebrook Way. Birm
—3D 130
Stonechat Dri. Birm —5C 84
Stone Clo. Birm —5B 146
Stoncroft Av. Redn —2G 157
Stonecrop Clo. Birm —1B 160
Stonecrop Clo. Clay —1H 21
Stonecross. Wat O —4D 88
Stonedown Clo. Bils —2C 60
Stonefield Dri. Brie H —2F 93
Stonefield Rd. Bils —6F 45
Stonefield Wlk. Bils —6F 45
Stoneford Rd. Shir —3G 149
Stonehaven Gro. Birm
—5H 135
Stonehenge Cft. Birm —6F 147
Stone Hill Cft. Shir —3D 164
Stonehouse Av. W'hall —5H 29
Stonehouse Cres. W'bry
—3H 63
Stonehouse Dri. S Cold
—5C 36

Stonehouse Gro. Birm
—3B 130
Stonehouse Hill. Birm
—2E 131
Stonehouse La. Birm & Quin
—3B 130
Stonehouse Rd. S Cold
—2F 69
Stonehurst Rd. Birm —1E 67
Stone Lea. Wals —4D 34
Stonelea Clo. W Brom —5C 64
Stoneleigh Clo. S Cold —3F 53
Stoneleigh Gdns. Cod —3F 13
Stoneleigh Rd. Birm —6G 83
Stoneleigh Rd. Sol —2B 150
Stoneleigh Way. Dud —1H 75
Stone Rd. Birm —4F 117
Stonerwood Av. Birm —6E 135
Stones Grn. Birm —1F 85
Stone St. Bils —6G 45
Stone St. Dud —6E 77
(DY1)
Stone St. Dud —2H 75
(DY3)
Stone St. O'bry —2G 97
Stoneton Cres. Bal C —3G 169
Stoneton Gro. Birm —5E 131
Stone Yd. Birm
—2H 117 (6H 5)
Stone Yd. Crad H —3E 111
Stoneybrook Leys. Wom
—2E 73
Stoney Clo. Sol —6A 138
Stoneycroft Tower. Birm
—1C 104
Stoneyford Gro. Birm
—3B 148
Stoneyhurst Rd. Birm —6E 86
Stoney La. Bal H —6B 118
Stoney La. Dud —6E 95
Stoney La. Quin —5H 113
Stoney La. Wals —4H 19
(in two parts)
Stoney La. W Brom —3B 80
Stoney La. Wolv —6F 43
Stoney La. Yard —3B 120
Stoneymoor Dri. Birm —6C 87
Stoneythorpe Clo. Sol
—6F 151
Stonnal Gro. Birm —1G 85
Stonnall. —3F 23
Stonnall Ga. Wals —1E 35
Stonnall Rd. Wals —1E 35
Stonor Pk. Rd. Sol —2D 150
Stonor Rd. Birm —2G 149
Stony La. Smeth —4D 98
Stony St. Smeth —3D 98
Stornoway Rd. Birm —3F 87
Storrs Clo. Birm —2D 118
Storrs Pl. Birm —2D 118
Storrs Way, The. Birm
—6H 129
Stotfold Rd. Birm —5H 147
Stourbridge. —6E 109
Stourbridge Ind. Est. Stourb
—5E 109
Stourbridge Rd. Brie H & Dud
—4A 94
Stourbridge Rd. Hag —6G 125
Stourbridge Rd. Hale —6G 111
Stourbridge Rd. Stourb
—6G 109
Stourbridge Rd. Wom & Wolv
—3A 74
Stour Clo. Hale —5G 111
Stourdale Rd. Crad H —3E 111
Stourdell Rd. Hale —5G 111

Stour Hill. Brie H —4C 110
Stourmore Clo. W'hall —3D 30
Stour St. Birm —6C 100
Stour St. W Brom —4E 79
Stourton Clo. Know —2D 166
Stourton Clo. S Cold —1D 70
Stourton Dri. Wolv —6A 42
Stourton Rd. Birm —6H 113
Stour Va. Rd. Stourb —5B 110
Stour Valley Clo. Brie H
—4H 109
Stow Dri. Brie H —5F 109
Stowell Rd. Birm —6H 67
Stowe St. Wals —2A 32
Stow Gro. Birm —2C 104
Stow Heath. —4D 44
Stowheath La. Wolv & Mose V
—4D 44
Stow Heath Pl. Wolv —4D 44
Stow Lawn. —3D 44
Stowmans Clo. Bils —2D 60
Straight Rd. W'hall —3C 30
Straits Est. Dud —3E 75
Straits Grn. Dud —3F 75
Straits Rd. Dud —4F 75
Straits, The. —3F 75
Straits, The. Dud —2D 74
Stratford Clo. Dud —5A 76
Stratford Ct. S Cold —2H 69
Stratford Dri. Wals —1E 35
Stratford Pl. S'brk —3A 118
Stratford Rd. Birm & Shir
—2G 149
Stratford Rd. H'ley H & Lapw
—6F 165
Stratford Rd. S'hll —6C 118
Stratford Rd. S'hll & Hall G
(in two parts) —4A 118
Stratford St. N. Birm —3A 118
Stratford Wlk. Birm —2A 104
Strathdene Gdns. Birm
—4G 131
Strathdene Rd. Birm —3G 131
Strathern Dri. Cose —4C 60
Strathfield Wlk. Wolv —5A 42
Strathmore Cres. Wom
—4G 57
Strathmore Rd. Tip —5A 62
Stratton St. Wolv —5A 28
Strawberry Clo. Tiv —2C 96
Strawberry Fields. Mer
—4H 141
Strawberry La. Wals —5E 7
Strawberry La. W'hall —6D 8
Strawmoor La. Cod —5B 12
Stray, The. Brie H —3G 93
Stream Mdw. Wals —6G 21
Stream Pk. K'wfrd —5C 92
Stream Rd. K'wfrd & Stourb
(in two parts) —4B 92
Streamside Way. Shelf —1H 33
Streamside Way. Sol —1H 137
Streatham Gro. Birm —3A 68
Streather Rd. S Cold —1A 54
Streetly. —2H 51
Streetly Cres. S Cold —6D 36
Streetly Dri. S Cold —6D 36
Streetly La. S Cold —1C 52
Streetly Rd. Birm —2D 84
Streetly Wood. S Cold —1A 52
Streetsbrook Rd. Shir
—1H 149
Streetsbrook Rd. Sol —2C 150
Streets Corner Gdns. Wals
—3C 22
Streets La. C Hay —5E 7
Strensham Hill. Birm —1G 133

Strensham Rd. Birm —1G 133
Stretton Ct. Birm —5E 85
Stretton Gdns. Cod —3F 13
Stretton Gro. Bal H —6B 118
Stretton Gro. Birm —3A 104
(B8)
Stretton Gro. Birm —5C 118
(B11)
Stretton Gro. Birm —2E 101
(B19)
Stretton Pl. Bils —4C 60
Stretton Pl. Dud —5F 95
Stretton Rd. Aston —3A 102
Stretton Rd. Shir —1H 163
Stretton Rd. W'hall —1C 30
Stringer Clo. S Cold —5G 37
Stringes Clo. W'hall —6C 30
Stringes La. W'hall —6B 30
Strode Rd. Wolv —5G 43
Stronsay Clo. Redn —6F 143
Stroud Av. W'hall —5C 30
Stroud Clo. W'hall —5C 30
Stroud Rd. Shir —5F 149
Strutt Clo. Birm —3H 115
Stuart Cres. Dud —6G 77
Stuart Ho. Col —2H 107
Stuart Rd. Hale —6F 113
Stuart Rd. Row R —5C 96
Stuarts Dri. Birm —2B 120
Stuarts Grn. Stourb —5F 125
Stuarts Rd. Birm —1B 120
Stuart St. Birm —2C 102
Stuart St. Wals —1H 31
Stuarts Way. Birm —6H 129
Stubbers Green. —1A 34
Stubbers Grn. Rd. Wals
—6H 21
Stubbington Clo. W'hall
—2F 45
Stubbs Rd. Wolv —4E 43
Stubby La. Wolv —3H 29
Studland Rd. Birm —5G 135
Stud La. Birm —6D 104
Studley Cft. Sol —1H 137
Studley Dri. Brie H —3G 109
Studley Ga. Stourb —1B 124
Studley Rd. Wolv —3A 42
Studley St. Birm —5B 118
Sturman Dri. Row R —2B 112
Suckling Grn. La. Cod —5F 13
Sudbury Clo. Wolv —1G 29
Sudbury Gro. Birm —3B 68
Sudeley Clo. Birm —6F 87
Sudeley Gdns. Dud —5H 75
Suffield Gro. Birm —2B 84
Suffolk Clo. O'bry —5H 97
Suffolk Clo. Wed —2E 29
Suffolk Dri. Brie H —4G 109
Suffolk Gro. Wals —1D 34
Suffolk Pl. Birm
—2F 117 (6D 4)
Suffolk Pl. Wals —4B 32
Suffolk Rd. Dud —2C 94
Suffolk Rd. W'bry —2A 64
Suffolk St. Queensway. Birm
—1F 117 (5C 4)
Suffrage St. Smeth —4F 99
Sugar Loaf La. Ism & I'ley
(in two parts) —5A 124
Sugden Gro. Birm —3G 117
Sulgrave Clo. Dud —4B 76
Sumburgh Cft. Birm —4E 87
Summercourt Dri. K'wfrd
—3A 92
Summercourt Sq. K'wfrd
—4A 92

Sycamore Rd. *Wals* —6D **48**
Sycamore Rd. *W'bry* —3G **63**
Sycamores, The. *Wolv* —1B **28**
Sycamore Ter. *K Hth* —1E **147**
Sycamore Way. *Birm* —1A **136**
Sydenham Rd. *Birm & New S*
　　　　　　—5C **118**
Sydenham Rd. *Smeth* —2E **99**
Sydenham Rd. *Wolv* —1D **44**
Sydney Clo. *W Brom* —6G **63**
Sydney Ho. *Birm* —3A **106**
Sydney Rd. *Birm* —1C **118**
Sydney Rd. *Crad H* —2E **111**
Sydney Rd. *Smeth* —1C **114**
Sylvan Av. *Birm* —4D **144**
Sylvan Grn. *Hale* —6D **112**
Sylvan Gro. *Shir* —2H **149**
Sylvia Av. *Birm* —1F **159**
Symphony Ct. *Birm* —1D **116**
Sytch La. *Wom* —2G **73**

Tack Farm Rd. *Stourb*
　　　　　　—2B **108**
Tackford Clo. *Birm* —6G **87**
Tackley Clo. *Shir* —1H **163**
Tadmore Clo. *Bils* —6E **45**
Tadworth Clo. *Wolv* —1C **44**
Tait Cft. *Sol* —5B **138**
Talaton Clo. *Wolv* —5E **15**
Talbot Av. *S Cold* —6B **36**
Talbot Clo. *Birm* —5D **68**
Talbot Clo. *Wals* —3A **32**
Talbot Pl. *Bils* —5E **45**
Talbot Rd. *Dud* —5D **94**
Talbot Rd. *Smeth* —6E **99**
Talbot Rd. *Wolv* —5G **43**
Talbots La. *Brie H* —2A **110**
Talbot St. *Birm* —3B **100**
Talbot St. *Brie H* —6H **93**
Talbot St. *Hale* —5E **111**
Talbot St. *Lye* —6B **110**
Talbot St. *Stourb* —6E **109**
Talbot Way. *Birm* —5F **119**
Talfourd St. *Birm* —2D **118**
Talgarth Covert. *Birm* —2A **160**
Talke Rd. *Wals* —6D **48**
Talladale. *Birm* —6H **129**
Tallington Rd. *Birm* —4G **121**
Tall Trees Clo. *S Cold* —5D **36**
Tall Trees Clo. *W'hall* —3D **30**
Tall Trees Dri. *Stourb* —3H **125**
Talton Clo. *Shir* —4E **165**
Tamar Clo. *Wals* —3G **9**
Tamar Dri. *Birm* —1B **106**
Tamar Dri. *Dud* —1B **76**
Tamar Dri. *S Cold* —6F **71**
Tamar Gro. *Pert* —5E **25**
Tamar Gro. *W'hall* —1C **46**
Tamarisk Clo. *Birm* —5F **131**
Tamar Ri. *Stourb* —3E **109**
Tame Av. *W'bry* —1A **64**
Tame Bri. *Wals* —1D **64**
Tame Bri. Factory Est. *Wals*
　　　　　　—3F **65**
Tamebridge Ind. Est. *P Barr*
　　　　　　—3G **83**
Tame Clo. *Wals* —5C **48**
Tame Cres. *W Brom* —1A **80**
Tame Dri. *Wals* —6E **21**
Tame Ri. *O'bry* —3H **113**
Tame Rd. *Birm* —5A **84**
Tame Rd. *O'bry* —3G **113**
Tame Rd. *Tip* —2C **78**
Tame Rd. Ind. Est. *Birm*
　　　　　　—6A **84**
Tamerton Rd. *Birm* —4B **130**

Tameside Dri. *Birm & Cas V*
　　　　　　—6D **86**
Tameside Dri. *Holf* —3H **83**
Tame St. *Bils* —6H **45**
Tame St. *Wals* —5C **48**
Tame St. *W Brom* —5F **63**
Tame St. E. *Wals* —5D **48**
Tamworth Clo. *Wals* —3B **10**
Tamworth Rd. *Bass P* —1F **55**
Tamworth Rd. *Four O & S Cold*
　　　　　　—4A **54**
Tanacetum Dri. *Wals* —2F **65**
Tandy Dri. *Birm* —4H **147**
Tanfield Clo. *Wolv* —6H **25**
Tanfield Rd. *Birm* —6D **104**
Tanfield Rd. *Dud* —2D **94**
Tanford Rd. *Sol* —2G **137**
Tanglewood Clo. *Birm*
　　　　　　—4G **105**
Tanglewood Clo. *Quin*
　　　　　　—6H **113**
Tanglewood Gro. *Dud* —3G **59**
Tangmere Clo. *Wolv* —4E **25**
Tangmere Dri. *Birm* —5D **86**
Tanhouse Av. *Birm* —6G **65**
Tanhouse Farm Rd. *Sol*
　　　　　　—3G **137**
Tanhouse La. *Hale* —5D **110**
Tanners Clo. *S Cold* —4D **54**
Tanners Ct. *Wals* —3C **48**
Tannery Clo. *Wals* —6B **32**
Tansey. *S Cold* —4F **37**
Tansey Ct. *Brie H* —2F **93**
Tansey Green. —2F 93
Tansey Grn. Rd. *Brie H* —1E **93**
Tansley Clo. *Dorr* —5B **166**
Tansley Gro. *Birm* —4H **67**
Tansley Hill Av. *Dud* —1H **95**
Tansley Hill Rd. *Dud* —1G **95**
Tansley Rd. *Birm* —5H **67**
Tansley Vw. *Wolv* —4H **43**
Tantallan Dri. *Birm* —4B **130**
Tantany La. *W Brom* —3A **80**
Tantarra St. *Wals* —2D **48**
(in two parts)
Tanwood Clo. *Sol* —1F **165**
Tanworth Gro. *Birm* —5H **117**
Tanworth La. *Shir* —2H **163**
Tanyards. *Birm* —2A **136**
Tapestries Av. *W Brom*
　　　　　　—3G **79**
Tapton Clo. *Wals* —4A **20**
Tarmac Rd. *Wolv* —6D **44**
Tarragon Gdns. *Birm* —5A **144**
Tarrant Gro. *Birm* —6D **114**
Tarrington Covert. *Birm*
　　　　　　—1A **160**
Tarry Hollow Rd. *Brie H*
　　　　　　—1F **93**
Tarry Rd. *Birm* —5E **103**
Tarvin M. *Brie H* —2H **109**
Taryn Dri. *Darl* —4D **46**
Tasker St. *Wals* —3B **48**
Tasker St. *W Brom* —3E **79**
Tasman Gro. *Wolv* —4E **25**
Tat Bank. —3H 97
Tat Bank Rd. *O'bry* —2G **97**
Taunton Av. *Wolv* —3H **15**
Taunton Rd. *Birm* —1A **134**
Taunton Tower. *Birm* —5A **144**
Taverners Clo. *W'hall* —6C **18**
Taverners Grn. *Birm* —4B **82**
Tavistock Rd. *Birm* —6A **136**
Taw Clo. *Birm* —1B **106**
Tay Cft. *Birm* —5E **107**
Tay Gro. *Birm* —1A **160**
Tay Gro. *Hale* —3E **113**

Taylor Av. *Wals* —1B **32**
Taylor Ho. *Wals* —4A **48**
(off Oxford St.)
Taylor Rd. *Birm* —2H **147**
Taylor Rd. *Dud* —1G **111**
Taylor Rd. *Wolv* —6B **44**
Taylor's La. *O'bry* —2E **97**
Taylors La. *Smeth* —4D **98**
Taylor's La. *W Brom* —3B **80**
Taylors Orchard. *Birm* —3B **84**
Taylor St. *Wolv* —4F **29**
Taynton Covert. *Birm* —4E **147**
Tay Rd. *Redn* —6H **143**
Taysfield Rd. *Birm* —1C **144**
Taywood Dri. *Birm* —4C **118**
Tealby Gro. *Birm* —4C **132**
Teal Dri. *Birm* —4B **84**
Teal Gro. *W'bry* —3B **62**
Teall Ct. *Birm* —2A **136**
Teall Rd. *Birm* —4E **103**
Tean Clo. *Birm* —2G **135**
Teasdale Way. *Stourb*
　　　　　　—1H **125**
Teasel Rd. *Wed* —4G **29**
Teazel Av. *Birm* —1H **145**
Tebworth Clo. *Wolv* —5D **14**
Tedbury Cres. *Birm* —1E **85**
Tedder Rd. *Wals* —1F **47**
Teddesley Gro. *Birm* —5G **105**
Teddesley St. *Wals* —6D **32**
Teddington Clo. *S Cold*
　　　　　　—3G **69**
Teddington Gro. *Birm* —4F **83**
Tedstone Rd. *Birm* —6C **114**
Teesdale Av. *Birm* —3D **104**
Teesdale Clo. *Wolv* —1C **44**
Tees Gro. *Birm* —6B **146**
Teignmouth Rd. *Birm* —3B **132**
Telford Av. *Wals* —2F **7**
Telford Clo. *Smeth* —2B **114**
Telford Clo. *Wals* —4G **31**
Telford Clo. *W Brom* —5G **63**
Telford Gdns. *Wolv* —4B **42**
Telford Rd. *Wals* —4G **31**
Teme Gro. *W'hall* —1D **46**
Teme Rd. *Hale* —6D **110**
Teme Rd. *Stourb* —2D **124**
Tempest St. *Wolv*
　　　　　　—2H **43** (4C **170**)
Templars, The. *O'bry* —4E **97**
Temple Av. *Bal C* —3F **169**
Temple Av. *Birm* —1G **149**
Temple Balsall. —4B 168
Temple Bar. *W'hall* —1A **46**
Temple Ct. *Col* —6H **89**
Templefield Gdns. *Birm*
　　　　　　—2C **118**
Templefield Sq. *Birm* —4D **116**
Templefield St. *Birm* —2C **118**
Temple La. *Know* —6A **168**
Temple Meadows Rd. *W Brom*
　　　　　　—2C **80**
Templemore Dri. *Birm* —6A **66**
Temple Pas. *Birm*
　　　　　　—1F **117** (4D **4**)
Temple Rd. *Dorr* —6C **166**
Temple Rd. *W'hall* —6A **30**
Temple Row. *Birm*
　　　　　　—1F **117** (4D **4**)
Temple Row W. *Birm*
　　　　　　—1F **117** (3D **4**)
Temple Sq. *W'hall* —6B **30**
Temple St. *Bils* —6G **45**
Temple St. *Birm*
　　　　　　—1F **117** (4D **4**)
Temple St. *Dud* —4H **75**
Temple St. *W Brom* —3A **80**

Temple St. *Wolv*
　　　　　　—2G **43** (4B **170**)
Templeton Clo. *Dorr* —6C **166**
Templeton Rd. *Birm* —3G **67**
Temple Way. *Col* —6H **89**
Temple Way. *Tiv* —5C **78**
Tenacre La. *Dud* —1A **76**
Ten Acres. —5D **132**
Ten Ashes La. *Redn* —5A **158**
Tenbury Clo. *A'rdge* —1E **35**
Tenbury Clo. *Bntly* —6D **30**
Tenbury Ct. *Wolv* —6B **42**
Tenbury Gdns. *Wolv* —1B **58**
Tenbury Rd. *Birm* —1F **147**
Tenby Rd. *Birm* —4D **134**
Tenby St. *Birm*
　　　　　　—5D **100** (1A **4**)
Tenby St. N. *Birm*
　　　　　　—5D **100** (1A **4**)
Tenby Tower. *Birm* —6E **145**
Tenlands Rd. *Hale* —2H **127**
Tennal Dri. *Birm* —5D **114**
Tennal Gro. *Birm* —5D **114**
Tennal La. *Birm* —6C **114**
Tennal Rd. *Birm* —5C **114**
Tennant St. *Birm*
　　　　　　—2D **116** (6A **4**)
Tennis Ct., The. *Birm* —6C **116**
Tennscore Av. *Wals* —2E **7**
Tennyson Av. *S Cold* —3F **37**
Tennyson Ho. *O'bry* —5A **98**
Tennyson Rd. *Birm* —4E **119**
Tennyson Rd. *Dud* —2E **75**
Tennyson Rd. *Wals* —1C **32**
Tennyson Rd. *W'hall* —1E **31**
Tennyson Rd. *Wolv* —6C **16**
Tennyson St. *Brie H* —3H **93**
Tenter Ct. *Hale* —1B **128**
Tenter Dri. *Hale* —1B **128**
Tenterfields. *Hale* —1B **128**
Tern Clo. *Wolv* —2H **59**
Tern Gro. *Birm* —6A **146**
Terrace Rd. *Birm* —2C **100**
Terrace St. *Brie H* —4A **94**
Terrace St. *Row R* —2B **112**
Terrace St. *W'bry* —2G **63**
Terrace, The. *Crad H* —3G **111**
Terrace, The. *Wolv* —2A **42**
Terry Dri. *S Cold* —3D **70**
Terry St. *Dud* —6F **77**
Tessall La. *Birm* —6H **143**
(in two parts)
Tetbury Gro. *Birm* —4B **144**
Tetley Av. *Wals* —5E **33**
Tetley Rd. *Birm* —2E **135**
Tetnall St. *Dud* —1F **95**
Tettenhall. —5A 26
Tettenhall Rd. *Wolv* —5C **26**
Tettenhall Wood. —6A 26
Teviot Gdns. *Brie H* —3E **93**
Teviot Gro. *Birm* —1B **160**
Teviot Tower. Birm —4E 101
(off Mosborough Cres.)
Tewkesbury Dri. *Dud* —6F **95**
Tewkesbury Rd. *Birm* —6G **83**
Tewkesbury Rd. *Wals* —5E **19**
Tew Pk. Rd. *Birm* —2A **100**
Thackeray Rd. *Birm* —2H **145**
Thames Clo. *Brie H* —2F **93**
Thames Ct. *S Cold* —6H **53**
Thames Ct. Wyt —6G 161
(off Chapel La.)
Thames Gdns. *Bils* —4C **60**
Thames Rd. *Wals* —1B **32**
Thames Tower. *Birm* —4B **102**
Thanet Clo. *K'wfrd* —3A **92**
Thanet Gro. *Birm* —3E **83**

Tompstone Rd. *W Brom*
　　—5D **64**
Tonadine Clo. *Wolv* —6A **18**
Tonbridge Rd. *Birm* —6G **85**
Tong Ct. *Wolv* —5G **27**
　(off Boscobel Cres.)
Tong St. *Wals* —2E **49**
Topcroft St. *Birm* —6F **69**
Top Fld. Wlk. *Birm* —5F **147**
Topland Gro. *Birm* —5A **144**
Top Rd. *Wild* —4A **156**
Topsham Cft. *Birm* —2F **147**
Topsham Rd. *Smeth* —3C **98**
Torfield. *Wolv* —5C **14**
Tor Lodge Dri. *Wolv* —1H **41**
Toronto Gdns. *Birm* —5C **114**
Torre Av. *Birm* —5C **144**
Torrey Gro. *Birm* —5A **104**
Torridge Dri. *Wolv* —4E **29**
Torridon Cft. *Birm* —2F **133**
Torridon Rd. *W'hall* —6B **18**
Tor Va. Rd. *Wolv* —1G **41**
Tor Way. *Wals* —4D **20**
Totnes Gro. *S Oak* —3B **132**
Totnes Rd. *Smeth* —3D **98**
Tottenham Cres. *Birm* —3B **68**
Touchwood Hall Clo. *Sol*
　　—3G **151**
Towcester Cft. *Birm* —1B **104**
Tower Cft. *Birm* —5D **106**
Tower Hill. —1D 82
Tower Hill. *Birm* —1C **82**
Tower Ri. *Tiv* —2C **96**
Tower Rd. *Birm* —2H **101**
　(in two parts)
Tower Rd. *S Cold* —6H **37**
Tower Rd. *Tiv* —2B **96**
Tower St. *Birm* —4F **101**
Tower St. *Dud* —6E **77**
Tower St. *Sed* —4H **59**
Tower St. *Wals* —1C **48**
Tower St. *Wolv*
　　—1H **43** (3C **170**)
Tower Vw. Rd. *Gt Wyr* —5F **7**
Townend Sq. *Wals* —1C **48**
　(off Park St.)
Townend St. *Wals* —1C **48**
Town Fold. *Wals* —3E **21**
Townley Gdns. *Birm* —6G **83**
Townsend Av. *Dud* —5H **59**
Townsend Dri. *S Cold* —6D **70**
Townsend Pl. *K'wfrd* —3B **92**
Townsend Way. *Birm*
　　—6D **100** (3A **4**)
Townshend Gro. *Birm*
　　—5B **106**
Townson Rd. *Wolv* —1A **30**
Townwell Fold. *Wolv*
　　—1G **43** (3A **170**)
Town Wharf Bus. Pk. *Wals*
　　—2B **48**
Town Yd. *W'hall* —2A **46**
Towpath Clo. *Birm* —1B **118**
Towyn Rd. *Birm* —3D **134**
Toy's La. *Hale* —6E **111**
Tozer St. *Tip* —6H **61**
Traceys Mdw. *Redn* —2G **157**
Trafalgar Ct. *Tiv* —6B **78**
Trafalgar Gro. *Yard* —5G **119**
Trafalgar Rd. *Erd* —4F **85**
Trafalgar Rd. *Hand* —1A **100**
Trafalgar Rd. *Mose* —2H **133**
Trafalgar Rd. *Smeth* —5F **99**
Trafalgar Rd. *Tiv* —6B **78**
Trafalgar Ter. *Smeth* —5F **99**
Trajan Hill. *Col* —6H **89**
Tram Way. *Smeth* —2A **98**

Tramway Clo. *Bils* —4H **45**
Tramway Clo. *W'bry* —4E **47**
Tranter Rd. *Birm* —4G **103**
Tranwell Clo. *Wolv* —5D **14**
Traquain Dri. *Dud* —4C **76**
Travellers Way. *Birm* —6F **107**
Treaford La. *Birm* —5H **103**
Treddles La. *W Brom* —4B **80**
Tredington Clo. *Birm* —6E **131**
Tree Acre Gro. *Hale* —1E **127**
Treeford Clo. *Sol* —6D **150**
Trees Rd. *Wals* —5D **48**
Treeton Cft. *Birm* —1E **121**
Treetops Dri. *W'hall* —4E **31**
Trefoil Clo. *Birm* —6E **131**
　(in two parts)
Tregarron Rd. *Hale* —6E **111**
Tregea Ri. *Birm* —6G **65**
Trehern Clo. *Know* —4C **166**
Trehernes Dri. *Stourb* —4F **125**
Trehurst Av. *Birm* —5E **67**
Trejon Rd. *Crad H* —3G **111**
Tremaine Gdns. *Wolv* —5H **27**
Tremont Ho. *Wolv* —6A **28**
Tremont St. *Wolv* —6A **28**
Trenchard Clo. *S Cold* —6D **54**
Trent Clo. *Stourb* —1E **125**
Trent Clo. *Wolv* —5E **25**
Trent Cres. *Wyt* —6G **161**
Trent Dri. *Birm* —1B **106**
Trentham Av. *W'hall* —4A **30**
Trentham Gro. *Birm* —6C **120**
Trentham Ri. *Wolv* —4B **44**
Trent Pl. *Wals* —1B **32**
Trent Rd. *Wals* —6E **21**
Trent St. *Birm*
　　—1H **117** (5H **5**)
Trent Tower. *Birm* —5A **102**
Trenville Av. *Bal H* —6B **118**
Trenville Av. *Birm* —6B **118**
Tresco Clo. *Redn* —6E **143**
Trescott. —4B 40
Trescott Rd. *Birm* —4B **144**
Tresham Rd. *Birm* —4H **67**
Tresham Rd. *K'wfrd* —1B **92**
Trevanie Av. *Birm* —5A **114**
Trevelyan Ho. *Birm* —2E **123**
Trevor Av. *Gt Wyr* —2G **7**
Trevorne Clo. *Birm* —5H **117**
Trevor Rd. *Wals* —3D **20**
Trevor St. *Birm* —3C **102**
Trevor St. W. *Birm* —3C **102**
Trevose Clo. *Wals* —4F **19**
Trevose Retreat. *Birm*
　　—6H **117**
Trewman Clo. *S Cold* —5D **70**
Treyamon Rd. *Wals* —4H **49**
Treynham Clo. *Wolv* —2E **45**
Triangle. —1C 10
Tricorn Ho. *Birm* —2C **116**
Trident Cen. *Dud* —6E **77**
Trident Clo. *Erd* —6G **69**
Trident Clo. *S Cold* —6D **70**
Trident Ct. *Birm* —4C **82**
Trident Dri. *O'bry* —4H **97**
Trident Dri. *O'bry* —2D **62**
Trigo Cft. *Birm* —1C **104**
Trimpley Clo. *Dorr* —6A **166**
Trimpley Gdns. *Wolv* —2C **58**
Trimpley Rd. *Birm* —5H **129**
Trinder Rd. *Smeth* —1B **114**
Trindle Clo. *Dud* —6F **77**
Trindle Rd. *Dud* —6F **77**
Tring Ct. *Wolv* —5D **26**
Trinity Cen. *Crad H* —1G **111**
Trinity Clo. *Sol* —4F **137**
Trinity Clo. *Stourb* —1B **108**

Trinity Ct. *Crad H* —2G **111**
Trinity Ct. *S Cold* —6A **54**
　(off Midland Dri.)
Trinity Ct. *W'hall* —2H **45**
Trinity Ct. *Wolv* —1E **43**
Trinity Gro. *W'bry* —2G **63**
Trinity Hill. *S Cold* —6A **54**
Trinity Pk. *Birm* —2F **139**
Trinity Rd. *Bils* —6H **45**
　(in two parts)
Trinity Rd. *Birm & Aston*
　　—6F **83**
Trinity Rd. *Dud* —6E **77**
Trinity Rd. *Stourb* —3E **109**
Trinity Rd. *S Cold* —2H **53**
Trinity Rd. *W'hall* —3D **30**
Trinity Rd. N. *W Brom* —6B **80**
　(in two parts)
Trinity Rd. S. *W Brom* —6B **80**
Trinity St. *Brie H* —6H **93**
Trinity St. *Crad H* —2G **111**
Trinity St. *O'bry* —4G **97**
Trinity St. *Smeth* —3E **99**
Trinity St. *W Brom* —5B **80**
Trinity Ter. *Birm* —3A **118**
Trinity Way. *W Brom* —6B **80**
Trippleton Av. *Birm* —5H **129**
　(in two parts)
Tristram Av. *Birm* —6F **145**
Triton Clo. *Wals* —4F **7**
Trittiford Rd. *Birm* —1B **148**
Triumph Wlk. *Birm* —6C **88**
Troon Clo. *S Cold* —3B **54**
Troon Clo. *Wals* —4G **19**
Troon Ct. *Pert* —4D **24**
Troon Pl. *Stourb* —6A **92**
Trotter's La. *W Brom* —6G **63**
Trouse La. *W'bry* —2E **63**
Troutbeck Dri. *Brie H* —3F **109**
Troy Gro. *Birm* —3F **147**
Truda St. *Wals* —4B **48**
Trueman's Heath. —2C 162
Trueman's Heath La.
　　H'wd & Shir —2B **162**
Truro Clo. *Row R* —5E **97**
Truro Rd. *Wals* —4H **49**
Truro Tower. *Birm* —1C **116**
Truro Wlk. *Birm* —1C **122**
Trustin Cres. *Sol* —5A **138**
Tryon Pl. *Bils* —5G **45**
Trysull. —4C 56
Trysull Av. *Birm* —1G **137**
Trysull Gdns. *Wolv* —4B **42**
Trysull Holloway. *Try* —1C **56**
Trysull Rd. *Wolv* —4B **42**
Trysull Rd. *Wom* —5E **57**
Trysull Way. *Dud* —6E **95**
Tudbury Rd. *Birm* —3B **144**
Tudman Clo. *S Cold* —6E **71**
Tudor Clo. *Bal C* —3G **169**
Tudor Clo. *Birm* —1H **147**
Tudor Clo. *C Hay* —2E **7**
Tudor Clo. *May* —6A **148**
Tudor Clo. *S Cold* —3D **68**
Tudor Ct. *Ess* —4H **17**
Tudor Ct. *S Cold* —6A **54**
　(B72)
Tudor Ct. *S Cold* —1G **53**
　(B74)
Tudor Ct. *Tip* —3A **78**
Tudor Cres. *Wolv* —5F **43**
Tudor Cft. *Birm* —2B **122**
Tudor Gdns. *Birm* —4E **85**
Tudor Gdns. *Stourb* —6C **108**
Tudor Gro. *S Cold* —3A **52**
Tudor Hill. —5H 53
Tudor Hill. *S Cold* —5G **53**

Tudor Pk. Ct. *S Cold* —6E **37**
Tudor Pl. *Dud* —1A **76**
Tudor Rd. *Bils* —1B **62**
Tudor Rd. *Birm* —3H **133**
Tudor Rd. *Dud* —1A **76**
Tudor Rd. *O'bry* —5A **98**
Tudor Rd. *Row R* —4C **96**
Tudor Rd. *S Cold* —6H **53**
Tudor Rd. *Wolv* —5C **28**
Tudors Clo. *Birm* —3C **118**
Tudor St. *Birm* —5H **99**
Tudor St. *Tip* —3A **78**
Tudor Ter. *Birm* —5G **115**
Tudor Ter. *Dud* —6G **77**
Tudor Va. *Dud* —1A **76**
Tudor Way. *C Hay* —4D **6**
Tufnell Gro. *Birm* —2G **103**
Tugford Rd. *Birm* —6G **131**
Tulip Wlk. *Birm* —3E **123**
Tulsi Cen. *Birm* —5E **101**
Tulyar Clo. *Birm* —1A **104**
Tunnel La. *K Nor & K Hth*
　　—3D **146**
　(in three parts)
Tunnel Rd. *W Brom* —5G **63**
Tunnel St. *Bils* —5E **61**
Tunstall Rd. *K'wfrd* —4E **93**
Turchill Dri. *S Cold* —5E **71**
Turfpits La. *Birm* —1D **84**
Turf Pitts La. *Can* —6D **39**
Turley St. *Dud* —1C **76**
Turls Hill Rd. *Dud & Bils*
　　—5A **60**
　(in two parts)
Turls St. *Dud* —5A **60**
Turnberry Clo. *Wolv* —4D **24**
Turnberry Rd. *Birm* —5D **66**
Turnberry Rd. *Wals* —4F **19**
Turner Av. *Bils* —3B **60**
Turner Dri. *Brie H* —4H **100**
Turner Gro. *Pert* —5G **25**
Turners Bldgs. *Birm* —3B **100**
Turners Cft. *W Brom* —5E **65**
Turners Gro. *Dud* —3B **75**
Turner's Hill. —3B 96
Turner's Hill. *Row R* —3B **96**
Turners Hill Rd. *Dud* —3G **75**
Turner's La. *Brie H* —3G **109**
Turner St. *Birm* —5A **118**
Turner St. *Dud* —1D **94**
Turner St. *Lwr G* —4H **75**
Turner St. *Tip* —6H **61**
Turner St. *W Brom* —3G **79**
Turney Rd. *Stourb* —5D **108**
Turnham Grn. *Wolv* —6E **25**
Turnhouse Rd. *Birm* —3F **87**
Turnley Rd. *Birm* —3G **105**
Turnpike Clo. *Birm* —5A **118**
Turnpike Dri. *Wat O* —4E **89**
Turnstone Dri. *F'stne* —1D **16**
Turton Clo. *Wals* —3G **19**
Turton Rd. *Tip* —4H **61**
Turton Rd. *W Brom* —5H **79**
Turtons Cft. *Bils* —2D **60**
Turves Green. —1E 159
Turves Grn. *Birm* —2D **158**
Turville Rd. *Birm* —6E **83**
Tustin Gro. *Birm* —5A **136**
Tutbury Av. *Pert* —6F **25**
Tuxford Clo. *Wolv* —5A **28**
Twatling Rd. *B Grn* —6G **157**
Tweeds Well. *Birm* —6H **129**
Twelve Row. *Birm* —4H **117**
Twickenham Ct. *Stourb*
　　—4A **108**
Twickenham Rd. *Birm* —4B **68**
Two Gates. *Hale* —6D **110**
Two Gates La. *Hale* —6E **111**
Two Locks. *Hurst B* —5C **94**

Two Woods La. *Brie H*
—2A **110**
Two Woods Trad. Est. *Brie H*
—2A **110**
Twycross Gro. *Birm* —2B **104**
Twydale Av. *Tiv* —5C **78**
Twyford Clo. *A'rdge* —4D **34**
Twyford Gro. *Wolv* —2H **29**
Twyford Rd. *Birm* —4A **144**
Twyning Rd. *Edg* —5H **99**
Twyning Rd. *Stir* —6D **132**
Tyber Dri. *Birm* —4D **82**
Tyberry Clo. *Shir* —6G **149**
Tyburn. —4D 86
Tyburn Gro. *Birm* —4B **86**
Tyburn Rd. *Birm* —6D **84**
Tyburn Rd. *Wolv* —2E **45**
Tyburn Sq. *Birm* —4B **86**
Tyburn Trad. Est. *Birm* —5B **86**
Tyebeams. *Birm* —4G **105**
Tye Gdns. *Stourb* —4F **125**
Tyler Ct. *Birm* —4F **85**
Tyler Gdns. *W'hall* —2B **46**
Tyler Gro. *Birm* —4D **66**
Tyler Rd. *W'hall* —3A **46**
Tylers Grn. *Birm* —5D **146**
Tylers Gro. *Shir* —3D **164**
Tylney Clo. *Birm* —4F **117**
Tyndale Cres. *Birm* —2E **67**
Tyndall Wlk. *Birm* —3G **129**
Tyne Clo. *Birm* —5D **106**
Tyne Clo. *Bwnhls* —3G **9**
Tynedale Cres. *Wolv* —2A **60**
Tynedale Rd. *Birm* —2F **135**
Tyne Gro. *Birm* —3B **120**
Tyne Pl. *Brie H* —1B **110**
Tyning Clo. *Wolv* —5E **15**
Tyninghame Av. *Wolv* —3B **26**
Tynings La. *Wals* —4C **34**
Tyrley Clo. *Wolv* —1H **41**
Tyrol Clo. *Stourb* —6B **108**
Tyseley. —6G 119
Tyseley Hill Rd. *Birm* —1G **135**
Tyseley Ind. Est. *Birm* —5E **119**
(B10)
Tyseley Ind. Est. *Birm* —6E **119**
(B11)
Tyseley La. *Birm* —1G **135**
Tysoe Dri. *S Cold* —1D **70**
Tysoe Rd. *Birm* —6H **67**
Tythebarn Dri. *K'wfrd* —2G **91**
Tythe Barn La. *Shir* —3E **163**
Tyzack Clo. *Brie H* —1G **109**

Udall Rd. *Bils* —2F **61**
Uffculme Rd. *Birm* —5F **133**
Uffmoor Est. *Hale* —3G **127**
Uffmoor La. *Rom & Hale*
(in two parts) —6F **127**
Uffmoor Wood Nature
Reserve. —6G **127**
Ufton Clo. *Shir* —4C **150**
Ufton Cres. *Shir* —4B **150**
Ullenhall Rd. *Know* —3C **166**
Ullenhall Rd. *S Cold* —4D **70**
Ullenwood. *Birm* —2H **99**
Ulleries Rd. *Sol* —3D **136**
Ulleswater Ho. *O'bry* —4D **96**
Ullrik Grn. *Birm* —5F **85**
Ullswater Clo. *Birm* —3D **130**
Ullswater Gdns. *K'wfrd*
—3B **92**
Ullswater Ri. *Brie H* —4H **93**
Ullswater Rd. *W'hall* —6B **18**
Ulster Dri. *K'wfrd* —5C **92**
Ulverley Cres. *Sol* —5D **136**

Ulverley Green. —5D 136
Ulverley Grn. Rd. *Sol* —4C **136**
Ulwine Dri. *Birm* —3D **144**
Umberslade Rd. *S Oak & Stir*
—4B **132**
Underhill La. *Wolv* —4B **16**
Underhill Rd. *Birm* —6F **103**
Underhill Rd. *Tip* —1C **78**
Underhill St. *O'bry* —4G **97**
Underhill Wlk. *O'bry* —4G **97**
Underley Clo. *K'wfrd* —2H **91**
Underpass, The. *Birm*
—1F **139**
Underwood Clo. *Edg* —1H **131**
Underwood Clo. *Erd* —3C **84**
Underwood Rd. *Birm* —2A **82**
Unett Ct. *Smeth* —4G **99**
Unett St. *Birm* —4E **101**
(in two parts)
Unett St. *Smeth* —5G **99**
Unett Wlk. *Birm* —4E **101**
Union Cen. *W'bry* —3F **63**
Union Dri. *S Cold* —3F **69**
Union La. *Try* —4D **56**
Union Mill St. *Wolv* —1A **44**
Union Pas. *Birm*
—1G **117** (4E **5**)
Union Pas. *Small H* —3C **118**
Union Rd. *Birm* —1F **103**
Union Rd. *O'bry & W Brom*
—6E **79**
Union Rd. *Shir* —5A **150**
Union Rd. *Sol* —3G **151**
Union Row. *Birm* —1B **100**
Union St. *Bils* —6E **45**
Union St. *Birm*
—1G **117** (4E **5**)
Union St. *Dud* —6E **77**
Union St. *Lye* —6A **110**
Union St. *P End* —5H **61**
Union St. *Row R* —2C **112**
Union St. *Stourb* —6E **109**
Union St. *Tip* —2H **77**
Union St. *Wals* —1C **48**
Union St. *W'bry* —3F **63**
Union St. *W Brom* —1B **98**
Union St. *W'hall* —1A **46**
Union St. *Wolv*
—1H **43** (3D **170**)
Unity Pl. *Birm* —3B **132**
Unity Pl. *O'bry* —1G **97**
University Rd. E. *Edg* —1B **132**
University Rd. W. *Edg*
—1A **132**
Unketts Rd. *Smeth* —6C **98**
Unwin Cres. *Stourb* —6C **108**
Upavon Clo. *Birm* —3E **87**
Upland Rd. *S Park* —3C **132**
Uplands. *Hale* —3G **127**
Uplands Av. *Row R* —6D **96**
Uplands Av. *W'hall* —2F **45**
Uplands Av. *Wolv* —3B **42**
Uplands Clo. *Dud* —2H **95**
Uplands Dri. *Dud* —5H **59**
Uplands Dri. *Wolv* —3C **42**
Uplands Dri. *Wom* —1G **73**
Uplands Gro. *W'hall* —2E **45**
Uplands Rd. *Dud* —2H **95**
Uplands Rd. *Hand* —5H **81**
Uplands Rd. *W'hall* —2E **45**
Uplands, The. *Smeth* —4D **98**
Up. Ashley St. *Hale* —2C **112**
Up. Balsall Heath Rd. *Birm*
—5H **117**
Up. Brook St. *Prem B* —2B **48**
Up. Castle St. *W'bry* —3D **46**
Up. Chapel St. *Tiv* —5B **78**

Up. Church La. *Tip* —5H **61**
Up. Clifton Rd. *S Cold* —6H **53**
Upper Clo. *Birm* —2B **130**
Up. Conybere St. *Birm*
—4H **117**
Up. Dean St. *Birm*
—2G **117** (6E **5**)
Up. Ettingshall Rd. *Bils*
—5C **60**
Up. Forster St. *Wals* —6D **32**
Upper Gornal. —2B 76
Up. Gough St. *Birm*
—2F **117** (6C **4**)
Upper Grn. *Wolv* —4B **26**
Up. Grosvenor Rd. *Birm*
—5D **82**
Up. Hall La. *Wals* —2C **48**
Up. Highgate St. *Birm*
—4H **117**
Up. High St. *Crad H* —2F **111**
Up. High St. *W'bry* —2F **63**
Up. Holland Rd. *S Cold*
—1A **70**
Upper Landywood. —5E 7
Up. Landywood La. *Wals*
—4D **6**
Up. Lichfield St. *W'hall*
—1A **46**
Up. Marshall St. *Birm*
—2F **117** (6C **4**)
Up. Meadow Rd. *Birm*
—6A **114**
Up. Navigation St. *Wals*
—1B **48**
Up. Portland St. *Birm*
—2A **102**
Up. Rushall St. *Wals* —2D **48**
Up. Russell St. *W'bry* —3F **63**
Up. St Mary's Rd. *Smeth*
—2D **114**
Up. Short St. *Prem B* —2B **48**
Up. Sneyd Rd. *Ess* —5B **18**
Up. Stone Clo. *S Cold* —1C **70**
Upper St. *Wolv* —4B **26**
Up. Sutton St. *Birm* —2H **101**
Up. Thomas St. *Birm* —2H **101**
Up. Trinity St. *Birm* —2A **118**
Up. Vauxhall. *Wolv* —1E **43**
Up. Villiers St. *Wolv* —5G **43**
Up. William St. *Birm*
—2E **117** (6A **4**)
Up. Zoar St. *Wolv* —3F **43**
Upton Ct. *Birm* —4B **84**
Upton Gdns. *Bils* —6E **45**
Upton Gro. *Birm* —2A **120**
Upton Rd. *Birm* —1A **120**
Upton St. *Dud* —4E **95**
Upwey Av. *Sol* —3E **151**
USAM Trad. Est. *Wolv* —5H **15**
Usk Way. *Birm* —1B **106**
Uttoxeter Clo. *Wolv* —3F **27**
Uxbridge Clo. *Dud* —4H **75**
Uxbridge St. *Birm* —4F **101**

Valbourne Rd. *Birm* —3E **147**
Vale Av. *Dud* —1H **75**
Vale Av. *Wals* —6F **35**
Vale Clo. *Birm* —2D **130**
Va. Head Dri. *Wolv* —1G **41**
Valencia Cft. *Birm* —3F **87**
Valentine Clo. *S Cold* —5H **51**
Valentine Ct. *Birm* —4H **133**
Valentine Rd. *Birm* —4G **133**
Valentine Rd. *O'bry* —1A **114**
Valepits Rd. *Birm* —2G **121**
Valerian. *S Cold* —5F **37**

Valerie Gro. *Birm* —5G **65**
Vale Rd. *Dud* —5G **95**
Vale Row. *Dud* —2H **75**
Vales Clo. *S Cold* —6C **70**
Vale St. *Dud* —2H **75**
Vale St. *Stourb* —3E **109**
Vale St. *W Brom* —1C **80**
Vale St. *Wolv* —5C **44**
Vale, The. *Edg* —5C **116**
Vale, The. *S'hll* —3C **134**
Vale Vw. *Wals* —5D **34**
Valiant Ho. *Birm* —2F **87**
Valiant Way. *Sol* —5G **137**
Valley Country Pk. —6B **26**
Valley Farm Rd. *Redn* —3F **157**
Valley Rd. *Birm* —6G **65**
Valley Rd. *Crad H* —4G **111**
Valley Rd. *Dud* —1A **76**
Valley Rd. *Hale* —3F **113**
Valley Rd. *Smeth* —6D **98**
Valley Rd. *Sol* —2G **137**
Valley Rd. *Stourb* —6B **110**
Valley Rd. *S Cold* —4H **51**
Valley Rd. *Wals* —1A **32**
Valley Rd. *Wolv* —4B **28**
Valleyside. *Pels* —5D **20**
Valley Vw. *Wals* —6C **10**
Vallian Cft. *Birm* —2D **104**
Vallord Ct. *Wolv*
—6G **27** (1A **170**)
Vanborough Wlk. *Dud* —5C **76**
Vanbrugh Ct. *Wolv* —6E **25**
Van Diemans Rd. *Wom*
—2E **73**
Vanguard Clo. *Birm* —1C **104**
Vann Clo. *Birm* —3C **118**
Varden Cft. *Birm* —4F **117**
Vardon Way. *Birm* —6H **145**
Varley Rd. *Birm* —3B **86**
Varley Va. *Birm* —3B **86**
Varlins Way. *Birm* —2H **159**
Varney Av. *W Brom* —5B **80**
Vaughan Clo. *S Cold* —3F **37**
Vaughan Gdns. *Cod* —3F **13**
Vaughan Rd. *W'hall* —2F **45**
Vaughan Trad. Est. *Tip* —4B **78**
Vaughton Dri. *S Cold* —5C **54**
Vaughton St. *Birm* —3H **117**
Vaughton St. S. *Birm* —3G **117**
Vauxhall. —4B 102
Vauxhall Av. *Wolv* —1E **43**
Vauxhall Bus. Pk. *Birm*
—4C **102**
Vauxhall Cres. *Birm* —6B **88**
Vauxhall Gdns. *Dud* —2G **95**
Vauxhall Gro. *Birm* —6B **102**
Vauxhall Ho. *Birm* —2G **5**
Vauxhall Pl. *Birm* —6A **102**
Vauxhall Rd. *Birm* —6A **102**
Vauxhall Rd. *Stourb* —6E **109**
Vauxhall St. *Dud* —1D **94**
Vauxhall Ter. *Birm* —5B **102**
Vauxhall Trad. Est. *Birm*
—5B **102**

Vector Ind. Est. *W Brom*
—1A **80**
Velsheda Rd. *Shir* —5G **149**
Venetia Rd. *Birm* —1C **118**
Venning Gro. *Birm* —6H **65**
Ventnor Av. *Loz* —2E **101**
Ventnor Av. *W End* —2B **104**
Ventnor Clo. *O'bry* —4A **114**
Ventnor Rd. *Sol* —2G **137**
Venture Way. *Birm*
—5H **101** (1H **5**)
Vera Rd. *Birm* —4C **120**
Verbena Gdns. *Birm* —4A **102**

Walker Rd. *Wals* —1B **32**
Walkers Fold. *W'hall* —3D **30**
Walker's Heath. —5C 146
Walkers Heath Rd. *Birm*
—6D **146**
Walker St. *Cod* —5E **95**
Walker St. *Tip* —6B **62**
Walk La. *Wom* —6G **57**
Walkmill Bridge. —1C 6
Walkmill La. *Cann* —1D **6**
Walk, The. *Dud* —4H **59**
Wallace Clo. *Cann* —1D **8**
Wallace Clo. *O'bry* —3D **96**
Wallace Ho. *O'bry* —4D **96**
Wallace Ri. *Crad H* —4G **111**
Wallace Rd. *Bils* —2A **62**
Wallace Rd. *Birm* —3D **132**
Wallace Rd. *O'bry* —3D **96**
Wallace Rd. *Wals* —5A **10**
Wall Av. *Col* —4H **107**
Wallbank Rd. *Birm* —3G **103**
Wallbrook. —5F 61
Wallbrook St. *Bils* —5F **61**
Wall Cft. *Wals* —2D **34**
Wall Dri. *S Cold* —5F **37**
Wall End Clo. *Wals* —2G **31**
Wallface. *W Brom* —6G **63**
Wall Heath. —1H 91
Wallheath Cres. *Wals* —2G **23**
Wall Heath La. *Wals* —2H **23**
Walling Cft. *Bils* —2D **60**
Wallington Clo. *Wals* —5H **19**
Wallington Heath. —5G 19
Wallington Heath. *Wals*
—5H **19**
Wallows Cres. *Wals* —5A **48**
Wallows Ind. Est , The. *Brie H*
—4H **93**
Wallows La. *Wals* —5A **48**
(WS1, in two parts)
Wallows La. *Wals* —5A **48**
(WS2)
Wallows Pl. *Brie H* —4G **93**
Wallows Rd. *Brie H* —5G **93**
Wallows Wood. *Dud* —3E **75**
Wall St. *Wolv* —1D **44**
Wall Well. *Hale* —2H **127**
Wall Well La. *Hale* —2H **127**
Walmead Cft. *Birm* —4D **114**
Walmer Gro. *Birm* —2B **84**
Walmers, The. *Wals* —2D **34**
Walmers Wlk., The. *Birm*
—6B **144**
Walmer Way. *Birm* —6E **107**
Walmley. —5D 70
Walmley Ash. —2D 86
Walmley Ash La. *Min* —1F **87**
Walmley Ash Rd. *S Cold & Min*
—6D **70**
Walmley Clo. *Hale* —4D **110**
Walmley Rd. *S Cold* —1C **70**
Walnut Av. *Cod* —4G **13**
Walnut Clo. *Birm* —2D **122**
Walnut Clo. *Stourb* —4F **125**
Walnut Dri. *Smeth* —4F **99**
Walnut Dri. *Wolv* —2B **42**
Walnut Ho. *Birm* —4B **82**
Walnut La. *W'bry* —3G **63**
Walnut Rd. *Wals* —1E **65**
Walnut Way. *Birm* —1D **158**
Walpole St. *Wolv* —6E **27**
Walpole Wlk. *W Brom* —6B **80**
Walsal End La. *H Ard* —4H **153**
Walsall. —2C 48
Walsall Arboretum. —1E **49**
Walsall Leather Mus. —1C **48**

Walsall Mus. & Art Gallery.
—1D **48**
Walsall New Firms Cen., The.
Wals —3B **48**
Walsall Retail Pk. *Wals*
—5H **31**
Walsall Rd. *A'rdge* —6A **34**
Walsall Rd. *Cann* —2D **8**
Walsall Rd. *Four O* —1F **53**
Walsall Rd. *Gt Barr & P Barr*
—4B **66**
Walsall Rd. *Gt Wyr* —1F **7**
Walsall Rd. *Lit A & S Cold*
—3C **36**
Walsall Rd. *Pels* —5E **21**
Walsall Rd. *Spring* —6F **11**
Walsall Rd. *Wals* —6H **21**
(WS4)
Walsall Rd. *Wals* —1D **64**
(WS5)
Walsall Rd. *W'bry* —5D **46**
Walsall Rd. *W Brom* —6B **64**
Walsall Rd. *W'hall* —1B **46**
Walsall St. *Bils* —5F **45**
Walsall St. *W'bry* —4D **46**
(nr. Foster St.)
Walsall St. *W'bry* —2F **63**
(nr. Up. High St.)
Walsall St. *W Brom* —4B **80**
Walsall St. *W'hall* —2B **46**
Walsall St. *Wolv* —2A **44**
Walsall Wood. —3B 22
Walsall Wood Rd. *Wals*
—5C **22**
Walsgrave Clo. *Sol* —1H **151**
Walsgrave Dri. *Sol* —6H **137**
Walsham Cft. *Birm* —4G **105**
Walsh Dri. *S Cold* —1D **70**
Walsh Gro. *Birm* —5D **68**
Walsingham St. *Wals* —2E **49**
Walstead Clo. *Wals* —6G **49**
Walstead Rd. *Wals* —6D **48**
Walstead Rd. W. *Wals* —6C **48**
Walt Dene Clo. *Birm* —3A **66**
Walter Burden Ho. *Smeth*
—6G **99**
Walter Cobb Dri. *S Cold*
—4G **69**
Walter Rd. *Bils* —2G **61**
Walter Rd. *Smeth* —3C **98**
Walters Clo. *Birm* —3D **158**
Walters Rd. *O'bry* —4G **113**
Walters Row. *Dud* —6C **76**
Walter St. *Birm* —3B **102**
Walter St. *Wals* —6E **21**
Walter St. *W Brom* —5C **80**
Waltham Gro. *Birm* —3B **68**
Waltham Ho. *W Brom* —4B **80**
Walthamstow Ct. *Brie H*
—2H **109**
Walton Av. *Row R* —3B **112**
Walton Clo. *Hale* —3H **127**
Walton Clo. *Row R* —5A **96**
Walton Ct. *Hale* —2H **127**
Walton Cres. *Wolv* —6A **44**
Walton Cft. *Sol* —6F **151**
Walton Dri. *Stourb* —6G **109**
Walton Gdns. *Cod* —3F **13**
Walton Gro. *Birm* —5D **146**
Walton Heath. *Wals* —4F **19**
Walton Ho. *Birm* —1D **116**
Walton Rd. *O'bry* —1H **113**
Walton Rd. *Stourb* —5E **109**
Walton Rd. *Wals* —6C **22**
Walton Rd. *W'bry* —3A **64**
Walton Rd. *Wolv* —6A **44**
Walton St. *Tip* —2H **77**

Wanderers Av. *Wolv* —5G **43**
Wanderer Wlk. *Birm* —6C **86**
Wandle Gro. *Birm* —2G **135**
Wandsworth Rd. *Birm* —2G **67**
Wansbeck Gro. *Birm* —1A **160**
Wansbeck Wlk. *Dud* —1B **76**
Wanstead Gro. *Birm* —4A **68**
Wantage Rd. *Col* —6G **89**
Ward Clo. *Birm* —4G **103**
Warden Av. *S Cold* —5F **69**
Ward End. —3G 103
Ward End Clo. *Birm* —3F **103**
Ward End Hall Gro. *Birm*
—3G **103**
Ward End Pk. Rd. *Birm*
—4F **103**
Wardend Rd. *Birm* —3G **103**
Warden Rd. *S Cold* —5F **69**
Ward Gro. *Wolv* —2A **60**
Wardle Clo. *S Cold* —5G **37**
Wardles La. *Wals* —3F **7**
Wardlow Clo. *Wolv* —5F **43**
Wardlow Rd. *Birm* —4B **102**
(in two parts)
Wardour Dri. *Birm* —1E **123**
Wardour Gro. *Birm* —5C **68**
Ward Rd. *Cod* —4F **13**
Ward Rd. *Wolv* —6H **43**
Ward St. *Bils* —5D **60**
Ward St. *Birm* —5G **101**
Ward St. *E'shll* —4D **44**
Ward St. *Wals* —1D **48**
Ward St. *W'hall* —6B **30**
Ward St. *Wolv* —1A **44**
(in two parts)
Wareham Clo. *Wals* —4D **32**
Wareham Rd. *Redn* —5H **143**
Warcing Dri. *Birm* —5D **68**
Warewell Clo. *Wals* —1D **48**
Warewell St. *Wals* —2D **48**
Waring Clo. *Tip* —5G **61**
Waring Rd. *Tip* —5A **62**
Warings, The. *Wom* —3F **73**
War La. *Birm* —6F **115**
Warley Cft. *O'bry* —3C **114**
Warley Hall Rd. *O'bry*
—3B **114**
Warley Rd. *O'bry* —4A **98**
Warmington Dri. *S Cold*
—1H **69**
Warmington Rd. *H'wd*
—3A **162**
Warmington Rd. *Sheld*
—6G **121**
Warmley Clo. *Sol* —2H **151**
Warmley Clo. *S Cold* —5D **70**
Warmley Clo. *Wolv* —4F **27**
Warner Dri. *Brie H* —2H **109**
Warner Pl. *Wals* —3D **32**
Warner Rd. *Cod* —4F **13**
Warner Rd. *Wals* —3D **32**
Warner Rd. *W'bry* —3A **64**
Warner St. *Birm* —3A **118**
Warners Wlk. *Birm* —3C **118**
Warnford Wlk. *Wolv* —5A **42**
Warple Rd. *Birm* —6A **114**
Warren Av. *Birm* —3H **133**
Warren Av. *Wolv* —4B **28**
Warren Clo. *Tip* —6A **62**
Warren Dri. *Dorr* —6C **166**
Warren Dri. *Dud* —4G **59**
Warren Dri. *Row R* —4H **95**
Warren Farm Rd. *Birm*
—5H **67**
Warren Gdns. *K'wfrd* —3A **92**
Warren Gro. *Birm* —3E **103**
Warren Hill Rd. *Birm* —1H **83**

Warren La. *Redn* —6H **157**
Warren Pl. *Wals* —6C **10**
Warren Rd. *Birm* —6A **68**
Warren Rd. *Stir* —6C **132**
Warren Rd. *Wash H* —3E **103**
Warrens Cft. *Wals* —6H **49**
Warrens End. *Birm* —1B **160**
Warrens Hall Rd. *Dud* —2F **95**
Warrington Clo. *S Cold*
—4E **71**
Warrington Dri. *Birm* —6D **68**
Warsash Clo. *Wolv* —3D **44**
Warstock. —4B 148
Warstock La. *Birm* —2A **148**
Warstock Rd. *Birm* —4A **148**
Warston Av. *Birm* —2B **130**
Warstone. —5B 6
Warstone Dri. *W Brom*
—3C **80**
Warstone La. *Birm*
—5D **100** (1A **4**)
Warstone M. Birm
—5E **101** (1A **4**)
(off Warstone La.)
Warstone Pde. E. *Birm*
—5D **100**
Warstone Rd. *Share & Ess*
—3A **6**
Warstones Cres. *Wolv* —6B **42**
Warstones Dri. *Wolv* —5A **42**
Warstones Gdns. *Wolv*
—5A **42**
Warstones Ho. *Wolv* —5B **42**
Warstones Rd. *Wolv* —2A **58**
Warstone Ter. *Birm* —1A **100**
Warstone Tower. *Birm*
—1A **104**
Wartell Bank. *K'wfrd* —2B **92**
Wartell Bank Ind. Est. *K'wfrd*
—2B **92**
Warwards La. *Birm* —4C **132**
Warwell La. *Birm* —5B **120**
Warwick Av. *Pert* —6F **25**
Warwick Av. *W'bry* —1A **64**
Warwick Av. *W'hall* —1D **46**
Warwick Clo. *Dud* —4H **75**
Warwick Clo. *O'bry* —1H **113**
Warwick Clo. *W Brom* —6E **63**
Warwick Ct. *Birm* —3A **134**
(B13)
Warwick Ct. *Birm* —6G **131**
(B29)
Warwick Ct. *Birm* —1F **123**
(B37)
Warwick Ct. *Sol* —2F **151**
Warwick Crest. *Edg* —4D **116**
Warwick Ctt. *Birm* —1A **104**
Warwick Dri. *Cod* —3E **13**
Warwick Gdns. *Tiv* —5C **78**
Warwick Grange. *Sol* —6D **136**
Warwick Gro. *Sol* —4C **136**
Warwick Pk. Ct. *Sol* —5D **136**
Warwick Pas. *Birm*
—1G **117** (4E **5**)
Warwick Rd. *A Grn & Sol*
—1H **135**
Warwick Rd. *Birm* —6D **118**
Warwick Rd. *Dud* —6G **95**
Warwick Rd. *Know* —6C **152**
(in two parts)
Warwick Rd. *O'bry* —4B **114**
Warwick Rd. *Stourb* —2B **108**
Warwick Rd. *S Cold* —3C **68**
Warwick Rd. *Tys & S'hll*
—6C **118**
(in two parts)
Warwick Rd. *Witt* —5G **83**
(in two parts)

Welland Way—Westlands Est.

Welland Way. *S Cold* —6E **71**
Well Clo. *Birm* —1C **104**
Wellcroft Rd. *Birm* —2E **105**
Wellcroft St. *W'bry* —2F **63**
Wellesbourne Clo. *Wolv*

—3H **41**
Wellesbourne Dri. *Cose*

—6D **60**
Wellesbourne Rd. *Birm*

—6D **82**
Wellesley Dri. *Tip* —2H **77**
Wellesley Gdns. *Birm* —4D **134**
Wellesley Rd. *O'bry* —3H **97**
Wellfield Gdns. *Dud* —3G **95**
Wellfield Rd. *Birm* —1H **149**
Wellfield Rd. *Wals* —1D **34**
Wellhead La. *Birm* —5G **83**
Wellhead Way. *Holf* —5G **83**
Wellington Av. *Wolv* —4D **42**
Wellington Clo. *K'wfrd* —5C **92**
Wellington Ct. *Crad H*

—1H **111**
Wellington Ct. *Hand* —5E **83**
Wellington Cres. *Hand* —5D **82**
Wellington Gro. *Sol* —1D **150**
Wellington Ho. *Birm* —1D **130**
Wellington Ind. Est. *Bils*

—6E **61**
Wellington Pl. *W'hall* —6H **29**
Wellington Rd. *Bils* —4D **44**
Wellington Rd. *Dud* —1D **94**
Wellington Rd. *Edg* —5D **116**
Wellington Rd. *Hand* —5D **82**
Wellington Rd. *Smeth* —6E **99**
Wellington Rd. *Tip* —3A **78**
Wellington Rd. *Wals* —5G **49**
Wellington St. *Crad H*

—1H **111**
Wellington St. *O'bry* —3H **97**
Wellington St. *Smeth & Birm*

—3H **99**
Wellington St. *Wals* —4H **47**
Wellington St. *W Brom*

—3A **80**
Wellington St. S. *W Brom*

—3A **80**
Wellington Ter. *Birm* —2D **100**
Wellington Tower. *Birm*

—6E **145**
Wellington Way. *Birm* —5F **87**
Well La. *Birm* —1H **117** (5F **5**)
Well La. *Gt Wyr* —4G **7**
Well La. *Wals* —2C **32**
Well La. *Wolv* —5E **29**
Wellman Cft. *Birm* —3D **130**
(nr. Dormston Dri.)
Wellman Cft. *Birm* —4H **131**
(nr. Lodge Hill Rd.)
Wellman's Rd. *W'hall* —2C **46**
Well Mdw. *Redn* —3G **157**
Wellmeadow Gro. *H Ard*

—6A **140**
Wellmead Wlk. *Redn* —1F **157**
Well Pl. *Wals* —1C **32**
Wells Av. *W'bry* —5B **46**
Wells Clo. *Pert* —5D **24**
Wells Clo. *Tip* —4A **62**
Wellsford Av. *Sol* —1E **137**
Wells Green. —1F 137
Wells Grn. Rd. *Sol* —1D **136**
Wells Grn. Shop. Cen. *Birm*

—1F **137**
Wells Rd. *Bils* —2G **61**
Wells Rd. *Brie H* —6F **93**
Wells Rd. *Row R* —5E **97**
Wells Rd. *Sol* —1G **137**
Wells Rd. *Wolv* —6D **42**

Wells Tower. *Birm* —1C **116**
Well St. *Birm* —3F **101**
(nr. Bridge St. W.)
Well St. *Birm* —4E **101**
(nr. Hockley Hill)
Well St. *W'bry* —5E **47**
Wells Wlk. *Birm* —2C **122**
Welney Gdns. *Pend* —4E **15**
Welsby Av. *Birm* —6A **66**
Welsh Ho. Farm Rd. *Birm*

—1D **130**
Welshmans Hill. *S Cold*

—3B **68**
Welton Clo. *S Cold* —3E **71**
Welwyndale Rd. *S Cold*

—1A **86**
Wembley Gro. *Birm* —3A **120**
Wem Gdns. *Wolv* —3F **29**
Wendell Crest. *Wolv* —3B **16**
Wendover Ho. *Birm* —1D **158**
Wendover Rd. *Birm* —6C **68**
Wendover Rd. *Row R* —4A **96**
Wendover Rd. *Wolv* —3B **60**
Wendron Gro. *Birm* —3F **147**
Wenlock Av. *Wolv* —3C **42**
Wenlock Clo. *Dud* —6G **59**
Wenlock Clo. *Hale* —3F **127**
Wenlock Gdns. *Wals* —4C **32**
Wenlock Rd. *Birm* —6H **83**
Wenlock Rd. *Stourb* —5F **109**
Wenman St. *Birm* —5H **117**
Wensley Cft. *Shir* —1H **149**
Wensleydale Rd. *Birm* —1C **82**
Wensley Rd. *Birm* —5D **120**
Wentbridge Rd. *Wolv* —2E **45**
Wentworth Av. *Birm* —1F **105**
Wentworth Ct. *Erd* —5F **85**
Wentworth Dri. *Tiv* —2A **96**
Wentworth Ga. *Birm* —5F **115**
Wentworth Gro. *Pert* —4D **24**
Wentworth Pk. Av. *Birm*

—5F **115**
Wentworth Ri. *Hale* —1D **128**
Wentworth Rd. *Birm* —5E **115**
Wentworth Rd. *Sol* —2D **136**
Wentworth Rd. *Stourb*

—4B **108**
Wentworth Rd. *S Cold* —4G **53**
Wentworth Rd. *Wals* —3F **19**
Wentworth Rd. *Wolv* —5A **16**
Wentworth Way. *Birm*

—2D **130**
Wenyon Clo. *Tip* —3B **78**
Weoley Av. *Birm* —3G **131**
Weoley Castle. —4D 130
Weoley Castle. —3E **131**
Weoley Castle Rd. *Birm*

—4D **130**
Weoley Hill. *Birm* —5G **131**
Weoley Pk. Rd. *Birm* —4F **131**
Wergs. —3F 25
Wergs Dri. *Wolv* —2G **25**
Wergs Hall Rd. *Wergs & Wolv*

—6F **13**
Wergs Rd. *Wolv* —3F **25**
Werneth Gro. *Wals* —3G **19**
Wesley Av. *Cod* —5H **13**
Wesley Av. *Hale* —3D **110**
Wesley Av. *Wals* —2D **6**
Wesley Clo. *Wom* —2F **73**
Wesley Ct. *Crad H* —3H **111**
Wesley Ct. *W'hall* —2G **45**
Wesley Gro. *W'bry* —2E **63**
Wesley Ho. *Wals* —4A **48**
(off Oxford St.)
Wesley Pl. *Tip* —6C **62**
Wesley Rd. *Birm* —2F **85**

Wesley Rd. *Brie H* —4F **93**
Wesley Rd. *Cod* —5H **13**
Wesley Rd. *W'hall* —3C **30**
Wesley's Fold. *W'bry* —5D **46**
Wesley St. *Bils* —3G **61**
Wesley St. *O'bry* —1G **97**
Wesley St. *W Brom* —4H **79**
Wesley St. *Wolv* —5C **44**
Wessex Clo. *Wals* —6B **10**
Wessex Rd. *Wolv* —5B **44**
Wesson Gdns. *Hale* —2A **128**
Wesson Rd. *W'bry* —4C **46**
Westacre. *W'hall* —2H **45**
Westacre Cres. *Wolv* —3H **41**
W. Acre Dri. *Brie H* —3B **110**
Westacre Gdns. *Birm* —6D **104**
West Av. *Cas B* —1H **105**
West Av. *Hand* —3C **82**
West Av. *Tiv* —2B **96**
West Av. *Wolv* —3E **29**
West Boulevd. *Birm* —5C **114**
Westbourne Av. *Birm* —2C **104**
Westbourne Av. *Wals* —1E **7**
Westbourne Ct. Wals —6E 33
(off Lichfield Rd.)
Westbourne Cres. *Edg*

—3C **116**
Westbourne Gdns. *Birm*

—4C **116**
Westbourne Gro. *Hand*

—2B **100**
Westbourne Rd. *Edg* —4B **116**
Westbourne Rd. *Hale* —5E **113**
Westbourne Rd. *Hand* —6H **81**
Westbourne Rd. *Sol* —5D **136**
Westbourne Rd. *Wals* —5D **32**
Westbourne Rd. *W'bry* —4F **47**
Westbourne Rd. *W Brom*

—5H **79**
Westbourne Rd. *Wolv* —6E **43**
Westbourne St. *Wals* —6D **32**
West Bromwich. —5B 80
W. Bromwich Parkway.

W Brom —4H **79**
(nr. Dartmouth St.)
W. Bromwich Parkway.

W Brom —6C **80**
(nr. Trinity Way)
W. Bromwich Ringway.

W Brom —4A **80**
W. Bromwich Rd. *Wals*
(in two parts) —5C **48**
W. Bromwich St. *O'bry* —6F **79**
W. Bromwich St. *Wals* —3C **48**
Westbrook Av. *Wals* —4A **34**
Westbrook Way. *Wom* —2F **73**
Westbury Av. *W'bry* —5F **47**
Westbury Ct. Brie H —1H 109
(off Hill St.)
Westbury Rd. *Birm* —6F **99**
Westbury Rd. *W'bry* —5F **47**
Westbury St. *Wolv*

—1H **43** (2C **170**)
Westcliffe Pl. *Birm* —3D **144**
Westcombe Gro. *Birm*

—4G **129**
W. Coppice Rd. *Wals* —5G **9**
Westcote Av. *Birm* —5A **144**
Westcote Clo. *Sol* —3E **137**
Westcott Clo. *K'wfrd* —6D **92**
Westcott Rd. *Birm* —3E **121**
Westcroft Av. *Wolv* —6C **16**
Westcroft Gro. *Birm* —4G **145**
Westcroft Rd. *Dud* —3F **59**
Westcroft Rd. *Wolv* —3F **25**
Westcroft Way. *Birm* —6B **148**
W. Dean Clo. *Hale* —1C **128**

West Dri. *Birm* —6E **117**
West Dri. *Hand* —1D **100**
W. End Av. *Smeth* —2B **98**
Westerdale Clo. *Dud* —6C **60**
Westerham Clo. *Know*

—3B **166**
Westeria Clo. *Birm* —1G **105**
Westering Parkway. *Wolv*

—3A **16**
Westerings. *Birm* —5E **83**
Western Av. *Birm* —2E **101**
Western Av. *Brie H* —1F **109**
Western Av. *Dud* —5F **59**
Western Av. *Hale* —1E **129**
Western Av. *Wals* —6D **30**
Western Bus. Pk. *Hale*

—4B **112**
Western Clo. *Wals* —6D **30**
Western Rd. *Birm & Hock*

—5B **100**
Western Rd. *Crad H* —3G **111**
Western Rd. *Erd* —4G **85**
Western Rd. *O'bry* —4H **97**
Western Rd. *Stourb* —1D **124**
Western Rd. *S Cold* —4G **69**
Western Way. *W'bry* —1C **62**
Westfield Av. *Birm* —6B **148**
Westfield Clo. *Dorr* —6A **166**
Westfield Dri. *Wom* —6F **57**
Westfield Gro. *Wolv* —3A **42**
Westfield Ho. *Birm* —2C **106**
Westfield Mnr. *S Cold* —5G **37**
Westfield Rd. *A Grn* —2H **135**
Westfield Rd. *Bils* —4D **44**
Westfield Rd. *Birm & Edg*

—3H **115**
Westfield Rd. *Brie H* —3B **110**
Westfield Rd. *Dud* —2F **95**
Westfield Rd. *Hale* —2E **113**
Westfield Rd. *K Hth* —5F **133**
Westfield Rd. *Sed* —4H **59**
Westfield Rd. *Smeth* —5D **98**
Westfield Rd. *W'hall* —3G **45**
Westford Gro. *Birm* —4E **149**
Westgate. *A'rdge* —2H **33**
West Ga. *Birm* —6A **100**
Westgate. *O'bry* —5E **97**
Westgate Clo. *Sed* —6A **60**
Westgate Trad. Est. *A'rdge*

—3A **34**
West Grn. *Wolv* —6A **42**
West Grn. Clo. *Birm* —3D **116**
W. Grove Av. *Shir* —3D **164**
Westham Ho. *Birm* —5D **106**
Westhaven Dri. *Birm* —6C **130**
Westhaven Rd. *S Cold* —6A **54**
Westhay Rd. *Birm* —6H **135**
West Heath. —6G 145
W. Heath Rd. *N'fld* —5F **145**
W. Heath Rd. *Win G* —5H **99**
Westhill. *Wolv* —1A **42**
Westhill Clo. *Sol* —5C **136**
Westhill Rd. *Birm* —4B **146**
West Holme. *Birm* —1C **118**
Westholme Cft. *Birm* —5A **132**
Westhorpe Gro. *Birm* —4E **101**
Westhouse Gro. *Birm* —3F **147**
Westinster Ind. Est. *Dud*

—1F **111**
Westland Av. *Wolv* —1D **42**
Westland Clo. *Birm* —2F **85**
Westland Gdns. *Stourb*

—4D **108**
Westland Gdns. *Wolv* —1E **43**
Westland Rd. *Wolv* —1D **42**
Westlands Est. *Stourb*

—2C **108**

Wimbledon Dri. *Stourb*
　—3F **125**
Wimborne Rd. *Wolv* —3C **28**
Wimbourne Rd. *Birm* —6H **99**
Wimbourne Rd. *S Cold*
　—1E **71**
Wimhurst Mdw. *Wolv* —3B **16**
Wimperis Way. *Birm* —1E **67**
Wimpole Gro. *Birm* —6B **68**
Wincanton Cft. *Birm* —1A **104**
Winceby Rd. *Wolv* —6F **25**
Winchcombe Clo. *Dud* —4A **76**
Winchcombe Clo. *Sol* —3F **137**
Winchcombe Rd. *Sol* —3F **137**
Winchester Clo. *Hag* —6E **125**
Winchester Clo. *Row R*
　—5E **97**
Winchester Dri. *Birm* —1C **122**
Winchester Dri. *Stourb*
　—2E **125**
Winchester Gdns. *Birm*
　—4E **145**
Winchester Gro. *Birm* —1G **99**
Winchester Rd. *Birm* —6F **83**
Winchester Rd. *W Brom*
　—5H **63**
Winchester Rd. *Wolv* —4G **15**
Winchfield Dri. *Birm* —3D **114**
Wincote Dri. *Wolv* —5A **26**
Wincrest Way. *Birm* —4G **105**
Windermere Dri. *K'wfrd*
　—3B **92**
Windermere Dri. *S Cold*
　—6H **35**
Windermere Ho. *O'bry* —4D **96**
Windermere Rd. *Hand* —5A **82**
Windermere Rd. *More*
　—4B **134**
Windermere Rd. *Wolv* —1B **26**
Winding Mill N. *Brie H*
　—4A **110**
Winding Mill S. *Brie H*
　—4A **110**
Windlass Cft. *Birm* —2D **144**
Windleaves Rd. *Birm* —1A **106**
Windley Clo. *Birm* —4E **101**
Windmill Av. *Col* —2H **107**
Windmill Av. *Redn* —1E **157**
Windmill Bank. *Wom* —6G **57**
Windmill Clo. *Bal C* —2H **169**
Windmill Clo. *Birm* —2F **145**
Windmill Cres. *Smeth* —4G **99**
Windmill Cres. *Wolv* —2G **41**
Windmill End. *Dud* —5G **95**
Windmill Gro. *K'wfrd* —1H **91**
Windmill Hill. *Birm* —2F **145**
Windmill Hill. *Hale* —5E **111**
Windmill La. *Smeth* —5F **99**
Windmill La. *Wolv* —2G **41**
Windmill Precinct. *Smeth*
　—4F **99**
Windmill Rd. *Shir* —5E **149**
Windmill St. *Birm*
　—2F **117** (6D **4**)
Windmill St. *Dud* —5C **76**
(DY1)
Windmill St. *Dud* —2H **75**
(DY3)
Windmill St. *Wals* —3C **48**
Windmill Ter. *W'bry* —2G **63**
Windmill Vw. *Dud* —6D **60**
Windridge Cres. *Sol* —5B **138**
Windrow, The. *Pert* —5D **24**
Windrush Clo. *Sol* —3E **137**
Windrush Gro. *Birm* —5C **132**

Windrush Rd. *H'wd* —2B **162**
Windsor Arc. *Birm*
　—6G **101** (3E **5**)
Windsor Av. *O'bry* —6G **97**
Windsor Av. *Wolv* —5C **42**
Windsor Clo. *Birm* —3E **159**
Windsor Clo. *Dud* —6F **75**
Windsor Clo. *Hale* —2H **127**
Windsor Clo. *Redn* —5G **143**
Windsor Clo. *Row R* —5C **96**
Windsor Cres. *Dud* —3F **95**
Windsor Dri. *Birm* —2A **86**
Windsor Dri. *Sol* —2F **137**
Windsor Gdns. *Cas* —4G **41**
Windsor Gdns. *Cod* —4F **13**
Windsor Ga. *W'hall* —5C **30**
Windsor Gro. *Stourb* —2C **108**
Windsor Gro. *Wals* —5G **21**
Windsor Ho. *Birm* —1F **85**
Windsor Ind. Est. *Birm*
　—4A **102**
Windsor Lodge. *Sol* —5B **136**
Windsor Pl. *Birm* —4E **85**
Windsor Pl. *Nech* —6A **102**
Windsor Rd. *Cas B* —2B **106**
Windsor Rd. *Hale* —1H **127**
Windsor Rd. *O'bry* —6G **97**
Windsor Rd. *Row R* —5C **96**
Windsor Rd. *Stir* —2D **146**
Windsor Rd. *Stourb* —2B **124**
Windsor Rd. *S Cold* —4D **68**
Windsor Rd. *Tip* —5A **62**
Windsor Rd. *Wals* —1E **7**
Windsor Rd. *W Brom* —5H **63**
Windsor Rd. *Wolv* —6B **44**
Windsor Rd. *Wom* —1F **73**
Windsor St. *Bils* —5E **45**
Windsor St. *Birm* —4H **101**
Windsor St. *Wals* —4C **48**
Windsor St. S. *Birm* —5A **102**
Windsor Ter. *Birm* —2B **116**
Windsor Vw. *Birm* —6H **129**
Windsor Wlk. *Darl* —3D **46**
Windsor Way. *Wals* —2H **33**
Winds Point. *Hag* —6E **125**
Windward Way. *Birm* —1B **106**
Windward Way Ind. Est. *Birm*
　—1B **106**
Windyridge Rd. *S Cold*
　—1D **86**
Winford Av. *K'wfrd* —5C **92**
Wingate Clo. *Birm* —3B **146**
Wingate Ct. *S Cold* —5E **37**
Wingate Rd. *Wals* —1E **47**
Wing Clo. *Wals* —5F **31**
Wingfield Clo. *Birm* —6B **106**
Wingfield Ho. *Birm* —4B **106**
Wingfield Rd. *Col* —4H **107**
Wingfield Rd. *Gt Barr* —6E **67**
Wingfoot Av. *Wolv* —1A **28**
Wing Yip Cen. *Birm* —3B **102**
Winifride Ct. *Harb* —6F **115**
Winkle St. *W Brom* —3H **79**
Winleigh Rd. *Birm* —5B **82**
Winnall Clo. *Bils* —3F **61**
Winn Ho. *Wals* —6B **32**
(off Burrowes St.)
Winnie Rd. *Birm* —4A **132**
Winnington Rd. *Birm* —2G **103**
Winnipeg Rd. *Birm* —1C **160**
Winrush Clo. *Dud* —4H **75**
Winscar Cft. *Dud* —4A **76**
Winsford Clo. *Bal C* —3G **169**
Winsford Clo. *Hale* —5A **112**
Winsford Clo. *S Cold* —2C **70**
Winsham Gro. *Birm* —1A **100**
Winslow Av. *Birm* —5H **103**

Winslow Dri. *Wolv* —5D **26**
Winson Green. —4B 100
Winson Grn. Rd. *Birm*
　—4A **100**
Winson St. *Birm* —5H **99**
Winspear Clo. *Mer* —4H **141**
Winstanley Rd. *Birm* —1B **120**
Winster Av. *Dorr* —5A **166**
Winster Gro. *Birm* —3F **67**
Winster Gro. Ind. Est. *Birm*
　—3F **67**
Winster Rd. *Birm* —5H **65**
Winster Rd. *Wolv* —2D **44**
Winston Dri. *Birm* —6D **82**
Winston Dri. *Rom* —3A **142**
Winston Rd. *Swind* —5E **73**
Winterbourne Cft. *Birm*
　—6E **147**
Winterbourne Rd. *Sol*
　—3D **150**
Winterdene. *Bal C* —2H **169**
Winterley Gdns. *Sed* —1A **76**
Winterley La. *Wals* —2G **33**
Winterton Rd. *Birm* —2A **68**
Winthorpe Dri. *Sol* —1G **165**
Wintney Clo. *Birm* —4E **115**
Winton Gro. *Min* —1E **87**
Winwood Rd. *Row R* —6E **97**
Winwoods Gro. *Birm* —5G **129**
Wiremill Clo. *Birm* —1G **83**
Wirral Rd. *Birm* —1D **144**
Wiseacre Cft. *Shir* —5E **149**
Wiseman Gro. *Birm* —4D **68**
Wisemore. *Wals* —1C **48**
　(in two parts)
Wishaw Clo. *Shir* —5E **149**
Wishaw Gro. *Birm* —4B **106**
Wishaw La. *Curd* —1D **88**
Wishaw La. *Min* —1H **87**
Wisley Way. *Birm* —6D **114**
Wistaria Clo. *Birm* —1E **145**
Wisteria Gro. *Birm* —3G **67**
Wistmans Clo. *Dud* —5A **76**
Wistwood Hayes. *Wolv*
　—3B **16**
Witham Clo. *S Cold* —4E **71**
Witham Cft. *Sol* —6G **151**
Withdean Gdns. *Birm* —6D **118**
Witherford Clo. *Birm* —5G **131**
Witherford Cft. *Sol* —5B **150**
Witherford Way. *Birm*
　—5G **131**
Withern Way. *Dud* —4G **75**
Withers Rd. *Cod* —4H **13**
Withers Way. *W Brom* —3B **80**
Withington Covert. *Birm*
　—5F **147**
Withington Gro. *Dorr* —5A **166**
Withybrook Rd. *Shir* —1H **163**
Withy Gro. *Birm* —4B **106**
Withy Hill Rd. *S Cold* —4D **54**
Withymere La. *Wom* —5A **58**
Withymoor Rd. *Dud* —5G **95**
Withymoor Rd. *Stourb*
　—4E **109**
Withymoor Village. —2H 109
Withy Rd. *Bils* —2E **61**
Withywood Clo. *W'hall* —6C **18**
Witley Av. *Hale* —1G **127**
Witley Av. *Sol* —5G **151**
Witley Cres. *O'bry* —4E **97**
Witley Farm Clo. *Sol* —5G **151**
Witley Rd. *Birm* —5H **145**
Witney Dri. *Birm* —1B **122**
Witney Gro. *Wolv* —4F **15**
Wittersham Ct. *W'hall* —1B **46**
　(off Birmingham St.)

Witton. —4H 83
Witton Bank. *Hale* —4F **113**
Witton La. *Birm* —6H **83**
Witton La. *W Brom* —5G **63**
Witton Lodge Rd. *Birm*
　—6B **68**
Witton Rd. *Birm* —1G **101**
Witton Rd. *Wolv* —5E **43**
Witton St. *Birm* —1B **118**
Witton St. *Stourb* —1C **124**
Wixford Cft. *Birm* —2E **105**
Wixford Gro. *Shir* —5B **150**
Wobaston Rd. *Wolv & F'hses*
　—4B **14**
Woburn Av. *W'hall* —3B **30**
Woburn Cres. *Birm* —4H **65**
Woburn Dri. *Brie H* —4F **109**
Woburn Dri. *Hale* —4B **112**
Woburn Gro. *Birm* —4A **136**
Wodehouse Clo. *Wom*
　—2E **73**
Wodehouse La. *Wom* —5A **58**
Woden Av. *Wolv* —3E **29**
Woden Clo. *Wom* —6F **57**
Woden Cres. *Wolv* —3E **29**
Woden Pas. *W'bry* —3F **63**
Woden Rd. *Wolv* —5A **28**
Woden Rd. E. *W'bry* —1H **63**
Woden Rd. N. *W'bry* —6E **47**
Woden Rd. S. *W'bry* —4F **63**
Woden Rd. W. *W'bry* —1D **62**
Woden Way. *Wolv* —3E **29**
Wolcot Gro. *Birm* —3H **83**
Wold Wlk. *Birm* —1B **148**
Wolfsbane Dri. *Wals* —2E **65**
Wollaston. —6B 108
Wollaston Ct. *Stourb* —5A **108**
Wollaston Ct. *Wals* —1D **48**
　(off Lwr. Rushall St.)
Wollaston Cres. *Wolv* —3F **29**
Wollaston Rd. *Stourb* —4A **108**
(DY7)
Wollaston Rd. *Stourb* —3D **108**
(DY8)
Wollerton Gro. *S Cold* —5D **54**
Wollescote. —6C 110
Wollescote Dri. *Sol* —6F **151**
Wollescote Rd. *Stourb*
　—2G **125**
Wolmer Rd. *Wolv* —5H **17**
Wolseley Av. *Birm* —1B **136**
Wolseley Bank. *Wolv* —2B **28**
Wolseley Clo. *Birm* —6C **88**
Wolseley Clo. *Wolv* —2B **28**
Wolseley Dri. *Birm* —2H **103**
Wolseley Ga. *Wolv* —2B **28**
Wolseley Rd. *Bils* —4D **44**
Wolseley Rd. *W Brom* —1E **79**
Wolseley St. *Bord* —1B **118**
　(in two parts)
Wolston Clo. *Shir* —3H **149**
Wolverhampton.
　—1H **43** (3D **170**)
Wolverhampton Art Gallery.
　—1G **43** (2B **170**)
Wolverhampton Rd. *Blox*
　—6H **19**
Wolverhampton Rd. *C Hay*
　—4B **6**
Wolverhampton Rd. *Cod*
　(in two parts) —3F **13**
Wolverhampton Rd. *Dud*
Wolverhampton Rd. *Ess*
　—4H **59**
Wolverhampton Rd. *Hth T*
　—4H **17**
Wolverhampton Rd. *Hth T*
　—6B **28**

Wyvern Rd. *S Cold* —4H **53**
Wyvis Clo. *Wolv* —1C **42**

Yale Dri. *Wed* —4G **29**
Yardley. —3B 120
Yardley Clo. *O'bry* —2H **113**
Yardley Fields Rd. *Birm*
—1B **120**
Yardley Grn. Rd. *Bord G &*
Stech —2F **119**
Yardley Rd. *A Grn & Yard*
—1A **136**
Yardley St. *Stourb* —5G **109**
Yardley St. *W'bry* —4C **46**
Yardley Wood. —2E 149
Yardley Wood Rd. *Birm & Shir*
—2B **134**
Yare Gro. *W'hall* —1D **46**
Yarnborough Hill. *Stourb*
—3E **125**
Yarnbury Clo. *Birm* —6G **147**
Yarn Clo. *H'wd* —4A **162**
Yarner Clo. *Dud* —5A **76**
Yarnfield Rd. *Birm* —2G **135**
Yarningale Rd. *Birm* —3E **147**
Yarrow Clo. *Wals* —2E **21**
Yarrow Clo. *Wed* —4H **29**
Yarrow Dri. *Birm* —1B **160**
Yarwell Clo. *Wolv* —5H **27**
Yateley Av. *Birm* —6C **66**

Yateley Cres. *Birm* —6C **66**
Yateley Rd. *Birm* —4A **116**
Yatesbury Av. *Birm* —4D **86**
Yates Cft. *S Cold* —3F **37**
Yates La. *Row R* —1F **113**
Yeadon Gdns. *Wolv* —3B **42**
Yeames Clo. *Birm* —1E **67**
Yelverton Clo. *Wals* —3H **19**
Yelverton Dri. *Birm* —3A **116**
Yeman Rd. *O'bry* —6B **98**
Yemscroft. *Gt Wyr* —5G **7**
Yems Cft. *Rus* —3E **33**
Yenton Gro. *Birm* —1A **86**
Yeomans Way. *S Cold* —5D **54**
Yeovil Ct. Brie H —1H **109**
(off Hill St.)
Yerbury Gro. *Birm* —3B **84**
Yew Cft. Av. *Birm* —5E **115**
Yewhurst Rd. *Sol* —3C **150**
Yew St. *Wolv* —2E **43**
Yew Tree. —1F 65
Yew Tree Av. *Birm* —4C **120**
Yew Tree Gdns. *Wals* —1F **65**
Yew Tree Hills. *Dud* —5E **95**
Yewtree La. *Bils* —4F **61**
Yew Tree La. *Quin* —4D **142**
Yewtree La. *Row R* —1B **112**
Yew Tree La. *Sol* —2A **152**
Yew Tree La. *W'bry* —3G **63**
Yew Tree La. *Wolv* —3G **25**
Yew Tree La. *Yard* —4C **120**

Yew Tree Pl. *Rom* —2A **142**
Yew Tree Pl. *Wals* —4B **20**
Yew Tree Ri. *S Cold* —1D **70**
Yew Tree Rd. *Aston* —6A **84**
Yew Tree Rd. *Cas B* —1A **106**
Yew Tree Rd. *Dud* —5E **95**
Yew Tree Rd. *Edg* —3E **117**
Yewtree Rd. *Hale* —2H **127**
Yew Tree Rd. *Mose* —3F **133**
Yew Tree Rd. *Shelf* —6F **21**
Yew Tree Rd. *Smeth* —5C **98**
Yew Tree Rd. *S'tly* —3F **51**
Yew Tree Rd. *S Cold* —6G **69**
Yew Tree Rd. *Wals* —6E **49**
Yew Tree Vs. *S Cold* —6G **69**
Yew Wlk. *Birm* —1D **122**
Yockleton Rd. *Birm* —6G **105**
York Av. *Wals* —1H **47**
York Av. *W'hall* —1D **46**
York Av. *Wolv* —2C **42**
Yorkbrook Dri. *Birm* —6F **121**
York Clo. *Birm* —2C **146**
York Clo. *Tip* —3F **77**
York Cres. *Stourb* —4B **108**
York Cres. *W'bry* —5D **46**
York Cres. *W Brom* —1G **79**
York Cres. *Wolv* —2C **42**
Yorkdale Clo. *Dud* —4H **75**
York Dri. *Birm* —1H **103**
Yorke Av. *Brie H* —2E **109**
York Gdns. *Wolv* —2C **42**

Yorklea Cft. *Birm* —1B **122**
Yorkminster Dri. *Birm*
—1E **123**
York Rd. *Dud* —6G **95**
York Rd. *Edg* —2A **116**
York Rd. *Erd* —3F **85**
York Rd. *Hall G* —3E **135**
York Rd. *Hand* —1B **100**
York Rd. *K Hth* —5G **133**
York Rd. *Row R* —6E **97**
York Rd. *Wals* —2H **33**
York St. *Birm* —5H **115**
York St. *Wolv* —2A **44**
Yorks Wood Dri. *Birm*
—3B **106**
York Ter. *Hock* —4E **101**
Young St. *W Brom* —4G **79**
Yoxall Gro. *Birm* —6E **105**
Yoxall Rd. *Shir* —5B **150**

Zion Clo. *Wals* —2D **6**
Zions Clo. *Crad H* —2H **111**
Zion St. *Tip* —5H **61**
Zoar St. *Dud* —4G **75**
Zoar St. *Wolv* —2F **43**
Zouche Clo. *Stourb* —3C **108**

HOSPITALS and HOSPICES

covered by this atlas

with their map square reference

N.B. Where Hospitals and Hospices are not named on the map, the reference
given is for the road in which they are situated.

Acorns Childrens Hospice —5A **132**
103 Oak Tree La., Selly Oak,
BIRMINGHAM
B29 6HZ
Tel: 0121 2484850

Acorns Walsall Childrens Hospice
—6D **48**
Walstead Rd.,
WALSALL
WS5 4NL

ALL SAINTS HOSPITAL (BIRMINGHAM)
—4B **100**
Lodge Rd., Hockley,
BIRMINGHAM
B18 5SD
Tel: 0121 6856220

BIRMINGHAM CHILDREN'S HOSPITAL
(DIANA PRINCESS OF WALES
HOSPITAL) —6G **101** (2F **5**)
Steelhouse La.,
BIRMINGHAM
B4 6NH
Tel: 0121 3339999

BIRMINGHAM DENTAL HOSPITAL
—6G **101** (2E **5**)
St Chad's Queensway,
BIRMINGHAM
B4 6NN
Tel: 0121 2368611

BIRMINGHAM HEARTLANDS HOSPITAL
—1H **119**
Bordesley Green E.,
BIRMINGHAM
B9 5SS
Tel: 0121 7666611

BIRMINGHAM NUFFIELD HOSPITAL,THE
—6D **116**
22 Somerset Rd., Edgbaston,
BIRMINGHAM
B15 2QQ
Tel: 0121 4562000

BIRMINGHAM WOMENS HOSPITAL
—1H **131**
Metchley Park Rd.,
BIRMINGHAM
B15 2TG
Tel: 0121 4721377

BLOXWICH HOSPITAL—1H **31**
Reeves St.,
WALSALL
WS3 2JJ
Tel: 01922 858600

BUSHEY FIELDS HOSPITAL—2A **94**
Bushey Fields Rd., DUDLEY,
West Midlands
DY1 2LZ
Tel: 01384 457373

CITY HOSPITAL BIRMINGHAM —5B **100**
Dudley Rd.,
BIRMINGHAM
B18 7QH
Tel: 0121 5543801

Compton Hospice —1A **42**
Compton Rd. W.,
WOLVERHAMPTON
WV3 9DH
Tel: 01902 758151

CORBETT HOSPITAL —4E **109**
Vicarage Rd.,
STOURBRIDGE
West Midlands
DY8 4JB
Tel: 01384 456111

DOROTHY PATTISON HOSPITAL
—2H **47**
Alumwell Clo.,
WALSALL
WS2 9XH
Tel: 01922 858000

EDWARD STREET HOSPITAL —4A **80**
Edward St.,
WEST BROMWICH
West Midlands
B70 8NL
Tel: 0121 553 7676

GOOD HOPE HOSPITAL —5B **54**
Rectory Rd.,
SUTTON COLDFIELD
West Midlands
B75 7RR
Tel: 0121 3782211

GOSCOTE HOSPITAL —1D **32**
Goscote La.,
WALSALL
WS3 1SJ
Tel: 01922 710710

GUEST HOSPITAL —4G **77**
Tipton Rd.,
DUDLEY
West Midlands
DY1 4SE
Tel: 01384 456111

HALLAM DAY HOSPITAL —2B **80**
Lewisham St.,
WEST BROMWICH
West Midlands
B71 4HJ
Tel: 0121 553 1831

HAMMERWICH HOSPITAL —1D **10**
Hospital Rd.,
BURNTWOOD
Staffordshire
WS7 0EH
Tel: 01543 675754

HEATH LANE HOSPITAL —6B **64**
Heath La.,
WEST BROMWICH
West Midlands
B71 2BQ
Tel: 0121 553 1831

HIGHCROFT HOSPITAL —4D **84**
Fentham Rd.,
Erdington,
BIRMINGHAM
B23 6AL
Tel: 0121 6235500

John Taylor Hospice —2A **86**
76 Grange Rd.,
Erdington,
BIRMINGHAM
B24 0DF
Tel: 0121 3735526

KINGS HILL DAY HOSPITAL —6E **47**
School St.,
WEDNESBURY
West Midlands
WS10 9JB
Tel. 0121 5264405

LITTLE ASTON BUPA HOSPITAL —4B **36**
Little Aston Hall Dri.,
Little Aston,
SUTTON COLDFIELD
West Midlands
B74 3UP
Tel: 0121 3532444

Little Bloxwich Day Hospice —4B **20**
Stoney La.,
WALSALL
WS3 3DW
Tel: 01922 858736

MANOR HOSPITAL (WALSALL) —2A **48**
Moat Rd.,
WALSALL
WS2 9PS
Tel: 01922 721172

Mary Stevens Hospice —3F **125**
221 Hagley Rd.,
STOURBRIDGE
West Midlands
DY8 2JR
Tel: 01384 443010

MOSELEY HALL HOSPITAL —2G **133**
Alcester Rd.,
BIRMINGHAM
B13 8JL
Tel: 0121 4424321

MOSSLEY DAY HOSPITAL —6F **19**
Sneyd La.,
WALSALL
WS3 2LW
Tel: 01922 858680

Hospitals & Hospices

NEW CROSS HOSPITAL
        (WOLVERHAMPTON) —4D **28**
Wolverhampton Rd.,
Heath Town,
WOLVERHAMPTON
WV10 0QP
Tel: 01902 307999

NORTHCROFT HOSPITAL —3D **84**
Reservoir Rd.,
Erdington,
BIRMINGHAM
B23 6DW
Tel: 0121 3782211

PARKWAY BUPA HOSPITAL —2A **152**
1 Damson Parkway,
SOLIHULL
West Midlands
B91 2PP
Tel: 0121 7041451

PENN HOSPITAL —1C **58**
Penn Rd.,
WOLVERHAMPTON
WV4 5HN
Tel: 01902 444141

PRIORY HOSPITAL, THE —6D **116**
Priory Rd.,
Edgbaston,
BIRMINGHAM
B5 7UG
Tel: 0121 4402323

QUEEN ELIZABETH HOSPITAL —1A **132**
Edgbaston,
BIRMINGHAM
B15 2TH
Tel: 0121 6271627

QUEEN ELIZABETH PSYCHIATRIC
        HOSPITAL—1A **132**
Mindelsohn Way,
Edgbaston,
BIRMINGHAM
B15 2QZ
Tel: 0121 6272999

RIDGE HILL HOSPITAL —6C **92**
Brierly Hill Rd.,
STOURBRIDGE
West Midlands
DY8 5ST
Tel: 01384 456111

ROWLEY REGIS HOSPITAL —1B **112**
Moor La.,
ROWLEY REGIS
West Midlands
B65 8DA
Tel: 0121 607 3465

ROYAL ORTHOPAEDIC HOSPITAL
        —2F **145**
Bristol Rd. S., Northfield,
BIRMINGHAM
B31 2AP
Tel: 0121 685 4000

RUSSELLS HALL HOSPITAL —2H **93**
Pensnett Rd.,
DUDLEY
West Midlands
DY1 2HQ
Tel: 01384 456111

ST DAVID'S HOUSE (DAY HOSPITAL)
        —6G **57**
Planks La., Wombourne,
WOLVERHAMPTON
WV5 8DU
Tel: 01902 326001

St Mary's Hospice —4C **132**
176 Raddlebarn Rd.,
BIRMINGHAM
B29 7DA
Tel: 0121 4721191

SANDWELL DISTRICT GENERAL
        HOSPITAL —2B **80**
Lyndon,
WEST BROMWICH
West Midlands
B71 4HJ
Tel: 0121 553 1831

SELLY OAK HOSPITAL —4B **132**
Raddlebarn Rd.,
BIRMINGHAM
B29 6JD
Tel: 0121 6721627

Sister Dora Hospice
        (Due Open Late 2000) —1D **32**
Goscote La.,
WALSALL
WS3 1SJ
Tel: 01922 858736

SOLIHULL HOSPITAL —3G **151**
Lode La.,
SOLIHULL
West Midlands
B91 2JL
Tel: 0121 7114455

SUTTON COLDFIELD COTTAGE
        HOSPITAL —1H **69**
Birmingham Rd.,
SUTTON COLDFIELD
West Midlands
B72 1QH
Tel: 0121 3556031

Warren Pearl Marie Curie Hospice
        —3A **152**
911-913 Warwick Rd.,
SOLIHULL
West Midlands
B91 3ER
Tel: 0121 7054607

WEST HEATH HOSPITAL —1G **159**
Rednal Rd.,
BIRMINGHAM
B38 8HR
Tel: 0121 6271627

WEST MIDLANDS HOSPITAL —6F **111**
Colman Hill,
HALESOWEN
West Midlands
B63 2AH
Tel: 01384 560123

WEST PARK HOSPITAL —1E **43**
Park Rd. W.,
WOLVERHAMPTON
WV1 4PW
Tel: 01902 444000

WOLVERHAMPTON EYE INFIRMARY
        —1E **43**
Compton Rd.,
WOLVERHAMPTON
WV3 9QR
Tel: 01902 307999

WOLVERHAMPTON NUFFIELD
        HOSPITAL—5A **26**
Wood Rd.,
WOLVERHAMPTON
WV6 8LE
Tel: 01902 754177

WOODBOURNE PRIORY HOSPITAL
        —3G **115**
23 Woodbourne Rd.,
Harborne
BIRMINGHAM
B17 8BY
Tel: 0121 4344343

WORDSLEY HOSPITAL —6C **92**
Stream Rd.,
STOURBRIDGE
West Midlands
DY8 5QX
Tel: 01384 456111

YARDLEY GREEN HOSPITAL —2G **119**
Yardley Green Rd.,
BIRMINGHAM
B9 5PX
Tel: 0121 7666611